日本中国史研究译丛

隋唐帝国形成史论

[日]谷川道雄 著 李济沧 译

上海古籍出版社

出 版 说 明

    本书初版于2004年,作者是日本著名汉学家谷川道雄先生。因此书的出版,本社和谷川道雄先生结下了深缘,随后便有了"日本中国史研究译丛"的陆续出版,旨在介绍日本有代表性的中国史研究成果。本书因出版在前,所以没有被收入其中。今应读者要求重版,值此机会,征得"日本中国史研究译丛"编委会同意,将本书纳入该丛书予以出版。

上海古籍出版社

2011 年 5 月

"日本中国史研究译丛"总序

谷川道雄

　　2004 年 10 月下旬我首次访问上海古籍出版社时,有幸会晤了王兴康社长、赵昌平总编、蒋维崧编审以及其他诸位先生。当时我是应华东师范大学牟发松教授的邀请,在该校逗留两周并进行授课和演讲的。因为那时正值拙著《隋唐帝国形成史论》的中译本(李济沧译)由上海古籍出版社出版发行,这才有了拜访该出版社的机缘。"日本中国史研究译丛"这一颇具规模的出版计划,正是由于那天的会谈而迈出了实质性的第一步。

　　我是在那年 7 月从承担拙著编审的蒋维崧先生的信中得知这一出版计划的。信中提到上海古籍出版社有意以拙著的出版为契机,进一步拓展范围,更广泛地向中国学界介绍日本的中国史研究成果,并希望我推荐一批能够代表日本研究水准的著作,尤其是能够选择那些在开阔视野下关注社会与人文,或运用新的方法和理论并在实证研究中取得成果的著作。在 10 月的会谈中,出版社又出于同样的旨趣,要求我予以全面的合作。

　　想来这的确是一项前所未有的计划。有关中国史研究的中日两国学界交流,已经有着长久的历史,而且正呈现出日益兴旺的趋势。交流不仅限于人员的交往,还以相互之间论文、著作翻译的形式对双方发生着影响。但是,这还只不过是很少的一部分而已,就目前的状况而言,即便那些在日本学界具有长久影响力的名著,几乎都没有中译本的出版。所以说上海古籍出版社的这一计划,不能不说是打破现状、开创新局面的创举。就我个人而言,拙著中译本的刊行能够成为促成这一趋势的契机，更是倍感欣悦。出于如此的考虑，我也就不揣自陋地应允出版社，愿竭尽全力协助此项计划的实施。

回到日本以后，我立即着手选定书目，其间还听取了我的同行、名古屋大学名誉教授森正夫先生的意见，最终向上海古籍出版社提交了我的选目方案。经与出版社协商，决定首批出版十种左右。

非常巧的是，这里所选的学术著作，正好反映了近代日本中国史研究的发展过程。按照我个人的看法，这一过程又大致可以分为三个阶段：

第一阶段从明治时期(1868—1912)初期至第一次世界大战，是近代日本中国史研究的形成期。当时，虽然兰克(L. Ranke)的弟子李司(L. Riess)受聘于东京大学讲授历史学，传授实证主义方法，但那毕竟是以欧洲史为基础的史学。在日本学者之中当时出现了与欧洲史亦即西洋史相对应，设立东洋史(即亚州史)分野的举措，由此形成了以中国史为中心的东洋史，并且延续至今。这一情况一方面表明由于日本近代国家的形成，出现了必须重新认识东亚各国的现实问题；另一方面也表明在日本汉学素养的基础之上，已经出现了将中国作为近代历史学研究对象的学问。最能够代表这一时期中国史研究，而且影响至今的学者，即内藤湖南(本名虎次郎，1866—1934)。他所主张的"唐宋变革"论，在这一阶段正在孕育成形。众所周知，他的这一观点是切合中国社会实态的，是对中国史发展所进行的逻辑性解释。作为本丛书之一的《中国史学史》，就是出自他对中国传统学问的广博知识以及对历史发展透彻逻辑分析的力著。

日本中国史研究的第二阶段，是第一次世界大战与第二次世界大战之间，即所谓的"战间期"时期。这一时期的历史研究，有着密切注重社会与民众的特点，中国史研究亦不例外。第一次世界大战之后，波及全世界的民主主义和社会主义潮流，也影响着日本的历史学界，作为具体的表现则是社会经济史研究的兴盛。而且，其中有着马克思主义直接、间接的影响是不可否定的。在我的先师、前辈的学者之中，有许多就是在这一时代新史学潮流中奠定了自身研究基础的，本丛书的大部分作者都是属于这一辈的人物。

　　然而,作为上述新倾向顶点的 20 世纪 30 年代,又正是军国主义猖獗的时期。当时,不但不再可能进行自由的研究,军国主义国家还以各种形式要求中国史研究者为战争提供合作。随着第二次世界大战的结束,那一严冬似的时代终告完结。由此也开始了中国史研究的第三阶段。

　　"二战"以后的日本中国史研究课题,是如何将中国史作为发展的中国史进行重建的问题。即必须纠正被军国主义歪曲了的中国史观,按照世界史普遍逻辑对中国史作出理解。当时对此起到重大作用的,是从战时思想统治中解放出来的马克思主义,按照生产方式发展规律将中国史系统化的尝试亦由此开始。为此日本学界曾展开过激烈的讨论。参加讨论的还有许多马克思主义以外的学者。争论的焦点之一是以生产方式为依据的唯物史观的发展规律是否适用于中国史的问题;另一个焦点是马克思主义史学家所构想的中国史时代分期观点是否正确的问题。围绕这两个问题,从上个世纪 50 年代至 70 年代有着长期、激烈的讨论,而且主要都是基于史料的实证观点之间的相互争论。其中虽说也有不够成熟的地方,但是毕竟应该说战后的中国史研究在当时有着前所未有的长足进步。

　　参加讨论的既有在上述第二阶段业有成绩的学者,也有战后成长起来的青年研究者。本丛书著者中,除了内藤湖南之外,都是为战后中国史研究做出了贡献的人物。

　　我在选择这套丛书的收录著作时,并没有意识到上述的历史过程。然而,卓越的作品必定会在某种意义上具有时代的代表性,所以很难说这是一种偶然的巧合。现在,日本的中国史研究与战后那二十几年相比已经有了相当的变化。尽管如此,这些先学的著作在今天仍然保持着长久的生命力,从而不断启发着后生学者。

　　作为日本人,中国史既是一种外国史,又不是单纯的外国史。两千年来,熏染了日本文化的中国文化,是一种历史发展的产物。过去的日本在向中国的不断学习之中发展着自己,从而形成了独特的历史与文化。近代以来日本的中国史研究,可以说也是由过去形成了结构,至今仍在其延长线上运行的。因此,我们对于中国社会和文化有着特别的亲近感,即尽管是外国史,但又有一半好像是在研究自己国家历史的感觉,我们一直就是这样看待中国史的。其理由之一,也许就在于日本文化是在汉字文化圈中培育成长形成的吧。无论如何,当这种感情作为近代历史学表现出来的时候,就产生了一种独特的方法和实证的结果,而将中国史总体按照世界史的普遍观点予以体系化是日本中国史研究的终极目标。

总之,也许可以说日本的中国史研究是由传统与近代、日本与中国乃至世界这样综合的视野重合展开形成的。当然,这种特点亦有其利弊两端。不过,本丛书所收著作都是肩负重任、不倦攀登的卓越成果。我坚信本丛书对今后日本中国史研究之国际交流的发展必将有着巨大的贡献,并对将此计划付诸实现的上海古籍出版社表示衷心的感谢!

(马彪译)

中 文 版 自 序

　　1945 年第二次世界大战结束时,我还是一名刚进入京都大学不久的学生。日本军国主义的彻底失败,使日本人民在政治、思想上面临着一个前所未有的历史课题,那就是在清除掉军国主义的阴影的同时,重新摸索国家建设的方向。我虽然才二十岁,但也同样面临着这一课题。对我来说,国家的命运与个人的命运密不可分,而这种意识又和自己今后立志做什么样的学问息息相关。我的专业是东洋史(即亚洲史)特别是中国史,究竟应该以什么样的态度去学习中国史,这一问题时常萦绕在我的脑海中。

　　当时,整个日本历史学界的一个紧迫问题是必须展开新的历史研究。拿中国史说,关键问题是要将中国史作为发展而非停滞的历史来重新认识,而且需要用科学的理论予以论证。最早针对这一课题开展研究的,是以东京为活动中心的历史学研究会。研究会的领导者们为解决上述课题,选择了唯物史观的发展理论,其影响迅速扩大至全国。那时我也加入该会,想从那里找到自己的指针。

　　大学时代,我便立志于唐代史研究。毕业以后,民众对唐朝权力的抵抗斗争是我尤感兴趣的问题,为此还发表过几篇论文。但不久,即对自己的这一研究观点产生了怀疑。我的研究方法是将国家权力与民众从本质上划为一项对立物,然后再从政治的层面考察二者之间对抗关系的推移。可是仅仅如此,唐代史的历史特征依然模糊不清,对民众的理解也缺乏现实感。我在一段时期内,为上述问题所困扰,经过反复的辗转与苦恼以后,决心从根源上重新把握唐朝权力,也就是需要追溯至唐朝的形成过程当中,从那里找出唐朝的原初形态,再从这一原初形态中找到有血有肉的民众形象。为此,我把研究对象转向了六朝时期。本书《序说》对上述思索过程有较为详细的叙述,希请参看。

刚开始,我的计划是从北魏末的内乱亦即六镇之乱出发,从北朝后期考察至隋朝,但这一工作后来又上溯到了五胡十六国时期。那时我所遵循的是恩师宫崎市定先生(1901—1995)的教导:“研究北魏,就必须读《晋书·载记》。”以六镇之乱为出发点,对其前后时期展开的这些研究,成果都是用单篇论文发表的。1971年,也就是研究开始约十年后,我将这些论文集为一书,由东京筑摩书房出版。之所以没有用《五胡十六国·北朝史》一类的书名,而是用《隋唐帝国形成史论》,其原因正如在《序说》中所阐述的那样,是因为我的研究目的始终在于弄清隋唐帝国的形成前提与过程。

在这项研究工作中,我极力告诫自己不要依靠既成的理论或概念,而是应通过细致地阅读史书来描绘该时期的历史结构。我所关注的问题,虽然比较自然地集中于政治史,但并不是单纯探讨制度的沿革,而是力图将政治作为参与国政的皇帝、官僚、贵族、军人的意志与行动的一种复合产物来理解。在那里,还有着汉族、非汉族所形成的种族关系,呈现出极为复杂的状况,但这种阶级问题或种族问题随着时代的进展而逐步得到解决,最终构成了隋唐帝国的骨骼。通过自己的研究产生出这样　种意识,实际上是件非常快意的事情。如果说对自己的研究工作有何自负之处的话,那便是密切注意民众在政治发展过程中占据着什么样的位置,发挥着什么样的作用这一点。要说我的结论,这就是没有民众的积极作用,隋唐帝国便不可能出现。站在这一结论上,便可以隐约地感觉到,中唐以后唐朝权力与民众之间的敌对关系,其结果便是导致唐朝权力的瓦解。

上述研究工作所用的十年,也是我成长为一名研究者的时期。当时,我在名古屋大学文学部东洋史研究室任教,对年青的我予以亲切地指导、激励的,是研究室主任教授宇都宫清吉先生(1905—1998)。宇都宫先生是研究先秦、秦汉、六朝史的大家,他的学问充满着人文主义精神,这也是他受到学术界极大尊敬的原因。先生的学德对整个东洋史研究室的影响极大,而对我来说,在先生身边亲聆雅教的十七年,所受到的薰陶亦可以说巨大无比。如果没有先生的教导，我的学问可能比现在更为浅陋，更加缺乏人情的味道。

良师以外，我还有一位良友，这也是我深感幸运之处。这位良友便是京都大学的同窗川胜义雄（1922—1984）。大学毕业后，川胜致力于魏晋南朝史研究，取得了丰硕成果，他的主要著作《六朝贵族制社会的研究》（岩波书店，1982年）在国内外受到极高的评价。川胜一直在京都大学人文科学研究所工作，我们两人从1960年开始便进行一项共同研究，也就是计划通过他的魏晋南朝史与我的五胡北朝史研究，分别从两个方面来诠释同一时代。后来成立的中国中世史研究会便是以我们两人的这项共同研究作为基础的。可以说，川胜与我两人的上述两部著作，大部分都是这项共同研究的产物。

对于我的研究，宇都宫先生与川胜氏还是最大的理解者。当时对我提出的"豪族共同体"论（见《中国中世社会与共同体》，国书刊行会，1976年；马彪译，中华书局，2002年）持批判态度者不在少数，但他们二位却深表赞同，并在各自的学说中采纳了我的理论。良师益友在学问上的激励，使我在70年代出版了本书《隋唐帝国形成史论》以及《中国中世社会与共同体》，对我而言，这些都是一种无上的幸福。今天，二位师友都已辞世，留给我的则是一种难以名状的孤独与寂寞。

《隋唐帝国形成史论》出版以后，我仍有机会发表一些关于隋唐帝国形成问题的论文，这是因为旧著虽然论及了六朝至隋唐的推移状况，但还不够完善之故。我认为府兵制是解决上述问题的关键，因此趁1998年本书再版之际，又重新加上了几篇有关府兵制的论文以为补编，编名便定为《府兵制国家论》。府兵制不仅是隋唐王朝的军制，它还是关系到隋唐两个王朝权力本质的一项制度，而民众在这一制度中从根底上支撑着隋唐权力。再版时，书名也因之改为《增补　隋唐帝国形成史论》，中文版就是以这个增补版作为底本翻译的。

承担翻译工作的李济沧氏，1992年来日，在以收藏大谷探险队所发现的文物而为中国学术界所熟知的龙谷大学大学院学习魏晋南朝史，并于2003年获得博士学位。李氏有着十年以上的留学经历，精于日文，熟谙日本学术界情况，由其翻译的反映日本学界动态的《回顾与展望》，就经常揭载于中国社会科学院历史研究所每月发行的《中国史研究动态》上。李氏很早便熟读拙著，应是翻译本书的最合适人选。2003年春天，欣闻上海古籍出版社允诺出版本书中文译本的消息，从那以后，历时约一年的辛苦翻译到今天终于完成，在行将付梓之际，作为本书作者，我感到不胜喜悦，同时对李氏的辛劳也表示由衷的谢意。

此书能由上海古籍出版社出版，还必须感谢从中斡旋的湖北省博物馆副馆长唐刚卯先生。刚卯先生为已故唐长孺先生哲嗣，也是中国史的专家。对长孺先生，我素怀敬仰之心，与刚卯先生，也忝有亲交，这次蒙其厚谊，谨致深深的谢忱。

这里还要感谢慨然同意刊行本书的上海古籍出版社副社长兼副总编张晓敏先生。我曾经为上海古籍出版社所推进的日中学术交流出版事业尽过绵薄之力，这次拙著能由以刊行汉学学术著作的重镇而闻名于世的同社出版，并以此得到向中国学术界介绍的机会，实在是一件无比荣幸之事。不过，作为浅学之身，加之又是青年时代不太成熟的论考，所以本书一定存在着不少误谬之处，在此恳请专家诸贤不吝教正。

谷川道雄　谨识

2004年4月5日于京都

目　　录

关系地图

序说　论隋唐帝国的本源

——中国中世的国家与共同体

　　本书是以一个较为完整而系统的形式,将我从 1958 年到 1969 年发表的有关五胡北朝史的一系列论文加以编修而成的。在整个编修过程中,论文题目以及内容较之原文都作了一些修订,其中几篇还进行了大幅度缩减。此外,为了使各编各章之间的关系更加明确,又重新增加了一些章节。不过这些修改工作尽量限定在技术上,而不致使其影响全书的主旨。

　　通过一定的排列来看这十年间写成的文章,就会发现内容涉及五胡北朝史的各个时期、各个阶段,关注的问题大都集中于政治史,书名或许叫五胡北朝政治史更为妥帖。但之所以没有这样做,是因为推动上述研究的我自己的学问志趣与隋唐帝国的形成问题密切相连之故。以下就来叙述这一关系,是以为序。

一

　　如何理解隋唐帝国时代? 坦率地说,对这一问题的追求是本书得以诞生的直接原因。大学毕业以后,我从事了一段时期的唐代史研究,然后再转向五胡北朝史研究,这可说是前者的延续,或许还可以说,是想把唐史研究中遇到的难题放到以前的时代中加以解决。

　　众所周知,二战以后在日本中国史学界的时代分期论争中,对把隋唐时代划为古代还是中世,有着截然相反的意见。刚刚步入研究生活的我对这些议论十分感兴趣,同时也不能否认,分期论争背后的各种思潮对我的影响相当大,从我那不成熟的唐史研究习作中即可以看到这些战后研究特点的影响痕迹。

第一个特点是十分关注民众的动向;第二点与第一点相关,即力图以民众与国家权力的相互对立关系为中心把握唐代史。[①]这一研究方向在今天来看并没有错,但仍有一些问题,比如应以什么样的观察角度把握民众与国家权力的对抗关系呢? 如果把二者切割开来,使其相互视对方为外部存在的话,那么对二者之间对抗关系的把握就只能局限于单纯的机械论了。确实,隋唐时代的民众在各个时期都显示出了生机盎然、不屈从于权力支配的一面,从那里受到的感怀也促使我写过几篇文章。但尽管如此,仍旧无法抓住导致隋唐时代产生的历史本质。那么,究竟应如何思考呢? 我一方面告诫自己不要机械地把握历史现象,另一方面却又突破不了这一局限,这就是我当时所面临的困境。不过,我认为这既反映了自己的研究还不成熟的一面,同时也和当时日本整个中国史学界的状况有关。

战后,日本中国史学界正式开始对中国国家论展开研究,关于这方面的情况在此虽不能详述,但大致说来有如下一些特色。战后首先研究这一问题的,是西岛定生的秦汉帝国＝奴隶制国家论。[②]西岛试图通过父家长的家内奴隶制这一特殊的奴隶制形态来建立中国古代国家论。该研究的意义在于,力求内在把握国家的形态,也就是希望从国家结构的社会基础亦即生产关系上说明秦汉帝国形成的根据为何。不过在我看来,这一划时代的研究并没有涉及到隋唐帝国。通过描述国家与父家长的家内奴隶所有者即豪族阶级的关系来把握秦汉帝国,这种研究角度十分新颖独特,但是对于隋唐帝国所肩负的伟大历史使命却并没有作任何论述,而仅仅只是抽象地点出古代豪族阶级在这时寄生于国家权力之中。

不用说,这一寄生官僚论[③]与西岛的隋唐帝国＝古代末期的理论密切相关。虽然仅靠此并不能抓住隋唐帝国的历史性质,但应该承认,包括西岛以及我本人在内的研究者们对这一问题几乎都是以寄生官僚论为前提进行各自的研究的。

最能反映这一点的是隋唐律令国家论。谁都不否认律令制度是赋予隋唐帝国以特色的体制。但是对这些制度的观察角度却可以说忽视了人的存在,仅仅只是将其理解为统治人民的政策,并没有注意到制度深处有着人的意志。于是对于国家＝统治机构,基本上就以下面这样一种先验的观点来思考:即国家总是与民众相对立的;二者之间外在而敌对的关系就是国家的整体形象。

以上所述,大致就是我在唐史研究过程中对学术界以及对自己所抱有的不满。④唐史研究的素材日益丰富,考证也日趋精密,但我却为学问上的日趋停滞感到一种难以名状的担心。⑤时代分期问题陷入困境就是这一现象的最好证明。在用先验的观点看待隋唐帝国的表象之前,应首先思考隋唐帝国到底是什么这样一个问题。不去追问形成这一历史世界的现实为何,又怎能捕捉到中国史所具有的世界史的意义呢?

当把隋唐帝国形成的历史现实作为一个问题来考虑时,难道不应该考虑作为其深层基础的民众的生活么? 一般来说,国家和民众在现象上处于一种非连续亦即对立的关系之中,可是,难道就没有相连续的一面么? 或者斗胆说,正是这一相连续的侧面从根底上支撑着非连续的一面。不去追根求源,又怎能抓住非连续＝对抗关系所拥有的真正意义呢?

我之所以在中途放弃了唐史研究而将研究对象上溯至北魏,就是因为遇到了上述这些问题的缘故。虽说通过时间的追溯探索研究对象的根源是一种较为简单的方法,但我的设想是,作为一个已经具备完成形态的王朝,唐代一定还有一个先行的未完成的阶段,在那里不就存在着构成该历史阶段基础的社会形态么? 而且通过某种追溯工作,不就能从逻辑上系统地把握到隋唐国家的形成过程么? 如果这一设想不误,在隋唐国家的先行阶段所呈现出来的原生形态中,国家和民众之间的联系,相对于后来的隋唐时代,是更具本源性的东西。站在这样一种夹杂着想象的思路上,我开始对可以称为先隋唐时代的这一世界展开了探索。

二

可是应该从何处着手呢？在对这一问题进行反复思索的过程中，6世纪初北魏末期的内乱映入了我的眼帘。在我看来，隋唐帝国的形成过程其实就是一个政治上的统一过程，它具体体现在北周吞并北齐→周隋革命→隋的南北统一这样一个历史进程中，而直接成为这一政治统一进程起点的，则是北魏末期的内乱。内乱既是北魏式统一政治出现破绽，产生分裂的结果，同时也是历史归结于隋唐这样一个大一统时期的出发点。我隐约地预感到，在那个混沌不堪的时代低谷中，潜藏着隋唐统一所具有的历史意义。

内乱究竟是由哪些人领导？在那里又有什么样的志向在发挥作用呢？以往常用六镇之乱加以概括，由此也可以知道，内乱发生的导火索源于部署并定居在北方六镇的北族军士所发动的暴动之中。以往的研究一般据此将六镇之乱的意义定性为北族的反汉化运动，并认为在那之后产生的各个政权也带有浓厚的北族色彩。根据这一思路，隋唐帝国同样具有北族政权的性质。我无意否认隋唐帝国确实拥有这一侧面，但是，仅仅以种族决定论来把握隋唐帝国的性质，却不能不说与我的学问追求相差遥远。

在探索六镇之乱所拥有的普遍性意义并追寻内乱动向的过程中，我注意到许多被称为"城民"的民众参加起义的事例。众多的研究者一般把"城民"一语作为兵户的一个形态而加以注意，我自己考察的结果与这些前人的研究并无太大区别。不过，尽管"城民"指的是配属于城镇的兵户，但我却特别注意到他们在制度上是与一般州郡民相区别的存在，而且这一用语还往往在与州郡民作对比时使用。由此我认为，"城民"决非一个普通的名词，而是制度上的一个特定术语。

众所周知，六朝兵制的一个重要特征是兵户制。兵户与一般州郡民不同，属于特殊的军籍。北魏的城民制不用说也具备这一历史特征，但是城民制还带有种族的问题，这就使得情况较为复杂。一般来说，当兵户从州郡制中分离出来时，也就具备了走向贱民化的契机。但，对北魏的城民制还必须考虑它的特殊之处。这是因为构成城民主力的鲜卑族兵士属于征服种族，而刚开始从他们那里是很难看到成为贱民之征兆的。

从六镇起义前夜的状况来看，毋宁说他们本是具有自由的身份并肩负着国家荣誉的军士。在某个时期以后，其地位逐渐开始发生变化，进而萌生出走向贱民化的契机。地位的变质指的是与州郡民的位置发生了逆转。与州郡民——其代表为汉人贵族——的区别，正是他们原来所拥有的名誉地位之保证。当北魏向门阀制国家变质时，上述关系也随之发生逆转，此时，与州郡民之间的区别相反却促成了城民走向贱民化。我们看到，城民的存在以及由城民发动的起义并非只局限于北方六镇，而是遍及华北各地。从这一事实出发，可以认为上述关系的逆转发生于北魏全境，其反作用进而还波及至整个华北地区。六镇，正是这些尖锐矛盾的一个症结。

通过上述思考，北魏末的内乱似可用如下两个契机为中轴来加以把握：一是从自由民沦为贱民的历史状况，一是再从贱民奔往自由民的志向与行动。以上就是我在先隋唐史研究中得出的最初结论。这一结论如无大误的话，以北魏内乱时期为分水岭，⑥在其前后的时代中就必然呈现出证明上述两个契机的具体的历史状况。我在这之后所进行的研究，大体上说就是力图对此作出证明。

首先，如果说城民本是自由民的话，那么应从何处找寻其历史身影呢？对此，我们当然可以联想到部族民在游牧社会中的地位。不过，当时以中国内地为活动舞台的北族人民是否拥有塞外游牧社会那样自由的环境呢？这一问题尚需探讨。实际上有一种主张就认为，各个游牧民族在中国内地的建国过程中，其游牧社会的形态被融化在了文明程度较高的汉族社会里。根据这一看法，游牧民族形成国家，是因为有着中国式的官制与君主制，与此相应，北族民众也就逐渐丧失了其独特的生活形态，因而刚才所说的自由民论是不能成立的。我在其后对匈奴族的前赵后赵、鲜卑族的前燕后燕、氐族的前秦及其他五胡诸国家的权力结构展开分析，目的就是为了弄清这一问题。

通过分析，我的结论是，虽然上述这些国家都与汉族社会密切相连，但并不能就此认为它们进行了全面的汉化，其原因在于这些国家依然以部族制度作为支柱,而当这一支柱开始解体时,国家也就随之崩溃。此时的部族制度并非有着如塞外部落联盟国家那样纯粹的形态,而是以国家军队的形式出现在统一了中原的国家形态之下。由皇帝与诸王分掌军队的制度是一种分权制,我将其称作宗室的军事封建制,其形式体现了对日常战斗共同体的塞外部落联盟国家的继承。

那么,断然实行部落解散的北魏又如何呢?确实,解散部落亦解消了上述分权体制,为实现权力的统一发挥了作用。但是,以胡族兵士为主体的军事机构仍在起着作用,北魏依靠它成功地统一了华北。征服五胡国家以后,北魏设置在要塞之地的镇、戍正是这些胡族部队驻屯的地方。

这些军队的固定形态就是那些城民,此点不用多说。要之,北魏城民本是赋予塞北部族社会以特色的游牧民战士。因此,城民所丧失的自由就是源于游牧人民在部落共同体中得到保证的自由民的地位。在部落共同体中,国家与民众作为一个整体发挥着作用,这是因为部族制所体现的血缘结合直接就是国家形成的原理。如果说导致隋唐帝国诞生的一粒种子存在于城民之中的话,其根源则应该追溯至部落共同体。

当用自由民至贱民这样一个图式进行上述思索时,那么从贱民到自由民的方向,又是如何得到具体体现的呢?我认为在北魏瓦解以后的各个政权中,可以看到争取恢复自由的志向。东西两魏以及北齐、北周,在这些国家中,北方各族有着极高的地位而且发挥着重大的作用,这些就足以证明上述推测。北族是各个军阀国家的核心,尤其是西魏——北周政权那较为特异的国家体制就显示出了一种比拟部落联盟国家的强烈志向。

不过这终究只是一种比拟,而不是试图返回到部落联盟体制。单纯的回归在这时已不可能,也许正因为不可能,才有那样激烈的复古主义。面对胡族社会的解体以及由此而生的贱民化的危机等等现实,于是产生了一股异常强烈的抵抗意识,我认为这正是复古主义的母胎。通过与汉民族长期而深入的接触,胡族社会必然丧失或改变其独特的生活样式,但是这并不意味着胡族就此融汇到了汉人世界里。在失去原有生活样式的同时,难道他们就没有创造出新的自由的形式么?北朝后期的诸政权中,东魏—北齐在这一方向上的挫折与西魏—北周朝这一方向的迈进,都给人以清晰的印象,而后者的潮流最终归结于隋唐国家。对此,我确信不已。

三

从贱民到自由民,此时的自由民自然就是摆脱了种族性的胡族民众所具有的形象,换句话说,是一种更为普遍化了的自由民形象。如此一来,普遍化的过程就决不能只局限于胡族,它同时使人感到有必要考虑汉民族的问题。在这里,汉族社会与胡族王朝的结合方式、汉族社会自身的变化与发展等新的课题也就随之出现。

对作为异民族政权的五胡、北朝诸国家来说,汉族社会占据着什么样的位置呢?五胡国家的情况是,胡族与汉族作为统治的对象在种族上是有区别的,这一点已是学术界的常识,为此还出现了胡汉二重体制这一用语。这些国家在原则上并没采取蔑视并压迫汉族的措施(至于实际情况如何,我们先不去管),尤其对士大夫阶级,还采取了极为尊重的方针。但不能否认,胡汉两族在与国家权力相结合的问题上存在着隔阂。从汉族士大夫的立场来说,胡族政权毕竟是异民族政权,很难说是自己的国家。这种二重体制与刚才的胡族＝自由民论是相对应的。

上述状况在北魏也不例外。如崔浩事件所显示的那样,汉族士大夫无论怎样受到君主的宠遇,种族的障碍仍旧无法克服。孝文帝的汉化政策试图打破这一障碍,但是否顺利地达到了目的呢?汉化政策旨在排除种族的区别,以社会身份这样一种贯穿于胡汉两个社会并具有普遍性的原理为基础建立其统治体制。因此就这一点而言,可以认为北魏王朝已经转化成汉族士大夫自己的国家。但是从与这一新体制国家的关系来看,当时的汉人贵族并不是拥有某种强大力量,进而依靠这些力量参预国政的社会势力。他们所做的,只是使汉族社会的传统以及既成的身份秩序受到国家的承认和利用而已。因此,虽然大致上可以视他们为北魏政权的主体,但这种主体性只不过是一种形式,从实质上讲,必须认为他们仍然没有摆脱掉依存于胡族军事力量的寄生官僚的性格。

在孝文帝以后的官僚社会中,汉人门阀贵族虽然享有极高的地位与辉煌的声誉,但如上所述,其实质却并非如此。他们是否真正拥有作为政治支配者的主体性呢? 北魏末城民的起义为这一问题提供了明确的答案,因为这正是北魏贵族制在形式与实质上发生乖离的时候。北魏国家尽管推行了汉化政策,但依然维持着作为胡族国家的本质,而其代价则是牺牲了胡族兵士。

如此一来,只有超越这种形式与实质的乖离状况才能克服汉人贵族制的危机。在动乱时期,由汉人贵族率领的乡党部队(乡兵)登上了历史舞台,我从他们的活动中看到了解决上述课题的答案。乡兵与城民相结合,在关东与关西地区形成了东、西两魏政权。就这一点而言,东、西两魏可以说是胡汉两股势力的合作政权。这与孝文帝以后,在此点上流于形式的北魏国家截然不同。关西地区的乡兵集团尔后成为府兵制的基干成分,由此事亦可知,汉人贵族利用自己的力量加入进政权并从实质上支撑着政权。

前面提到的形式与实质的问题至此得到统一,不仅如此,胡汉一体化也开始结出果实。此后,胡汉双方政治融和的趋势日趋明显,到隋唐时代,种族区别已不再成为政治问题。唐朝还把胡汉一体化的原则推及至塞外,建立了充分反映出唐朝所具有的世界帝国性质的羁縻体制。

如此看来,胡汉政治融和问题真正得以实现,其发端应起自北魏末期的内乱。正是由于这场内乱,才使胡族人民开始从贱民走向自由民,同时它还使得汉人贵族从主体上参与到国政中来。如下所述,参与国政的问题还包含了汉人贵族制社会中的政治自由的问题。由此看来,北魏末的内乱正是胡汉民族各自奔向自由的一大潮流。

一般认为,六朝贵族的自立性很强,并不依附于王朝权力,这一倾向可以说十分浓厚,难以否定。但问题在于自立的方式。王朝权力对于贵族势力不能进行彻底的支配,与此同时,贵族势力也不能视王朝权力为囊中之物。贵族在现实状况中所呈现出的这一弱点与整个贵族阶层试图在文化上、精神上超越王朝权力的情况相适应。总体说来,在六朝时期的某些阶段,存在着王朝权力与贵族势力这样一种二元关系的状况。

在这种关系之下的贵族制就是门阀贵族制。门阀贵族制必然导致身份上的闭锁性,同时也削弱了贵族在政治统一上的能力,因此贵族不得不与作为外部存在的王朝权力——常常以军阀政权的形式出现——进行相互补充。大多数门阀贵族作为官僚任职于朝廷,因此往往可以看到王朝走上贵族化的例子。尽管如此,王朝与门阀贵族的二元关系仍旧得不到克服。历代王朝之所以无法防止暴君的出现,不能不说就是上述二元关系给门阀贵族造成冲击而带来的结果。

那么,这种二元关系在历史进程中又是如何被克服的呢? 一般认为,君权的强化压制了贵族势力并迫其让步。但君权本身又是如何得以强化的呢? 君主们打破门阀主义官僚制度,提拔并重用的寒门、寒人阶层实际上仍是门阀社会的构成部分。如此一来,在君权强化的过程中,不就隐藏着门阀社会自身的变质问题么? 也就是说,王朝权力与贵族势力之间所存在的二元关系实际上反映了门阀社会本身所具有的二元性,而君权强化又是与门阀社会发生巨大动摇的事实成对应关系的。

上面试就六朝的王朝权力与门阀社会的关系作了一般性的概述。两者之间的二元关系在北魏也基本不变,毋宁说由于种族问题的出现,上述二元关系较汉人王朝还要显著。如前所述,这种二元关系以北魏末的内乱为契机逐渐朝一元化方向转化,汉人贵族依靠自身的力量担负起政权的一部分即是其体现。

此时,汉人贵族势力的内部状况又是如何呢? 在考察了乡兵集团的意义与结构以后,我感觉到作为其支柱的,是力求打破封闭的门阀贵族身份制,主张重视士大夫个人能力的,可以称为新贵族主义的志向。这种新贵族主义与孝文帝时期一部分汉人官僚所提倡的贤才主义的理念相衔接,而且与后世科举制的原则也相联系,可以说是一种开放的贵族制。新贵族主义理念的核心在于人格主义,从此点看应是贵族制的一个形态,但是它也使得一般庶民阶层有了参与政治的可能。事实上,从根底上支撑着乡兵集团的,正是试图打破士庶之别这一被门阀主义视为绝对原则的庶民阶层。我认为使新贵族主义及其权力得以诞生的正是这股源于社会基层的力量。这样看来,在汉族社会中,民众追求自由身份的志向在酝酿形成以后,也是通过北魏末期的内乱为转机而日渐显著的。以上,我们对隋唐统一帝国是在胡汉民众什么样的动向之下形成的这一问题从宏观上作了一次纵览,获得了上述感性认识。

四

如前所述,保证胡族民众自由民地位的,从本源上来说是部族共同体。在历经变化及转型之后,最后又归结到了隋唐帝国体制。那么,汉族民众的自由身份又是在哪里得到保证的呢?

上面提到,旨在打破封闭的门阀主义身份制的新贵族主义运动内部,包含着各个阶层要求平等地位的志向,因此确立民众自由身份的方向应是其中一环。可是领导上述平等化运动的依然是贵族阶层,这一点深刻反映出了时代的性格。从乡兵之语中,我们必须注意到下面一个事实,即乡党社会正是上述贯穿于从贵族到民众各个不同阶层的运动的主要场所。

乡党社会作为新贵族主义的发生之地,有其必然性。六朝贵族制社会的根源应求之于何处? 学术界现在还无定论。以往的观念是,六朝贵族即等于大土地所有者。对此作无批判地继承,显然是有问题的。六朝贵族与其说是土地贵族或庄园领主,倒不如说他们作为官僚贵族、教养贵族的特点更加突出。紧抓这一现象,进而再去探索产生这一现象的社会关系,应是我们接近真相的有效途径。⑦一旦站在这样的角度上,马上想到的便是九品官人法与乡论的关系。在运用九品官人法的社会当中,贵族始终有机会拥有与其身份相符的官职,而保证这一机会的原始力量正是来自乡党的舆论,亦即乡论。可以这么说,贵族之所以能成为贵族,其最重要的社会根基乃是存在于乡党之中。

贵族与乡党社会相结合的重要纽带是舆论这样一种文化机能,由此亦可知,两者之间的关系并不以前者凭恃军事、经济的力量作自上而下的支配为原理。作为社会指导阶层,每一个贵族在受到人们的尊崇时,是否拥有与之相符的人格及精神? 对此加以评判的是乡论,因此也可以说正是乡论才把贵族与乡党社会紧紧地结合在了一起。尽管在这里贯穿着指导者与被指导者的上下关系,但被指导者却可以评价指导者是否具有作为指导者的资格,这种自下而上的关系毋宁说是上下关系产生的前提条件。所以必须认为,在社会上并不具有领导力量的被指导者亦即民众一方也在发挥着作用,而贵族阶级只有以这些民众作为基础才能成为社会的指导阶级。

从另一方面来看,民众占据不了社会的领导地位,实际上意味着民众不能超越私利的世界亦即不能站在一个全体的立场之上。当大家都处于私利的世界时,人与人的关系往往陷于难以挽救的矛盾与冲突之中。如何克服这一关系,并保证全体的协调性,这就是士大夫所拥有的公义的立场,也就是说,只有具备公义的人格才可以称做士大夫。用前面的观点来看,包括民众在内的乡党舆论中,受到如此评价的人物才能得到作为贵族的资格。从这一意义上说,贵族必须是公义亦即共同体伦理的拥有者与实践者。上面所说的贵族阶级应以民众的存在为基础,正可以在这一结构中加以理解。⑧

这样看来,民众之所以能作为自由民而存在,其原因在于他们是贵族阶级共同体伦理的对象,也可以说是因为他们自身也被包容在了这种共同体关系之中。再明确地说,是乡党共同体保证了民众自由的地位。但是,共同体中指导与被指导的上下关系在起着作用,而在这一关系中暗藏着威胁民众自由地位的危险。在门阀主义的身份固定以后,乡论逐渐丧失其固有的机能,由此带来的倾向是,民众与乡党共同体的联系日渐疏远,贵族与乡党的关系也出现了断裂。此时,贵族往往容易陷入个人主义的风气之中,开始松懈了在同乡党、民众的关系中打造自己的人格以及道德的努力。也就是说,贵族阶层开始脱离自己的阶级基础,将自己之所以能成为贵族的根本原因抛之于脑后。上述倾向在江南尤其突出,而在北朝,孝文帝以后的北魏王朝也可以看到同样的风潮迅猛而至。

新贵族主义运动以华北地区尚存的乡党关系为据点,这就使人感到它是试图恢复贵族与民众的本来关系的。因此可以说,在那里看到的民众争取自由身份的志向其实也就是渊源于六朝乡党共同体之中的。这一点与胡族民众追求自由身份的志向是以部族共同体为基点的情况极为相似。不只是形式上的相似,部族共同体与由贵族领导的乡党共同体这两个世界还肩负着一项重要的课题,即克服汉代世界帝国在结构上所存在的矛盾。这两个各自有着运行轨道的世界相互影响,最终生成了一个新的世界——新贵族主义国家。作为其完成形态的唐朝世界帝国同时具备了克服汉代世界帝国的最终形态,而胡汉两个共同体则构成了从汉代到唐代这一巨大历史运动轨迹的两条基线。

以上所述,就是我对隋唐帝国的本源应求之于何处这一问题的基本思路。导致隋唐帝国诞生的是胡汉民众追求自由的志向,而其所追求的"自由的世界"的本源,正是他们各自生活的共同体社会。不过为了避免误会,这里必须说明的是,不能就此认为在隋唐帝国的下部结构中存在着一个什么完备的共同体社会。对隋唐帝国来说,共同体毋宁说发挥着扩散开放的机能。这一思考角度在观察中国的国家与共同体的关系时尤为重要,以下对此略作申述,以为序说的结语。

前面已述,北朝后期的国家中尤其是西魏—北周的国家军队组织以部落联盟国家的拟制为其理念。也就是说,它并不是部族共同体本身的再现,而是试图将其精神发扬于新的现实之中。其时部族血缘这样一个使共同体自发结合的契机已不复存在,毋宁说是以部族血缘的瓦解这样的现实作为前提而试行的一种新的结合。最能反映出这一点的是部落联盟的拟制不但把胡族军人而且把汉族也纳入其中。也就是说,在这里构想出的是一个超越种族、一个极为理念化的大共同体。

部落联盟国家的特征在于部族组织直接形成国家结构。在部族即国家这一原理中,我们可以看到游牧国家所具有的古代性质(第一次性)。由此可以认为,五胡—北魏—西魏、北周的各个历史阶段也即是胡族社会一步一步摆脱上述古代性质的过程。发祥于游牧世界的各个种族及部族中,一部分与上述世界诀别,同汉族世界融为一体,这实际上也就显示出了克服古代阶段的一种途径。在那里,胡族民众已不再将部族制作为依靠,他们以自由民的身份,呈现出了与国家相联系的一面。

没有与汉族的合作,上述途径是无法实现的。部族制的解体,往往带来的是汉族的强势与胡族民众的贱民化这样一种现象。但是,胡汉双方的民众说到底是存在于一个共同的立场之上的。他们各自承担着军事与生产这一中原国家的二大机能。没有军事,生产安全得不到保证;而没有生产,军队则不可能维持。军事与生产的协同关系是当时人们赖以生存的基本条件,如果不能顺畅地运营,人们的生存就得不到保证。就这一点而言,上述合作的世界带有强烈的公共性质。胡汉民众正是从根底上支撑着这一公共世界的。

这个公共世界的运营机构是国家,负责其运营任务的则是统治阶级。国家与统治阶级本来应是公共的存在,但政治的颓废常常使他们放弃这一立场,进而开始把政治公权力据为私有。兵士与农民的自由地位遭致破坏,成为私人统治的对象,这是军事与生产的公共职能开始衰退的结果,而最后导致的则是国家机器的瓦解。

五胡十六国以来的各个王朝正是沿着这一轨迹而展开其兴亡过程的。为防止由于政权走向私人化而引起的国家解体,许多有良心的臣僚不惜生命,进行了激烈抵抗。那时,胡族、汉族在种族上的区别并非首要的问题,相反倒经常看到胡汉双方的官僚们都在为国家的命运而忧心忡忡。

他们在王朝走向腐败与解体的历史潮流中,仍然肩负其作为统治阶级的责任。他们十分清楚民众的存在对公共世界来说意义重大,可以说正因为有这样的认识,他们自身的立场才不会脱离公共的性格。从这一点来说,国家的使命就在于调和军事与生产、胡族与汉族、统治者与被统治者等等相互对立的关系,并建立一个公共的世界。概而言之,国家实际上意味着是一个以自由民的安定生活为其根底的大共同体。

值得注意的是,到北朝后期亦即新贵族主义作为一项制度得以采用之前,就已经存在着上述理念,而且是以时政批判的形式出现的。不管它是统治阶级的一种高姿态,抑或是一个极容易为现实政治所毁坏的理念,至少,在其立场中对胡族兵士所拥有的公共性作用是有着非常清楚的认识的。前面提到的胡族社会中非部族制的发展途径如果不以这种国家共同体的理念作为支柱,也是不可能成立的。

　　在国家共同体的理念形成中，汉人贵族的思想起着极大影响，这一点很容易想象到。在此有必要对支撑贵族阶层地位的最为重要的乡党共同体再次进行考察。如前所述，乡党共同体不是以土地或者其他物质的契机为直接媒介而形成的共同体。说得极端一点，它是一个乡论亦即乡人对于贵族的共通心情在发生作用的社会。因此，它所构成的并不是一个特定的排他性世界，而是可以从身边的范围扩大到更加广阔的范围，例如从郡县到天下国家，呈现出一个同心圆的形状而扩大展开的世界。⑨乡党共同体的这一扩散性、开放性的性质实际上与贵族不可能对民众采取排他性、独占性的支配同义，而且它与民众所拥有的一般意义上的自立性格又是相对应的。

　　总之，乡党共同体具有与国家共同体相连续的性质，因此，贵族阶层的治者理念也从乡党到天下国家自然地呈同心圆展开。如果不以乡党共同体的上述性质作为前提，也就不可能理解六朝贵族作为官僚贵族而存在的意义。只看到贵族作为官僚的一面便强调贵族为隶属于国家的存在，对这种仅仅只是拘泥于现象的解释，我不能同意。贵族社会源于乡党共同体的结构之中，因此这一社会在表象上是一个非常讲求伦理的世界。如果不依靠贵族与民众在其各自的形态中所拥有的自立性，这一世界就根本不可能成立。在我看来，这一世界的完成形态即是隋唐帝国，而只有如此把握，才可以真正理解到这　时代的伟大历史意义。

------

① 这只要参看我写的几篇关于唐代史的论文就能了解。其中特别在《如何思考隋唐帝国》(《东洋史研究》12—2)一篇中作了这样的叙述。

② 西岛定生《古代国家的权力结构》(收入《国家权力的诸阶段　历史学研究会1950年度大会报告》)。据我看来，这一立场并没有完全贯彻。西岛的理论只是说明秦汉帝国的权力结构与在当时的豪族经营中所见的父家长的家内奴隶制有同一性质，并没有说国家权力本身就是这些豪族阶级的统治权力。西岛没有简单地用奴隶制的一般概念来判断秦汉社会的性质，这与他的慎重态度密切相连。也就是说，他试图用中国式特殊形态的家内奴隶制这　范畴来把握秦汉社会的性质。在这里，豪族经营作为一种奴隶制并没有全面展开，

因此,不能从其经营内部的阶级矛盾中直接导引出作为其暴力机构的国家。西岛的这一慎重态度,一方面站在不能把中国古代社会的独特性放在奴隶制社会这样一个一般范畴内加以理解这一正当的观点上,另一方面,存在着没有指出秦汉帝国的形成根据这样一个弱点。究其原因,是因为西岛把父家长的家内奴隶制这样一个对于秦汉社会而言仅仅只是一个部分的生产关系作为历史把握的指标之故。西岛对作为秦汉帝国广泛基础的自立小农民社会——"里"共同体,并没有作积极的评价,他认为这是一个落后的社会结构,仅仅只是豪族的家内奴隶制经营的补充而已。针对西岛的这一理论,滨口重国和增渊龙夫都在实证与方法上予以批判,结果西岛收回了其奴隶制理论,这一点已是周知的事实。其后西岛又建立了一个新的理论,进而与增渊展开了论战,对此我曾通过自己的意见做过一些展望(请参看《如何推进中国史的世界史把握〔1〕——关于古代社会的性格论争》,载于《历史评论》184,后收入《中国中世社会与共同体》国书刊行会,1976 年;中文版马彪译,中华书局,2002年)。不论是西岛的新理论还是增渊的学说,对于秦汉帝国与作为其母体的小农民社会的关系都只是加以外在的把握,这是一个值得注意的疑问点。堀敏一的有关六朝隋唐史的研究也给人同样的印象(参阅本书第二编第一章注㉕)。如正文中所述,这并非以上三人的问题,而是众多的研究者所共通的问题。中国国家论的再检讨这一课题与中国社会把握的根本问题相联系,此点当另找机会详论。

③ 虽然西岛没有使用豪族的寄生官僚化这一用语,但从受其影响的堀敏一所撰《中国封建国家形态》(收入前引《国家权力的诸阶段》)来推测,可以作如上认识。

④ 拙稿《一个东洋史研究者的现实与学问》(《为了新的历史学》68,后收入上引《中国中世社会与共同体》)以及《北魏研究的方法与课题》(《名古屋大学文学部研究论集》32,此文后收入国际汉学编委会编《国际汉学》,商务印书馆,1995年,李凭译)作了这样的回顾。

⑤ 这种不满针对六朝时期而发,关于此点请参见拙稿《1966 年的历史学界——回顾与展望——魏晋南北朝》(《史学杂志》76—5)。

⑥ 这一内乱是从黄巾起义以后到隋末农民起义之前的规模最大的一次民众暴动,由此也可以看到其所具有的划时代意义。

⑦ 参看拙稿《六朝贵族制社会的历史性格及其向律令体制的展开》(《社会经济史学》31—1—5,后收入前引《中国中世社会与共同体》)以及《中国史研究的新课题——关于封建制的再评价问题》(《日本史研究》94,后收入《中国中世社会

与共同体》)。

⑧ 详见拙论《苏绰的六条诏书》(《名古屋大学文学部研究论集》44)、《均田制的理念与大土地所有》(《东洋史研究》25—4)、《北朝贵族的生活伦理》(收入《中国中世史研究》东海大学出版会,1970 年)。以上三篇后都收入前引《中国中世社会与共同体》。

⑨ 川胜义雄把这一结构称为"乡论环节的重层结构",认为在乡、县一级为第一次乡论,郡一级规模为第二次乡论,而中央政界则是第三次乡论,如此将乡论形成的场所划分为几个阶段(《贵族制社会与孙吴政权下的江南》,见前引《中国中世史研究》,后收入川胜氏所著《六朝贵族制社会研究》,岩波书店,1982 年)。

第　一　编

古代世界帝国的崩溃
与五胡诸国家的兴立

序　章

　　公元4世纪初,南匈奴首领刘渊自立称汉,同年,氐族李雄占据成都(即以后的成汉)。通常说的五胡十六国时代应始于何时,其实并不是一个需要严密考证的问题,我认为把它放在公元304年(西晋建武元年)比较合适,而五胡十六国的结束,则可以定为北魏平定北凉沮渠氏的439年。那么,应如何来把握这一个多世纪的历史特征呢? 此外,当展望隋唐帝国的形成时,这一时代又处于什么样的位置呢? 这些,即是本编所要解决的课题。

　　这一世纪,动荡不堪。作为时代的基本现象,最引人注目的即是政权的林立与政局的不安,这与汉帝国一元统治下的安定秩序大为不同。汉帝国瓦解的势头在历经三国鼎立、西晋的重新统一以后仍无缓解,紧接着便进入了这一混乱的时代。

　　导致这一时代产生的原因,是由于异民族的入主中原。在中国历史上,这还是一个从未有过的现象。可是,其历史意义决不能用类似"五胡乱华"这样充满偶然性的措辞来表述和理解。致使汉帝国瓦解的一个重要原因是豪族的自立与成长,也即是贵族制社会的出现,而另一个重要原因则应归结于异民族问题。厕身于汉代世界帝国内部的周边各民族脱颖而出,登上历史舞台,这其实就是五胡时代的出发点。从这一意义来说,五胡十六国既是秦汉帝国发展的终结,同时也是下面一个大帝国时代亦即隋唐帝国的起点。作这样的认识,应不致有误。正是基于这样考虑,我才决心从这一时代出发,进而考察隋唐帝国形成的第一步。具体思路如下:

　　东汉时期日趋严重的异民族问题,到魏晋时期非但没有得到解决,相反还逐渐恶化。就异民族问题这一点而言,魏晋只不过是东汉王朝的延长。东汉初期,匈奴的分裂以及属于其中一部的南匈奴归降,使得汉帝国与塞外诸民族之间失去平衡,汉朝开始对匈奴以及处于匈奴之下的氐、羌两族占据优势。东汉政府不断对羌族进行征伐,迁徙被征服部落于关中。氐族在西汉武帝设置武都郡(治今甘肃西和西南)以后,大多被强迫定居于渭水流域至巴蜀之间。三国时代,魏与蜀竞相拉拢,欲使其为己用,其中曹魏还制定政策,把他们从武都移至关中。因此,魏晋时代的氐、羌两族部落在关中一带势力大增,江统《徙戎论》谈到当时关中百万余人口中一半为戎狄,决非夸大之辞。

包括羯族在内的匈奴系部落,情况也大致如此。最初降汉的南匈奴有数万之众,后增至数十万,起先居于西河、美稷(鄂尔多斯高原)地区,后逐渐沿黄河南下至山西内部,到魏晋时期,汾水流域成为主要居住地。

综上所述,我们看到汉帝国在对外发展过程中将胡族各部落纳于自己内部,而这一结构后来由魏晋所继承,且日益突出。

汉代世界帝国的结构中必然存在的一些矛盾也日趋尖锐。华北各地虽有胡汉杂居的情况,但这并不意味着夷夏为对等的关系。早在东汉初,班彪就曾指出,那些利用言语、风俗习惯的不同而行欺压、剥削之能事的"小吏""黠人"才是投降羌民再次发动叛乱的原因。大家都知道,2世纪初爆发的羌族大叛乱拖垮了东汉国家,而导致叛乱发生的主要原因,据说就是源于汉朝官吏及豪族强制性的苛刻役使。这一种族间的不平等,或者说是压迫与被压迫的关系,一直持续到了魏晋时代。西晋武帝时期,凉州的氐羌族叛乱据说也是由于汉人地方官"侵侮边夷"、"妄加讨戮"(《晋书》卷52《阮种传》)之故。以上说的是氐羌族的例子,匈奴的情况也是如此,此点容后章再叙。

汉代世界帝国在结构上的矛盾,尔后为魏晋政权全盘继承。从王朝内部爆发的八王之乱导致了西晋的覆灭,而这亦显示出了汉人王朝作为这一世界的中心在不可避免地走向衰落和解体。有识之士都已觉察到国家正在陷入不可收拾的局面之中。江统在《徙戎论》中就叙述了上述种族问题的由来,主张应让氐、羌、匈奴以及高句丽(被曹魏毋丘俭讨伐后迁至河南荥阳地方的子孙)等回到各自的塞外故地,也就是在未然之中除掉国家的祸根。其中此等戎狄"居封域之内,无障塞之隔"(《晋书》卷56《江统传》)云云,非常形象地概括了汉代世界帝国的自我矛盾。这就是如果在世界帝国之内引入外族,那就只会加大国家自我解体的危机。在江统之前,魏的邓艾、晋的郭钦也都有过类似的警告,显示出有识之士已经预见到了危机的存在。这些建议都没有为朝廷所接受,其后终于迎来了刘渊的自立。

据此可知,刘渊举兵,代表的是胡族的兴起,同时也意味着异民族对汉族统治的反抗以及争取种族独立的伊始。但是,刘渊的行动决不是单纯的种族斗争。由于长期生活在汉代世界帝国之内,胡族诸部族已经习惯于同汉族的杂居生活。因此,他们的独立并非像过去的匈奴国家那样立国于塞外,而是把国家建在了中原地区。也就是说,建设自己的国家必须要以与汉族的共存作为前提条件,也必须将汉代世界帝国置于本民族的领导之下。

如果说这是五胡诸国家的理念的话,那么,它对如何理解五胡十六国时期以及其后的北朝诸国家,甚至对于如何认识隋唐帝国,都关系重大。因为这些国家一方面是异民族国家(或是近似于此的国家),另一方面又必须使自己成为正统的中国世界的主权者(这一点宛如日耳曼君主戴上罗马皇帝的冠冕)。在这一国家形态中,既贯穿着种族之间的区别与对立,又有通过同化与融和建立一个普遍性世界的志向。上述矛盾在相互交织中所产生的就是迈向新的世界帝国之道,而这正可以说是五胡至隋唐时期的国家发展史。

透过这样一种构想,不就可以发现在五胡诸民族的兴起及建国的表象背后,潜藏着极其复杂的历史内涵?比如,刘渊自立的意义何在?在其后形成的胡族诸国家的结构究竟具有什么样的历史特征?等等。本编各章对匈奴(前赵、后赵)、鲜卑慕容(前燕、后燕)、氐族(前秦)作了详细考察,具体探讨了上述问题。

第一章　南匈奴的自立及其国家

一　刘渊自立的历史背景

（一）释"晋为无道，奴隶御我"

304 年（西晋惠帝建武元年），南匈奴首领刘渊自立称汉。最先计划并在刘渊背后积极推动这一事业的，是其从祖刘宣等人。常居山西的南匈奴单于一族的刘宣等人，①将这一计划转告给时为成都王司马颖（八王之一）帐下将领而尚在邺的刘渊，②劝其利用成都王败北之机于山西举兵独立。为促使刘渊早下决断，刘宣说了如下一段话：

> 晋为无道，奴隶御我，是以右贤王猛不胜其忿。属晋纲未弛，大事不遂，右贤涂地，单于之耻也。今司马氏父子兄弟自相鱼肉，此天厌晋德，授之于我。单于积德在躬，为晋人所服，方当兴我邦族，复呼韩邪之业，……天与不取，反受其咎。愿单于勿疑（《晋书》卷 101《刘元海载记》）。

也就是说，要借西晋王朝的内乱这一天赐良机，雪刘猛之耻，复匈奴帝国旧日全盛之局。可是，究竟是怎样一种状况促使这些匈奴贵族下如此决心的呢？上文中"晋为无道"云云之语，由于反映了匈奴族在晋朝统治下的境遇，因而常被以往的研究所征引。例如，唐长孺氏在《晋代北境各族"变乱"的性质及五胡政权在中国的统治》（见《魏晋南北朝史论丛》，三联书店，1955 年）一文中就指出，刘宣的这段话说明刘渊独立的动机在于，匈奴贵族非常怀念过去的实权，他们要求恢复匈奴帝国的统治。此外，如"奴隶御我"所示，匈奴人民大多沦为奴婢与田客，所以刘渊起兵的动机还包括了解放被奴役的匈奴人民的要求。唐氏所论恢复匈奴国家的动机，当无疑问。可是，对"奴隶御我"一句，单从字面上去理解为奴隶,似嫌牵强。如后所述,匈奴民众成为奴婢、田客的例子虽然不少,③但那都是投在私人门下而非晋王朝本身。再者,"奴隶御我"上接"晋为无道",因此这一句应读为"如奴隶",即好像奴隶一样。而且"我"与"晋"相对,所以应理解为匈奴族全体之意。

把"奴隶御我"中的"奴隶"一语作为身份上的概念加以理解的,还有内田吟风氏的《匈奴史研究》(创元社,1953 年)。该书对整个匈奴史进行了十分深精的研究,本文从中受益非浅。内田氏在该书前半《关于南匈奴的研究》一文中,对魏晋时期南匈奴被迫丧失自治权的状况作了详细分析。他首先指出,在最初谋划独立时,刘宣的"我单于虽有虚号,无复尺土之业,自诸王侯,降同编户"(《晋书》卷 101《刘元海载记》)之语显示出匈奴贵族已经丧尽权威,与此同时,匈奴人民生活穷困,尤其是没有编入中国户籍却被迫承担同于编户的租役,这些就是"晋为无道,奴隶御我"所描述的奴隶化状态产生的一个原因。也就是说,内田氏在这里也把"奴隶御我"一句解释为对匈奴人进行直接掠夺的意思。如前所述,这并不正确。

既然"奴隶御我"一句不能如唐、内田两氏那样理解,既然这里的"奴隶"只是一个形容词,那么,应如何看待这句话所反映出来的匈奴人民的遭遇呢? 换句话说,导致匈奴民众沦为奴婢与田客的历史状况是怎样的呢? 继刘氏而建立后赵的石勒,其前半生为我们考察这一问题提供了极好的线索。

据《晋书》卷 104《石勒载记上》,石勒出身于上党郡武乡县羯室(今山西榆社西北),其家代代为该地的羯人部落长(部落小率④)。14 岁时,石勒就随乡人到洛阳为小贩,此外他还常替其父服部落小率之役,颇得四周人们信赖。青年时代的石勒,由以下故事可窥其为人:汉人父老与善看相者称他容貌与志操非同常人,并劝乡人平时多加善待。但大多数人非但不听,反而对他加以嘲弄。唯独邬县人郭敬与阳曲县人宁驱倾力接济,为报答这份恩义,石勒为他们耕种土地。

这个故事同时还反映出,石勒常受汉人欺辱,且自身的经济条件并不充裕。作为部落首领之子尚且如此,一般部落民则可想而知。匈奴分裂以来,南匈奴的一部放弃塞外故土而移至中国内地。但从严格意义上说,他们并没有与汉人杂居,而是仍旧拥有自己的部落,这一点在《石勒载记》里说得很清楚。但是《载记》也传达了下面这样一个信息,那就是部落结合在逐渐解体的事实。石勒随很可能是汉人的同乡到洛阳贩卖,或是利用一定时间耕作于汉人地主的田地。这种耕作劳动虽然有报恩的成分,但与匈奴人民成为奴婢、田客的现象并无矛盾,甚至还可以说为这一现象提供了例证。总之,困苦的生活迫使匈奴人民不得不离开自己的部落,其结果便是接受汉人的庇护,受其支配,而且这种关系在逐渐趋于固定。这是一种在经济情况下不得不产生的胡汉两社会的融和现象。如果说南匈奴内迁导致了最初的胡汉融和,那么,尔后匈奴人民的困穷实际上又促进了这一现象的加速。

　　石勒后来的遭遇更加深了这一认识。太安年间(302—303年),并州地方发生大饥馑,石勒与胡人一道离开乡里。最初似到北方塞下的雁门,后折回,投奔前面提到的宁驱。当时北部都尉⑤刘监(从刘姓来看,似为单于一族)正在抓流亡胡人,卖于四方,石勒由宁驱保护而得以幸免。此后,石勒又前往纳降都尉李川处。他在这一时期内的行动还有许多不明的地方,不过我们可以推测,不正是因为当时配在五部(后述)的匈奴人被勒令不能无故离开属地,因而刘监才可以执卖浮浪中的胡人么? 而且石勒去纳降都尉处,很可能是解释自己离开乡里的原因,或者是去自首。在去纳降都尉处的途中,石勒遇到故人郭敬(前述),他劝郭云:

　　　　今者大饿,不可守穷。诸胡饥甚,宜诱将冀州就谷,因执卖之,
　　可以两济(《晋书》卷104《石勒载记上》)。

郭敬对此表示赞同。同样的计划,并州刺史东瀛公司马腾(八王之乱的主要人物之一)正在执行。司马腾为筹措军费四处抓胡人,抓后即二人一组戴上镣铐,卖至河北方面。大家都知道,石勒本人在这次人身买卖中被执,卖给茌平的师懽为奴。⑥

　　通过以上叙述,可知4世纪初的饥馑使得匈奴人的部落生活支离破碎,陷入极其悲惨的境遇之中,等待他们的,只有去作奴隶的命运。在这一沦为奴隶的过程中,从北部都尉刘监所干的"缚卖",到石勒劝郭敬时所说的"执卖"、东瀛公司马腾采取的"执诸胡……两胡一枷"等,都

是极端强制性的措施。但应注意,这些都是在面临饥馑以及匈奴人民生活穷乏这一事态之下发生的。在这一极端惨绝的状况中,为了生存而甘愿为人奴的心情,不能不说是很普遍的。石勒向郭敬的献策,与其说他在背叛自己的同胞,倒不如理解为这是将他逼到这一地步的胡族生活的极限状态所致。加在匈奴人头上的,的确是强制,但这同时也是当时情况下他们赖以生存的惟一途径(就食)。

所以应该说,导致匈奴民众沦为如此地步的,是恶劣的经济状态而非外在的强制。可是,造成匈奴人经济条件恶化的又是什么呢? 仅用饥馑这样一种农业状况是不足以说明问题的。我的意见是,匈奴的部落社会丧失了保障(保护)个人成员的力量,才是最根本的原因。这时再加上恶劣的经济状态,上述保障机能也就越发趋于衰退。如此一来,匈奴固有的生活方式在汉人社会中逐渐消解,因而匈奴民众那朴实的身躯在残酷的中国社会中也饱受磨难。在序章中曾提及,东汉以来,氐、羌两族之所以受到汉人官吏及豪民的践踏,为其所驱使,主要原因就是素朴、单纯的游牧人民一旦进入到复杂而又狡猾的汉人社会中时,丝毫没有防备之心的缘故。这在匈奴人身上也是如此,因为与汉人社会的融和,正是通过他们身份的低落而得以实现的。

所以匈奴人民当然要寻求属于自己的自由世界。这时,他们所怀念的是父祖们曾经生活过的土地,那朔北的草原。271 年(晋武帝泰始七年),左贤王刘猛试图逃亡塞外,但遭失败,对匈奴人来说这不啻是一次重创,他们只有暂时隐忍不发。⑦如上所述,刘宣提及此事则痛心不已。不久,匈奴的"忿恨"便再次迸发于北边。299 年(晋惠帝元康九年),由于匈奴部人逃奔塞外,刘渊被免去五部大都督一职。所谓五部大都督,实际上是外戚杨骏欲巩固自己的权势,在拉拢刘渊时所授的统辖匈奴五部的军事权。在西晋对异民族的欺压政策下,这一职位的废夺当然是很容易之事。如后所述,匈奴贵族只是这一政策的替罪羔羊,他们所拥有的传统荣誉早已荡然无存,其地位也无异于一介编户。

至此,对"晋为无道,奴隶御我"这一句的意思似乎可作如下理解:"奴隶"只不过是匈奴族固有的生活遭致解体,丧失了种族自立性的一个形容,也就是说,整个种族都在面临类似"奴隶"一样的命运。匈奴贵族的特权消失以及匈奴民众承受沦为奴婢与田客这样一种身份上、阶级上的苦痛,这就是整个种族命运所反映出来的一部分现象。

(二) 南单于权威的丧失及其恢复过程

上面推测了在刘渊自立的前提条件中,含有匈奴族的自立性丧失这一现实状况。但是,为此而展开的恢复自立的运动并非是塞外匈奴国家的复活。为什么这样说呢? 因为上述行动是在中原地区展开的,而且作为其完成形态的前赵(包括汉)、后赵两个国家所带有的特异性质也与此点紧密相连。这一点准备在下节中详细论述,不过,从大的方向来说,上述事实却又显示出了一种对汉代世界帝国的矛盾加以克服的倾向。那么,作为这一前提,匈奴在汉代世界帝国内是如何丧失其自主性的呢? 对此有必要进行考察。

首先看内田氏的意见,他在《匈奴史研究》中对这一问题作了如下概述:

> 南匈奴向东汉天子称臣,送嗣子于汉廷。东汉朝廷遣使匈奴中郎将等对其进行监视并参与辞讼,阻其与外蛮交通。但是南匈奴并没有受使匈奴中郎将或是并州刺史的直接政治统治,对诸部大人(渠帅)的直接统治权仍在单于手里。
>
> 南匈奴的南单于政治到东汉末消灭,这时,南匈奴也就丧失了一直对中国所持有的自主独立性。这一事态从两个方面而起,一是由南匈奴的内讧所引发的内部崩溃;一是中国政府自外而内的破坏作用(页58—59)。

据此可知,直至东汉,南单于对于同族者还保持着某种权威,但到东汉末出现崩溃。崩溃的原因,内田氏指出是由于中国政府自外而内的压力以及南匈奴自身的内部纷争。这一分析非常重要,由此我们还可以推想到,刘渊恢复匈奴国家的运动实际上意味着匈奴族的自我重建。根据这一推测,我们下面就来回顾一下东汉以后的经过。这里主要参照内田氏的详细研究,再加上我自己的一些见解,追寻事态发展的过程。

89 年(汉和帝永元元年),汉与南匈奴的联军重创北匈奴,之后,大量匈奴人归于南匈奴之下。随着人口的激剧增加,南匈奴内部纷争的胚胎也在酝酿之中。纷争首先以南匈奴旧民与新归降民之间的对立与争斗的形式出现。93 年,发生了单于安国与左贤王师子之争,后者得旧民信赖,前者则有新降胡支持。汉朝站在师子一边,杀安国。师子即单于位,于是新归降民十五部二十余万众举反旗出塞。这一纷乱持续了二十五年之久,接下来便是降胡为反对征兵讨伐鲜卑而逃亡(121年)以及降胡部落大人阿族的叛乱(124 年)。140 年(汉顺帝永和五年),又发生了句龙王吾斯车纽包围南单于的根据地西河、美稷的事件。汉朝廷以统率不力为由派使者责单于休利,中郎将陈龟则追击休利并迫其自杀。匈奴叛军就此拥戴车纽为单于,并与乌桓、羌二族联手侵入并、凉、幽、冀北边四州,进逼内地。面对这一事态,单于庭也不得不从美稷内迁至离石。

由以上可知,在公元 1 世纪末到 2 世纪上半叶的纷争中扮演主要角色的是新降胡人。与南匈奴旧民的差别以及讨伐鲜卑、乌桓时的苛刻征发等,应是他们不满的缘由,而且,这还与单于一族的内部纷争相关联。我们看到,纷争所带来的结果是反叛者动辄包围单于王庭。总之,在这一阶段,匈奴的内部纷争带有单于与其敌对势力相争的迹象,而这一点又逐步演化为匈奴与汉朝之间的抗争。

到 2 世纪后期,纷争在形式上发生了某种变化。158 年(汉桓帝延熹元年),"南单于诸部"皆反,并与乌桓、鲜卑联合侵袭九郡。据《后汉书》卷 90《乌桓鲜卑传》,是年冬,使匈奴中郎将张奂带南单于出塞,[8] 强攻鲜卑。此时正当鲜卑英雄檀石槐称霸时,因此征讨不但没有取得预期的成果,而且还似乎引发了前述抵抗征讨动员令的叛乱。张奂对叛乱加以镇压,"以不能统理国事"为由拘禁了单于居车儿,同时还奏请朝廷欲使左谷蠡王代之,但结果却没有得到认可。从"南单于诸部"这一表现来看,这次叛乱的主体应是由南单于直接统领的诸部落,因此,158 年的这场叛乱可以说从根本上动摇了南单于的统治基础。

由此我们也就能够推想到,2 世纪后期,南单于丧失其权威的事态是越来越深刻而严重的,而这又有助于我们理解其后发生的各种事态。

179 年(汉灵帝光和二年),中郎将张修与南单于呼征不和,杀呼征。这一事件的意义还不甚明了,不过,在这之后,受到拥立的是羌渠单于。在这个单于之下,兵役繁重,为此"国人十余万"发动叛乱,杀羌渠。我们可以作这样一个推测,即前单于呼征也许是因为对汉朝征发匈奴民众表现得不太热心而遭杀害的。羌渠最终为"国人"所杀,其子于扶罗虽继单于之位,但"国人"却不予以承认,转而立须卜骨都侯为单于。须卜氏尽管为匈奴名族,但是,单于的位子却终于从传统的挛鞮氏手中转至他姓。于扶罗为此申诉于汉廷,但当时天下已乱。于扶罗本欲返回离石,但不得"国人"收容,最后只有停留于河东、平阳。须卜氏即位一年后死去,以后单于位出现空白,据说由"老王"来代行国事。195 年(汉献帝兴平二年),于扶罗死,其弟呼厨泉继其后,但他也不为离石所容而只能滞留平阳。

从上述经过可以看到,单于统治到 2 世纪后期,其基础发生动摇,而给予其最后一击的是以离石为中心的"国人"。这恰如内田氏所论述的那样,匈奴国家是从其内部开始瓦解的。不过,大约一个世纪以后,成功地重建了匈奴的刘渊即是于扶罗之孙。权威已经完全丧尽的单于一族,又是如何重新结合在一起的呢? 关于这一问题,有必要对魏晋时期的南匈奴的动静加以注意。

暂住平阳的于扶罗以后卷入群雄割据之中,他援于军阀袁绍,后被曹操击败。曹操还败其弟呼厨泉,将山西一带收归掌中,匈奴诸部落的主要部分也就附于其统治之下。曹操依据诸部落的分布地区,分匈奴为左、右、南、北、中五部,并从各部之中选帅统领其部。在部帅之下,置汉人司马予以监视,此外,另以并州刺史兼使匈奴中郎将监督整个五部。据内田氏所论,在分割五部的同时,扣呼厨泉于邺都,而委任与曹操合作的其弟左贤王去卑监国。因此,呼厨泉的南单于之位虽为曹氏政权认可,但无丝毫实权,形同虚号。随着单于之位流于形式,又另置了统治匈奴部落的实际责任者(此时为去卑)。在这里,单于的职能在形式上与"实质"上出现了分离。当然,所谓"实质"也是由曹氏政权从外面所赋予的一种表面上的实质而已。究竟赋予去卑以什么样的职权,其具体内容我们并不清楚,但既然由汉人王朝来任命,其受制于他人的状况,也是可想而知的。同样,其后创设的五部帅制度(西晋改帅为都尉)也并不是从匈奴固有的生活中产生的职任。而最能反映上述事实的,则是汉人司马的设置。可以说,五部体制充分显示了南匈奴在丧失了其自主性后所处的极限形态。

那么,匈奴族是否就此完全销声匿迹了呢?在使南单于的职位形同虚设的同时,仍不得不设置"监国"一职,即便这也是算不了数的,但我们从中还是可以看到汉人政府所面临的矛盾状况。同样,设立五部(后来为便于控制,又作了进一步的细分)这样一个特别行政区,并由匈奴贵族充任各个部帅,无论这多么徒具形式、多么流于表面,但仍旧说明魏晋政权不能全盘扼杀固有的部落组织。正因为如此,随着汉人的支配开始发生动摇,匈奴也就开始有了复兴的可能。

魏末以后,刘渊作为侍子,滞留洛阳。了解其过人之处的人们,常常试图让他率领匈奴兵参与国家的征讨作战,如平定孙吴或是讨伐鲜卑树机能等。不过,每次又都被患其"蛟龙得云雨"的人所反对,没有得以实现。这同时也就说明,匈奴在魏晋时期虽受到严厉的控制,但仍暗藏着潜力。到惠帝时期,西晋政权出现动摇,外戚杨骏授刘渊以五部大都督,随后成都王司马颖也为他奏请监五部军事一职(以上均见前述)。在任监五部军事时,刘渊正为左贤王。具有讽刺意味的是,左贤王虽为匈奴固有的职位,但仅是形式上的地位,而刘渊之所以能够掌握同族的统率权,靠的却是汉人王朝所授予的上述中国式官职(即五部大都督)。后来由于战况不利,成都王颖又授予刘渊北单于的称号,但此时他已被企图独立的刘宣等人推举为大单于了。

匈奴单于的权威在逐渐恢复,但决不能简单地视其为传统的复活。传统的权威在东汉末到魏晋的历史发展过程中业已消失,⑨而新的单于毋宁说诞生于匈奴部落被剥夺了种族固有权力的困境之中。父亲刘豹死后,刘渊继为左部帅。西晋太康末年被任命为北部都尉,《晋书》卷101《刘元海载记》说他"明刑法,禁奸邪,轻财好施,推诚接物,五部俊杰无不至者"。这里看到,他所得到的支持已经超越了都尉的职任范围而及于整个匈奴五部。应该说,这些赞美之辞所描绘的决非传统贵族刘渊,而是在现实社会中具有新领导者形象的刘渊。没有这种新的人格与能力,他也就得不到刘宣等人的拥戴。⑩此外我们还可以发现,在刘渊的为人当中,闪现着这一时代普遍所见的豪族的身影。

二　前赵、后赵政权的历史结构

(一) 问题考察的视角

如前节所论,刘渊自立的意义在于从匈奴人内部寻求自我复兴。如果这种理解不误,那么作为其结果诞生的前赵国家以及作为其继承的后赵国家肯定也具有如此意义。从这一角度分析两个政权拥有什么样的结构,承担着什么样的历史使命,就是本节的目的。

首先看看内田氏对这些问题的见解。在论述了"前赵(汉)是匈奴屠各种刘渊建立的国家,而且也是匈奴色彩最为浓厚的国家"(前引书页 96)之后,内田氏还作了如下分析:即前赵的宗室刘氏属于传统的单于宗族挛鞮氏,与刘氏一道参预政治枢机,并在历史上发挥重大作用的还有呼延、卜(须卜)、乔(丘林)、綦毋等其他匈奴贵族。就后赵而言,石氏本为群盗出身,起先并无部族的背景,因此与前赵不同之处在于允许汉人参与政治,但在末期,引入胡族,欲推行以胡族为中心的政治。总之,在内田氏看来,两赵政权基本上都具有匈奴国家的特点。此外他还举出诸如作为匈奴国家基干的单于政治得以恢复并统领游牧诸部族,左右贤王以下的名号得以采用,言语、服装、婚丧等匈奴原有的风俗盛行等事例。

在中国定居数世纪的经历,加上建国于中原,所以虽说是匈奴国家,但并非以前塞外国家的复活,这时与中国社会的各种关系便自然产生了。内田氏没有忽视此点,他举例如下:比方说,作为最高位置的单于不是由游牧诸部族所推戴,而是依附于皇权,其统治范围也只限于游牧民特别行政区;位于单于以及单于行政区之上的,是君临于胡汉两个世界的绝对主权者天子;整个匈奴国家已经失去了部落联盟体的结构,也没有依靠部落大人的集议来实施政治的迹象;国家政令全部由中国式官厅来发布,部族酋长们在接受匈奴官爵的同时还接受中国式的官位;汉人官僚也在政界中得到活跃的机会,朝廷呈现出胡汉相混的状况,等等。

那么,刚才所强调的两赵政权所具有的匈奴国家的性质与这里所说的胡汉融和的状况又有什么关联呢? 对于这一点,内田氏的见解并不明确。他将两赵政权的政治理解为是胡汉两种势力相抗争的过程,并认为刘聪和石虎之所以成为历史上少见的暴君,是因为他们实行的以胡族为中心的政治遭致汉人极端反感的缘故。以此推测,内田氏是将两赵的匈奴国家特征作为论述的重点,而把胡汉关系理解为是激烈相争的关系。但内田氏在其著作中同时也指出,不同种族间的相互交涉与中国社会历史发展的性质问题相挂钩,问题十分复杂和困难,因此是否将两者之间的关系理解为单纯的相争关系,自己还心存疑虑。

究竟应如何思考这一问题呢? 内田氏就匈奴的特点与传统而举出的众多事例,实际上是塞外国家时代的风俗与制度。如果强调这些在两赵国家那里得到恢复,那么两个国家的匈奴色彩自然十分浓厚。但是,如果认识到恢复过去的制度与风俗只是徒有其表的话,自然就会强调这些国家有着汉化的倾向。因此在论述两赵国家的性质时,光把焦点集中在制度与风俗上是有欠妥当的。

提到匈奴世界的复兴,那么这一世界到底是一个什么样的世界呢? 更明确地说,应把这一世界作为什么来加以考虑呢? 如前所见,在魏晋时期,单于之位徒有其名,这也象征着匈奴人丧失了其原有的种族生活。对匈奴民众来说,种族自立性的丧失还表现出他们从自由的身份沦落为奴婢与田客,匈奴贵族失去其作为贵族的位置与匈奴人民失去自由的身份同出一辙。不过在这里,似乎可以看到匈奴世界原有的形式。这就是,贵族的身份依靠作为自由民的民众来支撑,而民众的自由身份反过来则通过贵族的统领体制得到保证,所谓匈奴的世界,正是由这两者的相互关系构成的。

如果是这样的话,保证贵族与民众相互结合的游牧社会的自由体制,不就是匈奴世界的存在原理么? 可是在东汉时期,单于屈从于汉朝的权力,与匈奴民众的关系发生乖离的现实却反映出南匈奴社会的上述原理在衰退。所以当刘渊自立之时,就通过"晋为无道,奴隶御我"这一慷慨陈辞,表达了以恢复上述原理为己任的志向。

问题到此已变得十分清晰,这就是在考察两赵国家的匈奴特征时,基本角度不应放在制度或是风俗的相承与否上,而应看其是否拥有上述原理。

（二）　前赵、后赵国家中的匈奴世界

本节的课题是将上述原理置于两赵国家的动态之中作考察。首先让我们概观一下这一时期的政治推移。

刘渊的自立与建国

刘渊自立以后,首先称大单于,建都离石。离石为南匈奴根本所在,也是刘渊祖父于扶罗、呼厨泉兄弟无法容身之地。刘渊首选其地,可以说是有复兴匈奴之志的。接着在左国城即汉王位(304 年),自称汉王的理由有二:(1)据汉高祖与冒顿单于故事,依"兄亡弟绍"原则,继承在民众当中享有德望的汉朝国号;(2)晋朝的残余势力依然存在,因而还不能立即称帝。不过,刘渊始终抱有立自己国号的打算。其时非汉民族的首领还无作中国君主之例,在此气氛下,刘渊以"人禹出于西戎,文王生于东夷,顾惟德所授耳"(《晋书》卷 101《刘元海载记》),终在308 年即位平阳。此时山西南部一带已基本平定,汉的基础也日趋牢固。在东方,石勒、王弥举兵,与刘氏相呼应。不过,在北方的晋阳,并州刺史刘琨以鲜卑拓跋部为援;而在洛阳,东海王司马越拥戴晋怀帝。310 年,刘渊事业未竟而亡。

刘和、刘聪的抗争

继承刘渊之后的是其子刘和,不久即遭其弟刘聪(时任大司马、大单于)进攻而亡。刘和为谋地位的安定曾攻击过各自握有军队的兄弟裕、隆、聪、乂,这次遭其反击。两赵时期,此类争夺政权的斗争经常可见。这类现象如后所述,反映了两赵政权所具有的特殊性质,这一点十

分重要。事件结束以后,刘聪即帝位,弟刘乂被任命为皇太弟,领大单于、大司徒。刘聪与乂是异母兄弟,作为皇后单氏之子,乂更为显贵,但在政情不安的状况下,遂以年长的刘聪暂即帝位。

刘聪时代的版图扩大

刘聪时期,汉的统治范围逐渐扩大。首先在 311 年(晋永嘉五年)攻陷洛阳,移怀帝于平阳(史称永嘉之乱)。接着再陷长安,使刘渊族子刘曜屯驻此地,关中地区的氐、羌族也尽归刘曜控制。长安后来曾一度被秦王邺(愍帝)夺回,但在 316 年(晋建兴四年),愍帝出降,汉在当地的威势得以确立。汉另外还进攻晋阳的刘琨,但为拓跋部所败。东方的石勒、曹嶷(王弥的故将)在名义上归服于汉,但仍是独立的势力。因之,刘聪时期还不能说控制了整个华北。

刘聪时代的内政与刘乂、刘粲的对立

另一方面,朝廷上下混乱异常。刘聪在皇后呼延氏死后,立汉人名族刘殷的两个女儿为左右贵嫔,四个孙女为贵人。此外还设立上、左、右三皇后制度,册立靳氏为上皇后、刘氏(汉人)为左皇后、靳氏为右皇后。[11]靳氏与宗室刘氏一样同为屠各种。[12]后宫规模经过这样一番扩大,外戚与宦官政治的介入也就成为必然。[13]刘聪对皇后或废或立,更换频繁,最后竟立宦官的养女为皇后。此时外戚靳准为巩固自己的权势,巴结并追随宦官集团,迫害与自己持不同主张的官僚们。许多朝臣因上谏言而被杀,有些则因意见不被采纳忧郁而死。宦官与外戚势力还唆使刘聪子刘粲诛灭皇太弟乂一派,其结果是刘粲为皇太子,领相国。

外戚靳准的夺取政权

318 年,刘聪死,刘粲即位。粲的妃子靳氏为皇后,外戚靳氏及宦官势力于是便将权力完全掌握在手中。帝室刘氏中惨遭诛灭者不在少数,一部分朝臣逃奔长安的刘曜。最后,靳准杀害以刘粲为首的刘氏一族,挖刘渊、刘聪陵墓,篡夺了政权,并自称汉天王,与东晋保持联系。

刘曜的继承政权及其灭亡

面对这一异常事态,刘曜和石勒分别进攻平阳,政权暂落刘曜手中。刘曜在长安即位,改国号为赵。[⑭]不过石勒没有放过这一机会,他率众西进,占据南匈奴故地。之后,石勒也称赵王,并占领洛阳。刘曜试图夺回洛阳,但在大醉之中出阵,为石勒所擒。此时在长安的前赵政权还保有相当的力量,但却采取消极的政策,欲避难西方,结果遭石勒军追击,悉为俘虏(329 年)。

后赵建国的经过

后赵政权的成立经过如下:从奴隶身份上解放出来的石勒率马贼"十八骑"专事掠夺,其中还有非汉族人如呼延氏、支氏等。石勒后来辗转于西晋成都王司马颖部下诸势力之间,失败之后始归刘渊。成为他日后独立基础的军队是在统合了乌桓族张氏的部队后开始建立的。此后,石勒转战于河北、河南、山东等地,将避难于坞堡之中的汉人以及匈奴族的诸部落等收归帐下。原打算以长江流域为自己活动范围的石勒,最后定据点于河北襄国。

石勒的平定华北

312 年,石勒从刘聪那里受使持节、散骑常侍、都督幽冀并营四州杂夷征讨诸军事、冀州牧。石勒所平定的地区比刘氏的直接统治地还要广大,而且成功地讨平了刘氏也对之束手无策的周边军阀。首先得鲜卑段部援手而攻灭幽州的王浚,接着将刘琨赶出并州,相助刘琨的拓跋部此时因为内乱正陷入衰退之中。到 322 年,石勒基本上平定了河北、河南、山东(曹嶷)以及辽西一带,此外他还与东晋暂结联盟以解后顾之忧。319 年,乘汉发生政变之机,称赵王、大单于,与刘曜相持,后灭前赵而即位,由此控制了整个华北地区。从上述经过来看,可以说始于刘渊的统一中国之业,最终经由石勒得以完成。在这一点上,可以说前赵为后赵起了先导作用。

石弘与石虎的反目

作为石勒的腹心，并在统一事业中立下功劳的是其从子石虎（季龙）。石勒晚年，石虎与太子、大单于石弘交恶。在石勒称赵王、大单于时，石虎任单于元辅、都督禁卫诸军事这一重职。石勒称帝之后，石虎以自己定会为大单于，不料这一职位却授给了太子石弘，因而心存不满。石勒还把尚书省的一切上奏均委托给石弘执行，自己专掌征伐与刑法裁断等，这一措置又使得任守尚书令的石虎更加不平。此外，在石弘之下掌管一切事务的是宦官严震。

石虎的统治时期与石邃

石勒死后，石虎马上开始压制石弘一派。石弘虽居帝位，但石虎作为丞相、魏王、大单于掌握着实权。335 年，石虎废杀石弘而即位，立子石邃为太子。石虎的统治时期是前后两赵国运最为兴隆的时期。不过石虎后来似乎过分陶醉于这一繁荣之中，与石勒一样，他把国事委托给太子邃，而自己则一心沉迷在游猎与土木事业中。在石邃之下，依靠巫术而得宠的保母刘芝独掌政事。其时，威胁石邃权势的是其兄弟石宣与石韬，他们也都深得父皇的宠爱。地位并不安泰的石邃于是图谋暗杀石虎而自即帝位，结果事败被诛。

石宣、石韬的争斗

石邃被诛以后，石宣继为太子，石韬为太尉。二人每隔一日轮流掌管尚书省事务，由此渐生反目。石宣试图削减诸公侯之兵，使之集中于东宫，其目的显然在于打击石韬的势力，此时石宣的得力手下是宦官申扁。石宣最终虽暗杀了石韬，但亦为石虎所觉察，被杀。

石虎死后的混乱与张豺

石邃、石宣、石韬三人死后，石世被立为太子。石世母本为刘曜之女，在前赵灭亡之际，由武将张豺献于石虎。因此，当石世成为太子后，张豺的权势大增。石虎临终，委任石遵、石斌、张豺辅佐石世。张豺与刘皇后在石虎临死前谋杀石斌（349 年），国家由此也陷入大乱之中。在长安的石遵攻杀张豺即帝位，但不久又为石闵所杀。石闵起先拥戴石鉴,后又杀之,接着再杀石虎孙38人,最后自即帝位。

冉闵的革命

石闵本为冉氏,是魏郡出身的汉人,因作石虎的养子而改石姓。他即位后恢复旧姓,国号称魏。始于刘渊的匈奴国家遂告灭亡。不久鲜卑慕容部南下河北,捉冉闵,魏也在短命之中结束。冉魏的革命显示持续了半个世纪的匈奴国家最终从内部走向崩溃。

上述政治推移,可以说是一部充满阴谋与杀戮的血腥史。那么,难道这两个王朝就只是由那些没有任何理念的野心家在权力欲望的驱使下建立的么? 当初那恢复匈奴族独立的建国理念,是否只是匈奴贵族为满足其自身的野心而设的一个幌子呢?

前面我曾提到,匈奴世界的原理在于,以游牧社会的自由作为媒介而形成的贵族与民众的结合。有关匈奴民众在这两个政权之下的记录极端缺乏,不过在石虎死后,张豺当政,长安的石遵对此展开进攻,《晋书》卷107《石季龙载记下》称:

> 者旧羯士皆曰:"天子儿来奔丧,吾当出迎之,不能为张豺城戍也。"逾城而出,豺斩之不能止。

其后,冉闵掌权,龙骧将军孙伏都、刘铢等又结集"羯士三千人",谋诛冉闵。这里的"羯士"是石勒以同种羯人组织的禁卫军。从上例来看,这些极为荣誉的军士与石氏宗室之间的忠诚关系是十分牢固的。冉闵改朝之际,不单是羯士,一般的匈奴民众也表示了强烈反感。不论冉闵如何制止,逃亡者仍是络绎不绝,为此冉闵曾杀胡人二十余万。内田氏称此事证明了"胡夷不以羯主石氏为恶政"(前引书页117)。可是,不能因为胡族反对冉氏就马上断定他们在支持石氏之政。对个别君主提出责难,并不是就怀疑整个帝室在执掌政权上有问题,有时甚至还可能是对其正当性深具信心。就羯士而言,完全可以想象出,他们在心情上坚信后赵国家具有正当性,同时自己也作为兵士承担着国家的权力,也就是说从主观上、客观上他们都在支撑着这个国家。国家与民众的这一连带关系不就可以使我们想起,在部族联盟形态中体现出的匈奴世界的结构原理此时仍在发生着作用么？

　　前赵并无类似后赵羯上反抗那样的直接例子。不过，在本来的匈奴世界里，体现出上述国家与民众关系的是单于与民众，以下我们从处于其中一极的单于方面来加以思考。单于称号在两赵是重要位置。一般来说，君主还在称王的阶段时大多自兼大单于，即帝位之后，则将其授给最为尊贵的子弟近亲，因此也可说大单于又代表了作为皇帝候补者的资格。此外，大单于并不仅为名誉称号，它还对非汉族人民行使着特别行政权。刘渊时，单于台置于首都平阳的西郊。《晋书》卷101《刘和载记》载刘渊死后，刘和即位，其心腹唆使他曰：

　　　　先帝不惟轻重之计，而使三王(裕、隆、义)总强兵于内，大司马握十万劲卒居于近郊，陛下今便为寄坐耳。此之祸难，未可测也，愿陛下早为之所。

大司马指的是兼任大单于的刘聪。如前所述，这项措置实施的结果相反却是引发了刘聪的夺权。

　　314年，刘聪整顿官制，在汉的中央地区，实行内田氏所称的胡汉二重体制的统治：

　　　　(1) 置左右司隶，各领户二十余万，万户置一内史，凡内史四十三。

　　　　(2) 单于左右辅，各主六夷十万落，万落置一都尉(《晋书》卷102《刘聪载记》)。

大单于以单于左右辅为直接执政官，统率着六夷合计二十万落。占据长安的刘曜也在渭城置单于台，以刘胤为大单于，下列左右贤王。左右贤王之下的诸王则以"胡羯、鲜卑、羌氏之豪杰"充任。

　　在后赵，石勒使骁骑将军、领门臣祭酒王阳专统六夷并辅佐世子石弘。其时石弘并非大单于，任单于元辅这一辅佐之职的是石虎，因此大单于很可能由赵王石勒自兼。石勒为了让石弘得到更大的权限，无视单于元辅石虎的存在而让门臣祭酒王阳掌行政事务，以石弘为事实上的大单于。总之，后赵时期的大单于亦肩负统领六夷之任。冉魏的情况也是冉闵之子冉胤为大单于，统领降胡千人。所谓降胡，指的是那些反叛冉氏的胡夷中再次归降者。

　　以上例子清楚地说明,大单于恢复了作为非汉族系人民的最高长官这一实质,与此相应,还拥有专门的行政机构。不过,不能就此认为这是恢复过去的单于体制。如内田氏所论,单于早已不由各部族酋长来推戴,其统治对象包括所有的非汉族人民,但并不包含汉族。另一方面,建在汉族土地之上的王朝拥有大量的汉人,因此单于的职能也就有所限界,而超越这一限界的正是高耸于上的皇帝权力。所以说,单于一职并不是非汉族人民的自由的标志,它仅仅只是代表着由皇权所委任的部分统治权。单于元辅、单于左右辅或是再下面的都尉、部司⑮等,都是官僚制下的职位,它们的设置正好说明了上述单于性质的变化。从某种程度上来说,这时的单于与魏晋时期的五部制颇有相通之处。

　　重新恢复的单于统治如果是上述这一形式的话,那么,它肯定会对左右贤王以下的名王制度产生影响。在此前的匈奴世界,诸王统领并监督着各自的部落联盟。单于一方面直接率领属于他们自己的部落联盟,一方面也拥有整个匈奴世界的最高统治权。在辽阔的塞北,各个部落联盟群之所以能归于单于的统辖之下,是基于单于与诸王之间的血缘关系。据《晋书》卷97《匈奴传》,左右贤王以下的诸王多以“单于亲子弟”充任。授与异姓贵族的骨都侯,也相当于部落联盟的统领,其中大多与单于有着姻亲关系。总之,部落联盟群结集于单于权威之下,其结合的纽带是同姓以及异姓之间的血缘关系。可是,两赵时期情况并非完全如此。前赵靳准之乱时,刘曜的儿子藏于黑匿鞠部而幸免于难。刘曜即位后,黑匿鞠部帅因此勋功而被赠予左贤王。另外,前面曾经说过,刘曜以“胡羯、鲜卑、羌氐之豪杰”充任左贤王以下的诸王,这与过去以“单于亲子弟”为诸王资格的原则大异其趣。这就告诉我们,诸王的性质正在发生变化,开始被授与其他种(部)族的实权人物,这里就有了一种朝封建性称号变化的趋势。

　　单于与诸王的内涵发生了上述变化,那么匈奴系贵族以及人民的地位是否出现下降,皇权一方是否对他们进行压制并夺走了其自由呢?从前引羯士之例来看,我们对这些问题还不能遽下断语。此外如内田氏所指出的,刘氏一族和呼延(衍)氏、须卜氏等异姓贵族在政治上活跃的事例较多。通过这些情况,使人感到匈奴系贵族、人民在与政权的关系上是具有相当的主体性的。那么,在两赵的帝国体制或是在其核心的皇帝权力的形态当中,有没有包含着匈奴人自由的位置呢?对此,我想从两赵围绕皇权而展开的残酷政治斗争中理出解决问题的线索。以下,试举几例说明。

首先看皇帝刘和与大单于刘聪等人的兄弟之争。由于弟兄各自拥有强大的军队,所以刘和并无绝对优势,即所谓"今便为寄坐耳"。正是这种不安才导致了上述的兄弟之争。到接下来的刘聪时期,先是逐步削弱皇太弟、大单于刘义的权限,而后以子刘粲代其为相国、大单于。相国之位原本由刘聪所创,专门用以追赠那些有功高德伟的死者。但这一惯例很快就被打破而授给了刘粲,因此粲的权势超过了叔父刘义。刘粲后来杀义而就位皇太子,在幕后阴谋策划此事的是宦官与外戚。如前所述,刘聪扩张后宫,意在提高皇权,但这同时也就使宦官、外戚有了扩大势力的可能。《晋书》卷102《刘聪载记》谓他们挑拨刘粲云:

> ……臣昨闻太弟与大将军相见,极有言矣,若事成,许以主上为太上皇,大将军为皇太子。义又许卫军为大单于,二王已许之矣。二王居不疑之地,并握重兵,以此举事,事何不成!

上述所谓阴谋云云,其实毫无根据,只不过是手握重兵的二王确实有拥戴刘义发动政变的可能性,而刘粲心腹借此加以利用发挥而已。

上述二例清楚地显示出,前赵时期的皇权(或是以此为背景的皇太子之位)不断受到握有强兵的诸王的威胁,⑯这正是政争的根源所在。这一状况到后赵也没有变化,石虎与皇太子石弘(大单于)之间发生对立时,石勒的宠臣徐光进言,只有委政于太子才能使太子位安稳。此外,《晋书》卷105《石勒载记下》称程遐建议石勒除掉石虎时说:

> 中山王(虎)勇武权智,群臣莫有及者。观其志也,自陛下之外,视之蔑如。兼荷专征岁久,威振外内,性又不仁,残忍无赖。其诸子并长,皆预兵权。陛下在,自当无他,恐其怏怏不可辅少主也。宜早除之,以便大计。

据此可知,威胁皇权的是掌握军队的宗室。而皇太子一方以宦官严震操纵一切,并依靠皇帝、皇太子这样一条纵线相抗衡。这一点与在刘聪、刘粲的权力系统中活跃的宦官、外戚的情况极为相似,不过结果却是石虎的力量击败了这条纵线。可是石虎即位以后,依然不断重复着权力的争夺。太子石邃欲杀石虎的事件并非起因于父子之间的权力相争,与各自拥有军队,且受石虎宠爱的弟弟石宣、石韬之间的对立才是根本原因。只要这种矛盾得不到解决,宗室之间的抗争就会无休止地持续下去。石邃败灭以后,石虎以宣、韬二人同掌国事,但矛盾却愈演愈烈。太子石宣为打倒石韬,试图削减诸公侯⑰的兵力,接着还暗杀了韬,但结果自己也免不了被诛杀的命运。值得注意的是,此时控制石宣政治的是宦官申扁。

石虎统治时期,父子、兄弟的相互残杀显示了匈奴国家正陷入漫无休止的解体状态之中。前面所看到的皇权不稳,从某方面说还是因为要排斥暗弱的君主而拥戴具有实力的人物,但到后来,仅仅只是由于权力之争所引发的混乱与冲突而已。据《晋书》卷107《石季龙载记下》,石虎最后所立的皇太子石世只有十岁,对此有人表示反对,石虎曰:

> 吾欲以纯灰三斛洗吾腹,腹秽恶,故生凶子,儿年二十余便欲杀公。今世方十岁,比其二十,吾已老矣。

这里看到,石虎选择后继者并非为后赵国家的繁荣,而是为了自己余生的安泰。

国家如此颓废,对付张豺、冉闵等异姓权力者,自然是脆弱不堪。在两赵的政治过程中,皇权极度不稳,其原因在于诸王拥兵。两赵军队的构成如何,对此还不清楚,但从羯士之例推测,其基干部分很可能即是勇猛的非汉族兵士。所以,手控军队的诸王虽带中国式将军号,却让人联想到塞外匈奴国家的军事体制。在此之前,单于子弟带左右贤王以下诸匈奴式王号,并且以单于为中心统领着各自的部落联盟。单于与子弟间的血缘纽带既是部落联盟式匈奴国家的支柱,同时也构成了后来两赵国家的军事体制。如果将这一结构的重现求之于两赵国家的话,与其说它见之于受到限定的大单于的行政体制之中,不如说它见之于以皇帝为中心,由皇太子、诸王所实行的对国家军队的管理之中。任大单于者,不过是众多掌握军队的实力者之一而已。

在两赵政权中,体现塞外匈奴国家骨骼的不是大单于制,而是以中国式官制为基础的帝国军事组织,这就是新建的匈奴国家所具有的特异性。那么,这里是否可以看到本节最初所论的匈奴世界自由的原理呢?以下就考察这一问题。

(三) 皇帝权力的两个方向

将所有权力集于一身,树立起绝对的权威,这是皇帝权力的特点。没有这一点,包含胡汉两族的匈奴国家就不可能形成。但是,这种国家建立的背景又在于匈奴所具有的种族性,因此皇权必须要以宗室诸王为砥柱。前面所见到的种种权力斗争就反映了国家的这种矛盾,而这也是以部族结合为核心,在中原立国的王朝必然要面对的命运。但这一宿命性难道就是绝对不能超越的么?这一点可以说是五胡、北朝诸政权都需要加以解决的课题。许多王朝解决不了这一重大的课题而走向灭亡(参见本编第二、三章),相对而言,北魏却能够在一段时期内胜任这一课题。关于此点,我们将在下一编中予以考察。总之,两赵政权所遇到的上述课题决非匈奴所独有,而是那一时代所具有的普遍历史课题。因此,深入探讨两赵政权所面临的这一课题,可以帮助我们更好地理解整个五胡、北朝的社会。

前面多次提及,两赵加强皇权表现在:后宫的扩充,随之而起的宦官与外戚势力的膨胀以及干预朝政,与上面二点紧密相连的授权皇太子掌管国政,等等。这些举措并没有解决如上权力结构中的矛盾,甚至可以说无视了上述矛盾。只是通过不断地粉饰来夸示皇帝的权威,其结果是导致政治更加颓废。不过,从结构上这里也显示出了两赵政权应该解决但又无法解决的历史课题,以下详述此点。

刘聪少年时代聪明好学,受到晋朝名士的尊敬,同时也深得匈奴五部的信赖。显示出其日后暴君性格的,是在攻下洛阳、长安以后。当时刘聪沉湎于游猎,对此中军将军王彰上言:

> 且愚人系汉之心未专,而思晋之怀犹盛,刘琨去此咫尺之间,狂狷刺客息顷而至。帝王轻出,一夫敌耳(《晋书》卷102《刘聪载记》)。

也就是劝说刘聪不要轻举,但聪却大怒欲斩彰。在王夫人、刘聪母、刘

义、刘粲、刘延年以及诸公卿、列侯一共百余人的请求下,刘聪才予以赦
免。此外,刘聪还欲为刘皇后营建华丽的宫殿,对此廷尉陈元达加以劝
谏云:

> ……窃以大难未夷,宫宇粗给,今之所营,尤实非宜(《晋书》卷
> 102《刘聪载记》)。

不料这也惹恼了刘聪,欲杀元达。不过,应该说到这时他还没有完全丧
失理智,因为最后不但赦免了元达,而且自己还进行了反省。刘聪时代
的政治完全陷入紊乱,是在打击刘义,委政于刘粲,使其手下的宦官与
外戚集团得掌实权以后。《晋书》卷102《刘聪载记》称由此带来的政治
状况是:

> 故或有勋旧功臣而弗见叙录,奸佞小人数日而便至二千石者。
> 军旅无岁不兴,而将士无钱帛之赏,后宫之家赐赉及于僮仆,动至
> 数千万。沈等车服宅宇皆逾于诸王,子弟、中表布衣为内史令长者
> 三十余人,皆奢僭贪残,贼害良善。

这里看到,作为前赵的柱石并支撑着国家的"勋旧功臣"以及"将士"遭
宦官势力排挤,而宦官寄生于皇帝、皇太子这一纵向关系之中,最终发
生了遭宦官所忌恨的高官七人(特进綦母达、太中大夫公师彧、尚书王
琰、尚书田歆、少府陈休、左卫卜崇、大司农朱诞)同时被诛的事件。对
此,侍中卜幹泣谏,而刘聪却纵容宦官工沈,以"卜侍中欲拒诏乎"相责,
免其为庶人。太宰刘易、大将军刘敷、御史大夫陈元达、金紫光禄大夫
王延等诣阙,恳请刘聪纠宦官政治之弊,与大臣一道共省政务。其中一
段谏言为:

> 铨衡迫之,选举不复以实,士以属举,政以贿成,多树奸徒,残
> 毒忠善(《晋书》卷102《刘聪载记》)。

言词虽然恳切,但仍无法打动刘聪,于是刘易激愤而死,陈元达自杀而
亡。不久,刘聪立侍婢出身的樊氏为皇后,刘敷因谏之不纳忧愤而死。
刘聪还欲立宦官养女为皇后,王鉴、崔懿之、曹恂等力谏,对此刘聪骂
道:

> 鉴等小子,慢侮国家,狂言白口,无复君臣上下之礼,其速考竟
> (同上)。

将他们处以死刑。听闻此事的王延赶来欲请刘聪打消这一念头,但为卫士所挡,无法得见刘聪。

以上是刘聪"暴政"的一端。在平定天下的事业还没有完成之时,倾心于后宫的扩充,力图提高自己的威权。宦官等乘机依附于此并扩大自己的势力,助长"奸徒"杀害"忠善","勋旧功臣"遭排挤,"将士"的衣食供给趋于困乏,忧心国事并力图使国家恢复正常的高官都成为宦官势力的牺牲品。在这里,看不到有胡汉出身之别。因此,内田氏所提及的中国宦官与匈奴功臣之间对立的观点应加以修正。

上述政治状况在后赵也大致如此。石勒委任太子弘掌国政,具体执行的是宦官严震。石虎时代,太子邃的保母刘芝当权,《晋书》卷106《石季龙载记上》谓其:

> 通贿赂,豫言论,权倾朝廷,亲贵多出其门,遂封芝为宜城君。

石宣为皇太子时,宦官申扁专决政务,据说也是:

> 刺史二千石多出其门,九卿已下望尘而拜(同上)。

此外还有宦官严生,他曾告发久有积怨的尚书朱轨,欲借机杀之。冠军将军苻洪谏石虎曰:

> 特愿止作徒,休宫女,赦朱轨,允众望(同上)。

据上述例子可知,在后赵,宦官势力是以皇帝、皇太子的权力为靠山凌驾于士大夫官僚之上的。

石虎的后宫扩张也超出了常规,其时为天子、皇太子以及诸公侯七十余国各置女官二十四等、十二等与九等,从民间征发妇女达数万人。为此自缢身亡,或丈夫被杀者不在少数,更有许多人被迫流亡,因涉及责任而被诛杀的地方官也逾五十余名。随着后宫的扩大,天子以下,皇太子、诸公侯身边都形成了各自的宦官集团。前面提到的暗杀石韬的事件其实就是附于石宣的宦官所使的计策。石虎知悉其事后,让石韬的宦官拔掉宣的头发及舌头,处以酷刑,作为报复,此外还把石宣一派的宦官五十人处以车裂之刑。

另一方面,金紫光禄大夫逯明因规劝石虎不要进行后宫扩张而被杀,朝臣们于是深缄其口。在后赵,可以说后宫＝宦官的权势封住了士大夫官僚的言论。另外,石宣等到各地巡行,沉迷于游猎,据说为此遭饥寒而死的兵士不下万余人,可见其逸乐生活最终也使国家军队深受其害。上述后赵的颓废政治超过了前赵,在那里,除了皇帝以外,皇太子、诸公侯也都作为一个小皇帝拥有自己的女官、宦官,过着淫逸的生活。这就显示出,前面所述以皇帝为中心的卫星式军事体制虽保持着外在的形式,但实际上却在朝衰颓迈进。⑬各个势力间的矛盾并没有就此消失,而政纲弛缓带来的却是相互的激烈冲突,最终演变为石邃、石宣、石韬的相争。

由此来看,刘聪、石虎的"暴政"决不是那些讨厌匈奴式结构性政治的汉族士大夫所下的无根据的评语,而是匈奴国家客观存在的结构性矛盾酿造出的苦果。甚至可以说,由于从根本上无法解决上述矛盾,因此才出现了那些颓废的现象。那么,在这些颓废现象的背后,是否隐藏着能够克服这些矛盾的道路呢? 而且,是否可以从那里找到匈奴世界的原理在中原国家的形式下继续存在的可能性呢?

前面已述,刘聪原本是一个极聪明的人物,并非一开始就是暴君。就石虎来说,确有性格残忍的一面,但作为武人,他对军队施以严格的纪律,开始时也决不是那种放纵的人物。就刘粲而言,史称:

> 少而俊杰,才兼文武。自为宰相,威福任情,疏远忠贤,昵近奸佞,任性严刻无恩惠,距谏饰非(《晋书》卷102《刘聪载记》)。

他的乱政也是在一定时期以后的行为。如上反复所论,宦官、外戚等左右的势力在逐渐强大,受其影响,本来并不具有上述倾向的君主也慢慢趋于独断与颓废。也就是说,其政治刚开始并没有朝这一方向倾斜,而且可以说,君主个人的意志还曾有过阻止这一倾斜的效力。刘聪起先准备杀进谏的陈元达,后又中止,并对此反省,将事件发生的逍遥园改为纳贤园,园中的李中堂之名改为愧贤堂。此外,陈元达还曾劝谏三后册立之事,刘聪没有采纳,将元达从左司隶左迁为右光禄大夫。这一措施的意图实际在于"外示优贤,内实夺其权也"(《晋书》卷102《刘聪载记》)。对于这一人事任命,范隆、刘丹、呼延晏、王鉴等高官一齐抗议,纷纷愿把自己的职位让给元达,对此刘聪不得已改命元达为御史大夫、仪同三司。石虎也是如此,侍中韦谀向石虎规谏时,石虎对此予以嘉纳。此外还如前述,欲杀朱轨时,听从苻洪的劝告而予以中止。苻洪为氏族首领,石虎也让他三分。皇太子石宣乱兴土木时,王朗向石虎禀告,石虎听从他的意见勒令石宣中止。宦官与贵戚所造成的选举紊乱也是石虎最为担忧之事,为此还经常采取了一些对策。[19]

由上可知,前赵、后赵的国家政治中另有一股力量与宦官、外戚的权力垄断相抗衡。两赵的皇帝政治受到这两种力量的制约,最终占据上风的是宦官与外戚。那么,前者的力量具有什么样的性质呢? 刘聪时期,激烈抵制宦官、外戚势力的是陈元达等人。元达因批判三后册立而升迁,不过从“外示优贤”云云来看,这只是一种形式上的升迁。但是,这同时也说明朝廷内部有支持他的力量。下面来看一下他的出身、为人以及社会背景。

陈元达本姓高,为后部人。据《资治通鉴》卷85《晋纪》永兴元年胡三省注,后部是匈奴五部中的北部。姚薇元《北朝胡姓考》也举出了匈奴人高姓的例子,因此,元达很可能即是匈奴出身者。《晋书》卷102《刘聪载记·陈元达传》说他“少而孤贫,常躬耕兼诵书,乐道行咏,忻忻如也”。他经济条件虽不佳,但悠然自得,到四十岁一直过着隐士生活。刘渊招为左贤王属官,不应。渊自立以后,始应聘为黄门郎。刘渊对他说“卿若早来,岂为郎官而已”。对此元达应曰:“臣惟性之有分,盈分者颠。”刘聪责其“卿当畏朕,反使朕畏卿乎”。而元达则答以“师臣者王,友臣者霸。……(陛下)能远捐商周覆国之弊,近模孝武光汉之美,则天下幸甚,群臣知免”。观其为人,虽有谦让的一面,但决非趋炎附势之徒,相反内心倒是极为刚毅。

不惜生命力阻刘聪暴政的王延也是同样类型的人物。王延本为南单的根据地西河人。看上去似为汉人,但其继母为卜氏出身,因此他也可能是胡族。王延以孝侍继母,列于《晋书》卷88《孝友传》。传称其“昼则佣赁,夜则诵书,遂究览经史,皆通大义”。他生活看来并不丰裕,却深具知识阶层的教养。西晋时期,受州郡辟召而不应,结庐于父母墓旁,自给衣食。天下大乱后,他随刘渊至平阳,可以推测很可能是响应刘渊的起兵从西河而至。此外,王延在从事农耕的同时,还一心善导宗族,至六十岁始仕刘聪。这里所称的宗族也很可能指的就是部落。

陈元达、王延都属于非汉族出身的知识阶层,[20]在其乡里也都以其高洁的人格受到人们的称颂。他们在朝廷中都身负众望,元达自杀时,所有人都以其为无辜。外戚靳准企图行篡夺事时,以王延为"耆德时望",首先探询他的意见,但延却痛骂不从,始遭杀害。此前,宦官集团杀大臣七人,反对此事的侍中卜幹被免为庶人,这时敢于向刘聪进言并促其改变主意的是太宰刘易、大将军刘敷以及陈元达、王延四人。易、敷同为聪子,是前赵宗室的代表者。这四人激烈批判宦官的独裁,请求刘聪亲政,试图恢复皇帝政治的常态。

除上述以外,因批判前赵的宦官政治而遇害的人当中,还有上面提到的卜幹以及卜崇、呼延晏等人。这些人世为刘氏姻亲,在社会上、政治上享有高贵的地位。当后宫秩序发生紊乱时,可以想象到他们的地位也受到某些冲击,因而对宦官政治是极为不满的。

上述刘氏宗室、姻亲、诸部落出身的有识官僚各自都代表着非汉族集团。不过,反对宦官政治的还有汉人官僚。其中公师彧与崔懿之都出身于山西,他们很早就注意到刘渊的为人,与其建立了亲密关系。[21]刘渊自立时,他们无疑是作为旧交而被招聘。此外,雁门的豪族范隆和朱纪一样与刘渊为同门生。《晋书》卷91《儒林传》称,当天下大乱时,他们不应州郡的辟召,"昼勤耕稼,夜诵书典",过着隐士生活。对于并州刘琨的招聘,他们也没有答应,最后一道归顺于汉并为高官。

当时的汉族士大夫当中,有以出仕异民族政权为辱者,[22]但上面这些人并无归心于西晋政权的意图,相反倒积极显示出了对胡族政权的的合作态度。这是什么原因呢?我的推想是,他们对门阀、权贵埋头于政治斗争以及轻佻浮薄的西晋王朝已不再抱有期望,他们把士大夫们的希望寄托在了胡族刘渊的身上。因此,当皇帝政治依靠宦官势力,使整个秩序出现松弛、放纵时,他们进行激烈的反抗是理所当然的。因为皇权本应对士大夫以及豪族的世界提供保障,而现实却在朝着相反的方向发展。

所以说,反对皇权出现如此倾斜的人们,不论是胡人还是汉人都代表着各自的社会。在推翻晋朝建立新的政权时,他们是起了极大作用的。不论是陈元达,还是王延、范隆都决不是单纯的出世主义者。在步入仕途之前,他们过着隐居生活,深入到乡里民众的生活之中,同时自己也辛勤耕作,所追求的是一种精神世界。可以说在这种精神中保持着他们那面临乱离之世却力求高洁的愿望。当他们决心出什于政权时,一定期待着把自己前半生的姿态贯穿于现实的政治之中。正因为如此,他们才不顾自己的生命而勇敢地向君主提出批判的意见。可是结果却是枉然,他们之中的大多数开始意识到了自己人生中的破绽,在绝望之余而选择了死的道路。㉓

当然,他们都属于统治阶级而非一般的民众。民众的苦痛是通过具有阶级性的政治机构传达给当权者的,或许应该说,阶级矛盾一般是作为统治阶级内部的矛盾而显现的。在这一意义上,上述士大夫官僚们把民众的声音传给了君主,他们痛斥宦官政治,指责其从根本上折磨着承担国家的生产与军事的人民与兵士。传递民众的声音,也许是因为他们就生活在包含民众生活的世界里吧。他们一致警告的是“天下未定”的现状。在前赵,统治领域极受限制,四周充满强敌。对国家来说,征服四邻才是最大的目标,如果完成不了这一目标,匈奴的独立就会遭受挫折,背离汉人王朝的豪族阶层就会面临非常困难的境地。为使前赵的政治朝天下一统的方向发展,就必须让构成这一帝国的各个阶层充分发挥其作用。但实际上,皇帝权力安住于这一不大的版图之内,而且以非常颓废的形式显示着其权威。极尽奢靡之能事的土木事业以及后宫的扩充,必然导致军队的衰弱。他们之所以反复强调这一相互因果的关系,就因为这一问题作为一个非常严峻的现实摆在了眼前。㉔

以上是前赵的情况,后赵也大致相同,对石虎治下的糜烂政情发出警告的官僚不在少数。因劝阻扩大女官制度而被杀的逯明曾作为“十八骑”之一与石勒一道起事,是建国的功臣。遭宦官嫉恨而被杀的朱轨为德高望重的朝臣。但是,这些人的抵抗都归于徒然,宦官政治终于排除了这些国家的柱石。《晋书》卷106《石季龙载记上》称当时的状况为:

> 吏部选举斥外耆德,而势门童幼多为美官。

上述围绕皇权的两股势力,有着极为深刻的对立,那么,产生对立的原因是什么呢?借用上面的话,“耆德”与“势门童幼”是对立的双方。

"耆德"可以理解为通过德性给予政治以公益的人格，"势门童幼"则可以认为是把政治权力化为私人权力而加以利用，这也就是宦官势力与陈元达等士大夫官僚的区别。宦官从皇帝的个人生活中发迹，有着把政治权力全部化为个人利权的倾向。士大夫通过民众指导者这一资格受到进用，他们的政治理念带有普遍的公共性质。这一区别，制约了各个时期的皇权。皇权是作为包括广大民众在内的公共世界的中心而存在，还是堕落为保证个人利权的手段，二者必居其一。就前者来说，皇权保障了民众的自由的身份，而后者则把民众作为利权的对象加以侵食。㉕两赵政权向后者倾斜，结果是丧失了自己的统治基础。

但是，当考虑皇权的公共性质时，我们不就会想起单于与游牧自由民在匈奴世界中的联带关系么？两赵国家一面依据中国式的帝国形式，一面试图重建匈奴世界的原理，当此之际，必然要树立具有上述性质的皇权。但是，分授诸王以军事权，看上去可以保证皇权的公共性，但实际上却只是徒有其表。为什么呢？因为在这一阶段，国家社会的公共性已经不能依靠血缘的纽带加以保证。这是一个在种族上、地域上、身份上有着各种区别的人们"杂居"在一起的新的世界。贯穿于这一世界中的公共性必须依靠更深刻更内在的精神来保障。它是如何实现的呢？我们必须将目光投向两赵政权瓦解以后的时代。实际上，在陈元达等人的为人当中，我们似乎可以感受到这种精神种子的存在。

---

①　刘宣有过任北部都尉的经历，史称"故北部都尉、左贤王刘宣"。一般来说，五部统治时代的刘氏如《晋书》卷 101《刘元海载记》"刘氏虽分居五部，然皆居晋阳汾涧之滨"所记的那样，似聚居在晋阳方面。

②　将刘宣等人的计划传达给刘渊的是同党呼延攸。他应与单于族刘氏一样，属于屠各种的呼延（衍）氏。呼延氏是代代与刘氏有着姻戚关系的贵族。

③　参见内田吟风《匈奴史研究》，页 91—92。

④　《三国志·魏志》卷 30《乌丸鲜卑传》注引王沈《魏书》有"邑落各有小帅"一句。所谓"部落小率"应即此类。

⑤　《晋书》卷 104《石勒载记上》的原文为"北泽都尉"。这里从《晋书斠注》作"北部都尉"。

⑥　《太平御览》卷 338 引《石勒别传》记为"石勒,永康中,流宕山东,寄旅平原师劝家庸耕"云云,这里据《晋书·石勒载记上》。

⑦　"于是匈奴震服积年,不敢复反"(《晋书》卷 97《匈奴传》)。

⑧　导致这一情况变化的条件之一,可以举出鲜卑檀石槐称霸整个塞北。追寻一下匈奴与鲜卑的历史关系,可以看到首先是隶属于匈奴的鲜卑在匈奴分裂以后单独在中国北部显其身影。不过其在公元 1 世纪的动向并不能说有什么过激,它主要是以赏赐为目的而协助汉朝讨伐北匈奴以及乌桓。但在 1 世纪末,情况发生变化,开始侵略北边。这与北匈奴受到毁灭性打击有关,以此为契机,鲜卑占领了匈奴故地。其最终的完成是 2 世纪后期檀石槐统一塞北,至此匈奴与鲜卑的关系发生逆转。南单于丧失威信,也是当然的结果。

⑨　根据内田氏的意见,刘渊从成都王那里接受北单于还暗示出另有晋朝承认的南单于的存在。那么,经过刘渊的自立再到自称大单于,则南单于最终应不复存在。

⑩　刘宣等人最初的谋议是"今司马氏骨肉相残,四海鼎沸,兴邦复业,此其时矣。左贤王元海姿器绝人,幹宇超世,天若不恢崇单于,终不虚生此人也。"

⑪　三后册立看上去似为匈奴的旧习,可是较之匈奴单于拥有众多的阏氏,在原来的精神上又不尽相同。为什么这样说呢? 因为匈奴单于的情况有着与作为姻族的诸部族加强团结的意义,而前者并不一定能够看到这种意义。

⑫　姚薇元《北朝胡姓考》,科学出版社,1958 年,页 284。

⑬　后宫势力介入政治,似乎始于刘氏的六女被纳以后。整日沉湎于后宫的刘聪出外廷日渐减少,从外廷来的奏事全部交由宦官接收,左贵嫔(后为皇后)刘氏进行裁决。刘氏死后,后宫因众人争宠而陷入极度的混乱,宦官们乘机大肆进献"养女"。

⑭　赵(前赵)是逃避靳准的革命而奔于长安的太保呼延晏、太傅朱纪、太尉范隆等人,向刘曜上尊号成立的。在形式上原封不动地继承了汉的权威,但在实力上与石赵之间的差距这时是非常明显的。刘聪末期,直辖地平阳司隶部的 20 万民户奔于石氏,这对前赵造成了非常严重的打击。

⑮　石勒似在大单于一单于元辅之下置"部司",使其掌行政。

⑯　这种军事体制在刘聪的大定百官中显示得十分明显,"于是大定百官……置辅汉,都护,中军,上军,辅军……大将军,营各配兵二千,皆以诸子为之"(《晋书》卷 102《刘聪载记》)。其实际拥有的兵力似时有消长。

⑰　当时石虎没有称帝号而称大赵天王,因此亲王降为郡公,藩王降为县侯。此点参见第三编第三章。

⑱ 石虎下书云"解西山之禁,蒲苇鱼盐除岁供之外,皆无所固。公侯卿牧不得规占山泽,夺百姓之利"(《晋书》卷 106《石季龙载记上》)。而且还称"兼公侯牧宰竞兴私利,百姓失业,十室而七"(同上)。据此可知当时的宗室、官僚通过封固山泽而谋取私利。

⑲ "季龙以吏部选举斥外耆德,而势门童幼多为美官,免郎中魏臮为庶人"(《晋书》卷 106《石季龙载记上》)。"时豪戚侵恣,贿托公行,季龙患之,擢殿中御史李巨为御史中丞,特亲任之。自此百僚震慑,州郡肃然"(同上)。

⑳ 在当时的非汉族人士中,显示出极高的中国式教养的有卜珝。他是匈奴后部人,其《易》学造诣,据说连郭璞也自叹弗如。珝隐居于龙门山,不应刘渊的召聘,后仕于刘聪并战死(《晋书》卷 95《艺术传·卜珝》)。另外,据说渊、和、宣、聪、粲、曜等刘氏一族也都有着学问的素养。匈奴人士素朴的本质是如何接受中国文化的呢? 这是一个饶有趣味的问题。

㉑ 对刘渊寄予期望的其他汉人豪族还有太原王浑父子。作为石勒的宠臣而有名的张宾也是在最初称"吾历观诸将多矣,独胡将军可与共成大事",而在石勒的军门前请求谒见(《晋书》卷 105《石勒载记下·张宾传》)。

㉒ 如卢谌,"谌,名家子……值中原丧乱,与清河崔悦、颍川荀绰、河东裴宪、北地傅畅并沦陷非所,虽俱显于石氏,恒以为辱。谌每谓诸子曰:'吾身没之后,但称晋司空从事中郎尔'"(《晋书》卷 44《卢谌传》)。

㉓ 陈元达自杀时的情景如下:"太宰刘易诣阙,又上疏固谏。聪大怒,手坏其表,易遂忿恚而死。元达哭之悲恸,曰:'人之云亡,邦国殄瘁。吾既不复能言,安用此默默生乎!'归而自杀"(《晋书》卷 102《刘聪载记》)。

㉔ 除了本文所举谏臣之语之外,还有下面一些事例:"时四后之外,佩皇后玺绶者七人,朝廷内外无复纲纪,阿谀日进,货贿公行,军旅在外,饥疫相仍,后宫赏赐动至千万"(《晋书》卷 102《刘聪载记》)。在刘曜时代,也有羊皇后的政治介入,土木工事也频繁的进行,侍中乔豫等人上疏称"一观之功可以平凉州矣"(《晋书》卷 103《刘曜载记》)。

㉕ 参见注⑱。

(原题《南匈奴的国家前后两赵的性格》,
载于《名古屋大学文学部研究论集》35,1964 年)

第二章　慕容国家的君权与部族制

在上一章中,我们考察了匈奴系国家的权力结构。匈奴系国家崩溃之后,兴起的是鲜卑慕容部,接下来我们需要弄清的是慕容部国家尤其是以前燕为中心的国家结构。在这里,国家与部族制的关系当然是一个重要问题。为了行文的方便,首先略述一下慕容诸国家的形成过程。

一　慕容燕简史

（一）鲜卑族的兴起

一般而言,鲜卑族在历史上展其雄姿是后汉末以降的事。[①]匈奴帝国走向分裂与衰亡,在此状况下,鲜卑接连出现了如檀石槐、轲比能那样的英雄,他们在塞北建立了辽阔的版图。此时鲜卑国家还停留在部落联盟的阶段,它们将领内分为中、东、西三部来进行统治,每一部都是由诸大人率领的各个部落组成。据称檀石槐以来已形成了大人世袭制。但这些最高首领一旦死去,国家立时陷入分裂与骚乱之中,这就说明统一的权力还很脆弱。乌桓(丸)族与鲜卑具有几乎完全一样的习俗,据说那里的大人与部民之间起先并没有阶级区别。[②]而到了部族联盟阶段,成为鲜卑诸大人就必须要有勇猛的性格以及统领所部的公平心,二者缺一不可。作为首领,如果达不到上述条件,就会遭受驱逐下台的命运。[③]即便是暂时现象,那些缺乏上述资格的大人仍在逐渐出现,而且也能见到驱使其他种族的人民进行强制性生产劳动的例子。④这些应该说都是身份趋向固定,阶级支配开始出现的征兆。

(二) 慕容国家的胎动

慕容部是在此状况下迅速崛起的部族之一。慕容之名,最初见于檀石槐时代的大人名,不过这是否就表示慕容部,现在还不清楚。⑤作为慕容部大人,最先出现在史籍里的,是后面将要提到的慕容廆曾祖莫护跋。有一种看法认为,慕容的部族名也产生于莫护跋时,这一点同样难以苟同。⑥莫护跋在曹魏时期随司马懿讨伐辽东的公孙渊,其子木延在魏正始年间跟从毌丘俭征讨高句丽,都立下战功,并获得了褒赏。木延之子涉归也是因为军功而被承认其鲜卑单于称号的。其时汉族诸政权对周边民族的武力常加利用,而后者也力图乘机提高自己的政治地位,而这一点并不只限于慕容部。⑦慕容涉归虽被认可拥有鲜卑单于之位,但这并不代表他在实质上就君临于鲜卑诸部之上。通过与中原社会的接触,慕容部在政治上得到飞速发展,这是事实。不过,有着类似发展道路的,还有同为鲜卑种的宇文(辽东)、段(辽西)二部。另一方面,在满洲中部与东部,还有高句丽、夫余两族。慕容部国家的成长,就是在同这些敌手的对抗中开始的。在此以前,这些互为近邻的诸部、诸族之间发生相争应是常事,⑧但是正式演变为征服战争却是起自慕容廆时期。慕容廆、慕容皝⑨父子二代倾心于这一事业,最后终于获得成功。慕容皝之子慕容儁以此为基础,南进河北,创建了大燕帝国(前燕)。前燕到慕容儁之子慕容暐时,为苻坚(前秦)所吞并。田村实造氏曾将慕容廆到慕容暐的四代分为"辽东、辽西时代"与"燕国时代"两个时期进行过考察。⑩

(三) 慕容廆的建国

慕容廆继承父亲涉归的遗志,欲讨宇文部,不过却没有得到晋武帝的许可。盛怒之下,慕容廆侵略辽西各郡,并进攻东方的扶余,试图靠自己的力量称霸近邻。结果都为晋军所败,部人也被搞得疲敝不堪,于是只得再次向晋朝行朝贡礼。八王之乱以后,西晋国力减退,与此相应的是慕容部的独立性日益增强。慕容廆表面上采取与晋朝合作的方式以培养自己的势力。讨平驻守辽东地方的汉人官僚即辽东太守庞本与东夷校尉李臻之间的纷乱,拒绝军阀王浚之邀,与江南的新王朝东晋建立联系,等等,都是上述方针的体现。东晋授予慕容廆假节、散骑常侍、都督辽左杂夷流人诸军事、龙骧将军、大单于、昌黎公的官爵,使其单于称号由自称而变为正式。

但是,东晋王朝只是占据江南一隅之地,而且立国未久,因此它所授予的称号在实际上可能并无太大的价值。关键在于,慕容廆发展自己的力量,并逐渐成为一股强大的势力。唯其如此,他才能够使所授的官爵具有实质性内容。权力有了实质,那么到底可以掌握多少人众呢?我认为当时最能显示其力量的,是都督辽左杂夷流人诸军事一职。所谓流人,指的是那些因永嘉之乱而亡命或是避难于东北方面的汉人士庶。战乱使人们流离中原,投奔于那些相对来说还较为安定的各个势力范围,如江南、关西、并州、幽州,抑或东北等。刘琨、王浚等军阀就是他们的依存之处,[11]而东晋王朝也可以说是在此状况下建立的。东北的慕容与段二部起着与上述汉人军阀同样的作用。[12]慕容廆为流寓汉人设置四郡,这与江南的所谓侨立州郡一脉相通。[13]这些新郡的地方官似乎主要由汉人贵族担任。[14]总体来说,慕容廆的措施对汉人流民是较为宽容的,尤其对士人还显示出了积极尊重的态度,擢用他们为自己的政治顾问或是使其担任行政的枢要职位。[15]士人们的文才与学识受到重视,为扶植当地的学问及教育发挥了作用。[16]慕容廆的上述态度获得了史家"路有颂声,礼让兴矣"的赞誉,并且为其子孙慕容皝、慕容儁所继。[17]以上这些作为慕容国家汉化的一个侧面受到了一些研究者的注意。[18]

慕容部被称为东夷,但在那里却呈现出维护中国文化、保障文化的传递者——士人生活的局面。对此状况深怀不满的是东夷校尉崔毖。崔毖是王浚的妻兄,依靠这层关系才得到此位。他本属汉族名流,以保护流亡至此的汉族人民为己任,因此当看见流民比起投奔他来,更乐意投到慕容廆部时,便怀疑慕容廆是在扣留他们,于是纠合慕容部的对手宇文、段二部以及高句丽,欲灭慕容。据此可知,作为汉人政权驻外机构的东夷校尉与新兴的异民族在该地区构成了一种双重政权形态,而最终由后者占据优势。此点颇值玩味。

慕容廆从东晋那里得到的都督辽左杂夷流人诸军事一职中有"杂夷"二字,因此可以推想鲜卑族以及其他各部族早已被吸收进其势力范围之内。[19] 不过,与宇文、段等强大的部族依然处于敌对状态。崔毖的企图成为打破这一平衡的导火索,他所建立的联合战线由于内部的不统一为慕容廆所败,其部众也都降于慕容部。慕容廆还击破与后赵石勒联合的宇文乞得龟,陷其国城。其时,慕容廆向东晋要求燕王之位。他致书东晋大将陶侃,建议从南北夹攻后赵。此外还上呈东夷校尉封抽等三十余人的建议,请陶侃从中斡旋授予燕王一事。不料朝议未决,慕容廆先已病亡。

(四) 慕容皝的称霸辽东、辽西

慕容皝是慕容廆的第三子,元帝建立东晋时,他被授予冠军将军、左贤王。这一官爵很可能与慕容廆的大单于称号同时被授。果真如此,慕容皝在其父生前就已经被选定为后继者了。不过,慕容廆死后,慕容皝与庶兄慕容翰、同母弟慕容仁、慕容昭之间发生争斗。最后慕容翰逃奔段部,慕容昭被杀,慕容仁则据守辽东抗战。以宇文、段二部为首的鲜卑诸部援手慕容仁。慕容皝从海路讨平慕容仁,接着灭掉段部,数年后又成功地征服了高句丽与宇文部。此外,扶余也在其袭击下溃败。慕容皝一面进行这些征服战争,一面自称燕王。在征服段部以后,东晋承认了他的王位。至此,慕容廆、慕容皝父子二代的宿愿终于得偿。

(五) 慕容儁的帝国建设

348年,慕容皝遇事故而死,第二子慕容儁以假节安北将军、东夷校尉、左贤王、燕王世子身份继立。如前所述,慕容部以东晋为宗主国,而段部又与后赵结为联盟,所以慕容氏也就不可避免地与后赵形成对立。早在慕容皝时期,就曾有越过长城,袭击石氏统治下的河北东北部之例。石虎死后,赵国发生混乱,慕容儁于是乘机率大军二十万攻占蓟城,取中山,最后在352年陷冉魏首都邺。慕容儁此时即位仅三年,他将都城从龙城移至蓟城(后迁至邺),称大燕皇帝。在其统治时期,虽平定了赵国的旧势力,但更重要的课题是与东晋以及关西的新兴国家前秦的对抗关系。他动员了一百五十万以上的军队准备向两国发动进攻,但在行动之前就结束了自己十一年的统治。

(六) 慕容暐与前燕的灭亡

慕容儁死后,第三子慕容暐继承其位。盘据在野王(今河南沁阳)的吕护欲乘机与晋军一道袭击邺,结果反被燕军所败。燕还进攻晋北部边境洛阳以及山东方面,都取得了成功。在西方,由于占据陕郡的秦将符廋降燕,使进攻前秦出现了绝好之机。燕国的武将一致主张应支援符廋,并借机攻下关西地区。慕容暐开始对这个计划还比较热心,后来由于太傅慕容评的反对而否决了这一计划,前秦因而得以摆脱危机。另外,东晋桓温重创燕军,为此有人建议将中央政府迁回旧都龙城,可见其所受打击之大。挽救这一危机的是慕容垂,他截断晋军粮道,前后夹击,大败桓温。众所周知,桓温正是由此而失势的。慕容垂威震四方,对此深怀不安的慕容评与可足浑太后密谋,欲杀慕容垂,垂不得不亡命于秦。摆脱危机以后的秦从山西方面展开进攻,慕容评率众四十万实施保卫战,但却一举被歼。慕容评携慕容暐欲奔辽东,但为秦军所俘,皇帝、王公以下,鲜卑四万余户被迁至长安(370年)。兴起于慕容廆时期的慕容国家历经八十五年,至此暂归灭亡。

(七) 后 燕 的 复 兴

下面略述后燕的重建以及其他慕容氏政权的情况。苻坚淝水之败,使慕容国家得到复兴的可能。慕容垂作为前秦将领参与是役,据《晋书》卷123《慕容垂载记》,当大败而归,仅得身免的苻坚暂寄于慕容垂处时,他利用这一机会,"请至邺展拜陵墓,因张国威刑,以安戎狄"。苻坚答应了他的要求。负责东方经略的苻丕(坚子)识破慕容垂的野心,他以丁零族的翟辽南寇洛阳为由,让慕容垂带兵二千前往征讨。慕容垂杀苻丕心腹及氏族兵,同时向远近发出号召,得兵三万。此时他的举兵在名义上并非与前秦为敌,而主要是复兴燕国。值得注意的是,这一点与后面要谈到的西燕的情况类似,都显示出这是一种种族独立运动。⑳

夺回燕国故地的慕容垂建都中山,称帝号,是为后燕。接下来讨平丁零族翟氏,灭同族慕容永(西燕)于其根据地长子(今山西长子东)。西燕由慕容泓(慕容暐之弟)在华阴所建。慕容垂起兵时,慕容泓也乘机而起,后与弟慕容冲合流。泓被杀后,冲受推戴称皇太弟,及苻坚杀慕容暐,始即帝位。慕容冲占据长安,因惮于慕容垂的势力而迟迟不归东方,由此结怨被杀,政权也辗转于段随、慕容颙、慕容望、慕容忠之间,最后定于慕容永。慕容永以长子为据点,援手为后燕攻击的翟氏,由此与慕容垂展开决战,但结果却导致了西燕的灭亡。

(八) 后 燕 的 瓦 解

可是,后燕的命脉也不长。慕容垂晚年,在参合陂之战中惨败于拓跋部,即是后燕瓦解的前兆。参合陂之战的主将为皇太子慕容宝。宝即位以后,拓跋氏于并州再次取得胜利,击败慕容宝亲率的十五万燕军,并进攻燕都中山。燕陷入四分五裂、骨肉相残的状态之中。慕容宝北奔,赶走镇抚幽州的皇子慕容会,占据龙城。慕容宝后试图率军南征,但因畏惧出征的军士发动哗变而告失败,宝也为慕容氏的姻族兰汗所杀。龙城政权不久归于杀掉兰汗的慕容盛,但旋因宗室、外戚的政变而告灭亡。遵慕容盛遗嘱继立的慕容熙于409年被冯跋所弑,于是龙城地方转归冯氏(北燕)。

另一方面,镇守邺城的慕容德也建立了自己的政权,不过由于受到北魏的进攻而不断往东南移动,最后以青州的广固作为根据地(南燕)。但是没过多久,其后的慕容超为东晋刘裕所灭(410年),慕容帝国就此从历史上消失。

慕容氏世系略图

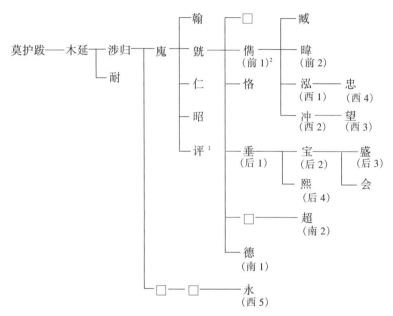

1. 评在兄弟中的排行不明,暂排于此。
2. (前1),为前燕第一代皇帝之意,余同此例。

二　慕容燕皇权的特征

如上节所述,鲜卑族在檀石槐、轲比能时代,即使是暂时的,也都是塞北的一大国家。燕帝国的建设,预示了其后鲜卑族的高扬。但是,与前者的部落联盟形式相比较,燕国呈现出更为复杂的状态。它不是诸部族的松散联盟,而且在慕容部征服这些部族以后变得更加牢固。征服部族与被征服部族究竟结成何种关系,这一点并不十分清楚。慕容部的征服战争几乎毫无例外地伴随着被征服部族的强制迁移或是徙民。如下节所述,战败者被强迫从其根据地大量集居到国都附近。同时慕容部还在其旧领地内设置郡县,进行更加直接的统治。[21]前面曾经提到,对归附于慕容部的汉族流民,就是依照各自的本贯而编入到新设郡县里的。由此可以看到,在燕帝国成立以前,慕容部已经超越了部族联盟的阶段,走上了统一国家的道路。

这时究竟是什么样的国家原理在发生作用呢?前面提到,慕容部在向国家权力发展的过程中,其基础是较有特色的,即外交上承认晋的宗主权,借此提高自己的政治地位,内政上包容汉族流民并尊重他们的文化与政治能力。这一情况在慕容儁创建帝国以后同样存在。此外还设置了纯中国式的官僚机构,如慕容儁在称帝的同时,就取消了大单于的称号。关于这一点,从即位当初的人事安排上也可窥其端倪:

太　尉　　封　弈＊(＊表示明显为汉人者)

侍　中　　慕容恪

尚书令　　阳　骛＊

左仆射　　皇甫真＊

右仆射　　张　希

中书监　　宋　活

中书令　　韩　恒＊

这些全是套用中国式官制,而且汉族出身者在各级职务中占压倒多数,能够确认为北族出身者的只有慕容恪一人。这样看来,慕容国家的汉化从政治和文化两个方面进行,而且国家经济的重点也逐渐放在了农业生产上,由此可以说慕容部朝统一国家发展的基本路线就是其社会的汉化。我并不否认这些倾向,但汉化路线是否使原有的北族社会体制完全消失了呢?对这一问题还必须作进一步的思考。

如果承认慕容部全面汉化,那么与此相应,燕国皇帝应成为中国式的皇帝。中国皇权的一个特点是以父子相继作为继承方式的原则,这与皇帝既是帝室的父家长,同时还是人民全体的父家长的拟制形态不无关系。也就是说,中国的皇帝权力表现了以单个之家为基础单位的汉族社会的国家特点。当然,在中国历代的国家政治的现实中,皇权由兄弟继承的事有一些。但这并不是正常的现象,而是发生于异常的政治危机之时。总之,通过父子相继这一形式而实现的皇权继承,显示了皇帝是绝对唯一的存在,同时还显示出其继承者也必须是唯一的存在。

可是,慕容部的君权继承方式并非完全贯彻中国式的原则,下面就来看这一点。

慕容庑—慕容皝—慕容儁—慕容暐,相互之间确实为父子相承关系,但仍存在着很多不稳定之处。首先是承继涉归之后的慕容庑,他与叔父慕容耐之间围绕着继承问题而发生纠纷。②此外还有前面提到的慕容皝嗣位时,与兄弟慕容翰、慕容仁、慕容昭之间迭起大规模的冲突。慕容皝与同母兄弟慕容仁、慕容昭对立,原因在于父亲慕容庑对这二人过于宠爱。②这样就可以看到,尽管慕容皝被选定为慕容庑的后继者,但让人感到并不像汉人王朝的皇太子与诸王之间那样有着很深的悬隔。从慕容皝到慕容儁的王位继承进行得比较平稳,但是,慕容儁与其弟慕容恪的关系比较微妙。据《晋书》卷111《慕容暐载记》,慕容皝临终,遗言慕容儁曰:"今中原未一,方建大事,恪智勇俱济,汝其委之。"慕容恪的存在,到后面慕容儁传位慕容暐时也是一个值得注意的问题。

慕容儁最初立嫡子慕容晔为皇太子。慕容晔据说是一个贤明之人,但不幸早逝,于是改立同母弟慕容暐。慕容暐号称"庸弱",慕容儁对他的胸怀器量也十分不安,因此在临终时,将后事托付给了弟弟慕容恪。据《晋书》卷110《慕容儁载记》:

> 俄而儁寝疾,谓慕容恪曰:"吾所疾惙然,当恐不济。修短命也,复何所恨! 但二寇(东晋、前秦)未除,景茂(慕容暐)冲幼,虑其未堪多难。吾欲远追宋宣,以社稷属汝。"

但慕容恪辞以不能破坏原则——"不可以乱正统也"——愿意自任少帝辅弼,慕容儁亦希望恪能"行周公之事",不久儁去世。上引所谓宋宣公故事为春秋时事,据《史记·宋微子世家》:"十九年,宣公病,让其弟和,曰:'父死子继,兄死弟及,天下通义也。我其立和。'和(穆公)亦三让而受之。"慕容儁的提议也许是在试探慕容恪,但当他死后,群臣意欲拥戴慕容恪,不过都为恪所拒。在此情况下,太子慕容暐才最终得即帝位。

慕容恪从父亲慕容皝统治以来,就是为燕国的发展出力最多的皇亲,他智勇双全且人望极高,在燕与东晋、前秦鼎足而立的时期应是作皇帝的最佳人选。但尽管如此,朝议居然压住已成定局的皇太子而公然拥戴慕容恪,这对汉人王朝来说是很难想象的。上面提到的涉归—慕容廆—慕容皝—慕容儁的继承过程中,实际上拥有继承权的人不限于个别,这就容易让人想到北族的遗风——部落联盟国家所具有的权力的多元性。应该说直到慕容儁、慕容恪时期同样的情况仍然存在。

上述推测,从获得帝位的太子慕容暐即位以后的辅佐体制上也可以得到证实:

母可足浑氏	皇太后
慕　容　恪	太宰、大司马、录尚书、行周公事
慕　容　评	太傅、司徒、副赞朝政
慕　舆　根	太师、领军将军
阳　　鹜	太保、司空、尚书令

案晋制,居政府最高职位者为三公(太宰＝太师、太傅、太保)、大司马(位在三司之上)、三司(太尉、司徒、司空),都为第一品,其中三公居首。慕容暐即位时,上述四人位居三公之职。慕容恪、慕容评为宗室元老,慕舆根乃勋臣之首,[24]阳鹜似为汉人官僚的代表性人物。如后所述,4人之中尤居重职的,是慕容恪与慕容评,其中以"行周公事"的慕容恪责任最为重大。

慕舆根自恃勋功,骄傲自得,对慕容恪掌朝心怀不满,后施计欲图陷害。据《晋书》卷111《慕容暐载记》,他曾劝说恪曰:

且定天下者,殿下之功也,兄亡弟及,先王之成制,过山陵之后,可废主上为一国王,殿下践尊位,以建大燕无穷之庆。

但慕容恪不为所动。其后,慕舆根又图谋诛杀慕容恪、慕容评,事败被杀。从上引慕舆根的话中可以看到,慕容恪个人的功绩("定天下者,殿下之功也")以及与先帝的亲属关系("兄亡弟及,先王之成制")才使得他位于帝权的最近之处,"行周公事"也就由此而生。

不过,"行周公事"只是说明居其职者为皇权的代理人,从职名来说实际上只是一个虚号。慕容恪身为太宰、大司马、录尚书、行周公事,这些都是人臣中最高的职位，其中究竟哪一个最能发挥天子代理的作用呢？慕容恪死于慕容暐的统治时期，临终时他请慕容暐任用其弟吴王慕容垂。由后述可知，这实质上是推荐慕容垂为自己的后任。[25]

据《晋书》卷111《慕容暐载记》，慕容恪患病之际，十分担心皇帝政不在己，而慕容评猜忌心极强，并无任大司马的人望。于是慕容恪对慕容暐之兄乐安王臧说了如下一番话：

> 今劲秦跋扈，强吴未宾，二寇并怀进取，……若能推才任忠，和同宗盟，则四海不足图，二虏岂能为难哉！吾以常才，受先帝顾托之重，每欲扫平关陇，荡一瓯吴，庶嗣成先帝遗志，谢忧责于当年。而疾固弥留，恐此志不遂，所以没有余恨也。吴王天资英杰，经略超时，司马职统兵权，不可以失人，吾终之后，必以授之。……

之后他又把这一意思告知了慕容评，旋即溘然而逝。

透过这番话语，很清楚地看到慕容恪欲让慕容垂在自己死后接替的，正是军事方面的最高责任者大司马一职。这也就说明，对慕容恪而言，只有任大司马一职才能够做到代行皇帝权这一点。由此我们可以推测，作为最高军事统帅才是慕容国家的君主权所具有的最重要的机能。

下面再来简单概述一下慕容庾、慕容皝、慕容儁这三代慕容国家君主的为人。据称慕容庾"幼而魁岸，美姿貌，身长八尺，雄杰有大度"；慕容皝"龙颜版齿，身长七尺八寸。雄毅多权略，尚经学，善天文"；慕容儁"身长八尺二寸，姿貌魁伟，博观图书，有文武干略"。值得注意的是三人同时还比较尊重汉文化，都具有勇将的资质。从那里还可以看到过去氏族制时期的慕容部大人的雄姿。慕容恪、慕容垂也有与此类似的为人及性格。总之，上述君主的为人、秉性，显示出燕王或者燕皇帝有着从慕容部大人发展而来的痕迹。不过，慕容部是一个战斗共同体，因此他们在称王或是称皇帝以后，是否仍旧保留着作为部族长的成分呢？从上引慕容恪对乐安王慕容臧的话语中可知，出任大司马的资格，除了"才"与"忠"以外，还需要做到"和同宗盟"。这也就说明，燕国大司马一职包含着作为战斗共同体的慕容部最高军事统帅的内涵。

因此,可以设想燕的皇权在其中国式外表之内还隐含着部族长的性质。田村氏曾经指出,辽西、辽东时代的燕王与大单于的称号存在着两重性,但到燕国时期,都统一于皇帝之下。根据上面的叙述来看,的确可以理解为统一,但能否就此认为北族的族长权趋于消失了呢?我认为慕容部急速形成国家,征服华北,就正是汉族与北族的两个体制基本上得到融合的结果(应该说汉族赋予权力以正统性,而北族赋予权力内部以紧密的团结,二者各有特色)。站在这一角度上,可以说慕容廆以来所进行的,诸如建立中国式官制,尊重汉族士大夫以及汉文化等措施,充其量只不过反映了国家权力的一个侧面而已。在国家权力的另外一个侧面上,呈现出的则是以王、皇帝为最高军事统帅的慕容部战斗共同体。前燕时期,出身于慕容部的武将十分活跃,其人数占《晋书·载记》所录四十人中的一半,这就足证以上所论。

就汉人王朝来说,皇帝有宗室为背景,所以遇到非常事态时,在继承问题上可以不必坚持原先的预定计划。一般而言,宗室之所以具有权威,并非是在现实中拥有强大的力量,而是因为它与皇帝有着血缘关系。给予宗室以兵权,从而谋求皇权安定的西晋王朝的人为政策正是后来八王之乱酿成一场悲剧的原因所在。燕之慕容部,与此具有不同的性质。如果说中国的皇帝理念反映了一君万民这一纵向关系的话,在燕国,部族成员与部族长之间的横向关系与上述纵向关系互为交织,同时还承担着实质上的军事机能。慕容垂亡命前秦,意味着这一横向关系的解体。后燕时期,南北的分裂也具有同样意义。总体来说,燕国君主权的继承并非完全仿照中国式原理,而是有着多个的权力继承者,这当然是由于部族制度从实际上介入到了皇权内部的缘故。

不过,虽说是部族制度,但在这一阶段已不可能与过去完全一样了。随着收纳其他部(种)族于自己内部以及闯进中国社会,这就必然会产生新的情况。有关这一点,容下节再论。

三　军事体制诸问题

慕容燕的皇权如果有上述特征的话，那么就有这样一个问题，即是什么从现实中赋予其这一特征的呢？我在前节中推定这是从部族制度发展而来的燕国的军事体制。尽管现实上是不可能的，但从理念上来讲，皇权是唯一绝对的政治权力，因此皇帝对包含统治阶层在内的所有人民而言必须是唯一、直接的统治者。而军队，当然也就完全应该是皇帝的手足。

但是，下面所引的文字却反映出二者之间存在着相当大的距离。

> 暐仆射悦绾言于暐曰："太宰(故慕容恪)政尚宽和，百姓多有隐附。《传》曰，唯有德者可以宽临众，其次莫如猛。今诸军营户，三分共贯，风教陵弊，威纲不举，宜悉罢军封，以实天府之饶，肃明法令，以清四海。"暐纳之。绾既定制，朝野震惊，出户二十余万。慕容评大不平，寻贼绾，杀之(《晋书》卷111《慕容暐载记》)。

> 遵(慕容)垂遗令，校阅户口，罢诸军营分属郡县，定士族旧籍，明其官仪，而法峻政严，上下离德，百姓思乱者十室而九焉(《晋书》卷124《慕容宝载记》)。

前一条为前燕末，后一条则是后燕时。所述内容几乎完全一样，即当时的军队领有被称为营户的特殊户口，这就显示了与郡县不同的另一种统治形态。军队领有户口，用悦绾的话说是"军封"，而基于统治郡县民的中央财政则被叫做"天府"。上面两条史料显示，"天府"与"军封"亦即皇帝与军队遭遇到了一个矛盾。那么，就燕的国家体制来说，这一矛盾是本来就存在的呢，还是上述历史时期的特殊产物呢？对此有必要进行探讨。如果是前者的话，那么到现在所论述的燕国皇权的特异性质就很难成立。

营户制度并不为燕所特有，东晋、南朝、宋、北魏等王朝都建立过，因此可以说这是一种较普遍的制度。关于这一制度，到目前为止，有许多人曾提到过，但遗憾的是由于史料比较零碎，其具体内容还不清楚。

近年唐长孺、滨口重国两氏从类似制度的关联性研究上进行考察,其中不乏真知灼见。唐氏引上面《慕容暐载记》一文,作了如下阐述:"营户即是荫户,他们不属州郡而属于军营,主持军营的便是王公贵戚。营户又称为'军封',所以又即是那些王公贵戚的封户。"对于"军封",唐氏认为它是北方部族以军事组织的形式建立的一种封建制度。[26]我的看法与唐氏所论大致相同。但问题在于,这种"封建制度"是如何与中国式专制主义产生联系,进而发展为一个政治社会统一体的。滨口氏主要以北魏的营户、杂营户为考察的对象,[27]下面就来介绍滨口氏的研究,并叙述我自己的意见。

据滨口氏的看法,营户是由于犯罪或其他理由被发配于军营,在营内充当杂役,必要时又被用于战斗的特殊民户。不过,营户与北魏时出现的杂营户并无关系。杂营户指的是北魏平定中山(后燕的首都)后所指定的大量存在于其地的漏户,命令他们向军营交纳纶、绵等特产品,426年(北魏太武帝始光三年),由于仇洛齐的建议而被废止。而营户是出现在这之后的,不论是职掌还是出现时期,营户与杂营户都有着显著的不同。确如滨口氏所论,北魏的营户之例几乎都限于讨平叛乱民众之后,与类似杂营户的荫附之户在来源上并不相同。但尽管如此,还是没有理由把营户限定为是犯罪者。滨口氏自己所引上面慕容燕的例子中,营户就包括荫附之户,这就进一步加深了上述疑问。

营户制的实际情况由于史料的限制无法弄清,现在只就营户字面上的意思提出以上疑问,不拟多说。这里的问题是当时的军队并不仅仅只是战斗成员的集团,它还包含着发挥不同作用的民户;此外,营户集团在行政上与州郡分属不同的系统。根据这一设想,我想把视线放在"军封",也就是军队直属的范围之内。如:

> 免寿春营户为扬州民(《魏书》卷8《世宗纪》景明二年九月乙卯)。

这是极少数有关北魏营户的史料之一,也是当时与梁朝进行激烈战斗下的措施。从地域来看也能作出类似推测。据《魏书》卷106中《地形志中》,扬州的设置也是在景明年间,因此可以推定这是把寿春镇改为扬州,与此相适应,采取了使镇民升为州民的措施。

一般而言,北魏在征服华北的过程中,首先在军队的驻屯地设置镇,然后随着治安的恢复将其改为州,此为常例。而北边的所谓六镇直到最后都没有改动,这也就是内乱产生的一个原因。为什么这样说呢?因为镇民们被永远束缚在军营里,加上门阀主义的风靡,这就导致镇民走向贱民化。镇民叛乱的前后,李崇、元渊、魏兰根等人都主张实施州郡制,朝廷最后不得不予以采纳,这一事实就证明了此点。㉘

如此想来,必须认为营户作为一种户口,在郡县统治得不到完全贯彻时,由军队直接掌握,并为军队发挥其机能,提供各种用途。在这一意义上,不仅驻扎在地方的军队,就连迅速膨胀的政权,在筹措必要的劳力与物资时也一定采用了同样的手段。在征服了宇文部之后,慕容皝试图立即在首都龙城施行有名的屯田政策,就证明了这一点。据《晋书》卷109《慕容皝载记》:

> 以牧牛给贫家,田于苑中,公收其八,二分入私。有牛而无地者,亦田苑中,公收其七,三分入私。

但是,这一政策由于记室参军封裕的反对而中止。以往研究六朝时代的国家土地经营时,上例经常受到学术界的注意。不过就其具体意义而言,考虑得并不充分。事实上,这一措施的意义在封裕的反对意见中即已显示。《晋书》卷109《慕容皝载记》录其谏言曰:

> 臣闻圣王之宰国也,薄赋而藏于百姓,分之以三等之田,十一而税之,寒者衣之,饥者食之,使家给人足。虽水旱而不为灾者,何也? 高选农官,务尽劝课,人治周田百亩,亦不假牛力;力田者受旌显之赏,惰农者有不齿之罚。又量事置官,量官置人,使官必称须,人不虚位,度岁入多少,裁而禄之。供百僚之外,藏之太仓,三年之耕,余一年之粟。以斯而积,公用于何不足? 水旱其如百姓何! ……自永嘉丧乱,百姓流亡,中原萧条,千里无烟,饥寒流陨,相继沟壑。先王以神武圣略,保全一方,威以殄奸,德以怀远,故九州之人,塞表殊类,襁负万里,若赤子之归慈父,流人之多旧土十倍有余,人殷地狭,故无田者十有四焉。

封裕在说完这段话后,提出了以下几条建议:

(1) 宜省罢诸苑,以业流人。人至而无资产者,赐之以牧牛。

人既殿下之人，牛岂失乎！善藏者藏于百姓，若斯而已矣。……且魏晋虽道消之世，犹削百姓不至于七八，持官牛田者官得六分，百姓得四分，私牛而官田者与官中分，百姓安之，人皆悦乐。臣犹曰非明王之道，而况增乎！

（2）且水旱之厄，尧汤所不免，王者宜浚治沟洫，循郑白、西门、史起溉灌之法，旱则决沟为雨，水则入于沟渎，上无云汉之忧，下无昏垫之患。

（3）句丽、百济及宇文、段部之人，皆兵势所徙，非如中国慕义而至，咸有思归之心。今户垂十万，狭凑都城，恐方将为国家深害，宜分其兄弟宗属，徙于西境诸城，抚之以恩，检之以法，使不得散在居人，知国之虚实。

（4）今中原未平，资畜宜广，官司猥多，游食不少，……其有经略出世，才称时求者，自可随须置之列位。非此已往，其耕而食，蚕而衣，亦天之道也。

（5）前者参军王宪、大夫刘明并竭忠献款，以贡至言，虽颇有逆鳞，意在无责。主者奏以妖言犯上，致之于法，殿下慈弘苞纳，恕其大辟，犹削黜禁锢，不齿于朝。其言是也，殿下固宜纳之；如其非也，宜亮其狂狷。

（6）四业者国之所资，教学者有国盛事。刁战务农，尤其本也。百工商贾，犹其末耳。宜量军国所须，置其员数，已外归之于农，教之战法，学者三年无成，亦宜还之于农，不可徒充大员，以塞聪俊之路。

慕容皝对上述献策几乎全部采纳，并发布命令颁行。如第一条废苑田，以之分给人民，以及第二、第五、第六各条。不过第三条是否实行还不清楚，第四条的整顿官吏则指示待天下平定以后再予执行。

上述各条有其关联性，第二条以后的各条实际上是第一条废除苑田经营的替代案。也就是说，与其让流民耕苑田，收其七八成的高租以解燃眉之急，不如遵循"善藏者藏于百姓"的精神，分给流民以土地，实施励农政策，整修水利灌溉。同时，将非农业人口，如被征服民、官吏、工商业者、学生等按各自的特点予以分别对待，才是切实可行的方法。

由此我们可以看到,在当时的燕都龙城,流民、被征服民、官吏、工商业者、学生等脱离农业的人口在骤然增加,而且密集于一处,为此出现了粮食危机,所以慕容皝才计划实施屯田政策。当时从郡县户口征收租调,㉙这就必然有一定的限度。因此,上述屯田政策实际就是在郡县制从自然及社会两方面对政权还没有起到充分的支撑作用时,政权方面采取的一项自给自足的政策。

以上是王国时期燕都的情况,那么是否可以推测驻屯在各地的军营内部存在着同样的状况呢? 在那里,战斗员、文武官吏、工商业者、农业劳动者等肩负各种机能的人员独立于州郡制之外,并构成了一个包括士农工商所谓四业在内的自给自足的世界。而通过军事机能掌握着这一世界的慕容部的各个成员,不就可以说对皇权持有一种类似封建的特权(军封)么? 应该承认,前一节中所见的燕国政治体制中的"封建"特征就是以这一现实作为基础而建立的。

甚为遗憾的是,要断定当时的诸军营是由各种民众直接构成的一个独立的世界,材料非常不够。上面所述,只是以王国时期龙城的状况为基础,再加上北魏的营户、杂营户以及屯田户的实际例子所作的一个设想。而且这一设想本身,也还有修订的必要。这是因为,如果诸军队各自拥有一个独立的世界,而皇权又是建立在这些军营相互联系的基础上的话,那么皇权所具有的专制统一权力的性质就会急剧减弱。而事实上,这样极端的看法在有些地方并不能成立。比如,悦绾批评营户作为荫附者在增加的情况是"风教陵弊,威纲不举"(《晋书》卷 111《慕容暐载记》),这就让我们感到军营的世界本身并非独立,而是以统一权力的皇权为背景才得以成立的。

比如燕的军事力量,其来源不单依靠这些营户而且还依靠州郡户。㉚举例来说,慕容儁为进攻洛阳,计划动员步卒一百五十万,因此命令州郡,每户只留一丁,其余全部征发。后由于刘贵的上言改为"三五占兵"(即三丁一兵,五丁二兵)。据此可知,州郡的征兵主要编成步兵部队。当时军队编成的基本方式似乎是由北族兵构成的精锐骑兵(常备军)为核心,然后在外部配以步兵。㉛

因此州郡民在军事上作为常备军的补充而存在。如果说营户从事的是食粮、衣料、兵器的生产以及筹措的话,那么,州郡民也有承担其中一部分的迹象。据《晋书》卷111《慕容暐载记》,前燕末,尚书左丞申绍在批判时政时说:

> 谨案后宫四千有余,僮侍厮养通兼十倍,日费之重,价盈万金,绮縠罗纨,岁增常调,戎器弗营,奢玩是务。今帑藏虚竭,军士无襜褕之费……

说明州郡民上纳的常调是兵器、军衣的财源。也就是说,州郡户在直接或间接地从事军事劳动(战斗)与军需生产这两方面的活动。从军营方面看,州郡户是在其外部扩大的部分。但是,在州郡户那里,战斗与生产劳动是由同一人来承担,[32]这与军营世界显然有所区别。在军营,战斗与军需生产由骑兵与营户分别承担,这一点十分清楚。因此战斗力得到保证,同时也可以保障州郡户从事其基本的农耕劳动。军营与州郡之间的这种相互联系,难道不是当时政治世界的实际情况么?果真如此的话,军营本身不单是一个完备的世界,而且还从州郡制那里得到补充。另一方面,州郡制并非国家唯一的体制,对它进行保护的是军营这一特殊的世界。军营世界的存在使得州郡制与军营制的互补关系呈现出与秦汉帝国的不同之处。另一方面,由于州郡制的广泛存在,使人感到在这个社会之上套用既成的封建制度概念是十分困难的。[33]

如果说军营与州郡的内在关系为这一时代的历史特征的话,那就不能简单地把悦绾的所谓"军封"与"天府"的矛盾理解为单纯的相互排斥关系。但是他为什么如此强烈地主张废除军封呢?我的推想是,当时军封制度失去了健全性而产生了一种腐败现象,这是因为它与国家体制之间有着深刻矛盾的缘故。也就是说,"天府"与"军封"的矛盾,是这一时期的特殊历史产物。以下阐述此点,以为结语。

因改革而触怒了慕容评的悦绾被杀事件,是上述推想的根据及线索。慕容评如此行事,是因为当时的军封制度给他带来了利益的缘故。慕容恪死后,慕容评垄断朝政,前节中提到,当时庙议的方向就是通过他的意向来决定的。[34]因此,整个军封制度的实情与他作为执政者所推行的路线有密切关系。

前面介绍的尚书左丞相申绍的时政批判,实际上就是针对慕容评

的执政而做的弹劾。《晋书》卷111《慕容暐载记》概述了当时的状况:

> 时外则王师(指晋军)及苻坚交侵,兵革不息;内则暐母乱政,评等贪冒,政以贿成,官非才举,群下切齿焉。

对此,申绍的批判分为五个方面:

(1) 地方政治:

> 臣闻汉宣有言:"与朕共治天下者,其唯良二千石乎!"是以特重此选,必妙尽英才,莫不拔自贡士,历资内外,用能仁感猛兽,惠致群祥。今者守宰或擢自匹夫兵将之间,或因宠戚,藉缘时会,非但无闻于州间,亦不经于朝廷。又无考绩,黜陟幽明。贪惰为恶,无刑戮之惧;清勤奉法,无爵赏之劝。百姓穷弊,侵赇无已,兵士逋逃,乃相招为贼盗。

(2) 官吏的员数:

> 今之见户,不过汉之一大郡,而备置百官,加之新立军号,兼重有过往时。虚假名位,废弃农业,公私驱扰,人无聊生。宜并官省职,务劝农桑。

(3) 征兵问题:

> 秦吴狡猾,地居形胜,非唯守境而已,乃有吞噬之心。中州丰实,户兼二寇,弓马之劲,秦晋所惮,云骑风驰,国之常也,而比赴敌后机,兵不速济者何也?皆由赋法靡恒,役之非道。郡县守宰每于差调之际,无不舍越殷强,首先贫弱,行留俱窘,资赡无所,人怀嗟怨,遂致奔亡,进阙供国之饶,退离蚕农之要。兵岂在多,贵于用命。宜严制军科,务先饶复,习兵教战,使偏伍有常,从戎之外,足营私业,父兄有陟岵之观,子弟怀孔尔之顾,虽赴水火,何所不从!

(4) 奢侈的风潮:

> 宰相侯王迭以侈丽相尚,风靡之化,积习成俗,卧薪之谕,未足甚焉。宜罢浮华非要之役,峻明婚姻丧葬之条,禁绝奢靡浮烦之事,出倾宫之女,均商农之赋。公卿以下以四海为家,信赏必罚,纲维肃举者,温猛之首可悬之白旗,秦吴二主可以礼之归命,岂唯不复侵寇而已哉!

(5) 国防问题:

　　　　又拓宇兼并，不在一城之地；控制戎夷者，怀之以德。

　　总之，当时的状况是，以可足浑太后与慕容评为最上层的受贿政治弥漫于整个官僚机构，破坏了人民的生产与生活，甚至还削弱了军事力量。同时，这一政治的腐败现象侵蚀于军队、外戚关系、官僚机构等具体的地方，进而还蔓延至末端的乡村。这不仅仅是中央的弊风变成压迫人民的虐政，如上所述，国家财政中的军费也变得岌岌可危。总而言之，整个国家放弃了其作为公共世界的机能，而转化为追求个人利益的场所。慕容评为维护自己的地位，迫使名将慕容垂亡命于敌国前秦，此外还因接受秦的贿赂而放过讨灭前秦的绝好机会。得以喘息的前秦不久便计划攻燕，慕容评亲率大军前往迎击。但在这一事关存亡之际，他还在封固山泽，沽卖薪水，积聚钱绢如山。在此状况下，三军渐失斗志，最后终遭毁灭性打击。

　　以上是慕容评专政时期的政情。那么，他为废除军封而发怒的理由，也就可想而知。当时的营户已经不能使军队更好地发挥机能，而且为满足将领们谋求私利的欲望大量增加。[35]营户来源于州郡户，因此借营户制度，荫户得以大量发生，其原因如申绍所论，乃是由于中央到乡村的行政出现混乱的缘故。

　　营户制与州郡制的矛盾与冲突产生于一定历史阶段之中。在此状况下，营户制无论数量还是质量都发生了变化，州郡的行政发生混乱并趋向解体，这些都是紧密相连的。二者的本来关系，也就是相互补充的关系出现破绽，综合上述关系的国家机构由此产生重大裂缝。再一次地说，这并不是制度本来的矛盾，而是在现实中产生的具体的历史矛盾。这一矛盾的本质，用一句话说就是公与私之间的冲突。这里所说的公，并不一定意味是生产手段共有的体制。人民为公共的目的付出劳动，并依靠这些来保证他们自己的再生产体制。对此我主要从军事劳动的侧面加以考察，强调了军营与州郡的相互补充的关系。从国家的立场来看，这一关系意味着是站在同一目的上的各种人民的劳动协同性。站在这一意义上去探求公共社会之渊源的话，不就可以找到慕容部的部族共同体么？

① 《三国志·魏志》卷 30《乌丸鲜卑传》裴松之注引王沈《魏书》。以下所述多据同传本文或王沈《魏书》。

② "大人已下,各自畜牧治产,不相徭役"(裴注引王沈《魏书》)。

③ "常推募勇健能理决斗讼相侵犯者为大人"(裴注引王沈《魏书》)。这是乌桓族推戴大人的原则,如征引鲜卑之例的话,如"号檀石槐,长大勇健,智略绝众。年十四五,异部大人卜贲邑钞取其外家牛羊,檀石槐策骑追击,所向无前,悉还得所亡。由是部落畏服,施法禁平曲直,莫敢犯者,遂推以为大人"(同上);"轲比能本小种鲜卑,以勇健,断法平端,不贪财物,众推以为大人"(《魏志》本文);"比能众遂强盛,控弦十余万骑。每钞略得财物,均平分付,一决目前,终无所私,故得众死力,余部大人皆敬惮之"(同上)。与此相反的例子是"檀石槐,年四十五死,子和连代立。和连材力不及父,而贪淫,断法不平,众叛者半"(裴注引王沈《魏书》)。

④ "鲜卑众日多,田畜射猎,不足给食。后檀石槐乃案行乌侯秦水,广袤数百里,淳不流,中有鱼而不能得。闻汗人善捕鱼,于是檀石槐东击汗国,得千余家,徙置乌侯秦水上,使捕鱼以助粮。至于今,乌侯秦水上有汗人数百户"(裴注引王沈《魏书》)。

⑤ "(檀石槐)乃分其地为中东西三部。……从右北平以西至上谷为中部,十余邑,其大人曰柯最、阙居、慕容等,为大帅"(裴注引王沈《魏书》)。上引作为大人名的慕容之名是否指的就是慕容部,还难以判断。不过,姚薇元《北朝胡姓考》页 170 即作如此理解。

⑥ "时燕代多冠步摇冠,莫护跋见而好之,乃敛发袭冠,诸部因呼之为步摇,其后音讹,遂为慕容焉。或云慕二仪之德,继三光之容,遂以慕容为氏"(《晋书》卷 108《慕容廆载记》)。另外,《太平御览》卷 121 引《十六国春秋·前燕录》佚文里也可以看到同样意思的文字。

⑦ 慕容部与同种的段部等,都有同样的例子。

⑧ "初涉归有憾于宇文鲜卑,廆将修先君之怨,表请讨之"(《晋书》卷 108《慕容廆载记》)之语,可以使我们想到此事。

⑨ 一说跣当为晃(《晋书斠注》),此处暂从《晋书》本文。

⑩ 田村实造《慕容王国的成立与性格》(《东洋史研究》11—12,后修订收入《中国史上的移动期——五胡·北魏时代的政治与社会》,创文社,1985 年)。

⑪ "时刘琨大为刘聪所迫,诸避乱游士多归于浚。浚日以强盛,乃设坛告类,建立皇太子,备置众官。……使其子居王宫,持节,领护匈奴中郎将,以妻舅崔毖为东夷校尉"(《晋书》卷 39《王浚传》)。属永嘉之乱,还乡里,乃与父老议

曰:'……王彭祖先在幽蓟,据燕代之资,兵强国富,可以托也。诸君以为何如?'众咸善之。乃与叔父隐率数千家北徙幽州。既而王浚政令无恒,乃依崔毖,随毖如辽东。毖之与三国谋伐廆也,瞻谏以为不可,毖不从。及毖奔败,瞻随众降于廆。廆署为将军,瞻称疾不起"(《晋书》卷108《慕容廆载记》)。"永嘉之乱,(韩恒)避地辽东。廆既逐崔毖,复徙昌黎,召见,嘉之,拜参军事"(《晋书》卷110《慕容儁载记》)。

⑫　"阳裕,字士伦,右北平无终人也。……王浚领州,转治中从事,忌而不能任。石勒既克蓟城,……勒方任之,裕乃微服潜遁。时鲜卑单于段眷为晋骠骑大将军、辽西公,雅好人物,虚心延裕。……裕乃应之。拜郎中令、中军将军,处上卿位。历事段氏五主,甚见尊重。段辽与就相攻,裕谏曰:'……慕容与国世为婚姻,且就令德之主,不宜连兵构怨,凋残百姓。……'辽不从。出为燕郡太守。石季龙克令支,裕以郡降,……就素闻裕名,即命释其囚,拜郎中令,迁大将军左司马。东破高句丽,北灭宇文归,皆豫其谋,就甚器重之"(《晋书》卷109《慕容就载记》)。"属天下乱,(裴)嶷兄武先为玄菟太守,嶷遂求为昌黎太守。至郡,久之,武卒,嶷被征,乃将武子开送丧俱南。既达辽西,道路梗塞,乃与开投廆。时诸流寓之士见廆草创,并怀去就。嶷首定名分,为群士启行。廆甚悦,以嶷为长史,委以军国之谋"(《晋书》卷108《慕容廆载记》)。另请参见下条注。

⑬　"时二京倾覆,幽冀沦陷,廆刑政修明,虚怀引纳,流亡士庶多襁负归之。廆乃立郡以统流人,冀州人为冀阳郡,豫州人为成周郡,青州人为营丘郡,并州人为唐国郡"(《晋书》卷108《慕容廆载记》)。即在每个流民的出身地设郡,郡名也依出身地而定。

⑭　有如下几例:

成周内史	崔　焘
成周太守	卢　晏
营丘太守	皇甫真
	卢　晏
	卢　偃
唐国内史	阳　裕

⑮　注⑬所引文字之后,有"于是推举贤才,委以庶政"之语,其内容如下:

裴　嶷(河东)
鲁　昌(代郡)　}为谋主
阳　耽(北平)

$$\left.\begin{array}{l}\text{逄　羡(北海)}\\\text{游　邃(广平)}\\\text{西方虔(北平)}\end{array}\right\}\text{为股肱}$$

$$\left.\begin{array}{l}\text{封　弈(渤海)}\\\text{宋　该(平原)}\\\text{皇甫岌(安定)}\\\text{缪　恺(兰陵)}\end{array}\right\}\text{以文章才俊,任居枢要}$$

$$\left.\begin{array}{l}\text{朱左车(会稽)}\\\text{胡毋翼(太山)}\\\text{孔　纂(鲁国)}\end{array}\right\}\text{以旧德清重,引为宾友}$$

　刘　赞(平原)　儒学该通,引为东庠祭酒

⑯　慕容廆命世子皝率国之子弟受教于东庠祭酒刘赞(参前注),他自己据说在政务之余也去听讲。

⑰　"(皝)赐其大臣子弟为官学生者号高门生,立东庠于旧宫,以行乡射之礼,每月临观,考试优劣。皝雅好文籍,勤于讲授,学徒甚盛,至千余人。亲造《太上章》以代《急就》,又著《典诫》十五篇,以教胄子"(《晋书》卷109《慕容皝载记》);"皝亲临东庠考试学生,其经通秀异者,擢充近侍"(同上);"儁雅好文籍,自初即位至末年,讲论不倦,览政之暇,唯与侍臣错综义理,凡所著述四十余篇"(《晋书》卷110《慕容儁载记》)。

⑱　上引田村氏论文。

⑲　慕容廆讨平趁前述庞本与李臻的相斗之机图谋反乱的"附塞之鲜卑"素连、木津二部后,将其移至都城附近。另外下面注㉑前半所举针对扶余族的徙民之例也亦相当于此。

⑳　"(翟斌)遣使推垂为盟主。垂距之曰:'吾父子寄命秦朝,危而获济,荷主上不世之恩,蒙更生之惠,虽曰君臣,义深父子,岂可因其小隙,便怀二三'"(《晋书》卷123《慕容垂载记》)。"斌率众会垂,劝称尊号,垂曰:'新兴侯(指为秦所获的慕容暐),国之正统,孤之君也。若以诸君之力,得平关东,当以大义喻秦,奉迎反正。无上自尊,非孤心也'"(同上)。进而在慕容垂正攻打邺时,向苻坚上表称"而(苻)丕固守匹夫之志,不达变通之理。臣息农收集故营,以备不虞,而石越倾邺城之众,轻相掩袭,兵阵未交,越已陨首。臣既单车悬轸,归者如云,斯实天符,非臣之力。且邺者臣国旧都,应即惠之,然后西面受制,永守东藩"(同上)。另,关于西燕,《魏书》卷95《慕容暐传》称:"(慕容泓)遣使谓坚曰:'……泓当率关中燕人翼卫皇帝,还返邺都。与秦以虎牢为界,分王天

下,永为邻好。不复为秦之患也。'"此外还可参看本编第三章。

㉑　如果列举燕所行徙民之例,有如下一些:"又率众东伐扶余,扶余王依虑自杀,魔夷其国城,驱万余人而归"(《晋书》卷108《慕容廆载记》)。"是日,率骑讨(素)连、(木)津,大败斩之,二部悉降,徙之棘城,立辽东郡而归"(同上)。"(崔)毖与数十骑弃家室奔于高句丽,魔悉降其众,徙泰(毖兄子)及高瞻等于棘城,待以宾礼"(同上)。"攻(宇文)乞得龟,克之,悉虏其众。乘胜拔其国城,收其资用亿计,徙其人数万户以归"(同上)。"于是斩(慕容)仁所置守宰,分徙辽东大姓于棘城,置和阳、武次、西乐三县而归"(《晋书》卷109《慕容皝载记》)。"皝率诸军攻(段)辽令支以北诸城,辽遣其将兰来距,大战,败之,斩级数千,掠五千余户而归"(同上)。"皝前军帅慕容评败季龙将石成等于辽西,斩其将呼延晃、张支,掠千余户以归"(同上)。"皝将图石氏,……于是率骑二万出蠮螉塞,长驱至于蓟城,进渡武遂津,入于高阳,所过焚烧积聚,掠徙幽冀三万余户"(同上)。"率劲卒四万,入自南陕,以伐宇文、高句丽,……大败之,乘胜遂入丸都,……皝掘钊父利墓,载其尸并其母妻珍宝,掠男女五万余口,焚其宫室,毁丸都而归"(同上)。"皝开地千余里,徙其(宇文)部人五万余落于昌黎,改涉弈于城为威德城。行饮至之礼,论功行赏各有差"(同上)。"三年,遣其世子儁与恪率骑万七千东袭夫余,克之,虏其王及部众五万余口以还"(同上)。"明年,儁率三军南伐,……儁攻陷其城,斩(石季龙将王)他,因而都之。徙广宁、上谷人于徐无,代郡人于凡城而还"(《晋书》卷110《慕容儁载记》)。"恪遂克广固,以(段)龛为伏顺将军,徙鲜卑胡羯三千余户于蓟,留慕容尘镇广固,恪振旅而归"(同上)。

㉒　"涉归死,其弟耐篡位,将谋杀廆,廆亡潜以避祸。后国人杀耐,迎廆立之"(《晋书》卷108《慕容廆载记》)。另,田村氏将耐作廆之弟,当为涉归之弟。

㉓　"初,皝庶兄建威翰骁武有雄才,素为皝所忌,母弟征虏仁、广武昭并有宠于廆,皝亦不平之。及廆卒,并惧不自容。至此,翰出奔段辽,仁劝昭举兵废皝。皝杀昭,遣使按检仁之虚实,遇仁于险渎。仁知事发,杀皝使,东归平郭。……仁于是尽有辽左之地,自称车骑将军、平州刺史、辽东公。宇文归、段辽及鲜卑诸部并为之援"(《晋书》卷109《慕容皝载记》)。

㉔　有将慕舆氏视为慕容氏的谐音之说,亦有意见认为上说为非,当为别氏。参姚薇元《北朝胡姓考》,页130。

㉕　《晋书》卷123《慕容垂载记》载慕容恪推举垂为天子事云:"时慕容暐嗣伪位,慕容恪为太宰。恪甚重垂,常谓暐曰:'吴王将相之才十倍于臣,先帝以长幼之次,以臣先之,臣死之后,愿陛下委政吴王,可谓亲贤兼举。'"

㉖ 《晋代北境各族"变乱"的性质及五胡政权在中国的统治》(见《魏晋南北朝史论丛》)。

㉗ 《关于北朝史料所见杂户、杂营户、营户》(《山梨大学学艺学部研究报告》8)。另外,唐长孺氏认为杂营户是杂户以及营户,此说值得重视(《拓跋国家的建立及其封建化》,见《魏晋南北朝史论丛》)。以上参见堀敏一《均田制与良贱制》(收入《仁井田陞博士追悼论文集》第一卷)。

㉘ 参见第二编第一、三章。

㉙ 慕容皝时期征收田租一事由下面一条史料而知:"以久旱,丐百姓田租"(《晋书》卷109《慕容皝载记》)。

㉚ 此事在前引封裕的建言第(6)以及后述申绍的建议中也十分清楚。

㉛ "(慕容)宝闻魏有内难,乃尽众出距,步卒十二万,骑三万七千,次于曲阳柏津〔肆〕"(《晋书》卷124《慕容宝载记》)。"(慕容)冲为(苻)坚将窦衡所破,弃其步众,率鲜卑骑八千奔(慕容)泓军"(《魏书》卷95《慕容暐传》)。

㉜ 但即便在那里也可以多少看到分工的关系。刘贵反对慕容儁的动员步兵一百五十万的计划而提出的"三五占兵"就是如此。一般来说,后述申绍的所谓"军科"对此予以了规定。

㉝ 慕容部成员、营户、州郡民这三项要素使人想到了六朝豪族势力中普遍存在的宗族、部曲、乡人的构成。我认为这种结构反映了六朝社会的历史特征。

㉞ 力劝趁秦内乱之际采取讨伐的魏尹慕容德的上疏云:"大同之举,今其时也。愿陛下独断圣虑,无访仁人"(《晋书》卷111《慕容暐载记》),暗中试图阻止慕容暐听取慕容评的意见。天子虽一时听从此议,但结果在慕容评的反对下只得作罢,这一事实如实地反映了上述情况。

㉟ 前引滨口氏论文也认为北魏废止杂营户的理由在此。

(原题《慕容国家的权力构造——以前燕为中心》,
载于《名古屋大学文学部研究论集》29,1963年)

第三章   五胡十六国史上苻坚的位置

一   问 题 所 在

在前面几章中，我以匈奴前赵、羯族后赵以及鲜卑慕容部前燕为例，考察了五胡诸国家的结构。考察的结果：这些国家有着由帝族宗室分掌军队的倾向，因此可以视其为一种军事封建制。皇权受到这一体制的极大制约，特别是宗室的代表性人物握有强大的兵权，这就防止了皇权的独裁。君主避开称帝而多使用天王称号，应该说，这便是上述体制的一种表现。[①]国家权力与其说为皇帝个人所有，倒不如说归于帝室全体，这一点继承了塞外时期部落联盟国家的特点。

不过，皇帝仍然还是这些国家的统治区域亦即整个中国世界的统一的主权者。五胡的君主们在这里呈现出了与塞外时代单于不同的侧面。皇帝之下的中国式官僚机构支撑着皇帝的上述立场。在五胡统治下，汉人士大夫阶层通过官僚机构与异民族政权发生联系。他们之中有的是在地方拥有势力的所谓豪族，有的则以流寓之身进入政界，但都具有中国传统文化的素养。正如以往所指出的那样，胡族的君主们并不一定是中国文明的破坏者，相反在大多数情况下毋宁说是拥护者，他们自身大多具有士大夫的教养，试图通过尊重汉人士大夫而取得作为中原统治者的资格。当时的政权力图站在一个普遍的立场上面对自己所统治的世界。

总之，五胡政权具有两面性，即一方面通过胡族的团结来夸耀其力量，另一方面又通过进用汉族士大夫来显示其存在的正当性。这一两面性的特点在于它还与种族的区别有着关系。[②]

皇帝既位于军事力量的中心位置,同时还具备统治的正当性。建立在这一基础上的权力当然有可能掠夺中国的财富。握有兵力者只要扩大他们的欲望,就会使掠夺变得激烈。由此一来,政权内部的平衡就会面临崩溃。特别是当皇帝或仅次于皇帝的人物明显露出这一倾向时,统治阶层内部就会发生各种争斗,最后演变为整个国家走向腐败,踏上内部崩溃之道。

首先,皇帝等试图通过独裁来满足他们无休无止的欲望,由此与掌握兵权的宗室诸王产生深刻的矛盾,结果有时导致了主权者的更换。另外,还有压制、疏远宗室内部有声望的人物,从而使得宗室团结出现崩溃的例子。此时支撑这种皇权的,已不可能是宗室,而是宦官等跋扈于内廷的恩幸。他们是皇帝欲望的产物,同时又更加勾引出欲望,于是皇帝等越发陷入权力的私人化漩涡之中。

胡族的君主变为暴君,这在胡汉官人阶层之间引发了强烈的反抗。这一事态尤其对作为中国文明承担者的汉人士大夫而言,决不是值得欢迎的。不仅如此,苛刻的政治给人民带来很大损害,这也对士大夫的豪族立场造成极深的影响。为防止事态的恶化,朝廷内部的许多上言都强烈反映出了王道政治的立场。这些当然没有被采纳,为此有人遭致诛杀,亦有人被逼自杀,此类例子极多。

由以上所述来看,在本来应支撑国家权力的各个集团之间产生决裂,其结果就是皇帝等对后宫进行超乎寻常的扩张,此外就是莫大的奢侈和浪费。而为了满足这些,又必须进行苛刻的掠夺,而最为严重的后果则是国家军队力量的衰弱。军队的指挥官不但受到压制,维持军队所必须的国家费用也都被皇帝的私人财政吞蚀。国家就这样完全丧失其权力的基础,最终为敌国所吞并。

前赵、后赵、前燕所走的道路正是上述过程的反复,由此不能不使人想到的问题是五胡国家在结构上存在着缺陷。那么,这一缺陷的原因何在？换句话说,容许皇权如此轻易地私人化的条件究竟是什么呢？前面提到,在诸国家中可见的军事封建制是塞外时代部落联盟的继承形态,因此部落联盟时代的单于的帝位本来是具有公共职能的。那么,军事封建制与作为公共权力的皇权之间也就应该没有矛盾,甚至还可以说为皇权的形成发挥了作用。但是它最终没有防止皇权私人化,这就显示出这一体制在中国世界里并没有多大的抵抗能力。仔细想来,军事封建制以宗室的血缘共同体为基础,有着非常纯朴的一面,但这也说明军事封建制所带有的血缘主义的脆弱性是防止不了皇权私权化的。与上述五胡国家的情况相比,不由得使人想起了接下来的北魏的安定性。北魏断然实行的部落解散政策给人的印象就是克服这一血缘主义的第一步。

可是,与上述问题相关联,可以说血缘主义把种族上的区别带到了政治体制之内。汉族士大夫决非在种族上受到压迫,但在五胡统治下的汉族终究是处于被动的地位,这一点与东晋南朝不同。因此,他们对于皇权来说,约束力是有限的,这一点不容置疑。汉族士大夫,特别是豪族阶层作为乡党指导者在地方社会拥有着势力,我认为在那里人与人之间的结合原理决不是古代的血缘主义,而是超越了这一原理的中世人格主义。但是,乡党社会与胡族国家的关系从汉族士大夫被动的立场来看,决不能说是一种积极的结合。二者结合为一个体制,必须要等到以乡兵集团为基础的府兵制实施时期。③

以上,在追寻五胡诸国家的内部弱点时,发现它正与北朝史上的课题脉络相通。在分析匈奴、羯、鲜卑慕容等国家的政治过程中,我们可以得出上述这样的结论。那么,在五胡时期最为繁盛的氐族前秦那里也能找到同样的问题吗?本章试图把这一问题放在苻坚的政治当中加以考察。

二　前秦国家的正当性

前秦灭亡的发端,不用说是淝水的战败。近一百万南征军在这场战斗中一举崩溃,利用这一机会,慕容垂自立于关东。接着慕容泓占据华阴,并与在河东起兵的慕容冲合流,成为拥兵十余万的势力。此时,羌族姚苌也举反旗,与泓相呼应。慕容泓不久为臣下所杀,替代他的慕容冲在苻坚杀慕容暐(前燕皇帝)后称帝。其时,慕容冲占据阿房城,长安已成囊中之物。为挽救这一危机,苻坚逃出长安奔五将山,慕容冲于是乘机攻下长安。苻坚后为姚苌所捕,因拒绝行禅让事而被杀。

上述经过让人感到,苻坚之败并非由于权力的腐败而导致国家解体。在苻坚的生前及死后,前秦所做的顽强抵抗就充分证明了这一点。当长安受到慕容冲的进攻而陷入孤立时,关中的堡壁三千余处以冯翊的赵敖为"统主"结为同盟,送粮食至长安。后面将要谈到,这是一次极为危险的行动。其时,关中由于战乱,人民流散,道路断绝,千里无烟,完全陷于荒废之中,而冯翊诸县的将士却发誓与苻坚同生共死奋战到底。另外,虽然三辅的大部分地区处于慕容冲的占领之下,却接连不断的有人往苻坚处通音信,表示愿在慕容冲军营放火做内应。

苻坚死后,前秦方面继续抵抗而且十分顽强。苻坚被杀,据守邺的其子苻丕在晋阳即位,与慕容氏作战。苻丕战死,同族的苻登在关中即位,同姚苌展开激烈战斗。苻登供奉着苻坚的神主牌位参加战斗,每逢出战或是他事,都要在牌位前禀告,久之成习。将士们为其所感,在锋及铠甲上刻"死休"二字,拼死搏杀。苻登的兵力曾一度达至十万余人。《晋书》卷115《苻丕苻登载记》称其时响应苻登的冯翊郭质宣檄三辅曰:"义感君子,利动小人。吾等生逢先帝尧舜之化,累世受恩,非常伯纳言之子,即卿校牧守之胤,而可坐视豺狼忍害君父!⋯⋯"苻登结果为姚苌子姚兴所败被杀,但其抗战前后长达九年。

以上说明,前秦灭亡的原因并非由于国家权力内部的腐败。尤其是苻坚的统治,以其道义性而得到史家的称赞。《晋书》卷115末史臣曰:

> 遵明王之德教,阐先圣之儒风,抚育黎元,忧勤庶政。

对照其政绩,这并非过誉之辞。苻坚劝课农桑,抵制奢侈,怜惜人民,遇天灾或凶年则节减宫廷费用,厚待兵士的给养。④他的政治理念依据中国古来的政治道德,而这与他热心于振兴儒学又是密不可分的。他建立学官,让公卿以下的子孙学习,此外,还率领皇太子及朝臣的长子行释奠之礼。不单如此,还命令军队将士、后宫随从皆修儒学。尤其是在后宫,不论阉人或是女隶,凡有聪慧者,都授其经学。至此,有为之士得到进用,请托之道不行,盗贼绝迹,田园得到耕作,财政也日益充实,制度趋于完备。帮助苻坚实施这些措施,并起到影响作用的是汉人宰相王猛。在苻坚与王猛这一对君臣治理之下,前秦日臻繁盛,对此《晋书》卷113《苻坚载记上》作了如下描述:

> 自永嘉之乱,庠序无闻,及坚之僭,颇留心儒学,王猛整齐风俗,政理称举,学校渐兴。关陇清晏,百姓丰乐,自长安至于诸州,皆夹路树槐柳,二十里一亭,四十里一驿,旅行者取给于途,工商贸贩于道。百姓歌之曰:"长安大街,夹树杨槐。下走朱轮,上有鸾栖。英彦云集,诲我萌黎。"

这似乎让人想到了类似汉、唐统一帝国的极盛时期。苻坚的时代确为五胡政权中最为安定的时期,而且也是迈向统一国家的时期。实际上,从灭前燕,吞并关东开始,前秦先后平定凉州,收复蜀地,接受西域、东夷诸国的朝贡,增强了国威,这些在五胡时期都是划时代的事情。因此,苻坚有志于同江南王朝一决高低,应该说是极为自然之事。

由此来看,要从苻坚时期前秦的内部找到政治颓废或紊乱等现象是比较困难的,毋宁说在当时这还是一个少见的盛世,而淝水之战以后的局面正是与这样一种状况相连结的。这些,都与在第一节中描述的两赵、前燕的灭亡过程有着相当大的距离。以此类推,当然就会产生这样一个疑问,即二者之间在国家结构上究竟有何不同? 对这一问题,我们将在以下的章节中加以考察。

三　优待鲜卑的精神

前秦的崩溃尽管不受内部颓败这一因素的影响,但淝水败退以后的瓦解势头却异常迅猛。苻坚的政治果真那么牢固,各种势力是不会如此轻易就能独立的。所以说,苻坚的政治看上去在朝理想化方面进展,但在其底流深处却有着某种弱点。探寻这一问题,不就能抓住苻坚政治的矛盾点么? 基于这一设想,先来看看前秦崩溃的经过。

导致前秦败灭的自然是淝水之战。利用这一机会,从前秦手中夺走关东一带,并使长安即刻陷入孤城状态的是慕容部一族。慕容部的崛起剪断了前秦的羽翼,它侵入到政权中枢,给予前秦以致命的打击。值得注意的是,慕容部的反叛并非出于偶然,有识之士很早就预见到了这一事态的发生,因而在朝廷上常加议论。这也就说明,反叛的根源存在于前秦政治的内部。

在众多士人之中,苻坚最小的弟弟苻融即是对上述鲜卑问题⑤(以下用此称呼)深感严重的一人。大家都知道,苻坚曾力排众议,决计东征江南,而苻融对此是持强烈反对意见的。其理由有如下三点:(1)天文现象显示出对江南有利的征兆;(2)东晋方面以谢安、桓冲为中心,团结一致;(3)秦军异常疲敝。上述意见与朝中大多数反对意见基本一致。苻融根据这些理由担心南伐不会成功,而且还预见到了由此而带来的严重后果。据《晋书》卷114《苻坚载记下》,他曾对苻坚说了如下一番话:

> 陛下宠育鲜卑、羌、羯,布诸畿甸,旧人族类,斥徙遐方。今倾国而去,如有风尘之变者,其如宗庙何! 监国以弱卒数万留守京师,鲜卑、羌、羯攒聚如林,此皆国之贼也,我之仇也。……王景略一时奇士,陛下每拟之孔明,其临终之言不可忘也。

从这番话中也可以看到,王猛对鲜卑问题是持最强硬态度的。他觉察到在前秦吞并前燕之前亡命而来的慕容垂并非寻常人物,因此劝说苻坚杀之,不仅如此,他自己还曾试图杀垂。⑥太史令张孟观察天象,推断出燕灭秦之象,于是上言请诛旧燕主慕容暐及其子弟。其时明光殿据说还出现怪人,向苻坚大叫“甲申乙酉,鱼羊(暗指鲜卑)食人,悲哉无复遗”(《晋书》卷113《苻坚载记上》),而后消失不见。于是秘书监朱彤以此请诛鲜卑。

据此可知,尽管常常有人指出种族尤其是鲜卑问题的严重性,但苻坚却丝毫不为所动,其理由留待后述。从刚才苻融的话语中也可以看到,苻坚对以前的敌人鲜卑一直在采取优待政策。比如,作为俘虏移送至长安的旧燕主慕容暐,不久即被授予新兴侯,邑五千户,接着就任尚书。此外,慕容垂被授予京兆尹这一重要职位,慕容冲则被任命为平阳太守。而旧前燕官僚,王公以下也都全部授以官爵。同他们一起被迁徙到关中的“关东豪杰及诸杂夷”据说有十万户,由此可以推想迁移过来的鲜卑民众是相当多的。前燕的旧领导者们就在这些徙民身边,而且还都作为前秦的高官,这确实给人一种极大的不安。

　　进一步加剧这种不安的,是氐族的分徙政策。以苻洛的叛乱(后述)为发端,苻坚把关中氐族分徙至关东,以图维护东方的安定。即把三原、九嵕、武都、汧雍的氐人十五万户分别配属于各地的要镇。上引苻融的"旧人族类,斥徙遐方"之语即是指此。这一类似姬周封建一样的政策,使得成为分徙对象的子弟与父兄忍痛分离,其悲伤之情据说令路上行人也为之动容。一部分有识之士由此预感到丧乱流离之兆,侍于苻坚左右的一位名叫赵整者,曾援琴而歌,对此加以讥讽:"阿得脂,阿得脂,博劳旧父是仇绥,尾长翼短不能飞,远徙种人留鲜卑,一旦缓急语阿谁"(《晋书》卷114《苻坚载记下》)。对鲜卑加以优待,对氐族予以分徙,苻坚的这两种政策,使识者不得不怀"尾长翼短"之忧。

　　苻坚为什么不顾臣下再三的警告而坚持对鲜卑采取优遇的方针呢? 前面提及,他用慕容暐为尚书,慕容垂为京兆尹,慕容冲为平阳太守,对此苻融上疏曰:

　　　　陛下爰命六师,大举征讨(鲜卑),劳辛频年,勤而后获,本非慕义怀德归化。而今父子兄弟列官满朝,执权履职,势倾劳旧,陛下亲而幸之。臣愚以为猛兽不可养,狼子野心。往年星异,灾起于燕,愿少留意,以思天戒。

苻坚对此答云:

　　　　……今四海事旷,兆庶未宁,黎元应抚,夷狄应和,方将混六合以一家,同有形于赤子,汝其息之,勿怀耿介。夫天道助顺,修德则禳灾。苟求诸己,何惧外患焉(《晋书》卷113《苻坚载记上》)。

也就是表明自己不顾众多的反对意见而优遇鲜卑,乃是基于德治主义。

　　苻坚如果只是为了在口头上压倒苻融而说出这一番话,问题则另当别论。但通过下面的例子,应该说苻坚的话是反映了其真心的。据《晋书》卷113《苻坚载记上》:

　　　　是时慕容垂避害奔于坚,王猛言于坚曰:"慕容垂,燕之戚属,世雄东夏,宽仁惠下,……不如除之。"坚曰:"吾方以义致英豪,建不世之功。且其初至,吾告之至诚,今而害之,人将谓我何!"

当王猛劝其杀掉亡命而来的慕容垂时,苻坚的上述回答说明,比起政治上的权术来,他更重视道义(义、至诚)。如果说慕容垂是亡命者,理应如此对待的话,对慕容暐等这些原来的敌对势力,苻坚也给予如同归顺者一样的待遇。当慕容泓自立时,苻坚在盛怒之下召慕容暐(时在长安城中)加以责备的话语就足可以印证这一事实。《晋书》卷114《苻坚载记下》录其言云:

> 卿父子干纪僭乱,乖逆人神,朕应天行罚,尽兵势而得卿。卿非改迷归善,而合宗蒙宥,兄弟布列上将、纳言,虽曰破灭,其实如归。奈何因王师小败,便猖悖若此!垂为长蛇于关东,泓、冲称兵内侮。泓书如此,卿欲去者,朕当相资。卿之宗族,可谓人面兽心,殆不可以国士期也。

文中"泓书如此"指的是慕容泓送书苻坚称:

> 吴王(慕容垂)已定关东,可速资备大驾,奉送家兄皇帝并宗室功臣之家。泓当率关中燕人,翼卫皇帝,还返邺都,与秦以武牢为界,分王天下,永为邻好,不复为秦之患也。

苻坚忿恨之余,责骂慕容暐"卿欲去者,朕当相资。卿之宗族,可谓人面兽心",应该说,这也是自己的宽大态度受到背弃时的一种失望感。此时慕容暐"叩头流血,泣涕陈谢",于是——

> 坚久之曰:"书云,父子兄弟无相及也。卿之忠诚,实简朕心,此自三竖之罪,非卿之过。"复其位而待之如初。

苻坚的宽大并不只限于此,当慕容冲占领阿房城逼近长安时,苻坚甚至还在考虑出席慕容暐两个儿子的婚礼。所谓婚礼,实际上是慕容暐为策动长安城内的鲜卑人杀害苻坚而施的一计。至此,苻坚才杀慕容暐父子、宗族以及千余鲜卑人。

但叛乱者难道真是"人面兽心"吗?据《晋书》卷123《慕容垂载记》,当在淝水失去大军的苻坚率领千余骑投于慕容垂军营时,垂世子慕容宝促请父亲利用这一机会杀掉苻坚,复兴燕国。他说:

> 且夫立大功者不顾小节,……愿不以意气微恩而忘社稷之重。

此时慕容垂的弟弟慕容德也促请垂下决心,对此慕容垂的回答是:

> 吾昔为太傅所不容,投身于秦土,又为王猛所谮,复见昭亮,国

士之礼每深,报德之分未一。如使秦运必穷,历数归我者,授首之
便,何虑无之。

也就是拒绝在苻坚苦境时落井下石。从以上经过来看,慕容垂一族从
苻坚那里得到的恩义,从感情上仍在制约着他们的行动。慕容垂说完
上面一段话后,还继续谈到自己的目标只在关东,不欲染指关西。上引
慕容泓书中也有同样的话语。由此可以推测慕容氏反叛的目的主要是
复兴燕国,而无意反抗秦主。同时这也就说明苻坚优待鲜卑并非只停
留在口头上。

　　所以说,导致前秦灭亡的鲜卑问题并不只是异民族的统治方法问
题,⑦它还与苻坚作为当政者的心情密不可分。可以说苻坚的德治主
义态度是贯穿在了其整个政治之中的,下面我们就探讨这一问题。

四　统一事业与德治主义

　　苻坚并非只对其他种族采取宽容态度。从兄苻洛伙同部将兰殊反
于和龙,在图谋攻入长安时被擒。但苻坚却赦免二人死罪,署兰殊为将
军,徙苻洛于凉州。苻阳与王皮的谋反也是如此,苻坚在发觉后也是免
其死罪而处以流刑。这些宽容措置超乎寻常,⑧它究竟基于何种理念,
站于何种立场?这一点稍后再论。但难道就不能说苻坚认为反叛的发
生乃是因为当政者的德性不够,为此进行反省的心情在起着作用么?
每逢天灾,苻坚便持有这种反省之心。比如,刘兰因处理幽州蝗灾不力
为有司所责时,苻坚却说:"灾降自天,殆非人力所能除也。此自朕之政
违所致,兰何罪焉"(《晋书》卷114《苻坚载记下》),赦免了刘兰。前面
还提到,明光殿出现怪人,于是有朱彤奏请诛灭鲜卑。苻坚对此没有同
意,相反还遣使到四方探访民情。类似这些,只要灾异一起,他就愈发
厉行德政。⑨由此亦可知他对苻融说的那番话决非虚词。

　　上述苻坚的执政态度在对外关系上也有所反映。王猛占领凉州
后,派人送来战利品,而苻坚却从"以德怀远"的原则出发,将其全部退
还。吕光出长安远征西域时,苻坚谓之曰:

> 西戎荒俗,非礼义之邦。羁縻之道,服而赦之,示以中国之威,
> 导以王化之法,勿极武穷兵,过深残掠(《晋书》卷114《苻坚载记
> 下》)。

西域地方对汉族来说是垂涎欲滴的物产宝库,可苻坚并无以此来满足欲望之意。[10]伴随着对外战争的胜利,前秦的财政日趋充实,苻坚的宫廷生活也自然走向奢侈。虽然也有对此加以批评的声音,但苻坚有着容纳臣下谏言的自制力也是事实。[11]

上述苻坚的德政,肯定有着求名的动机,但并不能就此断定这是纯粹的虚荣心。淝水大败之后,苻坚返回长安,告罪于太庙,并发布恩典规定战死者之家终世复除。其后长安陷为孤城,为乏粮所苦,如前所见,冯翊各堡壁纷纷送来粮食。但当听说许多运粮者为敌所捕杀时,苻坚告诫众人应自重待时,不要轻易牺牲。前面还提到,三辅人遣使告苻坚,愿在敌方军营内放火以为内应。对此苻坚以"哀诸卿忠诚之意也,何复已已。但时运纪丧,恐无益于国,空使诸卿坐自夷灭,吾所不忍也",而没有采纳这一意见。后来在众人的再三请求下答应了这一计划,结果付出了极大的牺牲。苻坚深为痛惜,亲为设祭,在其招魂词中,他说:"有忠有灵,来就此庭。归汝先父,勿为妖形"(《晋书》卷114《苻坚载记下》)。据说人们深受感动,发誓要尽献忠诚。以上这些例子都说明,苻坚作为一个有德之君,他的立场哪怕是在国家危急存亡之际,也是坚定不移的。

对苻坚来说,攻略东晋正是义举。释道安曾以"苟文德足以怀远,可不烦寸兵而坐宾百越"劝谏苻坚不要亲征,对此苻坚答以:

> 非为地不广、人不足也。但思混一六合,以济苍生。……且朕
> 此行也,以义举耳,使流度衣冠之胄,还其墟坟,复其桑梓,止为济
> 难铨才,不欲穷兵极武,(《晋书》卷114《苻坚载记下》)。

这也就是说,远征江南是使永嘉之后北方士大夫流寓江南的乱离状况恢复常态,也就是为正义、和平、文明而战,它决不是乱用武力,以获得土地与人民作为目的。苻坚远征江南的动机可能还有其他因素,[12]但以上话语仍然反映了他的动机以及征江南的目的与梦想。

胡族出身者作不了中国的正统天子,这种想法似乎存在于当时的

一部分人心中，[13]就连王猛也承认东晋所具有的正统性。[14]五胡国家接二连三地短命而亡，似乎就证明了这一说法。而看上去颇为软弱的东晋政权相反却意外地得以顽强维持，反对南伐者所持有的根据就在此。但是，前秦国家也取得了飞速发展，领土得到扩张，兵力日渐庞大，这些与以前的五胡国家都是无法相比的。如果能够攻下江南，其意义决非只限于军事上的胜利。流寓江南的衣冠之士回归北方故里，这就使得重建上古以来中国文明世界的事业经由我辈异民族之手得以实现。这里所要实现的世界，是苻坚基于德治主义的立场而建立的政治世界，同时也是产生德治主义理念的中国文明得以复兴的世界。苻坚难道不正是为这项事业的崇高性所打动而下决心亲征的么？

苻坚的道德主义在其当政的所有方面都得到了实践，而对待鲜卑的宽容态度应该说即是其中的一环。他之所以丝毫不为再三的警告所动，也许是担心这会与自己的政治信条背道而驰。

放任鲜卑所带来的危害，苻坚自己应该是很清楚的。尽管如此，单纯依靠武力来除掉祸根的做法，又与他的信条格格不入。苻坚的理想不用说是完成天下的统一，但这应该通过德化来实现。在那里应该实现的，是一个有着完成形态的道德的世界。建立这一世界的当然是天子，因而天子的德必须是实现天下统一的关键。天子君临于人民，其态度首先需要以信义来贯彻，这当然也就容易产生宽容。信义与宽容这一天子道义上的态度，超越了敌对关系以及种族区别的限制，在把国家引向父亲天子与赤子之民的普遍关系的过程中，应该说它是首要条件。

因此，苻坚彻底执行德治主义，首先反映了力求天下统一的强烈志向。不能否认，正是这一精神态度才使政治能够保持正当性。但在另一方面，上述道德主义究竟又为统一帝国的成立打下了多少基础呢？事实应该是朝相反方向发展的，即与其说是通过改变既成现实巩固统一帝国，不如说是对既成的现实加以容忍。种族是整合当时社会的一项重要原理。苻坚试图超越这一原理，但结果没有成功。因此可以说他的失败应是其理念的局限性所产生矛盾的结果。

五　前秦皇权结构上的矛盾

如第一节所述,由于种族主义的存在,导致前后两赵以及前燕无法阻挡皇权走向私权化,也就是说它们突破不了血缘这一狭隘的框架。与此相比,苻坚试图从皇帝体制方面突破这一框框,实现天下统一。他采用的是中国传统的德治主义思想,所以皇权得以保持住公共的立场。

从上述比较来看,苻坚与两赵、前燕大不相同。可是苻坚结果也没能超越种族的原理,以失败而告终。也就是说,苻秦与此前的五胡国家一样,都遇到了同样的时代障碍。种族主义的制约在两赵及前燕出现于宗室内部,而在苻坚时期,则通过鲜卑问题的形式从外部冒出。以上即是苻秦与两赵、前燕的异同之处。

那么,宗室关系在前秦占有什么样的位置呢? 如果先说结论的话,宗室在前秦为国家的军事骨干,这一点与两赵以及前燕并无两样。前秦初代君主苻健并没有即刻称帝,而是先为天王、大单于。天王称号较皇帝低一等,⑮苻健显示如此谦逊之意,实际是针对宗室的。苻健时期的宗室代表性人物是其弟苻雄。苻雄的官爵是丞相、都督中外诸军事、车骑大将军、领雍州刺史、东海公,位极人臣,时称"权侔人主"。作为苻健的左膀右臂,他在建国过程中颇为活跃,苻健常喻其为周公旦,对他信任有加。在军事上活跃的有苻健兄子菁。苻雄死后,苻菁似握有军队实权,⑯但后来欲杀太子苻生以夺帝位,事败被诛。

由上述苻健时期的状况可知,君权在很大程度上受到宗室的制约,而宗室又与军事密切相关。这一状况在接下来的苻生时期同样存在。苻生即位之初,即任命同族苻安为领太尉,苻柳为征东大将军、并州刺史(镇蒲坂),苻谀为镇东大将军、豫州牧(镇陕城),这就显示出当时的军事体制是以宗室为中心构成的。据《晋书》卷112《苻生载记》,苻生即位第二年,遣阎负、梁殊出使凉州,凉州牧张瓘问二人:

> 秦据汉旧都,地兼将相,文武辅臣,领袖一时者谁也?

刘此,二人答云:

> 皇室懿藩,忠若公旦者,则大司马、武都王安,征东大将军、晋
> 王柳……

这就说明苻安、苻柳乃是宗室的代表性人物。[17]

但苻生是暴君。他宠用佞臣,对宗室、勋旧、亲戚、忠良大加残害,为此王公以下多称病归第。苻生时代,类似两赵的暴政时期。因此异母兄弟苻法、苻坚发动政变杀死苻生,最后由苻坚即位。苻坚称大秦天王,拜苻法为使持节、侍中、都督中外诸军事、丞相、录尚书事、东海公。又用从祖永安公苻侯为太尉,从兄苻柳为车骑大将军、尚书令。上述人事安排都明显反映出了宗室与军事的密切关系。苻坚即位十年后,苻双、苻柳、苻庾、苻武等宗室诸公分别反于上邽、蒲坂、陕城、安定。[18]其中苻柳、苻庾如前所见,都在苻生时期作为宗室的实力派将军分驻蒲坂、陕城,手控兵权。[19]十年后,他们仍在蒲坂、陕城举兵,由此可推知二人一直是以蒲坂、陕城作为居城的。蒲坂、陕城、上邽、安定等为首都附近的要地,在那里配属宗室出身的实力派将军很有可能是惯例。[20]果真如此,那么这也可以说是军事封建制的一种具体反映。

在平定苻洛之乱后,苻坚任命末弟苻融为侍中、中书监、都督中外诸军事、车骑大将军、司隶校尉、太子太傅、领宗正、录尚书事,其地位仅次于天子。苻坚之子中山公诜,在苻坚不顾苻融反对决意南征之际谏言曰:

> 阳平公(苻融),国之谋主,而陛下违之;晋有谢安、桓冲,而陛
> 下伐之。是行也,臣窃惑焉(《晋书》卷114《苻坚载记下》)。

这就可以看到,苻融的地位有着预防帝权独裁的一面,而在其背后,则可以推想有着宗室以及其他舆论的支持。

由以上来看,即便在苻坚时期,宗室的力量也明显地干预着皇权。可是不顾苻融的反对而决定南伐,这也同样显示出苻坚有着独裁化的一面。前秦国家越强大,这一倾向当然也就日渐加强。导引皇权往此方向发展的,是王猛以下的官僚们。[21]苻坚给予王猛以绝对的信任,但却得到“宗戚旧臣”的嫉视。[22]王猛等还排挤“贵戚强豪”,致力于提高君主的权威。[23]这种君臣关系,应该说推进了种族国家向普遍性意义的帝国发展。

　　在这一过程中,同样不可避免的是对宗室也采取某种压制政策。前面看到宗室诸公发动叛乱,可以说其原因之一即在此。㉔一边压制宗室,一边加强君主独裁,这与两赵、前燕的情况一脉相承。但二者之间有一个很大的不同点,这就是苻坚的独裁化基于德治主义并向天下统一的志向发展,因而它能够防止国家权力走向私权化与颓废。所以虽说是在压制宗室,但却并没有像两赵及前燕那样陷入到由私权化所引起的权力斗争之中。

　　苻坚很有可能对于宗室的特殊地位予以某种承认,同时也试图从内部将其包容在实现国家的统一这一大目标之中,因此在压制的同时也采取了宽容的态度。但这也就显示出,一方面有着统一帝国的志向,而另一方面种族主义仍旧没有得到克服。就这一点而言,宗室问题与前述鲜卑问题同出一辙。总之,苻坚的政治虽然基于道德主义,但在其根底处却隐含着极为深刻的矛盾。或许可以说,正是这一矛盾才产生了他的道德主义。上述事实反映了苻坚时期的位置正在由五胡时代向北朝转换。

---

①　参见第三编第三章。

②　本来这种区别在实际上并非十分严密。汉人出身作为名将而活跃者不在少数,同时也有身为胡族但具有不低于汉人的教养,且作为文官位居政治枢要的例子。但从总体来看,种族上的区别与政治上所承担的职责的区别是相适应的,这正是当时的时代特点。

③　参见滨口重国《西魏的二十四军与仪同府》(见《秦汉隋唐史的研究》上,东京大学出版会,1966 年);唐长孺《魏周府兵制度辨疑》(见《魏晋南北朝史论丛》,三联书店,1955 年);以及本书第三编第一章。

④　"于是修废职,继绝世,礼神祇,课农桑,立学校,鳏寡孤独高年不自存者,赐谷帛有差,其殊才异行、孝友忠义、德业可称者,令在所以闻"(《晋书》卷113《苻坚载记上》);"是秋,大旱,坚减膳彻悬,金玉绮绣皆散之戎士,后宫悉去罗纨,衣不曳地。开山泽之利,公私共之,偃甲息兵,与境内休息"(同上);"坚以境内旱,课百姓区种。惧岁不登,省节谷帛之费,太官、后宫减常度二等,百僚之秩以次降之"云云(同上)。

⑤ 在前秦的崩溃过程中发挥了主要作用的是鲜卑慕容部，但另一方面还必须注意羌族姚氏的作用。本文所论述的鲜卑问题，基本上也适用于羌族问题。

⑥ 《晋书》卷123《慕容垂载记》。

⑦ 司马光对苻坚的灭亡作了这样一番评论："论者皆以为秦王坚之亡，由不杀慕容垂、姚苌故也。臣独以为不然。许劭谓魏武帝治世之能臣，乱世之奸雄。使坚治国无失其道，则垂、苌皆秦之能臣也，乌能为乱哉！坚之所以亡，由骤胜而骄故也。魏文侯问李克：'吴之所以亡。'对曰：'数战数胜。'文侯曰：'数战数胜，国之福也，何故亡？'对曰：'数战则民疲，数胜则主骄，以骄主御疲民，未有不亡者也。'秦王坚似之矣"（《资治通鉴》卷106《晋纪》太元十年八月条）。将苻坚失败的原因不归于是否杀慕容垂、姚苌等政治计略上，而是关注招致上述事态产生的政治体统的问题，对此笔者颇有同感。但把握政治体统的立场太过强调道德主义，缺乏把苻坚的政治放在当时的历史课题中理解的态度，因而也就有忽略鲜卑问题之嫌。

⑧ 司马光也注意到了这种对谋反采取的宽大处理，因而对苻坚的上述态度进行了批评（《资治通鉴》卷104《晋纪》太元五年五月条）。

⑨ "秦、雍二州地震裂，水泉涌出，金象生毛，长安大风震电，坏屋杀人，坚惧而愈修德政焉"（《晋书》卷113《苻坚载记上》）。另请参照注④所引各文。

⑩ 大宛国进献汗血马之际，苻坚效仿汉文帝故事悉数退还，并作《止马诗》以示自己的无欲。另当西域各国欲每年朝贡时，坚以距离遥远为由而立三年一贡、九年一朝的制度（《晋书》卷113、114《苻坚载记上、下》）。

⑪ 吕思勉氏论苻坚流于淫侈诸事，举出苻坚将慕容冲以及其姊纳入后宫以为二宠的例子（《两晋南北朝史》，上海古籍出版社，1983年，页227）。可是苻坚在王猛的劝谏下很快将慕容冲放出。另外，吕氏还认为苻坚听从裴元略的谏言而撤去挂在正殿的珠帘，实际上只不过是为卖名而作的一种姿态而已。这样的解释稍嫌牵强。即便苻坚有一些流于淫侈的举措，但上述二例相反倒显示出了他那强烈的自制心在起着作用。

⑫ 可以举出两国国境地带一直处于激烈的交战状态为例。对于前秦来说，东晋的北进仍然是一种威胁，此外苻坚还想在自己活着的时候完成天下的统一，使子孙不再抱有南境之忧等等事例。不过这些与本文所述其理想并无矛盾。

⑬ 当初刘渊举兵自立时说了下面一番话："夫帝王岂有常哉，大禹出于西戎，文王生于东夷，顾惟德所授耳"（《晋书》卷101《刘元海载记》）。刘琨致石勒的信中有一段云："自古以来诚无戎人而为帝王者，至于名臣建功业者，则有之矣"（《晋书》卷104《石勒载记上》）。石勒的使者王子春对王浚所作的一番回答：

"且自古诚胡人而为名臣者实有之,帝王则未之有也"(同上)。另外,姚弋仲父弋仲训诫诸子时所云:"今石氏已灭,中原无主,自古以来未有戎狄作天子者。我死,汝便归晋,当竭尽臣节,无为不义之事"(《晋书》卷116《姚弋仲载记》)。

⑭ 王猛临终时言:"晋虽僻陋吴越,乃正朔相承。亲仁善邻,国之宝也。臣没之后,愿不以晋为图"(《晋书》卷114《苻坚载记下·王猛传》)。

⑮ 参见第三编第三章。

⑯ 据《资治通鉴》卷100《晋纪》永和十一年六月条胡三省注,都督中外诸军事一职在雄死后授给菁,菁被诛以后又授予安。

⑰ 苻安本为苻生诛杀的对象。但由于是"国之懿戚"认为不应被杀,因而免于一死(《太平御览》卷121引《十六国春秋·前秦录》)。另,据《资治通鉴》卷98《晋纪》永和六年三月条,安为苻健叔父。据《资治通鉴》卷101《晋纪》兴宁二年八月条,柳为生之弟。

⑱ 据《资治通鉴》卷101《晋纪》太和二年九月条,双为苻坚弟,柳以下都为苻健子。

⑲ 苻生时期为镇东大将军、豫州牧(镇陕城)的苻谡在《资治通鉴》里作廋(胡三省音注疏鸠翻),《晋书·慕容暐载记》把苻坚时期的苻庾作苻谡。据此可知谡、廋、庾为同一人。

⑳ 据《资治通鉴》卷101《晋纪》太和二年九月条胡三省注,在蒲坂置并州、上邽置秦州、陕城置洛州、安定置雍州。

㉑ 与王猛一道同掌朝政枢密的有太原薛赞、略阳权翼等人。

㉒ "时猛年三十六,岁中五迁,权倾内外,宗戚旧臣皆害其宠。尚书仇腾、丞相长史席宝数潜毁之,坚大怒,黜腾为甘松护军,宝白衣领长史。尔后上下咸服,莫有敢言"(《晋书》卷114《苻坚载记下·王猛传》)。

㉓ "其中丞邓羌,性鲠直不挠,与猛协规齐志,数旬之间,贵戚强豪诛死者二十有余人。于是百僚震肃,豪右屏气,路不拾遗,风化大行。坚叹曰:'吾今始知天下之有法也,天子之为尊也!'"(《晋书》卷113《苻坚载记上》)另据《资治通鉴》卷101《晋纪》兴宁二年八月条,苻生之弟汝南公腾因谋反之罪而被诛时,王猛劝苻坚将苻生弟苻柳等五人一起除掉。苻坚没有听从,不久柳等人便发动叛乱。

㉔ 《资治通鉴》卷101《晋纪》升平五年十二月条描述苻坚的善政时称"虽宗室外戚,无才能者,皆弃不用"。

(原载《名古屋大学文学部二十周年记念论集》,1968年)

第 二 编

北魏统一帝国的
统治结构与贵族制社会

第一章　北魏的统一过程及其结构

一　从部落联盟到部落解散

北魏帝国与五胡国家有一点截然不同,那就是在建国当初断然解散了游牧民诸部落。北魏由此超越了作为五胡国家的核心同时也是其限界的部族制度,而进入一个更为开放的阶段。

这里所说的部落解散究竟是在什么时期,又是如何实施的呢？史书对此记载不详。《魏书》卷113《官氏志》将实施之年记为386年(北魏道武帝登国元年),但这一年拓跋珪得贺兰部后援即代王位,在草创时期采取如此大胆的措置令人难以置信。正如多数研究者所论,置于将强敌后燕驱逐出中原并创建帝国的396年—398年(皇始元年—天兴元年)应比较稳妥。①

至于部落解散的内容,大致为让诸部落住于一定的地区,不许迁徙;部落民接受国家的直接统治,原来的君长大人被剥夺了部落统帅权;②仅有土耳其种高车族由于人民尚未开化,承担不了国家的使役,因此听任部落制度继续存在。③从这一例外措施推测,部落解散是以北方游牧民具有一定的文明程度作为前提的。也就是说,可以推想许多部族其时正在超越种族这一狭隘的框架。由此出现了一个部落联盟国家形式的更为开放的世界。毫无疑问,在部落解散以前,也就是帝国建设以前的拓跋国家正发挥着这样的作用。

据《魏书》卷1《序纪》,拓跋国家在历史上显其雄姿肇于后来被追封为始祖神元皇帝的力微时期。力微以前为传说时代。如果说传说反映了什么史实的话,④那就是包括拓跋部在内的鲜卑诸部族经过多年的移动越出蒙疆及长城一带。有些研究认为这一移动显示其族从鲜卑故地兴安岭东麓越过险峻的山脉而出现于西方。⑤在这一民族移动中起到重要作用的是诘汾,而力微就是其子,到他的时代,拓跋族才有信史。力微的时代,元年只被记为庚子年,因此究竟是哪一年,清代以来诸说纷纭。⑥275 年(西晋武帝咸宁元年),力微遣一子朝贡西晋。二年后,中西晋之计而国灭。此后,拓跋国家的命运起伏多端,不过在拓跋珪建设帝国以前的一个世纪中却一直称霸于匈奴之后的塞北。在这一时期,拓跋国家虽深受中国内地政局的影响,但作为塞外国家,经过众多磨难最终具备了统一中原的资质。下面就先来具体追寻这一过程。⑦

　　力微之所以被称为拓跋国家的始祖,很可能是因为他打下了以拓跋部为中心的部落联盟国家的基础。在结束亡命生活后,聚集民众二十余万,在其统治的第三十九年,于根据地盛乐(今内蒙古和林格尔东北)举行祭天的仪式。祭天是游牧民族普遍的祭神仪式,同时也是一种民众集会。力微主持这一祭祀,而其他部族的大人们则予以协助。这一仪式实际就是以拓跋部为中心的部落联盟国家的建国典礼。力微在此向大人们宣示与中国(曹魏)结为友好关系的国策,即放弃从来的抄掠方式而采取和亲政策。拓跋国家从此从中国获得了巨大的金帛缯絮。力微作为这一掠夺机构的权威人物,相当于前汉时期的匈奴单于。许多部落大人参与这一机构,其中特别是那些有实权的大人们似乎还在力微身边负责机构的运营。但是西晋的将军卫瓘施展谋略,离间了力微与有实权的大人们,以部族制为基础的这一国家⑧立时瓦解。

　　拓跋国家的下一个高峰是力微之孙猗卢的时期。猗卢在统一塞北的同时,应并州刺史刘琨之邀出兵。刘琨其时在永嘉之乱后的局势中陷入孤立,猗卢以此功而获代国公爵位,同时还将"句注陉北之地"(今山西北部)的方圆数百华里地区控于手中,并在盛乐、平城(今山西大同东北)等处筑城。拓跋国家由此迈出了作为中原统治者的第一步。值得注意的是,卫操、姬澹等代郡地方的汉人多数被纳入政权之内,这也是此时期的一个特色。上述汉人在政治与军事两方面表现活跃,为加强王权发挥了作用,但这也导致了与北族旧臣之间的矛盾,由此产生的不满造成了国家的崩溃。

拓跋国家在帝国形成以前的第三个高潮是什翼犍统治时期。这一时期的特色是官僚制得到整备。⑨什翼犍同样任命值得信赖的燕凤、许谦、莫题等塞下的汉人士大夫为代王国的国官,以其负责政策的制定与执行。此外,值得注意的是多数诸部族大人的子弟都处"左右近侍之职"。这相当于唐制中的门下省关系,意在把对王权还有相当独立地位的诸部族势力与王权结合在一起。换句话说,这是鉴于猗卢的失败而试图调和王权与部族势力的一项举措。

由以上的简单叙述可以知道,拓跋国家一方面保持部落联盟国家的特点,一方面又一步一步向王权强化的方向挺进。诸部族之间常有的离合聚散虽然影响国家的安危,但直到拓跋珪时期,拓跋氏作为塞北王者的地位一直没有变化。拓跋珪在前秦苻坚击败什翼犍后,被迫逃亡。后来乘前秦的内乱,在其流亡之地接受贺兰部的推戴而即代王王位。拓跋珪以盛乐为根据地,平定长城地带的匈奴系诸部,最后与后燕展开决战并将其驱逐出中原。从代王即位到创建帝国,在这大约十年时间之内,王权的地位日益牢固。能够显示出这一点的是制伏曾推戴过拓跋珪的有力部族贺兰部的叛离,并将其部落"处之东界"(《魏书》卷83上《外戚传上·贺讷》)。如果联想到部落解散的主要目的之一是"分土定居",那么就可以认为对于贺兰部的这项措施应是部落解散的前奏。

不过,这一措施并没有达到部落解散的另一个目的——剥夺大人的部落统率权。由此也可以看到此后的部落解散应是一项划时代的措施。北族民众从此与皇权发生直接的联系,但这是否说明他们在解散以后与汉人处于完全一样的地位呢? 答案是否定的。拓跋珪在398年(天兴元年)几乎控制了整个中原,是年以平城为据点建都城,划定以都城为中心,以代郡、善无、阴馆、参合为四至的首都圈(畿内),在畿外设置八国(八部),各部设八部大夫一名。这八国(部)正是以解散后的北族民作为对象的特别行政区。⑩在那里,农耕受到奖励,同时也征发军需品。比如,417年(明元帝泰常二年),一般州郡民每二十户征收戎马一匹、大牛一头,而从六部民(当时八部缩小改为六部)那里征收羊数百头、马一匹。⑪征收数字的不同显示出对待旧部落民的办法与汉人不同。

　　旧部落民的任官问题也同样如此。404 年(道武帝天赐元年),在八国(部)设置大师、小师,在州郡还各自另设师职,这就相当于九品官人法中的中正官,也就是调查被任命者的出身与进行人物评定。[12]而对失去部落统率权的旧大人一族二千余人的赐爵措施则是试图缓解因部落解散而遭打击的旧大人的不满。北族民与拓跋国家的这种关系已经抛弃了部落大人制,采取了类似九品官人法的用人方法。不过在这一阶段,他们根据八国(部)制接受与一般汉族不同的待遇,受到国家的特别保护。

　　可是,作为特别行政区的八国(部)随着时代的推移渐渐缩小。到接下来的明元帝时期,施行六部制,设置天地东南西北六部大人。[13]第三代的太武帝时期,尉眷等八人分典"四部"。[14]之后,再不见有关这一制度的直接记事,因此可以认为实质上业已消失。八国(部)制是塞外时期部落联盟国家体制的余波,在拓跋国家发展成为中国式的北魏帝国的过程中,它表现出的是一种过渡阶段的性质。

二　华北的统一与州镇制

　　那么,随着类似八国(部)制那样的特别行政区的缩小与消失,是否应该认为旧部落民被吸收并同化进汉人社会之中了呢? 这一问题又与太武帝以后几乎掌握整个华北地区并得到飞速发展的北魏帝国的性质有关。本节拟对此进行考察。

　　道武帝拓跋珪晚年走向独裁,多杀功臣,最后死于其子清河王绍之手。拓跋珪死讯传出,国内震荡,一旦解散了的部落民又集结在各自的旧大人之下,似有所图谋。[15]帝国这时虽然面临瓦解的危险,但明元帝拓跋嗣得到拥戴,危机暂时解除。辅佐柔弱的皇帝,负责政务的是长孙嵩、元屈、奚斤、穆观、稽拔、安同、崔宏等人,他们的出身分别为皇族、旧部族贵族与汉人官僚等,不尽相同,但都是创业的功臣。他们恢复前期遭受排挤者的名誉,另外还派遣使节到各地纠正地方行政的弊端。[16]这一时期的特点在于试图缓和由于前期国家的急剧发展所带来的各种矛盾,可以说是对前期的一种反动。

太武帝焘统治时期是一个新的跃进时期。陕西的夏、辽西的北燕、甘肃的北凉相继得以平定,五胡十六国的分裂局面至此遂告终结,北魏作为君临华北全土的统一帝国也就具备了与之相应的内涵。但这种统一如何得到维持呢?带着这一问题观察征服五胡诸国家的方式时,就会发现其中一个特色是对被征服民采取徙民政策。徙民政策原本在帝国形成以前就已经实行,而且也不是拓跋国家所特有的现象。北魏在统一过程中实行大规模的徙民政策深刻显示出其迈向统一国家的志向。早在拓跋珪攻陷后燕的首都中山时,包括汉人、慕容部以及其他胡族、百工伎巧在内的庞大人口被移至根据地盛乐地区,给其耕牛、农地(计口受田)。这种徙民政策在太武帝平定诸国时也都得到了实施。献文帝征服山东之际,移当地望族于桑乾河畔,在那里设平齐郡(治今山西代县西北)进行统治。从历史记录上看,北魏的大规模徙民政策以平齐郡的设置为最后。

在实施徙民政策时,是否常常采取计口受田的措施呢?对此还无法完全肯定,但同样的事例在中山征服以外也能见到,因此说徙民在多数情况下接受给田当不致有误。以往常把徙民政策理解成国家直接经营的奴隶制或是小作制(屯田制),但从平齐郡的设置等例子来看,可以认为徙民政策是让被征服民集居于首都近旁,然后通过郡县制进行重新管理。[17]也即是说,为结束当时的政治分裂局面以及实现统一统治,不得不实行这些强制性措施。而徙民政策的目的则可以认为是摧毁敌对势力并对其内在的政治、经济、文化等各种能力加以把握与利用。

因此,成为徙民对象的只是敌对势力之中最为顽固的部分,而并非将整个敌对势力全部移动。徙民之后,在当地留置军队和行政机关进行统治。比如在征服夏以后,在其旧都统万设镇,派遣统万镇将作为军事长官。这就是一种军政。以后在487年(孝文帝太和十一年),改统万镇为夏州,置刺史,这样才从军政转为民政。而且在实行州制以后的一段时期内,镇与州并置,夏州刺史兼任统万镇将。在旧敌国的要地首先设镇(其下部组织是戍,相当于郡),之后改为州,但在一段时期之内,州镇并置。这一方式在占领地区普遍施行,其中尤以旧北燕的和龙镇

（营州）、旧北凉的凉州镇（凉州）最为典型。⑱后来成为一大问题的六镇正是上述军政方式维持到最后的一部分。

以上主要以太武帝时期的占领地区为例，那么，道武帝时期被平定的后燕旧领又怎样呢？刚才提到，北魏迁一部分被征服民至北方，然后在这一地区实施州制统治，这与后来首先立镇的情况是不同的。不过我们看到，在后燕旧都中山（定州）以及其他的河北各州，北魏分派一部分国家军队亦即鲜卑兵常驻此地。因此也可以说，在上述地区有实施军政统治的倾向。⑲

总之，北魏对华北的统治有着十分浓厚的军事色彩，其军队主力为北族系兵士。在中央有近卫军，其兵士为羽林、虎贲等北族兵，而被派至占领地区的州、镇兵士实际上也可以看作是羽林、虎贲的分枝。⑳他们就是成为部落解散对象的北族民，在被编入八国组织后，随着帝国版图的扩大，作为兵士驻屯并逐渐定住于各地。

统率这些北族兵的仍然以北族系宗室、贵族为主。他们带有中国式的将军号，在太武帝以后开设军府，配置属官。北魏的军事体制并不一定只是由北族因素所构成，但是不能否认北族因素占主要位置。北族兵及其统率者们可以说是国家的柱石，作为近卫军士的羽林兵名誉极高，地方州镇的北族兵的地位也与之类似。这些兵士地位之高，与汉族国家的情况有很大不同，故可以看到作为战斗共同体的部落联盟国家的遗影。拓跋国家试图摆脱部族制的结合，断然实行部落解散，作为部落联盟国家的拟制而临时采用的八国（部）制在慢慢缩小、消亡。尽管如此，国家仍然是由带有浓厚北族因素的军事体制支撑的，虽然在某种程度上走出了五胡十六国的阶段，但在本质上还不能说克服了种族障碍。

三　北魏国家的诸阶段与汉人贵族

如前节所述，北魏王朝依然带有浓厚的胡族国家色彩，那么，它又是如何将汉族世界纳入自己的体系之中的呢？这一问题，可以放在汉人官僚与北魏国家的关系中考察。汉族士大夫参加拓跋国家的例子，在代国、猗卢时期有卫操，什翼犍时期有燕凤、许谦等，拓跋珪的帝国建设时期有张衮，他们作为谋士发挥着积极作用。这些人都是长城以南的贵族，但在北魏征服中原以后，山东贵族参与政权的决策也已成为现实。道武帝时期，以清河名族崔宏最为典型。其家代代仕于后赵、前秦、后燕等五胡政权，保持着望族的地位。崔宏与作为前辈的张衮一起创设了各种制度，到接下来的明元帝时期，他作为唯一的汉族出身者参预其时的元勋政治。

崔宏子浩，出仕于道武、明元、太武三帝，受到信任，特别是太武帝的统一战争能够成功，得力于崔浩之谋甚多。太武帝时期是对山东士大夫大加吸收的时期。431 年（神䴥四年），下诏敕召聘华北各地名士数百人为官。其主要人物有范阳卢玄、博陵崔绰、赵郡李灵、河间邢颖、勃海高允、广平游雅、太原张伟等，几乎网罗了整个山东贵族。此外崔浩也推举了冀、定、相、幽、并（今河北、河南、山西一带）五州的士大夫数十人。值得注意的是，在这些汉族士大夫的进用过程中，与他们有着同类意识的汉人官僚起了作用。因仕于北燕、北凉等国而成为俘虏的汉族名士以汉人官僚的推举而就任适当的官职之事不在少数（参见本编第三章）。

根据上述 431 年诏书得到进用的高允后来作《征士颂》，怀念那一人才辈出的时期（《魏书》卷 48 本传）。汉族士大夫在太武帝时大量参政，显示出北魏似乎已经摆脱了异民族王朝的特征，而成为中国式的带有普遍性意义的王朝。崔浩就有这一错觉，他企图把北魏王朝改造为汉族的贵族制国家。友人（上述征士之一）卢玄忠告他为时尚早，但崔浩不为所动。其所用方法由于太过激进，终于招致北族势力的反感，在有名的国史事件中被杀。

崔浩受太武帝绝大信任，但其最后结局深刻地反映出北魏帝国仍维持着异民族王朝的体制，这与过去代国时期猗卢重用汉人卫操引起部族势力的反抗，国家因而解体的情况一脉相通。在国史事件中受连坐之罪的不只清河崔氏一族，与其有婚姻关系的范阳卢氏、太原郭氏、河东柳氏等也遭灭族之灾。汉人名族从这一事件中充分领略到了现实政治的残酷性。

太武帝时期以后,北魏的第三个发展时期不用说是孝文帝统治时期,而在这两个时期之间的文成、献文两朝由于宫廷内部的争斗而染上了黑暗之色。太武帝死于宦官宗爱之手,为宗爱所推立的南安王余也被杀,年少的文成帝濬受推戴即位,但旋即去世。献文帝弘继其后,权力为乙弗浑所垄断。其后文明太后(文成帝皇后冯氏)打倒乙弗浑,独掌朝政,不久即逼献文帝向孝文帝让位,最后又杀献文帝。上述史实血迹斑斑,但相关记录却异常缺乏,这应与崔浩被杀以后国史编纂事业一时衰退有关。[21]

北魏在这一危机时期并没有遭到南朝的侵掠,这是因为那时正值刘宋末年的内乱时期。北魏反而乘此内乱之机将山东、淮北一带成功地收归手中。在南朝的几次内乱中,兴起了许多力图打破江南社会门阀主义结构的土豪层,[22]其中许多人率领乡里民众归顺于北魏。南朝的宗室、大官中也有逃亡至北方者,他们传播江南的贵族制度以及贵族文化,给北方社会带来了很大影响。[23]北魏就这样与江南社会紧密接触,并日渐频繁地吸收其先进文明。

应该认为,孝文帝的汉化政策是在上述情况较为成熟的基础上推行的。孝文帝谈到迁都洛阳的意图时说:"今日之行,诚知不易。但国家兴自北土,徙居平城,虽富有四海,文轨未一,此间用武之地,非可文治,移风易俗,信为甚难"(《魏书》卷19中《任城王澄传》)。对他来说,迁都洛阳不仅为解决与南朝的对立这样一个政治军事上的课题,而且还意味着"移风易俗",也就是从胡族国家转换到中国式的普遍性意义的国家。汉化的各项政策大致在496年(太和二十年)前后推行,而迁都洛阳也是在同一时期,这也暗示出二者之间的紧密关系。

这里附带提及一下同样在孝文帝时实施的均田制与三长制。这些政策在486年(太和十年)前后制定,当时为文明太后执政时期。太后从献文朝以后一直掌权,因此上述政策明显反映出了太后的意向。此外,孝文帝亲政是在太后死去(490年,太和十四年)以后。所以说,均田制等政策同后来的汉化政策,不论在实施时期上还是在主要推进者上都有所不同,这一点应该注意。[24]

关于均田制、三长制的意义,在此不多说。不过,这是力图把当时华北乡村社会——其指导者不用说是士大夫阶层——的类似共同体的结构与国家权力相结合的体制。㉕这些政策虽然表现出了汉族社会与异民族国家相结合的意图,但并没有否定国家的异民族王朝的性质。还可以大胆一点地说,异民族政权的古拙性与华北乡村社会的质朴性是有着相通之处的,而这些政策的制定正是以此为基础的。与此相比,汉化政策的目的则在于国家的根本变革。前面已述,它所追求的是纳江南社会于视野之内,同时又跨越国家种族主义,从而使自己升华为一个具有普遍性意义的国家。那么,汉化政策依据的是什么样的原理呢?下一节就来探讨这一问题。

四　门阀主义诸政策的推行

孝文帝在 496 年(太和二十年)前后所实行的一系列改革中,有一项是官制改革。宫崎市定氏认为这一改革在太和十七、十九、二十二—二十三年施行了三次。㉖以下如果对宫崎氏的观点略作说明,并对现存的十七年令与二十二—二十三年令的官品表进行比较,就可以看出一些差别。前者所载官职的大部分虽为中国传统所有,但其中还包含北魏特有的官名,如侍御中散、中散等,这实际上是为北人贵族子弟而设置的侍从之官。可是到二十二—二十三年令时,北魏的官职一齐消失,全为中国式的。这是二者之间的第一个不同点。此外,在二十二—二十三年令中有清官与浊官之别,这也是一个特点。在同样的官等中有清浊之别,这是从魏晋到南朝伴随着贵族制的发达而流行的。在太和二十二—二十三年令中出现这一制度,就显示出贵族制度被有意识地导入国家体制中。与此点相关,我们还可以看到同令的另一个特色,这就是有流内与流外之分。即把流内官分为九品,以下的官则作为流外勋品,同样分为九品。把出身较低,因勋功而步入仕途者与士大夫加以区别,这就是流外勋品。流内、流外的区别是基于庶民阶层涌入官僚社会的事实,其目的在于确保士大夫的特权地位。这一点对以后梁武帝的改革有着影响。上述事实反映出贵族主义官制是在南北两地域的相互影响下得到发展的,此点耐人寻味。

贵族主义以人格的资质为其价值标准,它比种族主义的原理具有更为普遍的性质。太和二十二—二十三年令清除掉北族特有的要素,采用纯粹汉族形式的贵族主义官制,这正是北魏帝国本身摆脱种族主义,朝向更为普遍性意义的国家发展的表现。但在这里有一个课题就是必须改变北族出身者的存在方式。奖励胡汉之间通婚,改胡姓为汉姓,禁止胡俗、胡语等等,我们不应只是笼统地将这些理解成是融和胡汉的政策,而应认为它们是为解决上述课题而订立的。其中,最能表明这一意图的是姓族详定。㉗其内容大致为:(1)穆、陆、贺、刘、楼、于、嵇、尉的八姓由于道武帝以来的殊勋,其官爵家世为当代最高,因此也是北族中的最高门第。他们与汉族的四姓处于同一地位,不能允许充任猥官(浊官)。(2)其他北族各氏,以是否为部落大人的后裔或是依北魏建国以来的官爵高低为据,高者为姓,低者为族。

以上八姓及姓、族等身份序列,虽然免不了刻意设定的一面,但不能认为是没有根据实际情况而制定的。第(2)点的姓、族划定,其根据是部族贵族的出身与对北魏帝国的贡献这两个条件。第(1)点的八姓也同样如此。八姓中,许多人的祖先既是有力部落的大人,又通过在拓跋珪的代王时期以来参预帝国建设,拥戴明元、文成、孝文诸帝,与权臣宗爱、乙弗浑相抗衡,而维护了北魏帝国的体统。㉘可以说,部族时期的地位与帝国时期的勋功相结合,通过与帝室的频繁通婚,在时代的进程中逐渐占据北族最高地位的,正是这八姓。此外还应看到,在一个世纪中,经与汉人社会的接触,也使他们渐染汉族的士风,拥有与贵族阶级相符的教养。如果上述身份固定化倾向在整个北族内部都是如此的话,那就不能否认姓族详定是基于贵族制度形成于北族社会这一现实而制定的。

不用说,姓族详定力图采用汉族形式的门阀贵族制。在汉族社会的贵族制中,社会身份并不依靠王朝权力从外部赋予,而是通过自身的资质成为自立的存在。产生这一资质的是家门,因此贵族制又以门阀贵族制的形式出现。但在北人贵族制中,却并没有显示出这样深刻的现实背景。通婚关系也十分散漫、随意,事实上经常有娶贱民的例子,政府大官的亲属即便就任的是浊官也不以为耻。姓族详定超越了这一现实,试图通过政治的力量在北人社会内部导入门阀制度。

可是,为把北族社会变成门阀主义社会,就有必要先对应成为规范的汉族社会中的门阀关系加以整理。因此,姓族详定政策也包括对汉人贵族的家世进行审定,但其具体情况还不清楚。以上所述将北族八姓视为汉族四姓,可是这四姓为谁并不明确。孝文帝为奖励胡汉通婚,纳范阳卢氏、清河崔氏、荥阳郑氏、太原王氏之女入后宫,因此有人认为崔卢王郑即为四姓,此外在加上陇西李氏或是赵郡李氏又称五姓。对于这一说法自古就有着不同意见,并没有确切的答案。不过,孝文帝为他的六个弟弟分别从陇西李氏、代郡穆氏(八姓)、荥阳郑氏、范阳卢氏这四家聘娶正室,由此认为崔卢李郑王的诸氏拥有与四姓相符的地位,似无疑问。

汉人士族的家世详定并不限于四姓,还有将官历以及人物上溯至汉魏时期加以审核的迹象。这显示出即便是汉族社会中的门阀主义身份秩序在其时也没有完全趋于固定。可以说,北魏王朝作为异民族政权,它的存在抑制了类似南朝门阀主义的成熟。另一方面,也可以推测北魏统治下的官吏进用原则还没有得到确立,这一点在孝文帝采用门阀制度之际,受到部分汉族士大夫的抵抗一事上有所反映。三长制的创始者李冲等人认为官吏进用的原则应是重视才能的贤才主义而非门第,他们站在这一立场上促请孝文帝改变主意。孝文帝没有接受而决意实行姓族详定以及门阀主义的官制等措施。李冲等人的立场当然不是对所有的阶层都推行能力主义,而是要打破门阀制度在士大夫阶级内部所造成的封闭性,从而保障士大夫之间的机会均等。上文已提到,异民族政权的北魏王朝原本就有容忍这一立场的侧面,这也就足以暗示它与后来的科举制度以及隋唐统一政权是一线相连的。李冲等人的贤才主义这时虽然遭到挫折,但在北魏灭亡后即得以恢复。下一章就将详细讨论上述两个理念的相争关系。

---

① 河地重造《关于北魏王朝的成立与其性格——从徙民政策的展开到均田制》

（《东洋史研究》12—5）；宫崎市定《九品官人法的研究　科举前史》（东洋史研究会，1956 年，页 379。后收入《宫崎市定全集》6，岩波书店，1992 年）等。

② "凡此四方诸部，岁时朝贡，登国初，太祖散诸部落，始同为编民"（《魏书》卷113《官氏志》）；"贺讷……其先世为君长，四方附国者数十部。……讷从太祖平中原，拜安远将军。其后离散诸部，分土定居，不听迁徙，其君长大人皆同编户。讷以元舅，甚见尊重，然无统领。以寿终于家"（同上卷 83 上《外戚传上·贺讷》）。

③ "太祖时，分散诸部，唯高车以类粗犷，不任使役，故得别为部落"（《魏书》卷103《高车传》）。

④ 认为《魏书》卷 1《序纪》所载的各种传说为后世史家伪作的论文有白鸟库吉《东胡民族考》（《史学杂志》21—24）、志田不动麿《代王世系批判》（《史学杂志》48—2,3）等，而认为这些反映了某些史实的则有内田吟风《关于魏书序纪特别是其世系记事》（《史林》22—3）、田村实造《北魏开国传说的背景》（《东方学论集》第 2）等。

⑤ 前注田村氏论文。

⑥ 钱大昕《廿二史考异》卷 28《魏书一·序纪》、王鸣盛《十七史商榷》卷 66《追尊二十八帝》等已经注意到这一问题。另，冈崎文夫《魏晋南北朝通史》页 331 以及注④所引志田、内田、田村诸氏的论文都有所论及。

⑦ 关于帝国形成以前的拓跋国家的动向，参见拙稿《初期拓跋国家中的王权》（《史林》46—6）。这篇论文指出这一时期的拓跋王权虽然与部族制之间存在着种种矛盾，但原则上是以此为基础而成立的，由此批判了以往用传统保守的部族制与中国式开明王权之间的对立进行理解的观点。笔者的这一见解与部落解散以后的北魏帝国——在那里部族制改变形式而成为国家支柱——的性格把握有着逻辑上的联系，希请读者予以注意。

⑧ 《魏书》卷 113《官氏志》将构成拓跋国家的非汉族部族分为七项：(1)十姓（拓跋氏及其支族）；(2)神元皇帝时余部诸姓内入者；(3)东方；(4)南方；(5)次南；(6)西方；(7)北方。不过，(1)以及(2)的七十五氏才是显示构成这一部落联盟国家的各个部族。

⑨ "昭成（什翼犍）之即王位，已命燕凤为右长史，许谦为郎中令矣。余官杂号，多同于晋朝。建国二年，初置左右近侍之职，无常员，或至百数，侍直禁中，传宣诏命。皆取诸部大人及豪族良家子弟仪貌端严，机辩才干者应选。又置内侍长四人，主顾问，拾遗应对，若今之侍中、散骑常侍也。其诸方杂人来附者，总谓之'乌丸'，各以多少称酋、庶长，分为南北部，复置二部大人以统摄之。

时帝弟觚监北部,子寔君监南部,分民而治,若古之二伯焉"(《魏书》卷 113《官氏志》)。

⑩ "天兴初,制定京邑,东至代郡,西及善无,南极阴馆,北尽参合,为畿内之田;其外四方四维置八部帅以监之,劝课农耕,量校收入,以为殿最。又躬耕籍田,率先百姓"(《魏书》卷 110《食货志》)。据《魏书》卷 2《太祖纪》,设立畿内制是在天兴元年八月,所以设置上面的八部帅也应认为是同一月事,不过同年十二月设置八部大夫,"十二月,置八部大夫、散骑常侍、待诏等官,其八部大夫于皇城四方四维面置一人,以拟八座,谓之八国常侍"(同上卷 113《官氏志》)。上面的八部帅与这里的八部大夫能否视为同一件事,存在着两种说法,不能统一。另外,有关八国制的问题,山崎宏《关于北魏的大人官》(《东洋史研究》10—1)、前引内田吟风氏著书页 133—134、前引宫崎市定氏著书页 380—381 等均有论述,拙稿受上述研究影响颇深。

⑪ "(泰常六年)二月,调民二十户输戎马一匹、大牛一头"(《魏书》卷 3《太宗纪》);"(同年三月)乙亥,制六部民,羊满百口输戎马一匹"(同上)。

⑫ "(天赐元年十一月)大选朝臣,令各辨宗党,保举才行,诸部子孙失业赐爵者二千余人"(《魏书》卷 2《太祖纪》);"(同年)十一月,以八国姓族难分,故国立大师、小师,令辩其宗党,品举人才。自八国以外,郡各自立师,职分如八国,比今之中正也。宗室立宗师,亦如州郡八国之议"(同上卷 113《官氏志》)。

⑬ "泰常二年夏,置六部大人官,有天部,地部,东、西、南、北部,皆以诸公为之大人,置三属官"(同上卷 113《官氏志》)。另,参见注⑪。

⑭ "世祖即位,命眷与散骑常侍刘库仁等八人分典四部,绾奏机要"(《魏书》卷 26《尉眷传》)。

⑮ "于是朝野凶凶,人怀异志。肥如侯贺护举烽于安阳城北,故贺兰部人皆往赴之,其余旧部亦率子弟招集族人,往往相聚"(《魏书》卷 16《清河王绍传》)。

⑯ "太宗即位,修废官,恤民隐,命南平公长孙嵩、北新侯安同对理民讼,庶政复有叙焉"(《魏书》卷 111《刑罚志》);"大赦,改年为永兴元年。……公卿大臣先罢归第不与朝政者,悉复登用。诏南平公长孙嵩、北新侯安同对理民讼,简贤任能,彝化攸叙"(同上卷 3《太宗纪》);"(闰十月)诏郑兵将军、山阳侯奚斤巡行诸州,问民疾苦,抚恤穷乏"(同上);"(永兴三年二月)己亥,诏北新侯安同等持节循行并、定二州及诸山居杂胡、丁零,问其疾苦,察举守宰不法;其冤穷失职、强弱相陵、孤寒不能自存者,各以事闻"(同上)。最后所举安同等人在地方察举时所暴露出的实际问题,据说崔宏、穆观等人在中央予以了审理(同上卷 24《崔玄伯传》)。但是作为调查对象的地方是北族民集中居住的"并、定二州",此点值

得注意。另外,长孙嵩等元老被任命为大人官,当时人称八公(《魏书》卷113《官氏志》及长孙嵩、崔玄伯、奚斤、安同、元屈各人本传)。

⑰ 关于北魏徙民政策的实际情况,前引河地氏论文论述较为详细。成为这一政策的对象者是如何接受统治的呢? 对此包括河地氏论文在内有着种种的意见。不过,它与郡县制不同,被置于隶属性更加强烈的境遇之中,在这一点上意见又都是相同的。此外还有一种理解,就是认为献文帝时期徙民虽在平齐郡设置的措施下接受郡县制的统治,但这不过是一种例外形态而已,它显示的仅仅只是徙民政策的后期阶段。不过,从早在太武帝初期,将休屠郁原的残余势力千余家迁至涿鹿地区(桑乾河流域)设置平原郡的事例(《魏书》卷15《常山王素传》)来看,徙民一般都伴随着郡县制统治,这样理解应比较稳妥。此点参见拙稿《均田制的理念与大土地所有》(《东洋史研究》25—4)。另外,我在这篇论文中以上述事例批判了堀敏一氏在《均田制的成立》(《东洋史研究》24—1,后收入《均田制的研究》)一文中提出的计口受田制=屯田制的观点。堀氏后来接受了拙论的部分意见,但基本上仍坚持屯田制说,其论如下:"计口受田民被置于强大的国家统治之下,就作为初期北魏国家的权力基础这一点来看,起到了与曹魏的屯田客相类似的作用。不过从末期的徙民有被编入郡县的例子来看,似乎有着被培养成自营农民的倾向"(《均田制与租庸调制的展开》,收入《世界历史》5,岩波书店,1970年),这就让人感到他依然在运用从屯田制到郡县制这一模式。在此,我要指出的是以下二点:(1)夏平定以前的平原郡设置在北魏徙民政策史上决不能说是末期(参见本编第三章);(2)正如堀氏自己所说的那样,并不存在计口受田制源于非郡县制的屯田制式经营的明证。

⑱ 滨口重国《东魏的兵制》(见《秦汉隋唐史研究》上)。另,这篇论文虽然只论及凉、夏、朔、营、恒这北边五州,但可以说其他内地各州有着与此类似的情况。

⑲ 在河北、山东地区置镇的例子也不少,但多数是从开始即为州镇并置。

⑳ 滨口重国《正光四五年之交的后魏兵制》(收入上引著作)。

㉑ 参见内田吟风《有关魏书的成立》(《东洋史研究》2—6)。

㉒ 参见川胜义雄《侯景之乱与南朝的货币经济》(《东方学报》京都32,后收入川胜氏所著《六朝贵族制社会研究》,岩波书店,1984年)、安田二郎《晋安王子勋的叛乱——南朝门阀贵族体制与豪族土豪》(《东洋史研究》25—4)、同氏《南朝的皇帝与贵族与豪族、土豪层》(收入《中国中世史研究》,东海大学出版会,1970年。另,安田氏这两篇论文后都收入同氏所著《六朝政治史研究》,京都大学学术出版会,2003年)。

㉓ 作为其代表人物,可以举出刘宋宗室刘昶及从南齐亡命的王肃等人。他们作为孝文帝的政治顾问,参预政策。此点参见前引宫崎市定著书,页 393—395。

㉔ 参照前引宫崎市定氏著书,页 389—390。

㉕ 试图从与乡村共同体的关系来把握这些制度的,有上引堀敏一氏《均田制的成立》、拙稿《均田制的理念与大土地所有》。不过,这两篇论文的论旨并不相同。要而言之,堀氏认为均田制是国家代替豪族在乡村社会负责管理共同体机能的体制之一,而拙论则反对从国家与豪族的对立关系上把握均田制,主张均田制其实是乡村指导者亦即豪族(士大夫)所具有的日常伦理在制度上的表现。堀氏对我的主张亦有所评述(前引《均田制与租庸调制的展开》),但是我们之间的意见不同并不只限于对均田制的理解问题上,可以说涉及到包括国家论在内的对中国史把握的根本问题。

㉖ 前引宫崎市定氏著书,页 391 以下。

㉗ 关于姓族详定著书,参见前引宫崎市定氏著书,页 427 以下。

㉘ **穆氏**……丘穆陵氏。力微时期以来尽忠于拓跋氏,尤其是帮助困难时期的拓跋珪完成帝国建设(崇)。担明元帝、太武帝辅弼之任(观、寿),抵抗乙弗浑(多侯),当文明太后欲废孝文帝时,极力劝谏,使太后打消此念(泰)。如此,成为北族中屈指的元勋,与帝室通婚频繁。**陆氏**……步六孤氏。代代领有部落。灭宗爱,推戴文成帝而立大功(丽),因抵抗乙弗浑的专权而遭杀害(丽),竭尽全力使献文、孝文二帝保全帝位(馛)。与范阳卢氏、博陵崔氏等通婚(昕之、叡)。**贺氏**……贺兰氏。代代君长。代国时期以来即为拓跋氏姻族。为拓跋翳槐、拓跋珪后盾,时常予以援助,帮拓跋珪即代王位(讷)。明元帝时期为元勋,任帝之辅弼(泥)。**刘氏**……匈奴独孤氏。承南单于之后的名族。代国时期以来频繁地与拓跋氏通婚。为北魏的建国尽力(眷、罗辰),为道武帝夫人,生明元帝(眷之女)。诛宗爱推戴文成帝有功(尼)。**楼氏**……贺楼氏。世为部落酋帅。相助拓跋珪建国有功(伏连)。**于氏**……勿忸于氏(姚薇元《北朝胡姓考》认为应是万忸于氏)。历仕道武、明元、太武三帝,有战功(栗䃅),一门贵盛。**嵇氏**……纥奚氏。世为有力部帅。归顺于建国之初,与拓跋氏通婚(根、拔)。作为元勋辅弼明元帝(拔)。**尉氏**……尉迟氏。原先似为大族。协助拓跋珪建国有功(古真、诺),以后在统一事业中立下军功(眷、拨、元)。

 （原题《初期拓跋国家中的王权》;《北朝的贵族制》,分别载于
 《史林》46—6,1963 年;《历史教育》14—5,1966 年）

第二章　北魏官界的门阀主义
与贤才主义

一　序　言

如果说贵族社会是南北朝时代之基础,那么隋唐时代则是在这一社会发生变化的形式之上而诞生的。比如,从政治形态上来看,南北朝与隋唐就有着极大的差异。就前者而言,贵族的社会地位与皇权的衰弱成反比例,十分牢固;而对后者来说,当王朝权力得到强化时,贵族的独立力量却处于衰退之中。

对此,人们经常把南北朝到隋唐的发展看作王朝与贵族相互斗争,最后由前者占据优势的过程。但是,这样的理解是抓不住历史发展的必然性的。在这里,弄清包含在贵族社会内部的非贵族因素即民众的力量逐渐增强并走向自立之道的历程是一项十分重要的课题。寒人、寒门进入仕途,工商业者在政治经济上的活动,各种贱民在身份上的变化,再加上发生于外部的异民族的南进及其王朝建设等等,诸如此类现象在南北朝时期业已出现。贵族社会由此而发生某些变化,贵族与非贵族因素缠绕在一起,相互作用,这也导致了贵族社会的变异。显示这种变化程度与变化状况的,不是别的,正是制度。事实上,到南北朝后期,土地所有、聚落组织、军队制度、官僚机构等各个领域内部都可以看到制度上的变化。隋唐帝国正是建立在这些新制度之上的。

关于这些制度,以往对其细部进行分析与研究,在一定程度上弄清了与旧制度相比到底有何变化等问题。这对思考南北朝与隋唐时期在性质上的差别也有着启迪作用。可是,为什么要进行这些改革,其理由何在? 特别是这些改革由哪些人们根据何种意愿发动的? 对这样的问题,答案往往十分含混、暧昧。对隋唐帝国的形成这样一个伟大的历史进程作不出生动而有效的说明,其原因似乎就在此。

例如,科举作为一项新的官吏进用制度,其创设是基于一种什么样的思想动机呢?

科举是取代九品官人法的一项制度。根据宫崎市定氏的杰作《九品官人法的研究》,由中正官决定的乡品与起家时的官品之间有着一定的规律。由此可以解释,在南北朝社会,贵族作为一股力量的主体与另一股力量的主体即王朝呈二元存在,而把二者结合在一起的是官僚制的阶层结构。与此相比,科举制度可说是试图根据一定的理念将这种二元性化为一元性。一元性一方面体现在中正制度的废止上,另一方面则体现在汉代以来的秀才、孝廉等贡士制度的强化上。[①]

这一制度上的变化,并非在无意中开始又在无意之间完成的,因为我们能够看到这一官吏进用制度在理念上的对立与变化。中正制度的废止在原则上是门阀主义的废止,而另一方面秀孝制度则以贤才主义为其原则。而且这两种理念还不是随着时代的推移从一方变为另一方,魏晋南北朝时期人们对它经常展开激烈的议论。[②]下面将要谈到,北魏孝文帝以后的时期正是将它作为一个非常现实的问题而予以讨论的。

官吏进用的理念,并不只限于进用方法这一技术性问题,它与应如何看待拥有政治能力的人亦即士人的问题相关。再深入下去,就会触及到当时的世界观问题。这种在理念上的对立与纠葛不就是导致制度变革的原动力么?本章所要考察的是上述两种理念各自所持的立场,目的在于弄清其力量关系的变化。

二　孝文朝的两种立场

北魏朝廷就官吏进用的原则展开全面议论,是在孝文帝开始着手整备官僚机构及其他各项制度的时候。其具体年月虽无法确定,但大致可认为在495年(太和十九年)左右。[③]有关朝廷讨论的情况,《魏书》卷60《韩麒麟传》有如下记载:

　　高祖曾诏诸官曰："自近代已来,高卑出身,恒有常分。朕意一以为可,复以为不可。宜相与量之。"

　　李冲对曰："未审上古已来,置官列位,为欲为膏粱儿地,为欲益治赞时?"

　　高祖曰："俱欲为治。"

　　冲曰："若欲为治,陛下今日何为专崇门品,不有拔才之诏?"

　　高祖曰："苟有殊人之伎,不患不知。然君子之门,假使无当世之用者,要自德行纯笃,朕是以用之。"

　　冲曰："傅岩、吕望,岂可以门见举?"

　　高祖曰："如此济世者希,旷代有一两人耳。"

　　……

　　秘书令李彪曰:"……陛下若专以门地,不审鲁之三卿,孰若四科?"

　　高祖曰："犹如向解。"

　　(韩)显宗进曰:"……不审中、秘书监令之子,必为秘书郎,顷来为监、令者,子皆可为不?"

　　高祖曰："卿何不论当世膏腴为监、令者?"

　　显宗曰："陛下以物不可类,不应以贵承贵,以贱袭贱。"④

　　高祖曰："若有高明卓尔、才具隽出者,朕亦不拘此例。"

由此可以看到,孝文帝赞成门阀主义的立场是十分鲜明的。将其简单归纳为:

(1) 贵族大致都德行纯笃,因此官吏进用的基本原则应以门地为准。

(2) 对于有特别才能者,可以不拘泥于这项原则。

孝文帝的这一思想,还具体反映在如下一段话语中:

　　我国家昔在恒代,随时制作,非通世之长典。故自(太和十九年)夏及秋,亲议条制。或言唯能是寄,不必拘门,朕以为不尔。何者? 当今之世,仰祖质朴,清浊同流,混齐一等,君子小人名品无别,此殊为不可。我今八族以上,士人品第有九,九品之外,小人之官,复有七等。若苟有其人,可起家为三公。正恐贤才难得,不可止为一人,浑我典制(《魏书》卷59《刘昶传》)。

前面所引的议论中,"君子之门……要自德行纯笃"之语应是一个理由,而在这里则指出了君子与小人亦即士庶之间有加以区别的必要。这并非是基于南朝门阀社会所说的那种"士庶之际,实自天隔"的现实状况,相反倒可以说是出于两者之间的区别还不太分明之故。从上面这番话中,还可以看到这一现实的产生与北族社会的特质有关。

迁都洛阳数年前的487年(太和十一年),韩显宗之父麒麟批判代都的奢侈之风,称其为"贵富之家,童妾袨服;工商之族,玉食锦衣"(《魏书》卷60《韩麒麟传》)。而显宗对此也有议论:

> ……顷来北都富室,竞以第宅相尚,今因迁徙,宜申禁约,令贵贱有检,无得逾制。端广衢路,通利沟渠,使寺署有别,四民异居,永垂百世不刊之范,则天下幸甚矣(同上)。

显宗的建议似乎并没有得到实行,于是他又再次上言:

> 伏见洛京之制,居民以官位相从,不依族类。然官位非常,有朝荣而夕悴,则衣冠沦于厮竖之邑,臧获腾于膏腴之里。物之颠倒,或至于斯。古之圣王,必令四民异居者,欲其业定而志专。业定则不伪,志专则不淫。故耳目所习,不督而就;父兄之教,不肃而成。仰惟太祖道武皇帝创基拨乱,日不暇给,然犹分别士庶,不令杂居,伎作屠沽,各有攸处。但不设科禁,卖买任情,贩贵易贱,错居混杂。假令一处弹筝吹笛,缓舞长歌;一处严师苦训,诵诗讲礼。宣令童龀,任意所从,其走赴舞堂者万数,往就学馆者无一。此则伎作不可杂居,士人不宜异处之明验也。故孔父云里仁之美,孟母弘三徙之训,贤圣明诲,若此之重。今令伎作家习士人风礼,则百年难成;令士人儿童效伎作容态,则一朝可得。是以士人同处,则礼教易兴;伎作杂居,则风俗难改。朝廷每选举人士,则校其一婚一宦,以为升降,何其密也。至于开伎作宦途,得与膏粱华望接阁连甍,何其略也(同上)。

北魏在解散诸部族,强化统一权力之后,大量旧部民似迅速集居于国都。这里所提到的代都以及洛京的状况可以说都是以北族社会为对象的。韩氏父子所担忧的是,作为士人的北族出身者与工商业者以及贱民杂居,从而导致二者在风俗上出现浑淆。

上述倾向在婚姻方面也有体现,反复发出禁止在不同阶级之间通婚的诏令就是其证明。⑤而代表之例是孝文帝之弟咸阳王禧将隶户作为妃嫔。孝文帝于是借此机会积极推进门阀主义的婚姻政策(《魏书》卷21上《咸阳王禧传》)。

由上述状况推测,北族社会中原来并无汉人社会那样强固的阶级制度。随着与中原文明的不断接触,内部的统一开始发生动摇,于是导致了王朝的危机。孝文帝决心采取门阀主义,实行姓族详定的政策,其根本原因就在此。495年(太和十九年)发布的施行诏书称:

> 代人诸冑,先无姓族,虽功贤之胤,混然未分。故官达者位极公卿,其功衰之亲,仍居猥任……(《魏书》卷113《官氏志》)。

在这种状况下,甚至连帝室的安定也得不到保证。关于这次姓族详定,我赞同以往的说法,即效仿汉人的贵族制度,以图重新整理与强化北族势力。

如此看来,孝文帝的门阀主义与其说是单纯的汉化政策,不如说是试图在政治上抹去中国社会传统的门阀主义与北族社会素朴单纯的习俗之间所存在的鸿沟。不过,在这条鸿沟之间夹杂着各种各样的问题。

例如,李冲等汉人官僚与此相反,站在了否定门阀主义的立场上,此点值得注意。根据前面所引的问答,知道他们主张"若欲为治"则必须选拔贤才。韩显宗作为门阀主义的反对者之一,还发表了另一番意见:

> 进贤求才,百王之所先也。前代取士,必先正名,故有贤良、方正之称。今之州郡贡察,徒有秀、孝之名,而无秀、孝之实。而朝廷但检其门望,不复弹坐。如此,则可令别贡门望,以叙士人,何假冒秀、孝之名也? 夫门望者,是其父祖之遗烈,亦何益于皇家? 益于时者,贤才而已。苟有其才,虽屠钓奴虏之贱,圣皇不耻以为臣;苟非其才,虽三后之胤,自坠于皂隶矣。是以大才受大官,小才受小官,各得其所,以致雍熙。议者或云,今世等无奇才,不若取士于门。此亦失矣。岂可以世无周邵,便废宰相而不置哉? 但当校其有寸长铢重者,即先叙之,则贤才无遗矣(《魏书》卷60《韩麒麟传》)。

这是针对秀孝制度而发的议论。秀孝制度是汉代以来的贡士制度,在以九品官人法为主流的魏晋南北朝进用制度中发挥着辅助作用。其原则虽说是贤才主义，但人选仍由中正官决定。随着中正制度坠落为门阀主义，秀孝制度也不免受其影响。北魏也有类似的倾向，因而才有491 年(太和十五年)八月的"举秀才，先尽才学"(《魏书》卷 7 下《高祖纪下》)之诏。显宗的意见是对上述倾向的批判，由此我们也可以看到其门阀主义批判的具体内容。

首先，门望不过是先祖余荫，对国家并无益处，对国家有益的只有贤才。这一主张在与孝文帝议论时也可以看到。不过，这一主张还属于原则论。为什么呢？因为以孝文帝为首的门阀主义者们正是以当时可称贤才者太少为由展开攻击的。针对此，显宗转入下一步议论，也就是说尽管有一丝才能之差，但只要对其处以正确的铨衡并对任用加以优劣甄别即可。

至此，议论开始涉及到现实方面。也就是在无门地的背景下贤才是否存在的问题。门阀主义者对此持否定意见。他们的立场是，反正都在用人，倒不如以门地为准来得稳妥。而贤才主义者必须与这一因循思想作斗争，可以想象到他们为进行反驳是付出了相当努力的。

再详细看一下上述对立。中正制度的人物品评，其理念原来是才必然包含在门地之中，这一点可以推测到。孝文帝的思想里似乎就有这种社会观念的影响，但另一方面，仍存在着某些不安。⑥这就是在现实的政治中，门与才是否真的一致？正因为有这样的不安，才会有种种的忧虑，才要去征询官僚们的意见，最后始决定"才在门中"这条方针的。⑦与此不同，贤才主义者们感觉到门与才之间存有偏差。类似"尽管有一丝才能之差"这样一种深刻的表述就是他们在上述感觉下所发出的独自的现实论。

那么，导致他们产生这一思想的立场又在何处呢？下面以李冲、韩显宗、李彪这三位贤才主义者的传记为线索来弄清这一问题。

李冲出身于陇西的贵族李氏，其祖先暠是十六国之一西凉的创建者。西凉不久为北凉所灭。冲父李宝先亡命于伊吾，后归于柔然，伺机复仇。太武帝讨伐北凉时，宝因返敦煌相助被封敦煌公，驻留当地，以后又奉命至代京任外都大官。据说当李宝准备投归北魏时，部下多有不同意见,后在长子李承的力劝之下才作出决断(《魏书》卷39《李宝传》)。

李冲是李宝末子,起家中书学生,在秘书监负责宫中文书。不顾贵族出身的官僚反对而实施三长制,是显示其才干的绝好机会。支持他的,是当时实际上的主政者冯太后。李家最初号为"清贫",得太后宠遇后颇蒙赏赐、荣升,遂成富室。

李冲还致力于扶植自己的势力。一族之人全都拥有官爵,连白痴、哑巴也能越过官阶得以升迁。为提高一门的社会地位,李冲还想尽办法与华北名门通婚,而对方也因李冲的权势得为高官。⑧孝文帝以冲女为夫人,与其说因为李氏门地,不如说是因为看重其姻亲的门地。如山东豪族成为平齐户那样,许多不屑于与夷狄王朝北魏合作的豪族们处境颇为不佳,而李冲对此极力接济。⑨李冲不光与贵族携手,只要有才干,即便是出身寒门者也竭力举荐,李彪就是一例。

文明太后死后,孝文帝摆脱了束缚,一心致力于各项制度的整备,李冲同样受到恩宠。各项改制的文案虽由孝文帝亲自执笔,但据说每次都要征询冲的意见。两人的关系十分亲密,旧臣、皇族远远不及。李冲也倾心于政务,年过四十,须发已白。孝文帝与李冲,堪称独裁君主与其宰相关系的典型(《魏书》卷53《李冲传》)。

韩显宗是麒麟之子。有关韩氏的出身,《魏书》本传记以"白云汉大司马(韩)增之后"。其出身地为昌黎郡(治今辽宁朝阳),韩氏为当地有名的土著豪族,此点当无疑问。麒麟父瑚,历任秀容、平原太守。韩氏最初以何种形式与北魏政权发生关系,此点不明,但从韩瑚的官历来看,似乎并没有受到什么压制。⑩

到了麒麟的时代,与朝廷的联系日渐紧密,麒麟在献文朝任征南将军慕容白曜参军事,参预山东征服作战一事就显示了此点。当白曜进攻崔道固死守的东阳城时,麒麟提供义租六十万石以及兵器,使军资大为充实。不过这些并非由他个人献上,而是周旋于表示恭顺的当地豪族之间,使他们供出的。⑪也就是说,麒麟在北魏与汉人豪族之间发挥着中介作用,这即是对王朝采取积极协力的态度。但这种与王朝的紧密关系有时又会招致不幸。当慕容白曜因有人告发与前朝宠臣宗爱的关系而被诛时,麒麟也遭连坐,失职颇久。

麒麟对王朝所作的贡献在于使王朝与豪族结合在一起。北魏征服山东时,当地的士人处境不佳,他极力予以保护。在孝文帝时又重新得到起用,宣抚徐、兖方面的叛民。因为这些行政才能,所以不久即被任命为齐州刺史。

儿子显宗,少年时代似在山东渡过。太和初,举秀才,甲第合格,历任著作佐郎、中书侍郎,在实施姓族分定时任营州中正。但在太和末,因琐事而被夺官爵。⑫提出给他这一处分的,是清河出身的张彝。张氏为当地名族,不在崔、卢之下。张彝态度傲然,轻视朝廷,⑬再联系下节中将要叙述的围绕他而发生的一系列事件来看,给显宗的处分似为门阀主义者所发动的一场攻势。⑭显宗曾向李彪赠五言诗以示心中的失意与孤愤,后在名誉没有恢复中便溘然逝去(《魏书》卷 60《韩显宗传》)。

比较李冲与韩显宗的出身与事迹,可以发现有其共通之处。其中之一是他们与王朝都有着密切的关系。这首先来自于他们的父祖在北魏尚处于征服北方时期时便积极予以合作。此外对他们个人来说,都处于皇帝权的中枢,因此又有一种与王朝共命运之感。⑮

另一个共通点是,两人虽非一流但都为汉人豪族出身,而且如显宗在请求“四民异居”时所明确表示的那样,他们还都坚持自己的这一立场。这一立场是否与贤才主义的理念矛盾呢? 现在回头来看“四民异居”论,其最大的忧惧是士人埋没于民众之中,也就是士人丧失了士人应有的立场。而他们所否定的门阀主义则是以士庶的身份差别为基准,此外在士人阶级内部还贯穿着阶层制。贤才主义者们根据“才”在现实中的有效性,试图打破这一阶层间的封闭性。不过就在他们要求破除这种阶层制的时候,庶民上升成为士人阶级已是不得不接受的事实。但是,这终究只能是上升,也就是转化成为士人。为什么这样说呢? 因为他们所强调的“才”不是别的,正是作为士人应该具有的能力。因此也可以认为,“四民异居”论不但与贤才主义思想并无矛盾,相反还证明了贤才主义是站在士人立场之上的。⑯

李彪的传记就是一个证明。李彪出身于顿丘郡,据说“世世寒微”,

但作为笃学之士,常受到老师的称赞。后来他想隐居于名山,但没有实现,于是利用高闾家的藏书,重新奋勉于学问。

李彪后来能进入政界,与爱好中国文化的北人贵族大有关系。在异姓王陆叡的关照下,他被举为孝廉。上京以后,对他常加提携的是高闾与李冲。由于从事国史的编撰而升至秘书令,还因为熟悉故事,先后六次受命出使南朝。

李彪同样受孝文帝信任,任秘书令就是因为皇帝的特诏。观察一下他的经历就可以发现,寒门出身的他步入政界,贵族的援助起了决定性作用。或许可以说寒门出身者依靠自己的力量进入政界的条件在当时还不成熟,而这从李彪的晚年又能够得到证明。由于秉性刚直,彪被擢为御史中尉,孝文帝南征时,兼任度支尚书,与仆射李冲一道留守洛阳。其时,他凭借御史中尉的职权,与李冲互不相让,两人之间遂起纷争。李冲将彪予以监禁,请处死刑。孝文帝无奈,将他除名并遣归乡里,而李冲也因这一事件愤懑而亡。孝文帝死后,李彪请求复职任史官,不听,后在行汾州事上结束了自己的生涯(《魏书》卷62《李彪传》)。

李彪与李冲,最初是被推举者与推举者的关系,加之出身的不同而归入李冲一派。此时,李彪为冲的依附者。后来两人走向对立的关系。但是,彪之所以能够与冲产生对立,那是因为在他后面有着皇权的支持。[17]也就是说,除去孝文帝这样一个特殊的背景,他自己是毫无力量可言的。彪后来请求出任史官,就是希望通过自己的才能重新获得地位。但是,一介寒士纯粹想通过才能获取一定的地位,在当时应是非分之想。

那些被称为寒门者,还无法依靠自己的力量提高地位并与豪族势力发生冲突。他们只是把豪族之间的矛盾或是豪族势力与君主权的矛盾(这是豪族之间矛盾的变形)所产生出的缝隙作为提高自己地位的机会。

我们还不能说由于寒门的登场,豪族体制便马上出现崩溃。寒门是以什么样的形式跻身而入? 他们是把自己扮成豪族,还是宣称自己是非豪族的存在,这两种态度也就决定了豪族体制是得到补强还是面临崩溃。而李彪的情况显然属于前者。

　　那么,支撑贤才主义的现实力量应求之于何处呢? 关于此点,有必要从各种角度进行分析。这里想把贤才主义者的第一个共通点即与北魏王朝的紧密关系作为一个观察角度。孝文帝品评汉人姓第时考虑汉魏以来的功绩,[18]意在利用中国豪族社会的传统来证明王朝的权威。但在现实上,魏晋与北魏之间存在着政治上的断层。因为北魏乃非汉人王朝,它通过自身的政治力量,实现了汉人无法完成的华北统一。在此状况下,汉人豪族不得不承认这一新局面,而不能接受这一现实的豪族则被置于逆境之中或招诛灭。[19]李冲、韩显宗等人的家族与此相反,积极投身于这一现实之中,并在那里发挥自己的能力,致力于家门的繁荣。因此,他们与门阀主义之间有着一段距离。

　　总之,门阀主义与贤才主义都属于士人的立场。反过来也可以说,在士人的立场中存在着两种不同的理念。如果我们从这两种不同理念的相互斗争中去探索科举的形成问题的话,科举制度的意义也就会变得越来越清晰。

三　北魏末期的门阀主义

　　孝文帝在 499 年死后,宣武帝、孝明帝父子相继即位,在这两个皇帝所统治的三十年期间显示了北魏的衰亡过程,而孝明帝的死实际上就意味着北魏命脉的结束。以后的君主们不过是尔朱氏或高欢、宇文泰所拥立的傀儡而已。

　　那么,贤才主义后来又如何呢? 在宣武与孝明两朝,似乎没有推行这一理念的迹象。如果要寻其踪影,则必须将视线延长至西魏与东魏时期。其中尤以西魏较为明显。

　　西魏承继崩溃的北魏,有必要制定出新的统治理念。为此就有了由苏绰起草,由事实上的主权者宇文泰颁布,可说是当时政治纲领的"六条诏书"的出台。"六条诏书"为百官所背诵,尤其是郡守、县令,如果不通于"诏书"与计帐的话,就会视为无任官的资格。其中第四条"擢贤良"是我们现在要加以探讨的:

　　　　自昔以来,州郡大吏,但取门资,多不择贤良;末曹小吏,唯试
　　刀笔,并不问志行。夫门资者,乃先世之爵禄,无妨子孙愚瞽;刀笔
　　者,乃身外之末材,不废性行之浇伪。若门资之中而得贤良,是则
　　策骐骥而取千里也;若门资之中而得愚瞽,是则土牛木马,形似而
　　用非,不可以涉道也。若刀笔之中而得志行,是则金相玉质,内外
　　俱美,实为人宝也;若刀笔之中而得浇伪,是则饰画朽木,悦目一
　　时,不可以充栋梁之用也。今之选举者,当不限资荫,唯在得人。
　　苟得其人,自可起厮养而为卿相……(《周书》卷 23《苏绰传》)。
文章用了整齐的对句,这就容易理出一些对立概念:

	地　　位	任用基准	弊　　害	长处
A	州郡大吏	门资(先世之爵禄)	不择贤良	志行
B	末曹小吏	刀笔(身外之末材)	不问志行	才能

　　"诏书"的意图,就在于打破上表中所列示的 A、B 两种系列的旧官
人形象。

　　十分有意思的是,这里贯穿着如下一个观念:A 亦即士人出身者本
是拥有志行的人物,而且还是通过志行而赋有内在人格价值的人物。
因此,A 与 B 这两个范畴不论如何吸收对方的长处进行自我改造,[20]在
本质上仍然是有差别的。在这一意义上,它与孝文帝所说的"假使无当
世之用者,要自德行纯笃"的理念一脉相通。前面提及,孝文朝的贤才
主义者对这一理念也是给予承认的。

　　但"六条诏书"与孝文帝截然不同的一点是,孝文帝依然试图用
"门"来解决门与才之间的分裂问题,而在这里是力图以兼具人格与才
能的"人"作统一。这与贵族出身者的李冲、韩显宗以及寒门出身者的
李彪所主张的贤才主义精神完全一致。而且这一"人"的统一并非依靠
阶级关系的抽象化,从某种意义上说,是通过士魂吏才的形式从士人一
方来加以完成的,这即是在贤才主义者与"六条诏书"之间所呈现出来
的相通之处。[21]

　　不过,孝文朝的贤才主义者们所遇到的障碍此时依然存在。这就
是门阀主义者所主张的"贤才极少"的因循思想。"诏书"对此予以了

抨击：

> 而今择人者多云"邦国无贤,莫知所举"。此乃未之思也,非适理之论。……仲尼曰:"十室之邑,必有忠信如丘者焉。"岂有万家之都,而云无士,但求之不勤,择之不审,或用之不得其所,任之不尽其材,故云无耳。……但能勤而审察,去虚取实,各得州郡之最而用之,则民无多少,皆足治矣。孰云无贤!……若必待太公而后用,是千载无太公;必待夷吾而后任,是百世无夷吾……(《周书》卷23《苏绰传》)。

也就是主张站在必有贤才的立场之上,对人仔细铨衡,然后再加以叙用。我们看到,这与韩显宗在批判秀孝制度现状时所提出的建议站在了完全一样的立场上,都主张不能把人的政治资格限定在门地之内,而是要通过与现实的接触加以裁量。

因此可以说,孝文朝的贤才主义思想到西魏"六条诏书"时十分明显地得以复活。如果要指出这两个时期贤才主义的不同点,那就是在各自官界所占据的位置。"诏书"由主权者一方积极加以推行,而在孝文朝时期,贤才主义的观点为皇帝所否认。探讨这一位置的变化过程有助于我们看到宣武、孝明两朝所具有的意义。

在探讨北魏末的状况之前,先看一下东魏初的贤才主义。在东魏,从高欢时起就以贤才主义作为政治方针。《北齐书》卷2《神武帝纪下》称高欢:

> 擢人授任,在于得才,苟其所堪,乃至拔于厮养,有虚声无实者,稀见任用。

以下一事可以说是这一方针的具体体现。

在北魏,由崔亮创设的"年劳"制度是后来选人之际常加运用的标准。文襄帝(高欢长子高澄,538年为吏部尚书)将这一方法加以改正,以人材为基准予以铨衡(《北齐书》卷3《文襄帝纪》)。

崔亮以来的方法即是所谓停年格。其创设的选人方法以致魏收有"魏之失才,从亮始也"(《魏书》卷66《崔亮传》)之叹。由此可知,停年格与贤才主义是格格不入的。在此,我们以停年格为线索来看看北魏末期的状况。

孝明朝初期,吏部尚书崔亮创设停年格,其直接起因是 519 年(神龟二年)二月的羽林军之乱。张彝之子仲瑀请求另设武人选格,目的在于使其不入清流。结果这招致了羽林军士的激愤,为此张家受到袭击,父子三人遭到杀伤。㉒当时摄政的灵太后胡氏迫于情势,发布告承认武官也能以资入选。根据宫崎市定氏的看法,资有先天所具有的门资以及后天由本人的经历所得到的资格这两层意思,而在这次事件中,资指的是后者。㉓总之,张仲瑀的意见在于否认以北族为主体的军人根据勋功取得仕官的资格,而欲使其与士人区别开来。可是这项建议最后不得不撤回,其结果便是重新设置上述停年格。

从离开前任起开始计算年月,以后依其长短顺序再授以新任之官,这就是停年格。如崔亮所说,这一制度的必要性在于有资格的人数大大超过了官职的定员数。但是这一措施却又完全顾及不到官吏的铨衡以及为此而设的考课,只是机械地依照年月来计算。而且这时的格在崔亮以后为吏部所承袭,北魏分裂为东西魏后仍然继续存在,所以可以想象对其进行的非难是十分激烈的。反对者当中有崔亮的外甥刘景安以及薛琡、辛雄。下面就来看看这些人的批判,借此考察停年格的立场。

崔亮对停年格进行立案时,刘景安去信表示疑问,他说:

> 殷周以乡塾贡士,两汉由州郡荐才,魏晋因循,又置中正。谛观在昔,莫不审举,虽未尽美,足应卜收六七。而朝廷贡秀才,止求其文,不取其理;察孝廉唯论章句,不及治道;立中正不考人才行业,空辨氏姓高下。至于取士之途不溥,沙汰之理未精。而舅属当铨衡,宜须改张易调。如之何反为停年格以限之?天下士子谁复修厉名行哉!

对此崔亮的答复是:

> 汝所言乃有深致。……昨为此格,有由而然,今已为汝所怪,千载之后,谁知我哉?可静念吾言,当为汝论之。吾兼、正六为吏部郎,三为尚书,铨衡所宜,颇知之矣。但古今不同,时宜须异。何者?昔有中正,品其才第,上之尚书,尚书据状,量人授职,此乃与天下群贤共爵人也。吾谓当尔之时,无遗才,无滥举矣,而汝犹云十收六七。况今日之选专归尚书,以一人之鉴照察天下。……今

勋人甚多,又羽林入选,武夫崛起,不解书计,唯可弨弩前驱,指踪捕噬而已。忽令垂组乘轩,求其烹鲜之效,未曾操刀,而使专割。又武人至多,官员至少,不可周溥。设令十人共一官,犹无官可授,况一人望一官,何由可不怨哉? 吾近面执,不宜使武人入选,请赐其爵,厚其禄。既不见从,是以权立此格,限以停年耳(《魏书》卷66《崔亮传》)。

根据这一段问答,我们看到刘景安已经感到有必要对秀孝制度的形式主义以及中正制度的门阀主义加以改革。而崔亮的解释是这些问题都已经知道,但现实却不得不如此。他的解释是否正当呢? 以下再看薛琡、辛雄的反对意见。

薛琡是北族出身的武将薛彪子之子,在灵太后第二次摄政时期任吏部郎中,他所申述的意见如下:

……若使选曹唯取年劳,不简贤否,使义均行雁,次若贯鱼,勘簿呼名,一吏足矣。数人而用,何谓铨衡? 今黎元之命系于守长。若其得人,则苏息有地;任非其器,为患更深。请郡县之职,吏部先尽择才,并学通古今晓达政职者,以应其选。不拘入职远近,年勋多少。其积劳之中,有才堪牧人者,自在先用之限。其余不堪者,既壮藉其力,岂容老而弃之,将佐丞尉去人稍远,小小当否,未为多失,宜依次补叙,以酬其劳(《北史》卷25《薛琡传》)。

辛雄出身于陇西贵族。他也在孝明帝末为吏部郎中,并提出罢废停年格。他认为停年格否定才能,其结果是导致郡县政治出现紊乱,如果不早采取对策的话,将会出现重大问题,对此他深表忧虑。其时,北镇内乱正处于一触即发之态。为此,他所提出的具体对策是:

盖助陛下治天下者,惟在守令,最须简置,以康国道。但郡县选举,由来共轻,贵游俊才,莫肯居此。宜改其弊,以定官方。请上等郡县为第一清,中等为第二清,下等为第三清。选补之法,妙尽才望,如不可并,后地先才。不得拘以停年,竟无铨革。三载黜陟,有称者补在京名官,如前代故事,不历郡县不得为内职。则人思自勉,上下同心,枉屈可申,强暴自息,刑政日平,民俗奉化矣(《魏书》卷77《辛雄传》)。

　　两人的意见都指出停年格是地方行政出现紊乱的根源所在,同时还加剧了国家的危机。至于原因,就在于停年格全盘否定了贤才主义。因为不论是任用还是升进,对才能以及作为才能结果的治绩完全不加考虑,所以官吏对于国家政治是不会有积极态度的。

　　那么,停年格全盘否定贤才主义始于何处呢?

　　我认为停年格有二层意思。一是对勋人、武人让步,至于其历史原因,前面已有述及。另一层意思则是如崔亮之语所示,在于阻止勋人、武人入选。对那些有资格者的要求不能全部满足,这是崔亮所说的一个理由。但这只是量的理由。产生这一矛盾的原因,是从门资以及从勋资这两方面产生了大量的有资格者。[24]这里还有另一个理由不容忽视,即"武夫崛起,不解书计"是对军人的政治能力给予否定。这才是质的理由。这一思想与张仲瑀的上言同理,说到底,其前提正是"门"外无"才"这一固定的观念。

　　反对者所要批驳的正是这一点。辛雄指出,只有破除尊重京官之风,通过与外官进行人事交流才能解决目前这种闭塞的状况。如果这一提议得到实现,行政能力的欠缺或许会使许多军人出身者丢掉官职,但贵族子弟同样也会遭受大的打击。因此,所谓"武夫崛起,不解书计"的片面主张是不成立的。薛琡的意见在这一点上更为明确,即只要具有行政能力,即使是军人出身,[25]也当然可以就任地方官。这也是同"武夫崛起,不解书计"的片面主张相对立的,总之,两种意见都超出了门外无才这一固定观念,站在强调个人政治能力这一现实的立场上,以此来拯救陷入危局的王朝。他们的主张虽然没有"六条诏书"那样来得明确,但却朝贤才主义的方向又进了一步。[26]

　　这样看来,崔亮的辩解无论看上去怎样言之成理,都没有摆脱门阀主义的色彩。[27]门阀主义的旧观念是一方面积极压制武人,另一方面又不得不对他们作一些消极的让步。这就是门阀主义的两面性。但,这决非崔亮的个人性格所致,而是北魏末期门阀主义特点的反映。以下就叙述这点,作为本节的结尾。

　　导致门阀主义作出让步的直接原因,是羽林军的哗变。对于这次事件,朝廷的处置是十分宽大的,仅将首谋者数人处刑,对其要求却予以全面接受。偶尔目击这次事件的高欢由此确信魏朝的瓦解已不可挽回,这一故事为大家所熟知。当时为灵太后胡氏的第一次摄政期。北魏旧习,子为太子,其母当死。但作为孝明帝亲母的胡氏却得以幸免。宣武帝死,外戚高肇一派掌权,宫廷内迭起纷争,结果高氏落败。在纷争的另一派,中心人物为领军将军(近卫军司令官)于忠,他拥护太后,并积极筹划孝明帝即位。因此在孝明帝初期,于忠颇有权势。

太后一派在免掉于忠的领军将军后,将他逐出中央政界,由此开始了太后的第一次摄政期。

太后以妹婿元叉(北魏的宗室)为领军将军,意在维持自己的势力,但结果却是养虎遗患。元叉与宦官刘腾一道掌握后宫之兵,将太后与孝明帝隔开。

刘腾死,孝明帝与太后始有机会重新接近,罢元叉领军将军之职,太后得以再次临朝。最后,太后与孝明帝之间渐生嫌隙,帝遭毒杀。以此为契机,开始进入尔朱氏的干涉朝政时期。

以上是孝明朝政争的大致情况(参本章末年表)。于忠、灵太后、元叉等作为帝政的功臣或是皇帝的庇护者获得了权势,其权势的军事支柱,则是由他们牢牢掌握着的由羽林、虎贲等北族兵组成的近卫军。在王朝的权力机构中,皇帝—领军将军—羽林、虎贲系统是北魏色彩最为浓厚之处,因而权力者都力图对此传统部分加以控制。

另一方面,当时的王朝也是由孝文帝加以体制化了的一系列身份性阶层所构成的,因此,当权力者获得了其地位后,在依靠什么样的阶层上自然呈现出不同的趋势。大致说来,灵太后当政与胡汉贵族、诸王等关系密切,[28]而于忠对后者则深怀反感。与此不同,元叉进用的是北族中的寒人出身者,以此维系自己的势力(《魏书》卷81《山伟传》)。

在此状况下,汉人门阀想要直接表现其所拥有的传统名声是较为困难的,代表之例就是裴植、郭祚为于忠所忌,无辜被杀的事件。裴氏原为河东名族,裴植在孝文帝时期由南朝而归。由于不满北魏朝廷的待遇,一度欲隐遁于嵩山,但宣武帝没有答应,并"深以为怪"。植后为度支尚书,颇为自满,称"非我须尚书,尚书亦须我"(《魏书》卷71《裴植传》)。

郭祚为太原名门出身,在宣武朝初期任吏部尚书,㉙《魏书》卷64
本传记其在任:

> 祚持身洁清,重惜官位,至于铨授,假令得人,必徘徊久之,然
> 后下笔,下笔即云:"此人便以贵矣。"由是事颇稽滞,当时每招怨
> 谤。然所拔用者,皆量才称职,时又以此归之。

据此可知,郭祚不拘情面,致力于公正的人事。其之所以慎重,可说是
因为在门地这一封闭的框框之内寻求合适的人材之故。

在于忠掌权时期,郭祚曾劝高阳王雍将于忠赶出中央政界。对裴
植等人以门阀为自豪早就切齿扼腕的于忠借此机会杀掉了郭祚。清河
名族崔光,与时浮沉,此时有人批判他是见死不救(《魏书》卷67《崔光
传》)。虽然如此,我们从中可以想象得到名门出身的高官在当时所处
的政治环境。不久,张彝也成为牺牲品。

崔亮为崔光的从弟,献文帝时为平齐民,在李冲的帮助下得以解
放,㉚后由孝文帝指名为吏部郎。宣武初期,再为吏部郎,任尚书郭祚
下僚。郭祚任吏部,其状如前所述,他对崔亮曾有"非崔郎中,选事不
办"(《魏书》卷66《崔亮传》)之语,寄予信赖。由此,我们也可以推测到
崔亮的人事方针。

不过,崔亮并不像裴植、郭祚那样露骨地夸示门地,此点与从兄崔
光同,因此能够顺应当时的政治局面。停年格显示出的让步,不能说与
他的这一处世术无关。可是,在停年格之下,他的职务如同吏部郎中薛
琡所嘲笑的那样,书记一人亦能担任。在这里,崔亮自己封住了自己为
郭祚属下时曾充分发挥过的才能。门阀主义在主张门与才具有同一性
时,在其精神上还有追求才能的一面,但到这时,却全面否定了才能。
这不能不说是门阀主义的一种自杀行为。如此一来,承担贵族传统的
就只能是贤才主义了。

四　结　语

本文以姓族分定期、孝明朝、东西两魏时代这三个时期考察了门阀

主义与贤才主义两种理念。两种立场的位置关系在第一期与第三期完全颠倒,而第二期则是两种方向相互交错的时期。

孝文帝		四九五	始迁都洛阳 议官吏进用原则 分定姓族诏 李冲、李彪反目
宣武帝	六辅	五〇〇	韩显宗下台 郭祚为吏部尚书 六辅之一咸阳王禧被杀 郭祚左迁瀛州刺史
	于烈	五〇五	于皇后殁,高皇后册立 六辅之一彭城王勰被杀
	高肇	五一〇	
孝明帝	于忠	五一五	裴植、郭祚被杀
	灵太后(Ⅰ)	五二〇	张彝在羽林军之变中被杀 崔亮创立停年格
	元叉	五二五	北镇之乱起 薛琡、辛雄的停年格废止论
	灵太后(Ⅱ)		孝明帝遭毒杀 河阴之变

　　我始终认为南北朝到隋唐的历史进程决非顺利平坦,而是有着一个质变时期的。下章《北魏末期的内乱与城民》(《史林》41—3、5,1958年)就是对这一设想作出的初步证明。我推测,南北朝—隋唐过程中的质变一定是在政治上发生大事件之时,也即是内乱时期。在研究中,我感到了与贵族具有不同性质的城民的巨大力量,进而认为这是一股从根本上与门阀社会对立的力量。

　　本章基于上述结论而作。下章侧重于民众,本章则考察了贵族阶级的命运,结果都证明门阀主义在此历史阶段处于衰落之中。看来,把向隋唐时期发展的历史转折点设定为北魏崩溃这一事件,似无大误。

　　上述结论不仅在时间上顺理成章,在逻辑上也是有其必然性的。孝文朝的贤才主义以北魏王朝为媒介而成立,但这一媒介物却渐渐站在了舞台的前列,扮演这一角色的是领军将军及羽林兵。门阀主义衰退的过程同时也是北人找寻过去那种自由身影的过程。不过,民众要夺回属于自己的自由,这时还无法实现,他们还必须与贵族制度作激烈的冲突,而这正是城民起义的意义所在。通过起义以及随后的发展,民众终于发现了一个与贵族性质不同的自己。

　　在探讨门阀主义的衰落契机时,我似乎太过强调北魏的特殊性。不过,我无意作朴素种族的血液流入到糜烂的中国社会而挽救了中国社会那样的说明。我只是想从一般意义上来看北魏的特殊性,并使这一特殊的意义更为客观化。至于这一特殊性是如何从根底上影响到汉人社会的,则是今后的探索课题。

　　至少可作出以下说明:以北魏为转折点而发生变化的社会体制从某种意义上说,显示出了一股很强的自上而下的倾向。但是那里还包藏了众多从下部开始变革的可能性。隋唐帝国不正是建立在这些矛盾之上的巨大的时代形象么? 这一预感正确与否,通过对隋唐形成时期进行综合研究是可以得到证明的。

---

① 参见宫崎市定《九品官人法的研究》第二编第五章。

② 参见宫川尚志《魏晋及南朝的寒门、寒人》(见《六朝史研究　政治社会篇》,日

本学术振兴会,1956 年)。

③　《资治通鉴》将此放在下面所引太和十九年诏前。

④　我认为"陛下以物不可类,不应以贵承贵,以贱袭贱"这一句的前提是"子曰,有教,无类"(《论语·卫灵公》)的思想。孔子可谓贤才主义的先驱者,如果说他的话在这里得到继承的话,确是意味深长。

⑤　宫川尚志《北朝的贵族制度》(见前引著作)。

⑥　"然君子之门,假使无当世之用者,要自德行纯笃,朕是以用之"(《魏书》卷 60《韩麒麟传》)这一句话就表现出了这种不安。

⑦　孝文帝决意采取门阀主义时,不能不考虑汉人名族的影响。他在试图推行各种制度的改革时,与刘芳、郭祚暗中制定计划,为此招致北人的猜疑(《魏书》卷 40《陆凯传》)。采纳南朝诸制度的事实,宫崎氏在前引著作中屡有提及。这样看来,孝文帝的门阀主义与李冲的贤才主义的对立可以说反映了当时汉人社会中对立的两种立场。但因为这是在北魏王朝这样一个特殊的政治状况下,所以对立既十分清晰,同时也比较复杂。

⑧　例如荥阳出身的郑羲虽为中山王王叡王官,但由于长期不得升进,只得郁郁归乡。但与李冲家联姻以后,马上被拔擢为中书令(《魏书》卷 56《郑羲传》)。

⑨　参见本编下一章。

⑩　被认为是同族的韩秀直到祖父一代一直出仕前燕,但其父在道武帝皇始初即早早入朝(《魏书》卷 42《韩秀传》)。韩秀与韩麒麟同样,作为慕容白曜的幕僚参预征服山东之战。或许韩麒麟一家也在建国初期即归顺了北魏。

⑪　据《魏书》卷 43《房法寿传》,山东豪族法寿与麒麟一道为冀州刺史,负责催督租粮。对镇的例子另外还有,要之,就是由征服者与被征服者双方派出刺史,以便占领体制得以顺畅运转的制度。另,《宋书》卷 77《柳元景传》有使占领地交出义租之例。

⑫　其原因在于显宗太过于要求军功的酬报。孝文帝对此云:"显宗斐然成章,甚可怪责,进退无检,亏我清风。此而不纠,或长弊俗"(《魏书》卷 60《韩显宗传》),下令加以处分。张彝于是应诏上奏免显宗官。不过帝惜其文才,于是以白衣继任前职。这一事件非常清楚地显示了孝文朝末年的门阀主义空气。

⑬　张彝在北魏朝廷的态度十分傲然,为此文明太后召集百官,满座之中对他加以叱责。但他并无改过的意思(《魏书》卷 64 本传)。

⑭　参见注⑫。

⑮　韩显宗在迁都洛阳之后,有这样一番上言"……况北代宗庙在焉,山陵托焉,王业所基,圣躬所载,其为神乡福地,实亦远矣。今便同之郡国,臣窃不安。

愚谓代京宜建畿置尹,一如故事,崇本重旧,以光万叶"(《魏书》卷60《韩显宗传》)。这里流露出与一般汉人不同的感情。

⑯　关于这一点,宫崎氏有下述意见(前引著书,页440—441):

    (1) 孝文帝的贵族制度拥护论也有不得不考虑当时实情之处。

    (2) 为什么呢? 连贵族制度否定论者的韩显宗也将士人与庶民加以区别。

    (3) 因此,虽说是求才,但结果仍得置于士族内部,这与尊重门地在实质上并无多大不同。

    照此看来,本稿所论门阀主义与贤才主义的对立在宫崎氏的上述意见中就变得不太分明。不过,士族这样一个范畴是与庶民相对的,而所谓门地,还有在士族内部进行身份上、阶层上区分的力量。贤才主义虽然不否定士庶之别,但却否定士族内部之别,而门阀主义将二者全加以区别。从这一意义上来说,我不能同意宫崎氏的意见。

⑰　即使在此状况下,李彪还有宋弁这样一个贵族作靠山。宋弁是姓族分定的推进者,与李彪既是同乡也有亲交。不过,宋弁与李冲关系不佳,在李彪与李冲的反目中,宋弁似乎也加入其中。李冲曾谓李彪:"尔如狗耳,为人所嗾",欲劾之,但李彪终不至大罪,据说也是得宋弁之力(《魏书》卷63《宋弁传》)。由以上也可知寒门出身者力量之弱。

⑱　郭氏为魏晋以来名门,因此孝文帝欲使宋弁谦让于郭祚,但被宋弁拒绝。对此孝文帝诘问他云:"卿自汉魏以来,既无高官,又无俊秀,何得不推"(《魏书》卷63《宋弁传》)。

⑲　北魏在征服过程中对汉人豪族所持的态度,参见本编次章。

⑳　这里所用"自我改造",并非是借用现代形式的语词。看西魏政府在"六条诏书"第一条"先治心"中向官僚作此要求便十分清楚。

㉑　苏绰其人,出身于武功豪族苏氏,这也可为一旁证。

㉒　张彝对朝廷的态度,前节有所论及。其出身据说在清河名门崔光之上。彝长子始均、次子仲瑀。始均在赴讨伐河北大乘教徒之际,见兵士们为求勋功而争相取敌首级,十分生气,于是将这些首级收集起来,一起烧掉。或云因此招致兵士怨恨,羽林军哗变时,始均首先成为袭击的对象(《魏书》卷64《张彝传》)。应该说始均的上述行为与仲瑀有着共通的感情基础。

㉓　宫崎氏前揭著书,页414—415。

㉔　如果追根求源,数量上的矛盾亦在门阀主义那里。一是门资的所有者独占了官职,辛雄论京官与外官之关系的话可为一证。另一个为文官主义,也就是

"文官至上"这样一种空气十分强烈,而意欲强化此点并排除军人的是张仲瑀,其强化方案的失败使其自食其果。薛琡的意见则对此提出了解决的方向,参照次注。

㉕　薛琡原本并没有明确说"军人出身"。其原文为"其积劳之中,有才堪牧人者,自在先用之限",只是叙说"积劳",但在接下来却说:"其余不堪者,既壮藉其力,岂容老而弃之,将佐丞尉去人稍远,小小当否,未为多失,宜依次补叙,以酬其劳"(《北史》卷25《薛琡传》)。此上书是作为批判以军人为对象的停年格而提出的。二事合而观之,"既壮藉其力"一句应即指军人。

㉖　尤其是辛雄,尚有未真正克服门阀主义之处,不过他所说的"……选补之法,妙尽才望,如不可并,后地先才"(《魏书》卷77本传),却充分显示出了贤才主义的方向。

㉗　宫崎氏似认为停年格创立的意义仅为一点,即汉人不得已对北人作出退让(前揭著作,页471)。但我认为必须考虑本文所提示的另一侧面。

㉘　此点可以从众多的层面加以叙说。不过作为其象征性人物的,是在灵太后第一次摄政时期的清河王怿及第二次摄政时期的郑俨。

㉙　郭祚就任吏部尚书是孝文帝死后,在咸阳王元禧的奏请下实现的。孝文帝死后的大约二年间,因宣武帝幼少而由孝文帝诸弟六王即所谓六辅掌政。六辅时期作为孝文朝的延长,仍旧是汉化之风盛行的时期。作为政治中心的是最年长的咸阳王,但不久为主张宣武帝亲政的领军将军于烈(于忠之父)所杀(501年,景明二年)。此后,宣武朝总体来说为孝文朝的反动期,类似于氏这样的禁军掌握者及以高肇为首的寒门、寒人实施亲信政治。在六辅时期,郭祚任吏部尚书,随着政局的变化,他亦左迁为瀛州刺史。如此看来,其任吏部尚书一事背后,有着有利于汉人、北人门阀的政治意图。

㉚　《魏书》卷66《崔亮传》记其事云:"及慕容白曜之平三齐,内徙桑乾,为平齐民。时年十岁,常依季父幼孙,居家贫,佣书自业。时陇西李冲当朝任事,亮从兄光往依之,谓亮曰:'安能久事笔砚,而不往托李氏也? 彼家饶书,因可得学。'亮曰:'弟妹饥寒,岂可独饱? 自可观书于市,安能看人眉睫乎!'光言之于冲,冲召亮与语,……冲甚奇之,迎为馆客。……冲荐之为中书博士。"

(原载《名古屋大学文学部十周年记念论集》,1959年)

第三章　北魏末期的内乱与城民

在探讨隋唐时代的历史性质时,其形成过程是入手线索之一。隋唐时代并不仅仅是两个继起的王朝,它具有划时代的历史意义。这首先表现在它是中国重新统一的时代。从这个意义上说,可以推测在隋唐帝国的形成过程中,隐藏着政治史上的重大契机。但从什么事件中去寻找这种契机,在此之前,却很难说引起了足够的注意。

与此相关的事件,我们可以举出如西晋的灭亡,北魏称霸华北,北魏的崩溃,北周统一华北,周隋革命,等等。历来的研究,也并不是完全没有涉及到这些问题。但大多数只是作为说明具体制度或事件的背景加以叙述,而这又势必反过来妨碍了对这些制度和事件的深入理解。

本文提出的课题,就是基于以上考虑。之所以选择北魏的崩溃这个问题,有种种理由,其中之一是这个事件并非来自外部因素,而主要是由社会内部的各种矛盾发展转化所导致的。

一　内乱中诸势力

北魏末年的内乱,是由设置在长城地区的镇军叛乱引起的。524年(孝明帝正光五年)春,[①]沃野镇民破六韩拔陵杀镇将,举反旗,自称真王元年,从而拉开了叛乱的序幕。继而攻陷武川、怀朔两镇。朝廷虽然派临淮王元彧等前往讨伐,但大败而归。于是重新任命李崇为北道大都督。李崇自率一军,同时指挥崔暹及广阳王元渊率领的各支部队,出马北征。但由于崔暹进军失利,全军形势不支,乃退回云中镇。有名的元渊上奏就成于此时。这篇奏文是最能说明北镇叛乱的资料,其大要如下：

> 边竖构逆，以成纷梗，其所由来，非一朝也。昔皇始以移防为重，盛简亲贤，拥麾作镇，配以高门子弟，以死防遏，不但不废仕宦，至乃偏得复除。当时人物，忻慕为之。及太和在历，仆射李冲当官任事，凉州土人，悉免厮役，丰沛旧门，仍防边戍。自非得罪当世，莫肯与之为伍。征镇驱使，但为虞候白直，一生推迁，不过军主。② 然其往世房分留居京者得上品通官，在镇者便为清途所隔。或投彼有北，以御魑魅，多复逃胡乡。乃峻边兵之格，镇人浮游在外，皆听流兵捉之。③于是少年不得从师，长者不得游宦，独为匪人，言者流涕。自定鼎伊洛，边任益轻，唯底滞凡才，出为镇将，转相模习，专事聚敛。或有诸方奸吏，犯罪配边，为之指踪，过弄官府，政以贿立，莫能自改。咸言奸吏为此，无不切齿憎怒。及阿那瓌背恩，纵掠窃奔，命师追之，十五万众度沙漠，不日而还。边人见此援师，便自意轻中国。尚书令臣崇时即申闻，求改镇为州，将允其愿，抑亦先觉。朝廷未许。而高阙戍主（指沃野镇将）④率下失和，拔陵杀之，敢为逆命，攻城掠地，所见必诛。王师屡北，贼党日盛。此段之举，指望销平。其崔暹隻轮不反，臣崇与臣遥巡复路。今者相与还次云中，马首是瞻，未便西迈，将士之情，莫不解体。今日所虑，非止西北，将恐诸镇寻亦如此，天下之事，何易可量（《魏书》卷18《广阳王深（渊）传》）。

这篇奏文虽然为自己败退云中进行辩解，但同时又以批判朝廷的方式，深刻地阐述了其不得已的理由，特别是针对叛乱之前，李崇要求改镇为州的上奏未被朝廷采纳这一点。李崇的建议是基于当时僚属魏兰根的意见。魏兰根对李崇说：

> 缘边诸镇，控摄长远。昔时初置，地广人稀，或征发中原强宗子弟，或国之肺腑，寄以爪牙。中年以来，有司乖实，号曰府户，役同厮养，官婚班齿，致失清流。而本宗旧类，各各荣显，顾瞻彼此，理当愤怨。更张琴瑟，今也其时，静境宁边，事之大者。宜改镇立州，分置郡县，凡是府户，悉免为民，入仕次叙，一准其旧，文武兼用，威恩并施。此计若行，国家庶无北顾之虑矣（《北齐书》卷23

《魏兰根传》）。

很清楚，元渊的上奏和魏兰根的意见在内容上是完全一致的。二者都为探明镇民的本来地位、镇民反抗的原因提供了重要依据。

但无论是李崇的建议，还是叛乱中元渊的上奏，朝廷都不屑一顾，直到后来敕勒族发生动乱，朝廷才急忙颁布了解放镇民诏（524 年八月）：

> 太祖道武皇帝应期拨乱，大造区夏；世祖太武皇帝纂戎丕绪，光阐王业，躬率六师，扫清逋秽；诸州镇城人，⑤本充牙爪，服勤征旅，契阔行间，备尝劳剧。逮显祖献文皇帝，自北被南，淮海思义，便差割强族，分卫方镇。高祖孝文皇帝，远遵盘庚，将迁嵩洛，规过北疆，荡辟南境，选良家酋附，增戍朔垂，戎捍所寄，实惟斯等。先帝以其诚效既亮，方加酬锡，会宛邓驰烽，胸泗告警，军旗频动，兵连积岁，兹恩仍寝，用迄于今，怨叛之兴，颇由于此。朕叨承乾历，抚驭宇宙，调风布政，思广惠液，宜追述前恩，敷兹后施。诸州镇军贯，元非犯配者，悉免为民，镇改为州，依旧立称。此等世习干戈，率多劲勇，今既甄拔，应思报效。可三五简发，讨彼沙陇。当使人齐其力，奋击先驱，妖党狂丑，必可荡涤。冲锋斩级，自依恒赏（《魏书》卷 9《肃宗纪》）。

然而不久叛乱便波及到东北方面，所谓六镇几乎全部被卷进去了，使这诏令完全失去了意义。到第二年（525 年）初，叛乱扩大到东从辽西、西至甘肃东部的整个长城地区，并且，从甘肃东南部到陕西一带，以氐羌族为主的叛乱也正在蔓延，事态已经发展到非常严重的地步。

叛乱的扩大一般有两种因素在起作用，一是来自各地区以外的进攻，另一是该地区的内部起义。这两种运动形态直接间接地结合在一起，带来了叛乱势力的统一和强化。例如破六韩拔陵的叛乱是从内部起义开始的。但他接着又包围攻陷了武川、怀朔两镇。而当六镇全部卷进叛乱后，东方营州又发生了城民刘安定、就德兴等杀死刺史李仲遵的事件(a)。下面就从这样的观点出发，着重注意叛乱内部的发展以及使其扩大深化的外地动向，从中探寻其演变。

首先，甘肃、陕西地区（以下称西方）的叛乱大致是从三个地方开始的。524年四月,高平镇民赫连恩等反,推敕勒酋长胡琛为高平王,响应破六韩拔陵。

同年六月,秦州城民薛珍等杀刺史李彦反;南秦州城民张长命等杀刺史崔遊反(a)。二州推莫折念生为天子。

同年七月,凉州城民于菩提逮捕刺史宋颖反(a)。

以上各支叛乱队伍中,首先成为主要势力的是莫折念生等率领的氐羌族部队。莫折军攻克高平镇和凉州,再进入汉水流域。此后似乎停顿了一段。527年,又试图积极东进。岐州城民捉拿刺史魏兰根与之呼应(a)。北华州、豳州也群起响应。最后正欲进攻讨伐军总帅萧宝夤根据地雍州时,发生内讧,念生被杀。

内讧的首谋者秦州城民杜粲、南秦州城民辛琛等虽然投降了萧宝夤,但二州的行政权仍为他们所控制,叛乱并没有因莫折氏的灭亡而结束,反而是萧宝夤自身也举起了反旗。很早以来,萧宝夤就受到北魏朝廷的猜疑,他试图依靠雍州(长安,今陕西西安西北)城民的支持建立独立王国,但这计划遭到关中豪族的反对与抵抗。⑥中央援军到来后,宝夤大败,雍州城民侯终德乘机倒戈,宝夤只得投奔万俟丑奴。

万俟丑奴本是高平胡琛的部将。琛死后继其控制军队。在叛乱后期,西方以万俟氏的势力为中心。最盛时期是528年,但不久为尔朱天光的西讨军所镇压。其余党万俟道洛联合原州(旧高平镇)城民杀死刺史(a),秦州、南秦州的城民也分别杀害二州刺史(a),叛乱一直持续到530年左右,才大致被平定。这时北魏朝廷的实权,已落入天光一族的尔朱荣手里。孝庄帝为挽回朝权,诛杀尔朱荣,天光急忙赶赴洛阳,将西方军事委托给部将。在相互斗争中,最后是宇文泰取得了霸权(西魏)。

让我们再来看看东方:破六韩拔陵后来中了元渊奇计,受到严重打击,又被柔然族逼迫渡过黄河,南下至鄂尔多斯。在那里再次大败,以至全军覆没,据称二十万人成了俘虏。元渊要求在恒州北部新立郡县,安置降户。朝廷不从,将降户分散到河北的冀、定、瀛三州。元渊担心地说:"此辈复为乞活矣,祸乱当由此作"(《魏书》卷18《广阳王深(渊)传》)。果然,此后有杜洛周、鲜于脩礼的暴动。

旧柔玄镇民杜洛周于上谷(今河北怀来东南)反,改元真王。其势力活动于河北北部,攻破燕、安、幽诸州,燕州刺史崔秉率城民逃入定州。安州三戍之兵二万人响应洛周叛乱,幽州范阳城民捉拿刺史王延年等送于洛周(a),旧营州城民就德兴也攻陷平州。稍后定州降户鲜于脩礼起义,虽不久为勾通北魏的元洪业所杀,但之后葛荣又斩洪业,将叛乱的规模进一步扩大。葛荣可能是北族贺葛氏的后裔(《魏书》卷113《官氏志》)。他在定州附近捉住元渊,因顾忌渊在叛乱民中的威望过高,又杀渊。不久,葛荣自称天子,定国号齐。葛荣军转战于河北南部,同时逐渐南下,叛乱的局面也一直发展波及到山东、河南。

526 年十一月,齐州平原郡民刘树等反,刺史元欣使房士达讨之。

527 年二月,相州东部城民赵显德杀太守裴烱(烟)反(a)。

同年三月,齐州广川郡民刘钧、清河郡民房项反。

同年七月,陈郡民刘获、郑辩反,通梁。

528 年正月,杜洛周南下,陷瀛州。这使以前分别作战的两大势力有了结合之机。葛荣杀洛周,兼并其军。统一的叛乱军如果成功地攻陷相州,不仅其势力可以轻易地扩展到西方,首都也将会完全陷于孤立。[7]524—525 年,以长城为中心展开的半月形叛乱,现在沿着黄河,向着洛阳的咽喉部形成新的弧形包围圈。

在北魏朝廷内部,已经没有应付危机的力量了。这时兴起的是尔朱荣一党。尔朱氏是北秀容(今山西西北朱家川)土著的契胡酋长。在各地胡人部落的牧民响应北镇之乱起义后,尔朱荣利用早就蓄聚的巨大财产编成私军,将起义镇压下去。朝廷也不能不仰仗他的势力。尔朱荣拘禁肆州刺史尉庆宾,以同族尔朱羽生代之,朝廷对此噤若寒蝉。葛荣迫近相州时,尔朱荣向朝廷请求救援,为朝廷所拒绝。于是他擅自控制太行山脉东麓的要地,阻止叛乱势力的西进。

实力派尔朱荣的登场,不能不引发他与朝廷之间的矛盾。当时朝廷中灵太后派和肃宗(孝明帝)派正在激烈争斗。帝党欲依靠尔朱氏,后党为此毒杀了肃宗。这正为尔朱荣实现自己的野心提供了难得的好机会,尔朱荣推戴长乐王元子攸(孝庄帝),从晋阳出发,入洛后抓住太后投入黄河,又以坐视肃宗被杀而不救为名,杀死朝臣二千余人(即河阴之变)。

由于尔朱氏的进入中央,内乱局面发生了新的变化。528 年九月,尔朱荣偷袭叛乱军,葛荣被俘,失去首领的数十万士兵一举溃败。试图在北方再举的韩楼,第二年秋天也被消灭。到 530 年春,西方终于被平定,叛乱的主要势力,都被尔朱氏镇压了。

此后,内乱主要体现为尔朱氏与北魏朝廷统治者之间的斗争:尔朱荣以柱国大将军、太原王居晋阳,以从兄弟世隆监视洛阳。但为尔朱荣所拥立的孝庄帝不久就成为对尔朱氏抱有反感的朝臣集团中心,诛杀了入朝的尔朱荣。尔朱氏一族以尔朱兆为领袖,开始与朝廷展开抗争。尔朱兆入洛阳杀死孝庄帝,但不久霸权又为尔朱荣旧将高欢夺去。532年春,高欢在韩陵山(今河南安阳东北)打败尔朱氏一族,在华北东部确立了自己的地位,并由此走出了东魏—北齐王朝历史的第一步。

回顾以上经过,可以看出北魏末年的内乱有三个阶段性的时期:第一是破六韩拔陵、莫折念生、杜洛周、葛荣等领导的叛乱时期。这阶段各叛乱势力同北魏政权之间形成了对抗关系,可以说是最高的对抗关系。从这关系中产生了新的统治势力,导致了尔朱氏与北魏朝廷这第二种对抗关系,这是第二阶段。第三阶段是高欢和宇文泰利用前阶段的对抗关系,树立各自政权的过程。北魏王朝就是经过这样的三阶段而走向灭亡。

如果追寻第一阶段的运动轨迹,就会注意到它几乎波及于北魏整个版图。这不仅是各个主要势力的攻围作战,还有与此相呼应的各地区起义,正是这些各种力量的综合,才是推翻北魏王朝的基本力量。因此,有必要弄清各种力量主要包括哪些成分。在此之前,先来看看第二阶段的形势。

在构成第一阶段和第二阶段分界线的河阴之变之后,特别值得注意的是山东、河南方面的叛乱和暴动。

528 年四月左右,荥阳城民杀太守郑仲明响应尔朱荣(a)。

同年六月,高乾兄弟在山东北部举兵,邢杲在青州北海郡举兵(b)。

同年七月,光州民刘举反于濮阳。

530 年正月,东徐州城民吕文欣等杀刺史元太宾,通梁(c)。

同年十二月,齐州城民赵洛周逐刺史萧赞,呼应尔朱兆(a)。

531 年二月,齐州清河郡民崔祖螭反,围州城(b)。

同年,南兖州城民王乞得等,苦于尔朱世隆(疑尔朱仲远之误)的横暴,强迫刺史柳世明归属梁(c)。

这些事件中,有并非独立行动而是呼应尔朱氏的(a),或图谋归属梁朝的(c),值得注意的是这两种行为都有与现存政治权力相结合的倾向。至于(b)类是什么情况呢? 高乾兄弟是后来与高欢合作讨伐尔朱荣的河北豪族,当时就已激于河阴之变而起兵。另外,邢杲、崔祖螭也都败于尔朱氏的军队之手,他们具有反尔朱氏的倾向是很自然的。因此,(b)类行为与(a)类性质正好完全相反,是反对尔朱氏的霸政。尤其值得注意的是叛乱首领几乎都是汉人豪族,⑧与此相对,(a)类则不光

孝明帝(肃宗)					尔朱氏时代			
					孝庄帝(敬宗)		诸废帝	
五二四	五二五	五二六	五二七	五二八	五二九	五三〇	五三一	五三二
8	9	9		4 7	5		2 9 12	6	3
解放镇民诏	葛荣称天子	萧宝夤反	河阴之变 万俟丑奴称天子	元颢占据洛阳	尔朱天光西征 孝庄帝诛尔朱荣 尔朱兆袭洛阳	高欢起兵	韩陵之战

北方{　(破六韩拔陵)

东方{　(杜洛周)
　　　　(鲜于脩礼、葛荣)
　　　　(邢杲)

西方{　(莫折念生)
　　　　(胡琛、万俟丑奴)

领导人出身不清楚,甚至首谋者姓名都被省略了,这不能不使人感到他们与汉人豪族有着不同的地位和志向,并由此联想到尔朱氏自身的行为与志向。像河阴之变所表现的那样,尔朱氏对文弱的北魏官界抱有强烈的反感(参照本书第三编第二章),即尔朱氏作为镇压叛乱者登场的同时,也是作为对北魏秩序——特别是孝文帝以后的秩序——的破坏者登上历史舞台。因而,(a)类事件也是对各个地区北魏秩序的破坏行为,具体地表现在如杀害、放逐刺史、太守等等。

这些行动的主体,大多数称之为城民。在内乱的第一阶段,该名称就广泛地出现在各地——如(a)类行动就属于此——它通过地域性的暴动扩大了叛乱的规模。那么,所谓城民,到底是些什么样的人呢?⑨

二　城民的概念

城民一词,大量散见于《魏书》、《北齐书》、《周书》、《北史》等正史中,其语义到底为何呢?

531 年五月,荆州城民斩赵脩延,推前刺史李琰之复任,事见《魏书》卷 11《前废帝纪》。同书卷 82《李琰之传》云:

> 城内人斩脩延,还推琰之厘州任。

524 年六月秦州起义,《魏书》卷 39《李彦传》载事件的首谋者作“城民薛珍……等”,但《资治通鉴》卷 150《梁纪》(普通五年六月)作“城内薛珍……等”。另外,《魏书》卷 75《尔朱世隆传》载世隆攻陷建州时,“尽杀城人”,《通鉴》卷 154《梁纪》(中大通二年十月)作城中人。《通鉴》这样记载是根据什么,现在已不清楚。总之,可以把城民这个词看作城内人、城中人等的同义语,即指州城、郡城、镇城、戍城等内部的人们。⑩

但是,城民这个词并非仅仅是普通名词,它也有用以特别含义的例子。如下条记载:

> 昞六子。长子僧衍,早亡。次仲礼,留乡里。次字仲,次贰归,少归仁,并迁代京。后分属诸州,为城民(《魏书》卷 52《刘昞传》)。

刘昞是敦煌的儒者,初仕北凉。太武帝征服北凉之际被迁至代都,为乐平王元丕从事中郎。后以高龄听任归乡,当时允许以一子相伴侍养。从上文来看,即第二子仲礼。此外三、四、五子三人以后作为城民留在诸州。如果据下文记载,其子孙似也代代沦为城民:

> 太和十四年,尚书李冲奏,晒河右硕儒,今子孙沉屈,未有禄润,贤者子孙宜蒙显异。于是除其一子为郢州云阳令。正光三年,太保崔光奏曰:"……故乐平王从事中郎敦煌刘晒,著业凉城,遗文兹在,篇籍之美,颇足可观。如或怨艴,当蒙数世之宥,况乃维祖逮孙,相去未远,而令久沦皂隶,不获收异,儒学之士,所为窃叹。……乞敕尚书,推检所属,甄免碎役,用广圣朝旌善继绝。……"四年六月诏曰:"晒德冠前世,蔚为儒宗,太保启陈,深合劝善。其孙等三家,特可听免。"河西人以为荣(同上)。

李冲和崔光上奏时,离北凉灭亡已分别过了五十年乃至七十年,而刘晒的子孙仍身陷逆境,有待李冲和崔光的解救。至于李冲,他并非只关心刘氏一族,而是欲使处于这种境遇的士人普遍得以入仕(《魏书》卷53本传)。或许因他本人出身陇西,其努力有着同乡的因素在内。前引广阳王元渊上奏中,谓李冲利用职权将凉州出身者悉从军役中解放出来,就足以说明这一点。太武帝灭北凉时,将当地百姓三万余家徙迁代都(见后述),其中一部分可能又再配属诸州镇,李冲就是为解救这些人士而尽力。

如果从李冲的言行来看,所谓刘晒三子为城民,具体地说,就是意味着配属诸州镇充当军役,并一直影响到其子孙的命运。由此推测,城民是指诸州镇军士的特别用语看来并不牵强。

这也能够从前引524年八月诏书中得到证明,其文云:

> 诸州镇城人,本充牙爪,服勤征旅,契阔行间。

494年(太和十八年)八月丙寅诏亦谓:

> 六镇及御夷城人,年八十以上而无子孙兄弟,终身给其廪粟(《魏书》卷7下《高祖纪下》)。

此外,破六韩拔陵包围怀朔镇时,镇将杨钧在守备中死去,城民们推立钧子杨宽为将御敌(《周书》卷22《杨宽传》)。这里的城民也是军士,可以证实前面的推断。

　　如果像上述的那样,城民即意味着诸州镇的军士,那么接着的问题是它到底具有什么样的性质。北方诸镇镇兵的存在形式,提供了考察的线索。从前引524年八月诏中,可以知道北镇军士附籍于军贯,其身份与州郡民相区别,因而才有魏兰根、李崇等要求改革的呼声。镇民和州郡民的这种区别,本来是作为国家军事力的担当者(爪牙)和军事力的对象者之间的区别(见后述)。因此,北镇的镇民(即城民)具有两个必要的条件:(1)是国家军事力的担当者;(2)其身份与州郡民有别。那么,这些条件是否适合北镇以外州镇的城民呢?让我们通过以下事例进行探讨:

　　　　正光五年,南、北二秦城人莫折念生、韩祖香、张长命相继构逆,金以州城之人莫不劲勇,同类悉反,宜先收其器械。(东益州刺史魏)子建以为城人数当行陈,尽皆骁果,安之足以为用,急之腹背为忧,乃悉召居城老壮晓示之;并上言诸城人本非罪坐而来者悉求听免。肃宗优诏从之(《魏书》卷104《自序》)。

据此,可知汉水流域东益州的城民具有与北镇城民同样的性质。

　　再来看岐州,这里的城民曾屡次呼应莫折的军队:

　　　　(岐州刺史元)谧性严,暴虐下人。肃宗初,台使元延到其州界,以驿逻无兵,摄帅检核。队主高保愿列言所有之兵,王皆私役。谧闻而大怒,鞭保愿等五人各二百。数日之间,谧召近州夫,闭城四门,内外严固,搜掩城中,楚掠备至。又无事而斩六人。合城凶惧,众遂大呼屯门。谧怖,登楼毁梯以自固。土人散走,城人分守四门。灵太后遣游击将军王靖驰驿谕之。城人既见靖至,开门谢罪,奉送管籥。乃罢谧州(《魏书》卷21上《赵郡王干传》)。

由这个例子可知城民担任州内驿站警备。

　　城民即军士这个推论在凉州也能成立。524年,领导凉州起义的城民于菩提,就是担任幢帅的军人(《魏书》卷9《肃宗纪》)。⑪

　　因此,陕西、甘肃地区城民的性质,大致与北镇是共通的。那么,在北魏帝国中心的关东地区,情况又如何呢?

　　　　(郑仲明)为从弟俨所昵,除荣阳太守。俨虑世难,欲以东道托之。建义初,仲明弟季明遇害河阴。俨后归之,欲与起兵,寻为城民所杀(《魏书》卷56《郑仲明传》)。

郑俨是灵太后派的中心人物。这条记事是叙述针对尔朱荣的南下,郑氏所采取的措施。郑俨任命仲明为荥阳太守,使其防守东道。据滨口重国氏的研究,⑫北魏的军队有近卫军、镇军、州军等。洛阳迁都以后,在京畿四方要地置东西南北四中郎将府,中郎将兼所在地郡守,其中东中郎将兼任荥阳郡守。因此,郑仲明应该掌握东中郎将府所属的军队。但《魏书》卷93《郑俨传》载俨和仲明欲据荥阳郡举兵,不久"为其部下所杀",两人的头颅被送到尔朱氏控制的洛阳。将这些联系起来看,大致可以断定杀死郑氏的城民实际上就是东中府军。那么,东中府军是由什么样的人构成呢?从置于河内郡的北中郎将府类推,大概包括囚徒、府户以及羽林、虎贲等。虽然身份各异,但都可以看作是不同于州郡民的军事力量。

再来看看前节提到的山东地区的城民:

> 时青州叛贼耿翔寇乱三齐,粲唯高谭虚论,不事防御之术。翔乘其无备,掩袭州城,左右白言贼至,粲云:"岂有此理!"左右又言"已入州门"。粲乃徐云:"耿王可引上厅事,自余部众,且付城人。"⑬不达时变如此。寻为翔害,送首于梁(《北史》卷45《裴粲传》)。

这也暗示胶州城民担负着军事性任务。再来看青州的事例.

> 前废帝时,崔祖螭、张僧皓起逆,攻东阳,旬日之间,众十余万。刺史、东莱王贵平欲令光伯出城慰劳。兄光韶曰:"城民陵纵,为日已久,人人恨之,其气甚盛。古人有言,'众怒如水火焉',以此观之,今日非可慰谕止也。"贵平强之,……贵平逼之,不得已,光伯遂出城。数里,城民以光伯兄弟群情所系,虑人劫留,防卫者众。外人疑其欲战,未及晓谕,为飞矢所中,卒(《魏书》卷66《崔光伯传》)。

这次叛乱的首领崔祖螭,《魏书》卷19下《安定王休传》作"土民崔祖螭"。祖螭是清河崔氏一族,与张氏同为当地名家,想必他们所率领的群众是当地的乡里人民,即州郡民。据崔光韶(也是清河崔氏一族)谓,这次叛乱是土民(州郡民)不堪城民"陵纵",起而反抗。这种由压迫与反抗构成的两者关系,不能不是对立的。其具体情况虽然不很清楚,但至少青州城民与州郡民身份不同是无疑问的。由土民和城民的关系想起前引岐州的例子,岐州刺史由于和城民发生对立,刺史从土民中征发役丁对付城民。青州则是城民和土民直接对立。虽然表现形式各异,但都说明城民和土民即州郡民之间存在着差异。

站在这样的视角上,我们再来看山西地区的例子:

> 先是官粟贷民,未及收聚,仍值寇乱。至是城民大饥,人相食。贼知仓库空虚,攻围日甚,死者十三四。(裴)良以饥窘,因与城人奔赴西河。汾州之治西河,自良始也(《魏书》卷69《裴良传》)。

这里的所谓贼,是指内乱中起兵的山西胡族。像这种情况,城民依靠官仓的粮食生活,与因为饥馑而不得不暂时借助官粟的普通"民"是有区别的。正常的财政情况下,"民"是官粟的生产者及供给者,城民是消费者。

在与南朝接境的河南、淮北地区,诸州城民也乘内乱开始活动,但有助于说明其性质的史料不多。只有下面这条记事,可以作为一个线索:

> 元颢入洛,颢以(李)奖兼尚书右仆射,慰劳徐州,羽林及城人不承颢旨,害奖,传首洛阳(《魏书》卷65《李奖传》)。

元颢是魏室宗族,内乱中亡命南朝,借助梁的援助举兵反尔朱荣。529年五月,成功地进入洛阳,不久灭亡。这里有徐州羽林和城人不从颢命的记载。让我们先来看徐州羽林兵的情况。

从宣武帝到东西两魏分裂,南朝正是梁武帝统治时期,国力强盛。在南北两朝边境不断发生的激烈冲突中,主要是南朝占有主动。在南朝攻势正盛的511年,徐州刺史卢昶担心如此下去会引起自己士兵的动摇,遂建议北魏朝廷用大军一起把对方的城砦摧毁。因而中央从冀、定、瀛、相四州派遣了羽林、虎贲计四千人。据滨口氏研究,这些羽林、虎贲兵是在中央近卫军中羽林、虎贲之外另组织起来的。除前面河北四州之外,济、青、光等山东诸州也驻扎有这些北族的精锐部队。每当国境战线吃紧时,将他们作为强援迅速派出,[⑭]这是北魏王朝为弥补兵

力不足而采取的应急措施。⑮然而随着交战状态持续下去,他们也不得
不长期驻扎在战场上。⑯由此看来前面徐州的羽林兵,就是从河北、山
东诸州派来增援的士兵。但如果羽林、虎贲只是担负应急救援的任务,
那南方诸州镇应该有常驻的守备兵,想必卢昶担心动摇的正是这些士
兵。如果以上的推测不误,那么所谓徐州城人就应是指羽林(虎贲)兵
以外的守备兵。

以上,我们推测城民应是不同于一般州郡民的具有特殊身份的士
兵。通过对各地区城民情况的考察,可知这个推测大体上是妥当的。
然而也并不是没有使这个推测可能落空的例子:

> 时杜洛周、葛荣等相继叛逆,自幽燕已南悉皆沦陷,唯(安州刺
> 史江)文遥介在群贼之外,孤城独守。鸠集荒余,且耕且战,百姓皆
> 乐为用(《魏书》卷71《江文遥传》)。

江文遥此后不久就病死了。部属们以文遥得人心,推其子江果继
理州事。但最后还是不能支撑,江果"乃携诸弟并率城民东奔高丽"
(《魏书》卷71《江文遥传》)。这个例子中的城民,看来不仅是制度上与
州郡民相区别的军士,还应包括"荒余"的"百姓"——大概即州郡民了。
不过即使是后者,也只限于在非常事态之际,到安州城寻求庇护,在江
氏父子指挥下作战的那些人。把他们看作是正在城民化的人,也并非
不可。更何况这些"士民"抛弃乡里,远奔高丽,其城民化的程度已经很
深。因而倒不如说,这个事例对城民的形成方式,给我们以有益的启
示。

还有一个需要讨论的例子:

> 远为治慕宽和,有恩惠。至东楚,其年冬,邑郭大火,城民亡产
> 业,远躬自赴救,对之流涕,仍为经营,皆得安立(《北齐书》卷25
> 《徐远传》)。

这是北齐时期的事,这里的城民,与其说是军士,不如说是包括工商业
者的一般城市居民。这是否应算作例外,在不清楚当时工商民同国家
权力的关系之前,不能作出判断。这里只想指出以下一点,在当时以自
然经济为主的社会里,工商业并不是一个自由经营的世界,它具有依存
和隶属于政治权力的倾向。特别是手工业者,统治者从政治的、军事的

需要出发,迫使他们具有不同于农民为主体的州郡民的特殊身份。

城民是否是具有严密规定的制度用语,虽然还不能十分肯定,但像以上考察的那样,从词义上看,它是城内居民的意思,而其内涵则是指一些特殊身份的民众。这种情况是否暗示着当时的城市以及城市居民的历史性质呢? 宫川尚志氏的研究曾证实六朝时代出现了称之为村的农村,⑰宫崎市定氏进一步发展了这个见解,认为它是新从古代都市分离出来的中世的农村。⑱因此,说不定正是从六朝时代迈出了城市与农村对立分化的第一步。它的意义不仅仅体现在聚落发展史上,同时也与社会的统治体制相关连。即六朝时代的城市,是作为农村的对立物,特别是在其所具有的政治与军事的机能上。所谓城民,是否就是担负着这种机能的民众的历史存在形态呢?

总之,从以上所述可以明白,这些具有特殊身份的民众分布于北魏全境,⑲而且,作为北魏末年内乱的动力广泛地活动于各个地区。那么,通过这些活动,他们到底是希望得到什么呢? 这就是下面要研究的课题。

三　北魏的军事体制与城民

在城民叛乱发展过程中,已逐渐表现出推翻北魏王朝建立自己政权的意图;从破六韩拔陵以来的叛乱首领们,无不自称王或天子,建年号,置百官,就充分说明了这一点。

试图推翻北魏王朝的意图并不是突然产生的。在破六韩拔陵起义之前,怀荒镇镇民已为粮食问题杀死了镇将于景(《魏书》卷31本传),几乎同时,岐州城民激于刺史元谳的横暴,占据了城内(见前述)。这些事件虽然预示着叛乱的来临,但当时还未发展到试图建立独立政权的地步。情况发生质的变化是从沃野镇起义开始的。为了说明到底是什么促使运动发生质的变化,必须先对城民同北魏王朝之间的关系作若干考察。

第一是北魏兵制同城民的关系。北魏兵制至今仍然遗有许多问题,并不十分清楚,但根据历来的研究,大致可以得知。⑳中央有近卫军,由羽林、虎贲、宗士、庶士、望士、千牛备身等构成。这些士兵主要来自于以鲜卑为主的北族,洛阳迁都以后,如前所述,又在其四周置有中郎将府。此外,在各地设置镇军或州军,分别由镇将、刺史统率,兵士是以鲜卑或其他北族为主体的专业军户。在北魏成功地巩固了于华北的统治后,镇逐渐转换为州。到北魏末年,作为独立统治机关的镇只有以所谓六镇为代表的北方诸镇,随着从镇向州的改组,镇军已改称州军,作为过渡的措施州、镇并置时,一般由刺史兼任镇将。总之,不论是称作镇军还是州军,其实质并没有太大的变化。

那么,这些镇军或州军与城民之间是什么关系呢? 前面谈到六镇的镇兵又称作城民,其他地方是否也是如此呢? 请看下例:

> 苟金龙妻刘氏,平原人也。……世宗时,金龙为梓潼太守,郡带关城戍主。萧衍(梁武帝)遣众攻围,值金龙疾病,不堪部分(指挥),众甚危惧。刘遂率厉城民,修理战具,一夜悉成。拒战百有余日(《魏书》卷92《列女传·苟金龙妻刘氏》)。

戍规模比镇小,一般属镇管辖。另外,像这个例子一样,郡守兼戍主的情况很多,与刺史兼镇将相对应。前面所提到的城民就是指关城戍的士兵,因而城民即镇兵在这里是能够成立的。另有北齐初期的例子:

> 显祖(文宣帝)发忿,遂徙弼临海镇。时楚州人东方白额谋反,南北响应,临海镇为贼帅张绰、潘天合等所攻,弼率厉城人,终得全固。显祖嘉之,敕行海州事,即所徙之州(《北齐书》卷24《杜弼传》)。

据此,当时海州与临海镇并置,这里的城民也即是镇民。

那么,城民和州军是什么关系呢? 虽然没有城民就是州军的直接例证,但如凉、夏、营等北边诸州,原本是凉州、统万、和龙诸镇,至北魏末年改镇为州,镇军也随之变成了州军。其中第一节所见凉、营二州城民起兵逮捕或杀害刺史的行动,可以说就是州兵起来对他们的统率者刺史的统率权给予的否定。

像这种情况在其他地方也是如此:州军或州兵这个名称在营*、

定*、冀、齐*、青*、徐*、扬、汾*、泾、秦*等州都能看到,其统率者则是刺史,㉑其中能够判明存在有城民的州加以重点符号*。像前节看到的那样,青州和汾州的城民是由刺史率领的士兵。营州、齐州、秦州城民的反抗,采取了杀害或驱逐刺史的形式。因此,几乎可以确认诸州的城民和州兵实际上是一致的。

如果像以上考证的那样,城民一般是指州镇军的士兵,那么城民和北魏王朝的关系就容易理解了。下面,在进一步考察北魏州镇军的性质之前,先来看看北魏在华北的统治方式。

拓跋国家进入华北时,那里已建立了几个割据政权。北魏帝国创立者道武帝的最大事业就是灭亡了统治河北一带的后燕慕容氏,使北魏得以控制中国的心脏地区,同时,它也成为北魏王朝的中心区域。

征服事业的第二阶段是以太武帝为中心的时代,这期间成功地灭亡了鄂尔多斯地区的赫连氏(夏)、辽西的冯氏(北燕)、甘肃的沮渠氏(北凉)。在征服沮渠氏后,对渭水上流的氐羌族也构成了威胁,并最终攻占了仇池(后来的南秦州)。

可以称之为征服过程第三阶段的是完全平定山东地区。这是献文帝时代的事业。当时正激烈展开的与南方的战斗也日趋对北魏有利,为迁都洛阳创造了条件。

经过以上三个阶段,大致平定了华北地区,此后主要是与南朝梁的激烈冲突,双方展开了拉锯战。南朝的存在为国境地区居民反抗北魏提供了便利,这在后来宣武、孝明两朝加速了北魏的衰微与瓦解。

下面再来看看以上征服过程的具体情况:

397年(道武帝皇始二年)十月,攻陷后燕首都中山。

398年(天兴元年)正月,徙山东六州民吏及徒何、高丽、杂夷三十六万,百工伎巧十万余口至京师。

同年十二月,徙六州二十二郡守宰、豪杰、吏民二千家至代都。

418年(明元帝泰常三年)五月,讨北燕,徙其民一万余家而归。

426年(太武帝始光三年)十一月,袭夏首都统万,徙其民一万余家而归。

427年(始光四年)六月,入统万城。

430 年(神䴥三年)九月,征平凉。后徙长安、平凉民至代都。

432 年(延和元年)九月,讨北燕,徙营丘、成周、辽东、乐浪、带方、玄菟六郡民三万余家至幽州。

434 年(延和三年)六月,讨北燕,芟其禾稼,徙民。

435 年(太延元年)七月,徙北燕民男女六千口归。

436 年(太延二年)五月,灭北燕。

439 年(太延五年)九月,灭北凉。十月,徙凉州民三万余家至代都。

468 年(献文帝皇兴二年)二月,平定山东。次年五月徙青齐士望数百家于桑乾河畔,为平齐郡民。

众所周知,在北魏征服华北过程中,一般都伴随着徙民。多数情况是将被征服民从旧政权的所在地迁徙到北魏政权首都平城。这种强制移民是基于什么意图呢?《魏书》中收有不少被迁徙人物的传记,试从中探寻其意义。

后燕灭亡后,河北地区的旧官僚、豪族被强迫移往平城,但他们似乎不愿出仕新政权(《魏书》卷 94《仇洛齐传》)。旧中山太守仇儒抵抗徙民,投身赵郡群盗,试图东山再起(《魏书》卷 26《长孙肥传》)。慕容宝民部尚书封懿入魏朝后授为给事黄门侍郎,但每当问及后燕情况时,总是含糊其词,以至被免职(《魏书》卷 32 本传)。广平宋隐在中山平定后虽被授为中山行台右丞,但不久就隐其踪迹(《魏书》卷 33 本传)。另如冈崎文夫氏在《魏晋南北朝通史》(页 357)中所指出的那样,清河崔逞以侮辱新政权为道武帝所杀。

这些都是河北地区的豪族,曾在后燕仕至高位。但北魏也并非故意冷遇这些人,比前职稍微降低阶品充官是当时一般通例。张蒲等是因其高名才得以沿袭旧职尚书左丞(《魏书》卷 33 本传)。另外,张幸虽是慕容超东牟太守,以率户归降有功,升格青州刺史(《魏书》卷 64《张彝传》)。相反,在中山攻防战中试图顽强抵抗的宋洽被杀(《魏书》卷 33《宋隐传》)。看来北魏对后燕旧官僚、豪族的态度是以他们对新政权的归顺程度如何而定,北魏的意图是尽可能地利用他们的力量。果真如此,强制移民的目的就是将这些社会势力从后燕转移到北魏,而且，即使是对豪族、官僚阶层以外种种身份的人，其意图也莫不出乎于此。

北燕被征服后的徙民状况还不十分清楚，北凉和夏则有一些具体资料，主要是《魏书》卷52、60的这些人的传记。试将他们在旧政权的地位（A）和迁徙平城之际的官爵（B）相对照，如下表所示：

	姓名	A	B
旧北凉官僚	宋　繇	左　丞	
	张　湛	兵部尚书	南浦男、宁远将军
	宗　钦	世子洗马	卧树男、鹰扬将军、著作郎
	宗　舒	库部郎中	句町男、威远将军
	阚　骃	尚　书	乐平王元丕骠骑大将军府从事中郎
	刘　昞	国　师	乐平王从事中郎
	赵　柔	金部郎	
	索　敞	助　教	中书博士
	程　骏	东宫侍讲	
旧夏官僚	赵　逸	著作郎	中书侍郎
	胡方回	中书侍郎	北镇司马

这些是迁徙至平城不久即被授予的官职。有著作郎、乐平王元丕府从事中郎、中书博士、中书侍郎、北镇司马等。其中从事中郎是北凉灭亡后留镇凉州的元丕请求留用的，可以看作特例。元丕死后，阚骃返归平城，似终生再未出仕。刘昞如前所述，以高龄特蒙归乡。索敞的中书博士是以其儒学造诣而受到拔擢。赵逸得以为中书侍郎，也有其特别的因缘。太武帝灭赫连氏时，见其称道赫连氏的著述，谓曰："此竖无道，安得为此言乎！作者谁也？其速推之"（《魏书》卷52本传）。后赖崔浩的周旋才被赦免，拜为中书侍郎。众所周知，崔浩在北魏政权中极力启用汉人豪族，后来甚至成为他杀身丧命的原因。他对启用北凉、夏的旧官僚也是不遗余力。程骏后来担任著作郎也是由于崔浩的推荐。崔浩在《周易注》的序文中，非常推崇敦煌张湛、金城宗钦、武威段承根的渊博学识。他十分同情张湛的贫穷，常周济其衣食。因此，宗钦拜著作郎，看来崔浩起了相当大的作用。最后再看胡方回担任北镇司马的情况。胡方回似也是优秀的文人，在统万城所作各碑文均行于世。北

镇司马的职务,对他并不合适。后以在镇所写奏文十分出色,为太武帝称美,特擢为中书博士,参加改定律制,受到崔浩和其他朝士的尊敬。

值得注意的是这些人所就任的官职多与学问文章有关,这是由于他们的特殊才能经过崔浩推荐得到承认的结果,从北凉、夏迁徙的旧官僚阶层并非都能如此幸运。《魏书》卷52《赵逸传》"史臣曰"谓:

> 赵逸等皆通涉经史,才志不群,价重西州,有闻东国,故于流播之中,拔泥滓之上。人之不可以无能,信也。

相反,北凉、夏的旧官僚们大多数都未遇到什么好运,张湛被迁至平城后,因贫穷而食不果腹,常赖崔浩接济。阚骃到京师后,也不免饥寒。

北魏对出身旧北凉、夏系统士大夫阶层的态度,与对旧后燕系的官僚们相比,使人感到分外严厉。这大概是征服先进的后燕以后,为了确立在华北的霸权,不可避免地与汉人豪族社会作了一定程度的妥协。另一方面,或许在政权已经安定的太武帝时期,对边境的征服事业并无必要进行这种妥协。尽管如此,前后都采取的一个共同政策是,在灭亡原来的旧政权之后,力图将它的支持者特别是汉人豪族改造为自己的服务者。因此,对自己较少敌意或采取合作态度的人,即使是边境出身的豪族,也给予了相当的优待。请看下表:

	姓名	与北凉的关系	入魏后的地位	《魏书》本传卷数
1	李　宝	西凉王李暠孙,协助太武帝讨平北凉余党	外都大官	39
2	唐　和	西凉遗臣,讨平北凉余党	上　客	43
3	辛绍先	出仕西凉,与北凉作战	中书博士	45
4	段承根	自西秦归魏	上　客	52
5	常　爽	拒不出仕北凉	六品待遇	84

上表中,从1至3的人物是西凉李氏的子孙或遗臣。他们在西凉被北凉灭亡后,与柔然等相勾结,图谋报复,同时也协助太武帝的西征。4和5是同北凉疏远的人。从这五人入魏后的地位看,确实受到了相当的优遇,2和4得到了"上客"的待遇。在北魏,常对国外归顺者使用客礼,其中有上、中、下三等,上客授以田宅、奴婢,下客则不免粗衣疏食

之苦。据佐久间吉也《关于北魏的客礼》(见《东京教育大学东洋史学论集》,清水书院,1953 年)研究,这种差别完全取决于所任官职的品阶。[22]

那么,既无特殊才能,又无人特别关照的大多数沉沦于逆境的士人,被置于什么地位呢? 在讨论此之前,我们先看看平定山东的情况。献文帝在征服山东的第二年(469 年),首先将该地的豪族迁徙平城,当时给予那些主要人物的待遇各有差别,例如:

房法寿……上客(授以田宅、奴婢)

房崇吉……次客

崔道固……下客

刘休宾……下客

这种差异的由来,与北魏征服山东过程中各人的态度紧密相关。当时南朝宋明帝刘彧和晋安王刘子勋相互争夺帝位,房法寿等跟随前者,崔道固等支持后者。山东地区豪族也随之分成两派,崔道固等人曾一度投靠北魏。刘彧地位确立后,再复归宋朝,但豪族之间的矛盾仍然存在。北魏乘此机会命令慕容白曜攻取。房法寿与从兄弟房崇吉一起偷袭崔道固一派的刘休宾后,归降魏军。崇吉本来在升城防御魏军,升城陷落后,担心后祸,因而托身房法寿。刘休宾是梁邹守将,虽然一度接受慕容白曜的劝降,但直到崔道固投降之前,仍在继续抵抗。抗战派的中心是镇守历城的崔道固。很清楚,前面那种客礼上的差异就来源于此。并且,那些送到平城的豪族们再被迁徙到桑乾河畔,成了平齐郡民即所谓平齐户。平齐郡的机构设置如下:

平齐郡(太守崔道固)——┌归安县(县令房崇吉)—— 旧历城民
　　　　　　　　　　└怀宁县(县令刘休宾)—— 旧梁邹民

值得注意的是,被任命为平齐郡守令的是作为次客或下客的那些人,上客并不包括在内。而且郡民本身似也出自那些长期抗战地区的豪族,即被迁徙到平城的山东诸豪族,由于归顺北魏的方式不同而受到不同对待。相当于上客的留在首都受到优待,次客以下的则被迁徙作为平齐郡民。

这些平齐户到底处于什么地位呢? 涉及到平齐户的研究有塚本善隆《北魏的僧祇户、佛图户》(收入《支那佛教研究·北魏篇》,弘文堂,

1942年)、河地重造《北魏王朝的成立及其性质》(《东洋史研究》12—5号)等。河地氏继承塚本氏的研究,认为平齐户是从徙民——计口受田制到郡县民——均田制过渡期的一种贱民身份。但我对这一说法不能不抱有几分疑问。如果把平齐户看成贱民身份,那理应由国家强制实行某种特定的劳役。虽然能够证明平齐户的处境十分艰难,但那是被强制远离故乡投身北方荒凉之地所带来的生活上的困苦。值得注意的倒是其中有许多人为了摆脱困苦,受雇于抄写佛经以谋求生计。㉓这至少使人感到他们还保有作为良民的自由,而且似也可以说明设立平齐郡的主要目的并非是要利用他们进行农耕。

综上所述,设置平齐郡首先是从消灭山东地区的反魏势力这个政治目的出发的。由此类推,从北凉、夏等地徙民的根本意义也在于摧毁敌对势力,将其主要社会基础置于北魏政权的直接管理之下,而并非是以获取奴隶为目的的经济战争(自然,这些人作为新政权统治下的臣民,所提供的租役也有利于国家财政)。

如果北魏征服华北的方针确如上述,那实行这种政策的手段就是镇军和州军。例如作为凉、夏、营各州前身的凉州、统万、和龙诸镇的镇军正是驻留在北凉、夏、北燕原首都的北魏占领军,那也是一种军政机关。北魏的华北统一事业和州、镇军的设置正是基于这种关系之上的,而这也反映在军队的构成方面。据滨口氏研究,北魏末期六镇包括以下各类士兵:

(1) 以鲜卑族为主体的北人贵族子弟。

(2) 汉人豪族子弟。

(3) 流放罪人。

(4) 高车、柔然等部族的降民。

(1)类不用说是北魏军队的根本力量,(3)类也很早就出现了。至文成帝时,因源贺建议“宥诸死刑,徙充北番诸戍”(《魏书》卷41《源贺传》),遂迅速增加。(4)类称作“突骑”,似用于冲锋陷阵,㉔他们仍然保留了部落形式。据滨口氏的看法,(1)、(2)、(3)类是镇军的主要构成部分。

这里想考察的是第(2)类,一般来说,他们是属于魏兰根所谓“中原

强宗(豪族)子弟"(见第一节所引)。具体地可以找到以下实例:

> (史宁)建康袁〔表〕氏人也。曾祖豫,仕沮渠氏为临松令。魏平凉州,祖灌随例迁于抚宁镇,因家焉(《周书》卷28《史宁传》)。

> (段荣)姑臧武威人也。祖信,仕沮渠氏,后入魏,以豪族徙北边,仍家于五原郡。父连,安北府司马(《北齐书》卷16《段荣传》)。

这两个例子都说明一部分旧北凉官僚被编入了北镇。与前述敦煌名儒刘昞三子为城民的事例联系起来看,几乎可以肯定(2)类中配属北镇的汉人豪族是来自于被北魏强制迁徙的那些人。

那么,他们的地位怎么样呢? 从刚才的段连和前面提到的旧夏官僚胡方回的例子来看,两人都是军府司马,这个职位的身份很难想象是处于良民之下。从出身于平齐户的云中镇兵户高聪、蒋少游的情况来看,他们生活上十分贫困,特别是蒋少游,以抄书为生。但即使是蒋氏,也只是名义上属镇,实际上是在平城为人抄书(《魏书》卷68《高聪传》、卷91《蒋少游传》)。因而不能认为他们受贱民隶属关系的束缚。六朝时代的兵户身份多数接近于贱民,因而一提到兵户,就容易想到其是受束缚的。而从语词本来的意义上说,兵户只是指专门从事兵役之户。自然,不能否定其中蕴含着沦为贱民的契机。

总之,北镇汉人豪族出身的士兵,来源于为北魏所征服的人们,北镇拥有的兵力中,适合于称作城民的有(1)、(2)、(3)类士兵。想必在其他地方,这三类士兵也以种种比例关系存在于州镇军队之中。

前面已经提到,在河北、山东地区存在着与中央近卫军名称相同的羽林、虎贲兵,这大概应属(1)类范畴。据滨口氏《北朝史料中的杂户、杂营户、营户》(《山梨大学学艺学部研究报告》8)研究,在这些北族精锐部队中,隶属有称之为营户的杂役户与专门从事军役之户。从营户的史料来看,大都是来自"北部民"、"沃野、统万二镇敕勒"、"连川敕勒"等,因逃亡、叛乱等罪而沦为营户,勉强可以算作(3)类。

与河北、山东相比,甘肃、陕西地区的北族精锐军队要少得多,氐、羌、敕勒、山胡等不间断的叛乱可以证实这个推测。或在这些地区的州镇军中,也有利用称之为杂夷的异民族成员。㉕当然,他们中也有似由徙民变成城民的,但其地位等等还不十分清楚。总之,由以上来看,还很难说北魏已完全控制了西部地区,尤其是氐族诸部一直使他们感到头痛。这是因为北魏未能独霸汉水流域,氐族可以得到南朝的支持。然而北魏长时期内还能维持其在西方的统治,其原因之一是可以仰赖于它的特殊体制,即一旦有事,东方的精骑能迅速赶赴支援。

如以上所述,北魏各种军队的构成是复杂多样的。汉人士兵以被征服和徙民为契机,犯罪者以刑罚为缘由,被编入了军队,构成国家权力的一部分。北魏政权这样作的意图,是将具有反魏倾向或脱离北魏秩序的人们纳入到国家权力支配之下。这个过程免不了带有各种强制,而使这种强制得以推行的是仰赖于鲜卑及其他北族士兵对国家的忠诚不二。从这个意义上说,正是上述(1)类的兵士才是州镇军队的核心。从北魏全境的军事布局来看,它也是保证东西方政治统一的关键。

四　内乱的意义

城民叛乱是对前述北魏军事体制的自我否定,本节想就此展开论述,以作为本章的结论。

在第一节开头举出的元渊上奏、魏兰根的建议、524 年八月解放镇兵诏等史料中,都生动地反映了北魏末年六镇内部镇兵们淤积的不满。这种不满,已经触及到北魏统治体制内部的根本矛盾。前面各节之所以都历史地叙述镇兵身份的演变,就是为了指出镇军当时的危机正来源于镇兵丧失了自己本来的地位。所谓镇兵,本来应该是与北族、汉族名门子弟相称的光荣职责。只要这种地位得以维持,镇兵和国家的意志之间就没有矛盾,从而构成国家权力的基础。但到北魏末年时,镇兵丧失了本来的地位,甚至沦为受压迫者(府户)。士兵和国家之间产生了重大的裂痕,最深切地感受到这种变化的是北族出身者。这也反映在镇军成分的变化上。

前面已经谈到,李冲在太和年间致力于将凉州出身的汉族士大夫从军役中解放出来。这不仅限于凉州地区,另外,也并非只有李冲一人作这样的努力。从平齐户再变成云中镇兵户的高聪、蒋少游都是通过高允的推荐成为中书博士,聪为允的从孙,其他一般平齐户也试图借助高允从逆境中挣脱出来,高允为此竭尽全力(《魏书》卷48《高允传》)。李冲和高允的援救工作在孝文帝初期达到高潮,㉖如前所述,早在太武帝时期,崔浩就已在作同样的努力。汉人豪族出身的大官僚与陷于逆境的同类人士之间相互援引,与时俱深,以致平齐户在太和年间就已消失了。㉗

由此看来,元渊上奏中所谈到的李冲将"凉州土人,悉免厮役",是以一个具体例子来说明当时的普遍情况,应该理解成随着汉人豪族出身的士兵逐渐解放,镇军的主要成分已经彻底变化了。

这样,此后镇军主要只是由(1)类的北族兵和(3)类的流刑兵组成了。在这两者之间,还出现了一种颠倒的现象。如元渊所述,官吏即使犯罪判处流刑,只要结托镇将,仍可以压迫北族士兵。不仅如此,流刑兵还被利用来监督北族士兵,流刑兵抓捕逃亡者,可以得到某种恩赏。㉘本来与国家立场一致的光荣体面的北族士兵,反倒由曾紊乱国家秩序的流刑兵来管理了。

这种情况暗示着北魏国家已经变质,已与北族出身的镇兵处于对立面。然而却仍然要他们对国家效忠,即要他们为自己的对立面服务,而给予他们的则只有府户这种低贱的待遇。所谓府户,就是隶属镇将军府的特殊户口。镇兵的府户化意味着他们对镇将的隶属化,即国家把镇将置于府户之上,而府户同国家的对立,通过同镇将的对立具体化了。

据元渊说,以前曾为镇军军士开辟了仕进的途径。自道武帝强行解散部族后,鲜卑民的结合只能依靠北魏王室。他们以个人的能力,冲破部族制的束缚,活跃于统一国家广阔的天地中。模仿汉族建立的官僚制度,就是将个人的能力同国家结合的有效纽带,因而参加镇军是立身扬名的好机会。但到北魏末期情形则完全相反,归属镇军反而使个人的升迁变得不可能。不但如此,镇将作为从中央派来的官僚,都是些只知收贿纳赂的俗物,但镇兵却不能不受其辖属。这样,镇兵从两种意义上受到国家的冷遇。

所谓国家的变质即支撑官僚制度的原理变质,这里联想到前章《北魏官界的门阀主义与贤才主义》所论述的孝文帝实行的门阀主义官僚制,如分定姓族等,那是将汉族社会传统的门阀制度作为国家体制的基本原理,自然鲜卑族社会也受这个原理支配。由这种政治方向指导的官僚制以及单方面的强制军役,两者结合起来,就剥夺了镇兵的自由。

宣武帝时代,沃野镇镇将以下的官吏膨胀到八百余人(《魏书》卷41《源怀传》),其中即使有镇兵出身者,也肯定是通过贿赂获得的。另一方面,镇将又把得到的财货送给中央权贵,以追求更高的荣华富贵。在镇兵决心叛乱之前,镇内充斥的就是这样一种窒息的气氛。

如果说使北镇军士陷入深渊的这种矛盾来自于北魏国家的体制,那它也应影响到中央的羽林、虎贲兵。在北镇叛乱爆发的五年前,震撼首都的羽林之变就说明了这一点。关于事件的意义,本编第二章已有详细论述。总之,当时社会盛行一种风尚,缺乏行政能力的北族军人,只有在取得行政官的地位后,才能进入社会上层,㉙而原来羽林、虎贲等职务所带来的荣耀,已经黯然失色了。

为了顺应这种潮流,人人都拼命去追求取得做官资格,王朝愈接近末期,人们对军功的贪欲愈强烈,㉚其根源就在于此。原来是为统一中国的理想而战,现在则只为取得个人官位这种自私的目的。于是军队内部充满散漫懦弱的风气。羽林、虎贲虽不像北镇军士那样感受到权力的束缚,但它最终也只能遭到门阀主义的排斥。

孝文帝死后约三十年间,中央政界就在这样的矛盾基础之上陷入混乱与动荡之中。令人眼花缭乱的政治斗争愈来愈使政权陷入绝境。很自然,成为打破这个僵局契机的正是六镇城民的叛乱,他们起来推翻已不属于自己的北魏帝国政权。氐、羌系统的城民也与此呼应。河北、山东的军队没有直接的反应,大概是由于过深地纠缠在前面所提到的政治矛盾之中。但河北旧镇民的再次起义,最终还是唤起了河北、山东州军的行动。

取代腐败的北魏王朝登场的是尔朱氏。以高欢、宇文泰为首,几乎所有北镇系统的军人都毫无例外地投靠其门下,可见当时人们对尔朱氏寄予的期望之大。魏收认为尔朱氏排除外戚专权、平定叛乱、匡扶魏室,是其莫大功绩,只是河阴事件使衣冠涂地,才落得死于非命(《魏书》

卷74《尔朱荣传》史臣曰)。这作为当时汉人贵族的一般看法并非不可。㉛但被人们寄予革新期望的尔朱氏还未及按照新的原理建立国家就灭亡了,处于同样历史课题之下而相互争霸的是高欢和宇文泰。他们成功和挫折的具体情况,参见本书第三编各章。

历来对于北魏末期的叛乱,都是从鲜卑族的守旧势力反对中央政府的汉化政策加以说明,当然不能说一概都错。但我把城民的概念引入其中,统一把握各地区的种种动向,由此来理解事件所具有的体制上的意义。北魏的城民制度,不论从发生史来看,还是从功能上来看,都具体体现了与各地域对立的王朝权力。这种对立,来源于支撑各个地域豪族社会的自立性。从这个意义上说,它在六朝时期各国都具有普遍性,而北魏王朝又使其具有异民族政权这种特殊性。王朝权力在军事方面远较豪族社会具有优势,从而得以完成各地区的统一。但豪族阶层在适应这个现实的同时,也在使它朝着有利于自己的方向转换,直到国家政权逐渐丧失其本来的性质。

北魏末年的叛乱是对这种逆转的抗议,值得注意的是,当此之际,倒是汉人豪族起来挽救北魏王朝的危机。当他们集结乡兵时,就清楚地显示了是豪族在面对这个现实。如果说,作为新的国家军队府兵以及府兵制度登场的背后,存在着这样的情况,这就不是能为隋唐帝国形成的历史提供某种线索么? 下一编拟由此进行考察。

---

① 《资治通鉴》卷150《梁纪》普通五年三月载破六韩拔陵举兵在此前一年,参见胡三省注。

② 关于"军主",参见宫川尚志《南北朝的军主、队主、戍主等》(见《六朝史研究·政治社会篇》)。

③ 关于流兵,《魏书》卷66《李崇传》载崇审理因罪从定州徙往扬州的"流人"解思安逃归事件,有"是流兵,背役逃走"语。同书卷93《徐纥传》载"及(赵)脩诛,坐党徙枹罕。虽在徒役,志气不挠。故事,捉逃役流兵五人,流者听免,纥以此得还"。

④ 此处仍存疑念,暂作此解。

⑤ "诸州镇城人",唐长孺《魏周府兵制度辨疑》(见《魏晋南北朝史论丛》)中解释

成诸州镇民及城民。州镇是当时的惯用语,应理解为诸州镇之城人。

⑥　《魏书》卷 32《封伟伯传》、《周书》卷 38《苏湛传》。

⑦　尔朱荣曾向朝廷警告了这种可能性(《魏书》卷 74 本传)。

⑧　邢杲是河间豪族,与河北民众一起避乱青州,后聚众起兵(《魏书》卷 14《元天穆传》)。崔祖螭见下文第二节《城民的概念》。

⑨　关于城民的研究已有宫川尚志《三—七世纪中国的城市》(《史林》36—1 号)、唐长孺《魏周府兵制度辨疑》(见前引著书)、菊池英夫《关于北朝军制中的所谓乡兵》(收入《重松先生古稀记念九州大学东洋史论丛》九州大学文学部东洋史研究室编,1957 年)等,笔者从中受到许多启发。另构成本文原形的《史林》所载同名论文发表后,谷霁光出版了《府兵制度考释》(上海人民出版社,1962 年),其附论中收入了值得参考的论文《城民与世兵》。

⑩　正史中,“城人”这个词也与其一起并用,《通鉴》中统一改作“城民”。唐长孺氏谓“城人”乃是为唐太宗避讳。正史中对同一人物也有两用的情况,可以认为“城民”与“城人”之间没有任何差别。另作为“城民”的同类语有“郭民”(《魏书》卷 37《司马悦传》)、“郭人”(同上卷 58《杨侃传》)、“栅民”(同上卷 19 下《元英传》)等。但都与“城民”语义有异,出现频率也低。

⑪　“幢帅”之语也见于《魏书》卷 103《蠕蠕传》,为百人队之长。同类语有“幢主”、“幢将”,参照注②所引宫川氏论文。

⑫　滨口重国《正光四五年之交后魏的兵制》、《东魏的兵制》(二篇俱见《秦汉隋唐史研究》上)。

⑬　《魏书》卷 71《裴粲传》中有“自余部众,且付城外”。“城外”,《北史》卷 45 本传作“城人”,《通鉴》卷 156《梁纪》中大通五年四月条作“城民”,意义皆通,这里取后二者。

⑭　例如《魏书》卷 64《郭祚传》、卷 65《邢峦传》、卷 73《奚康生传》诸例。

⑮　明元帝欲迁都邺时,崔浩以此举将使北魏兵力虚实暴露于汉人之前而加以反对,主张宜仍居北方,山东有事则“轻骑南出”(《魏书》卷 35《崔浩传》)。

⑯　见任城王上奏“利国济民所宜振举者十条”中第十条(《魏书》卷 29 中《任城王澄传》)。

⑰　宫川尚志《六朝时代的村》(见前引著书)。

⑱　宫崎市定《中国聚落形态的变迁》(《大谷史学》6)。

⑲　北魏一代,能够判明存在有城民的州如下所示(北镇除外):

　　　　河北地区……营、幽、燕、安、定各州;

　　　　山西、河内地区……汾、建、相各州;

　　　山东地区……齐、青、胶、兖各州；

　　　河南、淮北地区……北豫、豫、南兖、南荆、荆、徐、东徐各州；

　　　陕西、甘肃地区……岐、雍、秦、南秦、东益、原、凉、河各州。

⑳　主要参照注⑫所引滨口氏论文。

㉑　刺史统率州兵的例证见于《魏书》卷 19 下《元彬传》载汾州的事例。另有冀州长史率领州军例（《魏书》卷 24《崔伯骥传》），说明州军的统率权在刺史。

㉒　但对佐久间氏谓客礼只是北魏对豪族的尊重政策这一点不能同意，理由如本文所述。

㉓　见《魏书》卷 43《房景伯传》、卷 55《刘芳传》、卷 66《崔亮传》、卷 67《崔光传》，不惯农业劳动的豪族们依靠其知识技能维持生计。体力强壮的傅永赖此受雇于他家（《魏书》卷 70 本传），但此例反而有助于说明本文的论旨。

㉔　《魏书》卷 21 上《广陵王羽传》："高祖将南讨，遣羽持节安抚六镇，发（发通废。即弃置。《说文通训定声·泰部》："发，假借为废。"）其突骑，夷人宁悦。"卷 26《尉眷传》："后征河南，督高车骑，临阵冲突，所向无前，贼惮之。"

㉕　东益州（旧武兴镇）军由氏族构成见于前节所述，南秦州（旧仇池镇）也是如此（《魏书》卷 27《穆亮传》等）。高平镇置突骑（《魏书》卷 51《皮豹子传》），似是与高车同类的敕勒族。杂夷、杂人等异族配置于统万、安定等诸镇的情况也见于《皮豹子传》。此外这些州镇中，也有配流的罪人。

㉖　李冲也为拔擢平齐户尽过力（《魏书》卷 43《房景伯传》）。

㉗　《隋书》卷 30《地理志中》马邑郡云内县条，有"后魏立平齐郡，寻废"。塚本氏就其废止一事，推论平齐户编入僧祇户（前引论文）。但《魏书》卷 43《房景先传》中有"太和中，例得还乡，郡辟功曹。州举秀才"，看来此时允许还乡是普遍的情况。

㉘　参注③引《魏书》卷 93《徐纥传》。

㉙　元渊上奏中，有"少年不得从师，长者不得游宦"（《魏书》卷 18 本传），反映了被排斥在时流之外的北镇状况。

㉚　见《魏书》卷 66《李崇传》、卷 73《崔延伯传》、卷 77《辛悠传》、卷 79《冯元兴传》。

㉛　赵翼谓魏收因受尔朱荣子文畅贿赂，致《魏书·尔朱荣传》有曲笔，《北史》作者则加以改讨（《廿二史札记》卷 13《尔朱荣传》）。木文所举《魏书》卷 74 本传"史臣曰"的评价，《北史》卷 48 本传也予以承袭。

（原载《史林》41—3、5，1958 年）

第　三　编

北朝后期的新旧贵族制之争

第一章　北朝后期的乡兵集团

一　序　言

内藤湖南曾经说过如下一番话：

> 此外(唐)太宗亦深知门族支配军队之弊害。若门族掌军,军队则成其奴隶。故太宗所立军队之制,有如征兵制度,以兵农一致为其理想。即建立可随时征募平常从事农业者之制度,一旦有事则加征募,以其为军队。此制之建,初亦有与门阀制度相左之意,然门阀不由此因而自为他因所倒(《中国近世史》,弘文堂,1947年,页3。《内藤湖南全集》第10卷,筑摩书房,1969年,页361)。

这段话非常简明地叙述了府兵制是为否定门阀而建立的制度。在此后,众多学者针对府兵制的内容及意义提出了各自的见解,研究得到了一定的深化,但就与门阀社会的关系而言,如内藤氏这样作出明确论说的研究极少。不过,最近的研究所关注的基本是府兵制的起源或是府兵制与前代兵制的关系。关于这一点,内藤氏虽指出了"门阀支配之军队"、"府兵制"、"藩镇之军队"这三个不同的军队制度,但并没有说明它们之间的关系,而上述研究正可补这一不足。我想只有通过这些工作,才能阐明各项制度所具有的真正的历史及社会意义。

府兵制的源流或者说它的原型应求之于何处？对于这一问题,以前所注意的一点是在北魏末的内乱中登场的乡兵。众所周知,北魏王朝从其军事基础的北族系镇民的叛乱中受到冲击,在接下来的内乱中趋向瓦解。这时崛起的各个军阀,或是把叛民收归掌中,或是把各级豪族组织的武装集团招入旗下,继续展开抗争。所谓乡兵,主要为属于后者的军团。最早对乡兵加以注意的是滨口重国氏。滨口氏指出,在北族系军士流入较少的西魏,利用土著豪族组织乡兵,以补兵力不足,这同时也构成了府兵制的内容(《西魏的二十四军与仪同府》,见《东方学报》东京8、9,后收入《秦汉隋唐史的研究》上)。简单地说,即提倡府兵=乡兵说。与此持类似观点的是唐长孺氏的力作《魏周府兵制度辨疑》(见《魏晋南北朝史论丛》)。

数年前,菊池英夫氏提出了与滨口氏等人不同的论说(《关于北朝军制中的所谓乡兵》,收入《重松先生古稀记念九州大学东洋史论丛》,1957年)。一般认为,魏晋南北朝兵制的特色是兵民分离的世兵制。但就北朝来说,在一般州县民之间广泛进行的是征兵制。菊池氏以这一事实为前提寻求府兵制的源流。他指出,关于乡兵,地方豪族以乡人、宗族为私兵加以结集的现象在魏晋南北朝时期普遍可见,并非为这一时期所特有。如果说它具有什么特殊意义的话,那就是体现在当时王朝权力的政策之中。北魏王朝乃至新兴的军阀由于国家军队的崩溃,试图挽回或是扩大自身的势力,于是便不得不承认豪族所率领的私兵集团,视其为国家正规军队。但这并非只是中央政权的让步,这里还有安抚流民,维持治安的目的。而之所以能够做到这一点,是因为在豪族阶层中出现了官僚化的倾向。因此,乡兵政策就是新兴军阀领导的中央集权政策的一环。在这一意义上,乡兵制度与府兵制度是有相互关联之处的。

滨口氏的府兵=乡兵学说由于重视西魏政权中北族系军士较少这一特殊条件,所以对乡兵所具有的真正历史意义没有予以充分说明。与此相比,菊池氏看到乡兵结集的事例遍及东晋、南朝、东魏的各个地域、各个时期,因而能够站在一个更为开阔的视野上追求乡兵的意义。而对于府兵制,则试图通过与前代以来的各种兵制的关系追溯其源流。对于一项制度,致力于如此广泛意义上的把握,值得评价。不过,不论是乡兵还是府兵,菊池氏在论及其历史性质这一点时,却使人有一种平板解释之感。其原因在于把这些人为的军事活动归结在政权的政策这一点上。我认为更为重要的是导致政策形成的活生生的现实,因为只有在那里,才有着真正的历史意义。

当然,菊池氏并没有将北朝后期的乡兵出现完全视为超时代现象,他在另一方面又指出乡兵统率者(一般而言是地方豪族)在走向寄生官僚化。这是一个非常重要的观点。为什么呢? 因为如果说地方豪族的寄生官僚化这一现象是普遍存在的话,这就为解决隋唐社会的性质问题提供了极好的线索。关于这一点,上述菊池氏的力作并没有予以充分论述,因此还有探讨的余地。

本章就是在上述前辈学人的研究基础之上,从乡兵集团的内部来探讨时代的性质。乡兵与府兵的关联问题,本书补编将予论述。不过,府兵制的历史意义可以从乡兵的历史意义上加以类推,此点即为本章的立场。

二　乡兵结集的诸例

乡兵之语,《周书》《隋书》有十几例。其时间分布,正如菊池氏所论,从北魏末孝昌年间到隋开皇年间。就地域而言,多见于西魏、北周、隋等关西政权。这是否就说明,乡兵是关西系统的各个王朝使用于制度上的一种用语呢?

如果说乡兵在上述期间内成为一项制度,那么,作为一个阶段,值得注意的是543年(西魏文帝大统九年)三月"于是广募关陇豪右,以增军旅"(《周书》卷2《文帝纪下》)的措施。是月,西魏在洛阳北郊的邙山会战中大败于东魏。宇文泰向魏帝上表请求自贬,没有得到允许,于是就有这一试图东山再起的措施。与此相应,命令关西土著豪族以帅都督的资格统领乡兵的例子开始出现。比如:

(1) 韦瑱

　　韦瑱,字世珍,京兆杜陵人也。世为三辅著姓。……寻除蒲州总管府长史。顷之,征拜鸿胪卿。以望族,兼领乡兵,加帅都督(《周书》卷39《韦瑱传》)。

(2) 郭彦

　　郭彦,太原阳曲人也。其先从宦关右,遂居冯翊。……转司空记室、太尉府属,迁虞部郎中。大统十二年,初选当州首望,统领乡兵,除帅都督、持节、平东将军(《周书》卷37《郭彦传》)。

(3) 苏椿

苏绰,字令绰,武功人,魏侍中则之九世孙也。累世二千石。父协,武功郡守。……绰弟椿,字令钦。……(大统)四年,出为武都郡守。改授西夏州长史,除帅都督,行弘农郡事。椿当官彊济,特为太祖所知。十四年,置当州乡帅,自非乡望允当众心,不得豫焉。乃令驿追椿领乡兵(《周书》卷23《苏椿传》)。

滨口氏认为这些例子显示的动向是在朝大统十六年左右创设的二十四军(府兵)方向发展。而菊池氏则称为"来自朝命的乡兵纠合",并认为它们与"魏末丧乱期自集军力割据方隅,后再行策名委质的旧乡帅"在性质上不同。总之,大统九年的这一措施对乡兵的制度化具有重要意义,此点当无疑问。

不过,任何一项制度在制度化以前是有其前史的,而且可以说只有在前史中才有其本来的身影。因此,以下列出大统九年以前的诸例来考察其意义。

(4) 泉企

泉企,字思道,上洛丰阳人也。世雄商洛。曾祖景言,魏建节将军,假宜阳郡守,世袭本县令,封丹水侯。父安志,复为建节将军、宜阳郡守,领本县令,降爵为伯。企九岁丧父,……年十二,乡人皇平、陈合等三百余人诣州请企为县令。……遂依所请。……孝昌初,又加龙骧将军、假节、防洛州别将,寻除上洛郡守。及萧宝夤反,遣其党郭子恢袭据潼关。企率乡兵三千人拒之(此处为乡兵之语的初见——谷川)……遂大破子恢。以功拜征虏将军。宝夤又遣兵万人趣青泥,诱动巴人,图取上洛。上洛豪族泉、杜二姓密应之。企与刺史董绍宗潜兵掩袭,二姓散走,宝夤军亦退。……及齐神武专政,魏帝有西顾之心,欲委企以山南之事,乃除洛州刺史、当州都督。未几,帝西迁,齐神武率众至潼关,企遣其子元礼督乡里五千人,北出大谷以御之。齐神武不敢进。上洛人都督泉岳、其弟猛略与拒阳人杜窋等谋翻洛州,以应东军。企知之,杀岳及猛略

等,传首诣阙,而窑亡投东魏。……(大统)三年,高敖曹率众围逼
州城,杜窑为其乡导。企拒守旬余,矢尽援绝,城乃陷焉。……敖
曹退走,遂执企而东,以窑为刺史。……寻卒于邺。

(子)元礼少有志气,好弓马,颇闲草隶,有士君子之风。……
及洛州陷,与企俱被执而东。元礼于路逃归。时杜窑虽为刺史,然
巴人素轻杜而重泉。及元礼至,与(弟)仲遵相见,感父临别之言,
潜与豪右结托。信宿之间,遂率乡人袭州城,斩窑,传首长安。朝
廷嘉之,拜卫将军、车骑大将军,世袭洛州刺史。

(子)仲遵少谨实,涉猎经史。……企之东也,仲遵以被伤不
行。后与元礼斩窑,……及元礼于沙苑战没,复以仲遵为洛州刺
史。仲遵宿称干略,为乡里所归。及为本州,颇得嘉誉。……(大
统)十五年,加授大都督,俄进车骑大将军、仪同三司。梁司州刺史
柳仲礼每为边寇,太祖令仲遵率乡兵从开府杨忠讨之(《周书》卷
44《泉企传》)。

(5) 宇文贵

宇文贵,字永贵,其先昌黎大棘人也。徙居夏州。……正光
末,破六汗拔陵围夏州,刺史源子雍婴城固守,以贵为统军救
之。[1]……又从元天穆平邢杲,转都督。元颢入洛,贵率乡兵从尔
朱荣焚河桥,力战有功。加征虏将军,封革融县侯,邑一千户[2]
(《周书》卷19《宇文贵传》)。

(6) 李贤兄弟

李贤,字贤和,其先陇西成纪人也。曾祖富,魏太武时以子都
督讨两山屠各没于阵,……祖斌,袭领父兵,镇于高平,因家焉(《周
书》卷25《李贤传》)。

贤弟远,字万岁。……魏正光末,天下鼎沸,敕勒贼胡琮侵逼
原州,其徒甚盛。远昆季率励乡人,欲图拒守,而众情猜惧,颇有异
同。远乃按剑而言曰:"顷年以来,皇家多难。匈党乘机,肆其毒
螫。王略未振,缓其枭夷。正是忠臣立节之秋,义士建功之
日。……今若弃同即异,去顺效逆,虽五尺童子,犹或非之,将复何
颜以见天下之士。有异议者,请以剑斩之!"于是众皆股慄,莫不听

命。乃相与盟歃,遂深壁自守。而外无救援,城遂陷。其徒多被杀害,唯远兄弟并为人所匿,得免。……远乃崎岖寇境,得达京师。魏朝嘉之,授武骑常侍。……及尔朱天光西伐,乃配远精兵,使为乡导(《周书》卷25《李远传》)。

贤又率乡人出马千匹以助(尔朱天光)军,天光大悦。……贤复率乡人殊死拒战,(万俟)道洛乃退走(《周书》卷25《李贤传》)。

贺拔岳(天光部将)为侯莫陈悦所害,太祖(宇文泰)西征。贤与其弟远、穆等密应侯莫陈崇。以功授都督,仍守原州。……大统二年,州民豆卢狼害都督大野树儿等,据州城反。贤乃招集豪杰与之谋曰:……众皆从焉。……狼乃斩关遁走。贤轻与三骑追斩之。迁原州长史,寻行原州事。四年,莫折後炽连结贼党,所在寇掠。贤率乡兵与行泾州事史宁讨之(同上)。

(7) 裴侠

裴侠,字嵩和,河东解人也。……魏正光中,解巾奉朝请。稍迁员外散骑侍郎、义阳郡守。元颢入洛,侠执其使人,焚其赦书。魏孝庄嘉之,授轻车将军、东郡太守,带防城别将。及魏孝武与齐神武有隙,征河南兵以备之,侠率所部赴洛阳。……俄而孝武西迁,侠将行而妻子犹在东郡。……遂从入关。赐爵清河县伯,除丞相府士曹参军。大统三年,领乡兵从战沙苑,先锋陷阵。……以功进爵为侯,邑八百户,拜行台郎中(《周书》卷35《裴侠传》)。

(8) 魏玄

魏玄,字僧智,任城人也。……父承祖,魏景明中,自梁归魏,家于新安。……及魏孝武西迁,东魏北徙,人情骚动,各怀去就。玄遂率募乡曲,立义于关南,即从韦法保与东魏司徒高敖曹战于关口。及独孤信入洛阳,隶行台杨琚防马渚。复与高敖曹接战。自是每率乡兵,抗拒东魏。前后十余战,皆有功。邙山之役,大军不利,宜阳、洛州皆为东魏守。靖东立义者,咸怀异望。而玄母及弟并在宜阳。玄以为忠孝不两立,乃率义徒还关南镇抚。太祖手书劳之,除洛阳令,封广宗县子,邑四百户(《周书》卷43《魏玄传》)。

根据这些例子,以各地乡兵的结集为契机,有类似(5)、(6)那样的北魏末的民众暴动,还有如(4)中萧宝夤那样的叛逆。此外,(5)是针对元颢那样的叛臣,(7)、(8)则为东西两魏的分裂。我曾论述北魏末的内乱可以分为三个阶段,即被称作六镇叛乱的民众暴动时期;作为镇压这场暴动而登场的尔朱氏的称霸时期;还有利用魏朝与尔朱氏的对立并取得最终胜利的高欢,与将高欢的敌对势力收入旗下成为关西之雄的宇文泰,这二大军阀抗争的时期。③不过,尔朱氏、高氏、宇文氏等军阀势力相继凌驾于北魏王朝之上,它们的地盘当然是以民众暴动为基础的。就这一点而言,萧宝夤及元颢等势力也是如此。萧宝夤被派遣作为关西讨伐军的司令官,在遭遇到叛乱民众的激烈抵抗时,转而倒戈将兵锋指向朝廷。元颢则以尔朱氏的称霸为耻,得南朝梁的援手企图夺回洛阳。我们看到,民众叛乱不仅使北魏政权出现衰退,在另一方面还使各种自立的势力得以产生。华北统一政权到此分裂为几种政治势力。其时,人们对于应加入那一个势力必须作出抉择。上述(4)至(8)乡兵结集的各例,可以看作是表明这一意志与决心的行动。第(5)例宇文贵的夏州部队在北魏朝廷来看,为"夏州募义之民",第(6)例李远对乡人的申斥是为了把极可能加入叛乱的民众拉入政府一边的一种示威,第(4)例泉企父子对北魏及西魏显示忠诚,其根本原因是为了与部分同族以及与杜氏争夺乡里的领导权,第(7)例裴侠、第(8)例魏玄都直接与对东西两魏何去何从的问题有关。这些当然不是已经组织好的政府军,而是地方的实权人物在盘算着各自的政治利害时,自发地组织乡人结集为军团。问题在于,对这些打算以及意识所含有的历史内容如何展开探讨。

从这一观点来看,与上述各种事件相关联,虽然没有使用乡兵之语,但实质上可以视为乡兵集团的例子是广泛存在的。首先看一下在魏末的民众暴动中所组织起来的例子。

(9) 卢文伟

> 卢文伟,字休族,范阳涿人也。为北州冠族。……文伟少孤,有志尚,颇涉经史,笃于交游,少为乡闾所敬。州辟主簿。年三十八,始举秀才。除本州平北府长流参军,说刺史裴儁按旧迹修督亢陂,溉田万余顷,民赖其利,修立之功,多以委文伟。文伟既善于营

理,兼展私力,家素贫俭,因此致富。……及北方将乱,文伟积稻谷于范阳城,时经荒俭,多所赈赡,弥为乡里所归。寻为杜洛周所虏。洛周败,复入葛荣,荣败,归家。时韩楼据蓟城,文伟率乡闾屯守范阳,与楼相抗。乃以文伟行范阳郡事。防守二年,与士卒同劳苦,分散家财,拯救贫乏,莫不人人感说。尔朱荣遣将侯深讨楼,平之,文伟以功封大夏县男,邑二百户,除范阳太守。深乃留镇范阳。及荣诛,文伟知深难信,乃诱之出猎,闭门拒之。深失据,遂赴中山。庄帝崩,文伟与幽州刺史刘灵助同谋起义。灵助克瀛州,留文伟行事。自率兵赴定州,为尔朱荣将侯深所败。文伟弃州,走还本郡,仍与高乾邕兄弟共相影响。属高祖至信都,文伟遣子怀道奉启陈诚,高祖嘉纳之(《北齐书》卷22《卢文伟传》)。

(10) 路思令

　　路恃庆,字伯瑞,阳平清渊人也。……(弟)思令,字季儁。初为广阳王司空参军,转司空城局参军、司徒记室、威远将军、尚书左民郎,转右民。……寻拜假节、征虏将军、阳平太守。又割冀州之清河、相州之阳平、齐州之平原以为南冀州,仍以思令为左将军、南冀州刺史、假平东将军、都督。时葛荣遣其清河太守李虎据高唐城以招叛民,思令乃命麾下并率乡曲潜军夜往,出其不意,遂大破之,徐乃收众南还(《魏书》卷72《路恃庆传》)。

(11) 李玚

　　李孝伯,赵郡人也,……(孝伯从孙)玚,字琚罗。……转尚书郎,加伏波将军。随萧宝夤西征,以玚为统军,假宁远将军。玚德洽乡闾,招募雄勇,其乐从者数百骑,玚倾家赈恤,率之西讨。宝夤见玚至,乃拊玚肩曰:"子远来,吾事办矣。"故其下每有战功,军号曰"李公骑"(《魏书》卷53《李孝伯传》)。

当萧宝夤以雍州为据点举反旗时,河东地方也出现了与其相呼应的人物。

(12) 薛脩义、薛凤贤

　　薛脩义,字公让,河东汾阴人也。……脩义少而奸侠,轻财重气,招召豪猾,时有急难相奔投者,多能容匿之。……魏北海王颢镇徐州,引为墨曹参军。正光末,天下兵起,颢为征西将军,都督华、豳、东秦诸军事,兼左仆射、西道行台,以脩义为统军。时有诏,能募得三千人者用为别将。于是脩义还河东,仍历平阳、弘农诸郡,合得七千余人,即假安北将军、西道别将。……绛蜀贼陈双炽等聚汾曲,诏脩义为大都督,与行台长孙稚共讨之。脩义以双炽是其乡人,遂轻诣垒下,晓以利害,炽等遂降。拜脩义龙门镇将。后脩义宗人凤贤等作乱,围镇城。脩义亦以天下纷扰,规自纵擅,遂与凤贤聚众为逆,自号黄钺大将军。诏都督宗正珍孙讨之(《北齐书》卷20《薛脩义传》)。

后雍州刺史萧宝夤据州反,尚书仆射长孙稚讨之,除(杨)侃镇远将军、谏议大夫,为稚行台左丞。……稚曰:"薛脩义已围河东,薛凤贤又保安邑,都督宗正珍孙停师虞坂,久不能进,……"侃曰:"……河东治在蒲坂,西带河湄,所部之民,多在东境。脩义驱率壮勇,西围郡邑,父老妻弱,尚保旧村,若率众一临,方寸各乱,人人思归,则郡围自解。不战而胜,昭然在目。"稚从之。……侃乃班告曰:"今且停军于此,以待步卒,兼观民情向背,然后可行。若送降名者,各自还村,候台军举烽火,各亦应之,以明降款。其无应烽者,即是不降之村,理须殄戮,赏赉军士。"民遂转相告报,未实降者,亦诈举烽,一宿之间,火光遍数百里内。围城之寇,不测所以,各自散归,脩义亦即逃遁(《魏书》卷58《杨侃传》)。

尔朱荣在河阴对朝士大加屠戮,孝庄帝诛杀荣,为此复仇的尔朱兆弑杀孝庄,高欢对尔朱氏的讨伐等,围绕尔朱氏发生了一系列事件。与此相关的例子有:

(13) 羊侃

羊深,字文渊,太山平阳人,梁州刺史祉第二子也。(《梁书》卷39《羊侃传》曰:"祖规,宋武帝之临徐州,辟祭酒从事、大中正。会薛安都举彭城降北,规由是陷魏,魏授卫将军、营州刺史。父祉,魏侍中,金紫光禄大夫。")……初,尔朱荣杀害朝士,深第七弟侃为太山太守,性粗武,遂率乡人外托萧衍。深在彭城,忽得侃书,招深同逆。深慨然流涕,斩侃使人,并书表闻(《魏书》卷77《羊深传》)。

（14）高乾兄弟

高乾，字乾邕，渤海蓨人也。父翼，字次同，豪侠有风神，为州里所宗敬。孝昌末，葛荣作乱于燕、赵，朝廷以翼山东豪右，即家拜渤海太守。至郡未几，贼徒愈盛，翼部率合境，徙居河、济之间。魏因置东冀州，以翼为刺史，加镇东将军、乐城县侯。……乾兄弟本有从横志，见（尔朱）荣杀害人士，谓天下遂乱，乃率河北流人反于河、济之间，受葛荣官爵，屡败齐州士马。庄帝寻遣右仆射元罗巡抚三齐，乾兄弟相率出降。……庄帝听乾解官归乡里。于是招纳骁勇，以射猎自娱。荣死，乾驰赴洛阳，庄帝见之，大喜。时尔朱徒党拥兵在外，庄帝以乾为金紫光禄大夫、河北大使，令招集乡同为表里形援。乾垂涕奉诏，弟昂拔剑起舞，请以死自效（《北齐书》卷21《高乾传》）。

昂，字敖曹，乾第三弟。……既而荣死，魏庄帝即引见劳勉之。……昂以寇难尚繁，非一夫所济，乃请还本乡，招集部曲。仍除通直郎常侍，加平北将军。所在义勇，竞来投赴。寻值京师不守，遂与父兄据信都起义。……后废帝立，除使持节、冀州刺史以终其身。仍为大都督，率众从高祖（高欢）破尔朱兆于广阿（《北齐书》卷21《高昂传》）。

尔朱荣被诛以后，根据孝庄帝之命而组织起来的乡里部队，其例如下：

（15）魏兰根

魏兰根，钜鹿下曲阳人也。……庄帝之将诛尔朱荣也，兰根闻其计，遂密告尔朱世隆。荣死，兰根恐庄帝知之，忧惧不知所出。时应诏王道习见信于庄帝，兰根乃托附之，求得在外立功。道习为启闻，乃以兰根为河北行台，于定州率募乡曲，欲防井陉。时尔朱荣将侯深自范阳趣中山，兰根与战，大败，走依渤海高乾。属乾兄弟举义，因在其中。高祖至，以兰根宿望，深礼遇之（《北齐书》卷23《魏兰根传》）。

（16）甄楷

甄琛，字思伯，中山毋极人，汉太保甄邯后也。……（琛子）楷，字德方。……孝庄时，征为中书侍郎。尔朱荣之死，帝以其堪率乡义，④除试守常山太守(《魏书》卷68《甄楷传》)。

高欢掌权，与洛阳政府的孝武帝一派发生对立，结果帝逃离洛阳而西奔宇文泰。高欢追帝不成，杀留在洛阳的帝之亲信朝臣几人，刘廞即为其中之一。

(17) 刘鸷

　　刘芳，字伯文，彭城人也，汉楚元王之后也。……(刘芳子)廞，字景兴。……及出帝入关，齐献武王至洛，责廞而诛之，……(廞子)鸷，字子昇。……父廞之死，鸷率勒乡部赴兖州，与刺史樊子鹄抗御王师，每战流涕突陈。城陷，擒送晋阳，齐献武王矜而赦之。……(鸷叔父)粹，徐州别驾，朱衣直阁。粹少尚气侠，兄廞死，粹招合部曲，就兖州刺史樊子鹄，谋应关西(《魏书》卷55《刘芳传》)。

东西两个政权的分裂局势已定，相互之间的争斗也日趋猛烈。537年(西魏大统三年)的沙苑之战，西军取得了压倒性胜利。西魏占据河东，此后独孤信所率领的部队在黄河沿岸对东魏猛将高昂展开追击，最后占领了洛阳。至此，对于何去何从还心存犹豫的河东、河南诸豪族一起竖起了支持西魏的旗帜。

(18) 裴邃

　　裴文举，字道裕，河东闻喜人也。……父邃，性方严，为州里所推挹。……大统三年，东魏来寇，邃乃纠合乡人，分据险要以自固。时东魏以正平为东雍州，遣其将司马恭镇之。每遣间人，扇动百姓。邃密遣都督韩僧明入城，喻其将士，即有五百余人，许为内应。期日未至，恭知之，乃弃城夜走。因是东雍遂内属。及李弼略地东境，邃为之乡导，多所降下(《周书》卷37《裴文举传》)。

(19) 郑伟

　　郑伟，字子直，荥阳开封人也，……及孝武西迁，伟亦归乡里，不求仕进。大统三年，河内公独孤信既复洛阳，伟乃谓其亲族曰："……况吾等世荷朝恩，家传忠义，诚宜以此时效臣子之节，成富贵之资。岂可碌碌为懦夫之事也！"于是与宗人荣业，纠合州里，建义于陈留。信宿间，众有万余人(《周书》卷36《郑伟传》)。

　　观察以上各例,可以发现乡人部队的组织者都是当地的名望家。此外,军队的结集也是基于自发的意思,这从卢文伟(9)、薛氏(12)、羊侃(13)、高氏(14)、刘鹭(17)、裴邃(18)、郑伟(19)的例子即可以看到,也可以说与乡兵统领的(4)—(8)例并无差异。路思令(10)结集乡兵是遵照刺史的命令,看上去似为自上而下。在表面上确是如此,但在内里,却是地方的力量在发挥着作用,关于此点,容后再述。李场(11)也是乡兵集团作为政府军一部的例子,不过李场却是自己应募从军的。魏兰根(15)、甄楷(16)都是根据政府之命,集乡人为兵的。但是,命令虽然来自政府,在尔朱氏与魏朝的力量对比大势倾向于前者之际,即使是魏臣,要接受这项命令是需要相当大的自主性的。我们看魏兰根正是在思量双方的力量关系以及自己的立场后,为图保身而采取以上行动的。

　　如果说这一时期的乡兵结集是各个地方的实力派人物基于自发的意思,并对各种政治势力采取支持或是反对态度的具体表现的话,那么对于被支持的政权来说,他们既是义徒也是义军。即便没有使用乡兵、乡人、乡里、乡闾等用语,但在各项事件中出现的义徒、义军之例与乡兵不是有着同样的内容么? 以下为其代表事例:

　　(20) 杨祯

　　　　杨忠,弘农华阴人也。小名奴奴。高祖元寿,魏初,为武川镇司马,因家于神武树颓焉。……父祯,以军功除建远将军。属魏末丧乱,避地中山,结义徒以讨鲜于脩礼,遂死之(《周书》卷19《杨忠传》)。

　　在与北镇之乱相抗的势力中,还有前述宇文贵(5)的所谓“夏州义士”、“夏州募义之民”。

　　(21) 封伟伯

　　　　封懿,字处德,勃海蓨人也。……轨长子伟伯,字君良。……正光末,尚书仆射萧宝夤以为关西行台郎。及宝夤为逆,伟伯乃与南平王同潜结关中豪右韦子粲等谋举义兵。事发见杀(《魏书》卷32《封懿传》)。

　　(22) 郑先护

　　郑羲,字幼骥,荥阳开封人,魏将作大匠浑之八世孙也。……(族侄)先护,少有武干。……寻除前将军、广州刺史、假平南将军、当州都督。时妖贼刘举于濮阳起逆,诏先护以本官为东道都督讨举平之。还镇。后元颢入洛,庄帝北巡,先护据州起义兵,不受颢命(《魏书》卷56《郑羲传》)。

(23) 辛庆之

　　辛庆之,字庆之,陇西狄道人也。世为陇右著姓。……属尔朱氏作乱,魏孝庄帝令司空杨津为北道行台,节度山东诸军以讨之。津启庆之为行台左丞,典参谋议。至邺,闻孝庄帝暴崩,遂出兖、冀间,谋结义徒,以赴国难。寻而节闵帝立,乃还洛阳(《周书》卷39《辛庆之传》)。

孝武帝与高欢的对立日渐加深,在与宇文泰联手的同时,还依靠河南贺拔胜的力量。随着孝武帝西迁,在河南豪族之间也出现了支持西魏反对东魏的势力。

(24) 李长寿

　　李延孙,伊川人也。祖伯扶,魏太和末,从征悬瓠有功,为汝南郡守。父长寿,性雄豪,有武艺。少与蛮首结托,屡相招引,侵灭关南。孝昌中,朝议恐其为乱,乃以长寿为防蛮都督,给其鼓节,以慰其意。长寿冀因此遂得任用,亦尽其智力,防遏群蛮。伊川左右,寇盗为之稍息。永安之后,盗贼蜂起,长寿乃招集叛亡,徒侣日盛。魏帝藉其力用,因而抚之。乃授持节、大都督,转镇张白坞。……及魏孝武西迁,长寿率励义士拒东魏。……东魏遣行台侯景率兵攻之,长寿众少,城陷,遂遇害。……延孙亦雄武,有将帅才略。少从长寿征讨,以勇敢闻。……及长寿被害,延孙乃还,收集其父之众。……延孙奖励所部出战,遂大破之,临阵斩其扬州刺史薛喜。于是义军更振。乃授延孙京南行台、节度河南诸军事、广州刺史(《周书》卷43《李延孙传》)。

(25) 韩雄

　　韩雄,字木兰,河南东垣人也。祖景,魏孝文时为赭阳郡守。雄少敢勇,膂力绝人,工骑射,有将率材略。及魏孝武西迁,雄便慷慨有立功之志。大统初,遂与其属六十余人于洛西举兵,数日间,众至千人。与河南行台杨琚共为掎角。每抄掠东魏,所向克获。……时太祖(宇文泰)在弘农,雄至上谒。太祖嘉之,封武阳县侯,邑八百户。遣雄还乡里,更图进取。雄乃招集义众,进逼洛州。……俄而领军独孤信大军继至,雄遂从信入洛阳(《周书》卷43《韩雄传》)。

(26) 陈忻

陈忻,字永怡,宜阳人也。少骁勇,有气侠,姿貌魁岸,同类咸敬惮之。魏孝武西迁之后,忻乃于辟恶山招集勇敢少年数十人,寇掠东魏,仍密遣使归附。大统元年,授持节、伏波将军、羽林监、立义大都督,赐爵霸城县男。三年,太祖复弘农,东魏扬州刺史段琛拔城遁走。忻率义徒于九曲道邀之,杀伤甚众,……及独孤信入洛,忻举李延孙为前锋,仍从信守金墉城(《周书》卷43《陈忻传》)。

在河东方面率领义兵的有杨㧑。

(27) 杨㧑

杨㧑,字显进,正平高凉人也。祖贵、父猛,并为县令。……元颢入洛,孝庄欲往晋阳就尔朱荣,诏㧑率其宗人收船马渚。……及尔朱荣奉帝南讨,至马渚,㧑乃具船以济王师。……从魏孝武入关,进爵为侯,增邑八百户,加抚军、银青光禄大大。……则弘农为东魏守,㧑从太祖攻拔之。然自河以北,犹附东魏。㧑父猛先为邵郡白水令,㧑与其豪右相知,请微行诣邵郡,举兵以应朝廷。太祖许之。㧑遂行,与土豪王覆怜等阴谋举事,密相应会者三千人,内外俱发,遂拔邵郡。擒郡守程保及令四人,并斩之。众议推㧑行郡事,㧑以因覆怜成事,遂表覆怜为邵郡守。以功授大行台左丞,率义徒更为经略。于是遣谍人诱说东魏城堡,旬月之间,正平、河北、南汾、二绛、建州、太宁等城,并有请为内应者,大军因攻而拔之。以㧑行正平郡事,左丞如故。……太祖以㧑有谋略,堪委边任,乃表行建州事。时建州远在敌境三百余里,然㧑威恩凤著,所经之处,多并赢粮附之。比至建州,众已一万。……东魏遣太保侯景攻陷正平,……㧑以孤军无援,且腹背受敌,谋欲拔还。恐义徒背叛,

遂伪为太祖书,遣人若从外送来者,云已遣军四道赴援。因令人漏
泄,使所在知之。又分土人义首,令领所部四出抄掠,拟供军费。
撷分遣讫,遂于夜中拔还邵郡。朝廷嘉其权以全军,即授建州刺史
(《周书》卷34《杨撷传》)。

取得沙苑之捷的西魏派李弼攻河东,其时离开东魏的有河东汾阴的薛
善以及蒲坂的敬氏。

(28) 敬珍、敬祥

　　薛善之以河东应李弼也,敬珍、敬祥亦率属县归附。敬珍,字
国宝,河东蒲坂人也。……父伯乐,州主簿,安邑令。珍伟容仪,有
气侠,学业骑射,俱为当时所称。祥即珍从祖兄也,亦慷慨有大志,
唯以交结英豪为务。珍与之深相友爱,每同游处。及齐神武趋沙
苑,……遂与同郡豪右张小白、樊昭贤、王玄略等举兵,数日之中,
众至万余。将袭欢后军,兵未进而齐神武已败。珍与祥邀之,多所
克获。及李弼军至河东,珍与小白等率猗氏、南解、北解、安邑、温
泉、虞乡等六县户十余万归附。太祖嘉之,即拜珍平阳太守,领永
宁防主;祥龙骧将军、行台郎中,领相里防主。……小白等既与珍
归阙,太祖嘉其立效,并任用之。后咸至郡守、刺史(《周书》卷35
《敬珍传》)。

在这一例中,并没有使用义徒、义众之语,但却清楚地显示出了义徒、义
众所含有的实质。沙苑之战进而还对河内也产生了影响。

(29) 司马裔

　　司马裔,字遵胤,河内温人也,……曾祖楚之,属宋武帝诛晋氏
戚属,避难归魏。……及魏孝武西迁,裔时在邺,潜归乡里,志在立
功。大统三年,大军复弘农,乃于温城起义,遣使送款。与东魏将
高永洛、王陵等昼夜交战。众寡不敌,义徒死伤过半。及大军东
征,裔率所部从战河桥,……自此频与东魏交战,每有克获。六年,
授河内郡守。……八年,率其义众入朝。……顷之,河内有四千余
家归附,并裔之乡旧,乃授前将军、太中大夫,领河内郡守,令安集
流民(《周书》卷36《司马裔传》)。

最后再看洛阳之例。

（30）赵肃

> 赵肃，字庆雍，河南洛阳人也。世居河西。及沮渠氏灭，曾祖武始归于魏，赐爵金城侯。……大统三年，独孤信东讨，肃率宗人为乡导。授司州治中，转别驾。监督粮储，军用不匮。太祖闻之，谓人曰："赵肃可谓洛阳主人也。"七年，加镇南将军、金紫光禄大夫、都督，仍别驾。领所部义徒，据守大坞（《周书》卷37《赵肃传》）。

乡兵与义徒、义众，在范畴上当然是有区别的用语。但从上引例子来看，我们推测，与义徒、义众的内涵一致，可称作乡兵的军团组织应是相当多的。最能体现这一点的是杨㧑（27）与敬珍、敬祥（28）之例。不过，封伟伯（21）的情况是与关中土豪韦氏共谋，司马裔（29）自身即是河内乡望，可以说他们结集武力，都是在乡党社会之中进行的。这一点在李长寿（24）、韩雄（25）、陈忻（26）的事例中也可以看到。至于郑先护（22）与辛庆之（23），与封伟伯一样，并非当地出身，不过能够推测他们与当地的实力派人物是有关系的。特别是辛庆之，其欲举义兵的兖冀地方同时也是高乾等河北豪族活动的地区。已经参加了特定的政权，并为此欲尽全力的人物再结集当地土豪，使其举义兵，可以说这决非特殊的事例，甚至还应是扩大势力最为普遍的方式。一般来说，六朝社会就是以这种形式完成中央政权与地方乡里社会之结合的。在这之中当然也就包含了分裂的可能性，杨㧑（27）即为一典型。

三　乡兵集团的结构

大统九年以后，西魏在各地设置乡帅时，有意识地选用在当地身具传统的名望家（1）—（3）。而（4）—（30）中所举大统九年以前各例也是六朝式的名流活动，亦值得注意。但是，这些名族或是土豪在结集乡兵时，对于其势力下的乡人采用的并非征兵制的方法，而是一种募兵。这是因为从"率募乡曲"（8、15），"招募雄勇"（11），"招纳骁勇"（14），"招集乡闾"（14），"招集部曲"（14），"招合部曲"（17），"招集叛亡"（24），"招集义众"(25),"招集勇敢少年"(26)等字句中可以看到使用了率募、招募、招纳、招集、招合等词的缘故。从被招集的兵士的立场来说,则是"乐从"(11)或是"所在义勇,竞来投赴"(14)等。因此,这里所称的率募、招募等并非只是修辞,而是针对某种现实的关系而发的。从(9)、(11)的例子中可以看到乡帅散家财对兵士给予赈赡、赈恤。陈忻(26)据说也是"散财施惠,得士众心"。此外我们还可以看到下面这样一个将"率募"与"散财"结合在一起的典型事例。

(31)侯植

　　侯植,字仁幹,上谷人也。……高祖恕,魏北地郡守。子孙因家于北地之三水,遂为州郡冠族。……正光中,起家奉朝请。寻而天下丧乱,群盗蜂起,植乃散家财,率募勇敢讨贼,以功拜统军(《周书》卷29《侯植传》)。

由这种形式结合在一起的乡帅与兵士的关系,与豪族及包含在其家族生活内部的奴客的关系相比,应是一种较为自由的人格关系的结合。当然,在被组织起来的豪族的乡兵集团中,奴客作为亲兵出现的例子也有,关于这一点,稍后再述。但也有被招募的兵士们作为招募者直属亲兵的例子。李玚(11)的"李公骑"就是其中一例。这里想特别看一下高乾兄弟(14)的情况。如下一章所论,参加高氏行动的人们有二类。一是"为之羽翼者",一为"随其建义者"。属于后者的代表例有李希光、刘叔宗、刘孟和等,似都为士人出身,而且他们自己也是兵力结集的主体。特别是刘叔宗之兄海宝作为"率乡帅"在活动。可以说他们是高氏的同盟者,并且都拥有各自的兵力。另一方面,"为之羽翼者"正是高氏的直接领兵。作为其代表,有呼延族、刘贵珍、刘长狄、东方老等八人。拿出身较为清楚的东方老来说,他生于寒微之家,是凭借勇力在乡里干着盗贼勾当的无赖汉。魏末,投于高昂并与其结为部曲关系,这正是"所在义勇,竞来投赴"的具体事例。高昂在韩陵之战时"自领乡人部曲工桃汤、东方老,呼延族等三千人"从军,还拒绝了高欢欲派鲜卑兵千余人相助的照顾(《北齐书》卷21《高昂传》)。东方老等三千余人的乡人部曲正可以说是高氏的亲军。同样的事例在高昂之兄慎那里也可以看到。东魏时,虽天下得以初定,但被任命为光州刺史的高慎却仍然"听慎以本乡部曲数千人自随"(同上),这是对功臣的一种优待。与高氏一起兴义兵的封隆之子封子绘也是在任命为乡里勃海的太守时,"仍听收集部曲一千人"(《北齐书》卷21《封子绘传》)。

以高氏为例,我们看到主帅与兵士的部曲关系是一种纵向关系,而拥有同样结构的主帅之间的同盟关系为横向关系。所谓乡兵集团,指的就是这两种关系所形成的地域武力集团。刚才所见的各例中,以土豪作为媒介的乡兵或者义徒的结集就可以置于这一结构中理解。

不过,如果说在这种乡兵集团上刻有什么时代印记的话,那又是什么呢? 前面已述,乡兵集团的结集有一定的自发性。但史书一般都是把这一点作为乡帅的意思予以描述的。另一方面,他们的亲兵由应募的乡人充任,由此可以预测这里出现了与贱民之兵不太一样的部曲关系。如此就需要考虑乡帅与乡兵双方是在各自的自发意思下相互联系的。这些自发性产生作用,是在华北政权由于民众的暴动或是由于在此之后一些政治势力的兴起而失去了统一性与安定性的时候。因此,就试图恢复统一性与安定性的各个王朝(政治势力)方面来说,它们出现的方式就是以乡村社会内部所孕育的各个阶层的自发性为基础,然后再对各种军事上、政治上的力量进行重新组织及强化。那么,在王朝及军阀以此目的所推行的各项政策当中,不就可以体现出上面这种自发性么?

从乡帅进行的率募中还可以使我们注意到北魏末年以来频繁发布的募兵令。北魏募兵之事,早在孝文帝时期便可以看到,[5]在接下来的宣武帝时期有允许将帅募兵的例子。[6]但是,孝明帝以后,实施募兵令的频繁程度较以前不可同日而语。这应与由北族军队瓦解所引发的北魏末的内乱这样一种状况紧密相关。内乱勃发后,政府解放并赦免镇民、牧户、伎作、杂户、亡命者、流民,使其充军参加讨伐内乱。[7]此外还以"忠勇"、"骁勇"等名义广泛募兵。[8]我们从经常发布的募格中可以看到募集条件。比如530年(永安三年)十月,为防御元颢而发布的募攻河桥格,就有"赏帛授官各有差"的记录(《魏书》卷10《孝庄帝纪》)。这并不是叙述募攻河桥格的细目,但由于这里用的是最为概括性的表述,所以可以认为"赏帛授官"就是募格所规定一般性募集条件。关于"赏

帛"之事,有正光末被任命为岐州刺史的杨椿匆忙奔赴并肆地方,欲以
绢三万匹募北镇流民的例子(《魏书》卷58本传)。这与上述乡人率募
中,乡帅散家财,结集兵力之例相仿。

　　不过,这里更为重要的问题是"授官"。528年(孝庄帝建义元年)
六月,在募集新解放的牧户为兵士时,其条件是授予九品官。531年
(节闵帝普泰元年)三月,对伎作以及杂户的从征者允诺承认出身(入
流)并授予实官。⑨其时,对拥有私马者,还有特进二阶给予从八品出身
的恩典。旧牧户、伎作、杂户等都是比较特殊的例子,实际上对于一般
的职人(流外官)与白民的应募者也给予了同样的恩典。《魏书》卷10
《孝庄帝纪》建义元年(528年)六月己酉下诏:

　　(1)诸有私马仗从戎者,

　　　　职人,优两大阶(从七品出身),亦授实官;

　　　　白民出身,外优两阶(从八品出身),亦授实官。

　　(2)若武艺超伦者,虽无私马,亦依前条;

　　(3)虽不超伦,但射槊翘关一艺而胆略有施者,

　　　　依第出身,外特优一大阶,授实官;

　　　　若无姓第者,从八品出身,阶依前加,特授实官。

由此可知,根据不同的身份、能力而制定了相应的授官规定。⑩这里的
能力分为"私马仗从戎"式财产上的能力与"武艺超伦"式武术战斗上的
能力二种。作为测定后者能力的基准,使用了"弓格"。⑪与"弓格"类似
的制度先前就有,它是决定羽林、虎贲、直从等北人军士资格的基准,⑫
而此时亦应用于募兵。孝明帝时期的羽林军之变,是汉人贵族为压制
武人入选而致使羽林、虎贲兵千余人暴乱的哗变。这一事件显示出他
们的地位本来并不低。以羽林军之变为发端的北魏末的内乱,是在北
族军士的原有地位与当时的实情产生乖离的情况下爆发的。上面所述
募兵规定就使我们感到,当时政府所面临的状况是不得不恢复兵士的
地位。

　　以上所述是有关募兵的个人之例,即招募者能够募集到一定数量
的兵力就授予其所定的军职。这应该说是一项权宜之策。例如,募兵
三千人者可授别将(第12例薛憕义),但一员别将却是不可能统率三千

兵的。这里,不就贯彻了(都督)—别将—统军—军主这一当时的军官统属系统么?⑬下面一例即为上述推论的一个根据。

(32)裴庆孙

(裴)庆孙,字绍远(河东闻喜人)。少孤,性倜傥,重然诺。释褐员外散骑侍郎。正光末,汾州吐京群胡薛悉公、马牒腾并自立为王,聚党作逆,众至数万。诏庆孙为募人别将,招率乡豪,得战士数千人以讨之。……朝廷以此地被山带河,衿要之所,肃宗末,遂立邵郡,因以庆孙为太守、假节、辅国将军、当郡都督。……尔朱荣之死也,世隆拥众北渡,诏庆孙为大都督,与行台源子恭率众追击。军次太行,而庆孙与世隆密通,事泄,追还河内而斩之。……庆孙任侠有气,乡曲壮士及好事者多相依附,抚养咸有恩纪。在郡之日,值岁饥凶,四方游客常有百余,庆孙自以家粮赡之(《魏书》卷69《裴庆孙传》)。

据此可知,裴庆孙被任命为募人别将,负责在乡里募兵。其募集是通过"乡豪"来进行的,而且响应其"招率"的乡豪们也都各自被授予统军、军主等军官。后来,当庆孙晋升为邵郡都督时,其麾下的乡豪们也可以设想都有所升进。

由裴氏之例所示,募兵并非只是针对中央军而进行。地方州军的守帅似乎都被授募兵的权限。在注⑪里所引用的高谦之上疏就是一例证。那里还描述了具有武艺者可以获得官资,因此人们踊跃应募的情况。因此,可以推测在北魏末募兵政策的背后有着来自各个阶层的要求,如解放贱民身份,贱民、白民、职人获得士人身份,提高地方土豪的政治社会地位,等等,相互交织在一起。贯穿于这些要求之中的,是否定九品官人法所代表的门阀主义身份秩序的时代倾向。北魏末的内乱本身就是在反对门阀主义的背景下爆发的。为应付内乱而制定的募兵政策,又进一步扩大了上述倾向。

前面提及,乡兵集团因率募乡曲而成立。其时,从一介军士到直接统率军士的土豪,再到把军士以及土豪结合在一起的名望家与官僚,他们各自拥有的自发性思想发挥了极大作用。就所谓自发意志的具体内容而言,不就是在上述募兵政策的背景下出现的各类民众、土豪、官僚们的要求么？李远(6)为统一乡人的思想而发出"正是忠臣立节之秋，义士建功之日"的呼吁；郑伟(19)在大统三年，以"诚宜以此时效臣子之节，成富贵之资"之语将乡人凝聚在了一起；在孝武帝西奔时，率义兵响应西魏的伊川土豪李长寿(24)原本也是雄心勃勃欲进入政界；在洛西与他同时起兵的韩雄(25)在"立功之志"的驱使下展开活动；河东豪杰敬珍、敬祥(28)乘东魏败于沙苑之机，与西魏呼应，相谋"非直雪朝廷之耻，亦壮士封侯之业"，这里也显示出了同样的志向。

这些乡帅的志向并不限于他们自身。在河内举兵响应西魏东进的司马裔(29)后来在固辞宇文泰的授封时曾说：

> 立义之士，辞乡里，捐亲戚，远归皇化者，皆是诚心内发，岂裔能率之乎。今以封裔，便是卖义士以求荣，非所愿也(《周书》卷36《司马裔传》)。

宇文泰对此予以嘉纳，停封，并将其从都督升为帅都督。如果受封，那只不过是司马裔个人的荣升，而升为帅都督则预示着麾下的部将也都可以借此提高地位。司马裔的上述话语作为乡帅照顾麾下将士要求之例，值得注目。一介壮士由武功而升至刺史的例子，还有前面提到的高昂麾下的东方老。他作为典型的寒人壮士，投身于高氏门下，最初为高昂的亲军(乡人部曲)。后由于武功而历任鲁阳太守、南益州刺史领宜阳太守，负责与群蛮及西魏交战。但是，这并不意味着他就此完全脱离了高昂的指挥。作为西南道大都督的高昂身在西南地方，统率七十六都督。因此可以设想东方老很可能是作为都督之一兼任郡守、刺史，并接受高昂节度的。所以说，高昂与东方老的关系由乡帅与亲兵的关系出发，再扩大至西南道大都督与同方面的都督刺史之关系。北齐文宣朝(其时昂已战殁)，东方老为都督，受命征讨南朝。同时在讨伐军中的，还有曾经是高氏同盟者(所谓"随之建义者")的李希光、裴英起，而东方老与他们二人处于完全同等的地位。

上述东方老的立身过程中，有一个阶段是在乡人部曲之内充任将校。与他同时举兵的还有呼延族等八人，可以认为他们都是分领乡人部曲三千的将校。类似这样，随着军队的扩充，武将任命原来的亲兵为将校的例子，在别处也可以见到。503年(北魏宣武帝景明四年)，萧宝衾奉命讨伐南朝,其时许他招募天下壮勇,于是得数千人。[14]为掌握这些人众,他任命华文荣、颜文智等六人为军主。当萧宝衾为梁所追,在长江沿岸将其藏匿并在最后弃家随其一起亡命北魏的正是华文荣。而颜文智则是萧宝衾家阉人,而且还是参预策划叛离南朝的腹心之一。这二人身份虽低,但最终都成为萧宝衾麾下将校。

同样事例在李贤(6)身上也可以看到。北周武帝幼时养于李贤家,因此即位后,赐赏李贤一门如下:

(1) 又拜贤甥厍狄乐为仪同。

(2) 贤门生昔经侍奉者,二人授大都督,四人授帅都督,六人别将。

(3) 奴已免贱者,五人授军主,未免贱者十二人酬替放之(《周书》卷25《李贤传》)。

仪同三司—大都督—帅都督—(都督)—别将—(统军)—军主为当时的军官系统。上述措施就是依据不同的身份而予以不同的地位。这里无法确认李贤的门生及奴就是其亲兵,不过武将的门生及奴仆作为其手足而活跃的例子在别处并非没有。如大统三年,高欢大败于沙苑,河东汾阴人薛善使其弟薛济率门生数十人与亲属等斩关迎西魏将领李弼(《周书》卷35《薛善传》)。安定乌氏人梁士彦苍头梁默,号称武勇绝伦,常随士彦征战,后以武功进封周之丌府仪同三司(《周书》卷31《梁士彦传》)。

上述门生、苍头原本应为家兵,随着主人的发展,作为武将,他们的身份也都各自得以解放、提高,走上了荣升之道。这与前面所述北魏末募兵令中对牧户、伎作、杂户等予以解放及对其出身予以规定是相对应的。总体说来,构成乡兵集团的各个阶层在否定门阀主义身份秩序的过程中相互结合在了一起。

四　乡兵集团与门阀社会的变质

在第二节中曾指出,乡兵集团的组织者亦即乡帅的大部分都出身于当地具有传统的名望家。这一点与上节中所述乡兵集团中贯穿着反门阀主义方向似有矛盾之处，对此问题应如何解决呢？

如果注意乡帅个人的秉性及为人，就会发现即便是名门出身者，也都有着一定共通性。李远(6)在孩提时代就善于战争游戏，郡守赞其"此小儿必为将军，非常人也"。前引传文可以看到他的这种武勇性格。裴侠(7)最初被举为秀才，有着学问上的素养。在率领乡兵参加沙苑之战时，其勇敢的性格为宇文泰所赞赏，称其"仁者必有勇"，并令其改本名协为侠。此外，魏玄(8)"少慷慨，有胆略"。李场(11)不但拥有文才，而且"气尚豪爽，……俶傥有大志，好饮酒，笃于亲知"。薛脩义(12)"少而奸侠，轻财重气"。羊侃(13)"性粗武"。高乾(14)"少时轻侠，数犯公法，长而修改，轻财重义，多所交结"。其弟高昂"幼稚时，便有壮气。长而俶傥，胆力过人，龙眉豹颈，姿体雄异"，可谓典型的豪侠风范。刘鹭(17)"少有风气，颇涉文史"，叔父刘粹则被评为"少尚气侠"。郑伟(19)"少倜傥有大志，每以功名自许。善骑射，胆力过人"。李长寿(24)"性雄豪，有武艺"。韩雄(25)"少敢勇，膂力绝人，工骑射，有将率材略"。对于陈忻(26)的描述则是"少骁勇，有气侠，姿貌魁岸，同类咸敬惮之"。杨㧑(27)也是"少豪侠有志气"。敬珍(28)"伟容仪，有气侠，学业骑射，俱为当时所称"。敬祥(28)"亦慷慨有大志，唯以交结英豪为务"。类似性格，在裴庆孙(32)身上也同样可见。

观察这些乡帅们的为人，虽然表述的语言不尽相同，但气质形象大体上可以说属于同一类型。也就是说，气质上倜傥侠气，容貌上魁伟，能力上拥有武艺，人际关系上则是轻财重义、重视交谊。一句话，就是类似"豪侠"一样的人物。那么，他们的学问素养又如何呢？裴侠、李场、刘鹭、敬珍等都是饱学而有文才之人，但这并不意味着他们在为人上与其他人有区别。比如"涉历史传，颇有文才"的李场常对其弟郁说："士大夫学问，稽博古今而罢，何用专经为老博士也"，这一思考方式是将学问理解为纯粹的士大夫教养。类似的态度在堪称豪杰典型的李贤兄弟及高昂身上同样存在。据《周书》卷25《李贤传》：

　　(贤)九岁，从师受业，略观大旨而已，不寻章句。或谓之曰："学不精勤，不如不学。"贤曰："夫人各有志，贤岂能彊学待问，领徒授业耶,唯当粗闻教义,补己不足。至如忠孝之道,实铭之于心。"
问者惭服。

贤弟李远:

及长,涉猎书传,略知指趣而已(同上)。

《北齐书》卷21《高昂传》载高昂:

不尊师训,专事驰骋,每言男儿当横行天下,自取富贵,谁能端坐读书,作老博士也。

从李场到高昂,虽然有对学问好恶之别,但共通之处是对于学者先生(老博士)的学问,抑或对依存于这种学问而生活的士人态度持有一种排斥、轻视的心理。因此,他们所拥有的豪侠精神与其说否定学问本身,不如说是针对失去生机的士人世界而产生的一种抵抗之情。

一般来说,豪侠的特质又在哪里呢?如高昂的豪言壮语所显示的那样,他们是一群不再依靠趋于烦琐的学问以及既成的政治社会地位,也不再依靠传统政权的各项制度,而是相信自己的力量,并且在尝试运用这种力量实现自己愿望的一群人。在政治秩序出现混乱,政府已经失去收拾局势的能力时,他们希望通过自己的力量恢复秩序。可以说,正是这一现实的形势让他们感到了自信。赵郡的李元忠与高乾兄弟一起参加打倒尔朱氏的行动,《北齐书》卷22《李元忠传》有如下一段记载:

魏孝明时,盗贼蜂起,清河有五百人西戍,还经南赵郡,以路梗共投元忠。奉绢千匹,元忠唯受一匹,杀五羊以食之,遣奴为导,曰:"若逢贼,但道李元忠遣送。"奴如其言,贼皆舍避。

此外,如京兆著姓王罴,《周书》卷18本传载其在柔然南侵时事迹:

时茹茹渡河南寇,候骑已至豳州。朝廷虑其深入,乃征发士马,屯守京城,堑诸街巷,以备侵轶。左仆射周惠达召罴议之。罴不应命,谓其使曰:"若茹茹至渭北者,王罴率乡里自破之,不烦国家兵马。何为天子城中,遂作如此惊动。由周家小儿(指留守首都的周惠达)恇怯致此。"罴轻侮权势,守正不回,皆此类也。

李元忠的例子显示出,那种作为豪侠庇护者的态度来自于他们所拥有的自立性。薛脩义(12)、高乾兄弟(14)、李长寿及其子延孙(24)、还有杨撝(27)等都在内乱的危机中拯救民众,建立了功绩。⑮受到他们保护的有北魏的宗室,也有洛阳政府的京官们。他们虽然都属于士人阶层,但在一段时期内却处于保护与被保护的关系中。这一事实耐人寻味,因为它显示了当政治秩序发生崩溃时,拥有自立性与丧失自立性者之间的差别。

豪侠型士人的自立性又是根据什么支撑的呢? 如果只从他们个人的任侠性格以及武艺锻炼上作观察,就未免太局限于个人的角度了。这里需要注意的,毋宁说是导致这种性格与能力产生的环境如何。如前所述,韩雄(25)与陈忻(26)既是同乡也是姻亲,而且武艺都十分出众,但《周书》卷43《陈忻传》却对二人作了如下一番比较:

> 至于挽彊射中,忻不如雄;散财施惠,得士众心,则雄不如忻。身死之日,将吏荷其恩德,莫不感恸焉。子万敌嗣。朝廷以忻雅得士心,还令万敌领其部曲。

作为武将,二人在伯仲之间。但上述比较与其说是史家自身的观察,倒不如说是反映了当时人们的评价。如此一来,可以认为评价将帅的能力,至少有将帅个人的武艺与军队的统帅能力这两个观点。如果这一军队是经由率募乡曲而组织的话,那就并不只限于同麾下将兵的关系,还与乡帅在其乡里是否具有统率能力的问题有关。比如第(6)例的李贤就是"抚和乡里,甚得民和",第(9)例的卢文伟也如前述,是获得了乡党信望的人物,第(11)例的李场在募兵之际,被誉为"德洽乡闾",这些例子都很能说明问题。第(18)例的裴瀿也是在乡里作为领导者拥有人望。上面提到的李元忠则是在饥馑时放弃对乡人的债权,受到大家赞誉的人物。这些例子都说明了乡帅与乡里社会的关系是非常紧密的。这种关系与其说是他们与乡党社会的自然联系,不如说是他们经过多方思索而决策的结果,这正如李元忠之例所显示的那样。如果没有了对乡里的顾念,那他们就要遭到乡里社会的憎恶。经常得到征引的统率乡兵的王悦之例正反映如此情况。

(33) 王悦

> 王悦,字众喜,京兆蓝田人也。少有气干,为州里所称。魏永安中,尔朱天光西讨,引悦为其府骑兵参军,除石安令。太祖初定

关、陇,悦率募乡里从军,屡有战功。大统元年,除平东将军、相府
刑狱参军,封蓝田县伯,邑六百户。四年,东魏将侯景攻围洛阳,太
祖赴援。悦又率乡里千余人,从军至洛阳。……魏废帝二年,征还
本任。属改行台为中外府,尚书员废,以仪同领兵还乡里。悦既久
居显职,及此之还,私怀怏怏。犹陵驾乡里,失宗党之情。其长子
康,恃悦旧望,遂自骄纵。所部军人,将有婚礼,康乃非理凌辱。军
人诉之。悦及康并坐除名,仍配流远防(《周书》卷33《王悦传》)。

王悦父子遭到除名、配流的命运,原因在于他们忽视了乡人、乡兵
是支撑其显赫职位以及旧望的重要因素。[16]而前面看到的司马裔(29)
则与之形成了鲜明的对比。在那里,乡帅考虑到对麾下造成的影响而
固辞自己的受封。

乡里社会,决非是人们一律平等的共同体。在那里,人们有着不同
的身份、阶层,互相之间的关系是复杂的。因此,乡帅与乡里社会的关
系不可能无视这些阶层属性,如前所述,他们对乡里的统率正是通过这
一阶层性而得到体现的。另一方面,阶层之间的秩序又含有打破门阀
主义身份制度的志向。这一点如高乾兄弟的武力集团的结构所显示的
那样,是推进门阀主义的身份秩序朝水平化方向发展的。因此,完全可
以想象传统的名流贵族围绕这一水平化的方向产生了守旧与进取的两
种立场。

贵族结集乡兵,不就是站在后者的立场上有意识地重新完成对乡
里社会的统治么? 这一重新统治必须要在发展成为一种政治势力时才
能得到具体实现。例如以举义这样的行动来支持某个特定的政权,借
此希望实现上述目标。不过此时,政治权力并不只是存在于接受支持
的中央政权一边,同时也广泛存在于作为地方势力的支持者一边,即便
这股势力还处于萌芽时期。举例来说,高乾兄弟站在孝庄帝一方兴兵
讨尔朱氏。在攻陷冀州城时,高氏推立当地的名望家封隆之为冀州刺
史。这当然是以政府的承认作为前提的,不过在时间上却是先走一步,
因此可以说这即是由高氏独自设置的州政权。

各地的豪族势力效忠于北魏政权,作为交换条件,他们要求出任其
势力范围之内的地方长官,这在当时非常普遍。因此需要把既成的行

政区划再做进一步划分,这便是新立州郡的倾向。556 年(北齐文宣帝天保七年)十一月,并省三州、一百五十三郡、五百八十九县、二镇、二十六戍,就是对在上述倾向下形成的地方行政机关滥立的状态进行整理、统合的措施。[17]前引裴庆孙(32)的例子中,新设邵郡即为一例。[18]庆孙作为募人别将招率乡豪,得战士数千人与胡贼交战,在设置邵郡时即被任命为太守、当郡都督。当郡都督指的是一郡之内的最高军事长官。北魏末的战乱,使得刺史、郡守分别以当州都督、当郡都督的名义兼掌军事权。[19]他们掌握的州郡内的军队即属于乡兵一类,这一点从裴庆孙的例子中可以容易推测。换句话说,以豪侠为中心的乡兵结集涉及到地方行政权力的掌握问题。

重新设置州郡就是将郡县予以升格,其结果是部内的郡县在数量上增加。与此相反,上面提到的北齐对州、郡、县、镇、戍的并省,有着将各级行政区划进行降格与统合的意图。北齐的措施似乎与门阀主义的政治空气在当时逐渐复活的倾向相一致。[20]由此可以推测,这些因控制地方社会而被授予的刺史、太守、县令的职位,不仅仅由传统门望还由各类寒族出身者占据。北魏末期的一个倾向是门阀子弟喜好京官,忌避为郡县守令。[21]比起做乡村的朴实的领导者,他们更崇尚首都那华美的宫廷生活。尽管平时有着许多豪言壮语,但当战乱纷起,被任命为一军之将出征时,他们却个个束手无策。[22]尔朱荣最终决心残杀朝士,据说就是因为这些都市贵族的柔弱性以及骄慢曾经刺激过他之故。[23]河阴之变、孝庄帝暴死、孝武帝西奔等,面对这些迫临身旁的事态,那些贵族并无任何有效的对策,他们或是寄身于四方群起的豪侠,或是走上隐于名山之道。[24]以乡村为背景,希望利用自己的力量来克服危局的望族出身者作为一种类型,暂且称之为“豪侠”,而与之相对的贵族形象却可以用“浮华”之语来形容。[25]这种两极分化与贵族个人态度的分化同时进行,可以说是贵族精神本身的分化。

说东魏—北齐的政治史是“浮华”再次压倒“豪侠”并夺回中央政治领导权的过程并不过分。[26]以质朴为宗旨的西魏—北周,其政治与此截然不同,限于篇幅,对此不能详述。不过,西魏在大统九年(543 年)以后的政策方针是积极推行乡兵的结集,这就是对北魏末年以来的乡兵结集予以制度化与普遍化。如果这一看法不误,那么东西两魏政权在政治方向上就存在着相当大的距离,同时它还预示了隋唐政权的特征。也即是说,从传统的门望到奴婢,各种各样的阶层之间出现水平化的现象,其中的一个结晶即为武力集团这一形式,由此形成了武人色彩浓厚的新贵族阶级,可以说这一现象就隐藏在统一帝国建立的背面。

但当上述现象作为一项制度固定在政治世界时,它又具有什么样的形式呢?想弄清这点,首先必须要解决的就是乡兵集团与府兵制的关系这一课题。这里不拟详论,只想提出几个问题。

菊池氏将乡兵的实质规定为当地豪族结集乡人、宗族的私人军事力量,并指出仅就这一实质来看,乡兵并非什么地域或时代的特殊现象。我现在并不打算对此作完全的否定。但是,他所举出的江南乡曲率募的例子特别集中在梁陈时期,这不就说明在南朝越是接近于末期越能看到募兵的普遍实施么?而且,在北朝导致乡兵出现的直接原因是对兵户制本身的不满所引发的内乱。豪族军事力的结集以乡曲率募的形式出现,应该说极为深刻地反映了当时的时代特点。比起探讨军阀政权的财政政策如何,首要问题是要注意到门阀主义的身份秩序受到民众暴动的直接冲击,进而出现动摇这一深刻的现实。

根据菊池氏的意思,乡帅接受关中政权的政策(最终目的是利用豪族以图安定流民与维持治安),显示出他们不是真正的地方势力,因为他们已经走上了官僚化之道。我的理解是,乡兵集团反映了在贵族制度出现危机之际,乡村社会力图对其进行挽救所呈现出来的历史面貌。地方社会挽救脆弱的中央权力,这一现象在整个南北朝时期反复出现,而北魏末就是其中一例。通过观察乡兵集团中乡村统率者的武力结构,可以看到乡村内部在发生某种变质。望族出身的乡帅通过乡兵集团与特定的政权结合,虽然可以说他们在走向官僚化,但在其背后有着各种非门阀阶层的介入,最后的汇集点即在乡村。说乡帅成为寄生官僚脱离了乡村,不如说他们通过这一新的结合形式力图重新掌握乡村社会,这正是乡帅所具有的历史意义。

乡村社会里的新的军事结合对于军官制度也产生了作用。因为必须给那些由于武功而提高了身份地位的人们以相应的位置。西魏设置了作为最高地位的柱国大将军之制,大将军—开府仪同三司—仪同三司—大都督—帅都督—都督这一统属休系随之得以完成。在都督之下,似乎还有子都督—别将—统军—军主等职位。开府以及仪同三司本为散官之号,菊池氏据此认为"仪同、仪同府与乡兵并不是在制度上有何关联而授与、设置的",这实际上是对滨口氏的批判。滨口认为,掌握府兵的单位是仪同三司所开的仪同府,而在大统十六年(550年)前后亦即府兵制的成立时期,乡帅都以仪同三司的资格统领乡兵,因此府兵源于乡兵。这里先撇开府兵问题不谈,仅就仪同三司来看,西魏军官系统中的仪同三司并非单纯的散官,其正式名称为使持节仪同三司大都督。开府仪同三司的情况也是如此,可以找到加大都督之例。甚至十二大将军、六柱国也都各自带有使持节大都督。㉗因此,仪同三司以上的职位可以认为是类似叠床架屋似的在大都督之间划分等级的结果。如果这一推论不误,开府府即为开府仪同三司大都督府的略称,仪同府则是仪同三司大都督府的略称。西魏二十四军反映的就是大都督府之间相互统属的关系,由此一来,仪同三司与仪同府之间在制度上的关系也就迎刃而解。府兵制的这一结构,显示出以大都督府为一个单位的军团有其自身的统一,而且各个军团又为相互统属的关系。这一特点极为突出,非但如此,它还暗示出了乡兵集团的结构。

府兵制在唐代得以大成,其征募方法为"每三丁取一丁",按菊池氏的说法即是所谓选拔征兵制。这就使我们感到,它与汉代以全丁征发为原则的兵制具有不同的性质,而这难道与率募乡兵没有关系么?另外,唐代府兵制给人的印象是对民众有着很大的负担,但处于发展初期的府兵,如下面一例所示,倒不如说让人感到那里有着自发从军的意愿,而这,也让我们感到了它与乡兵的相通之处。

(34)张定和

张定和,字处谧,京兆万年人也。少贫贱,有志节。初为侍官。会平陈之役,定和当从征,无以自给。其妻有嫁时衣服,定和将鬻之,妻靳固不与,定和于是遂行。以功拜仪同,赐帛千匹,遂弃其妻。是后数以军功,加上开府、骠骑将军。……炀帝嗣位,拜宜州刺史,寻转河内太守,颇有惠政。岁余,征拜左屯卫大将军(《隋书》

卷 64《张定和传》)。

———————————

① 仅就传记来看，宇文贵在授予统军以前并没有就任任何官职。另外在夏州防
卫战中有"义众"参加(《魏书》卷 41《源延伯传》)，后来由源子雍、延伯父子率
领参加黑城的平定作战。"时子雍新平黑城，遂率士马并夏州募义之民，携家
席卷，鼓行南出"(同上卷 41《源子雍传》)。另，参照次注。

② 河桥之战中有被称为"夏州义士"的部队参战。他们一时站在元颢一边，后与
尔朱荣通谋(《魏书》卷 58《杨侃传》)。宇文贵的部队似也是从夏州南下而至
的乡人部队。

③ 参照第二编第三章。

④ 《魏书》卷 59《萧宝夤传》中也有乡义之语："时北地人毛鸿宾与其兄遐纠率乡
义，将讨宝夤。"

⑤ 孝文帝"诏肃讨萧鸾义阳。听招募壮勇以为爪牙，其募士有功，赏加常募一
等"(《魏书》卷 63《王肃传》)。
　"(太和十七年十月)又诏京师及诸州从戎者赐爵一级，应募者加二级，主将加
三级"(《魏书》卷 7 下《高祖纪下》)。

⑥ "(景明四年)四月，除使持节、都督东扬南徐兖三州诸军事、镇东将军、东扬州
刺史、丹阳郡开国公、齐王，配兵一万，令且据东城，待秋冬大举。……又任其
募天下壮勇，得数千人。以文智三人等为积弩将军，文荣等三人为强弩将军，
并为军主"(《魏书》卷 59《萧宝夤传》)。

⑦ "(正光五年八月)丙申，诏曰：'……诸州镇军贯，元非犯配者，悉免为民，镇改
为州，依旧立称。此等世习干戈，率多劲勇，今既甄拔，应思报效。可三五简
发，讨彼沙陇。当使人齐其力，奋击先驱，妖党狂丑，必可荡涤。冲锋斩级，自
依恒赏'"(《魏书》卷 9《肃宗纪》)。
　"(建义元年六月戊申)诏直寝纪业持节募新免牧户，有投名效力者授九品官"
(《魏书》卷 10《孝庄帝纪》)。
　"(普泰元年三月)己卯，诏右卫将军贺拔胜并尚书一人募伎作及杂户从征者，
正入出身，皆授实官，私马者优一大阶"(《魏书》卷 11《前废帝纪》)。
　"(孝昌元年)十有二月壬午，诏曰：'……其有失律亡军、兵戍逃叛、盗贼劫掠
伏窜山泽者，免其往咎，录其后效，别立募格，听其自新，广下州郡，令赴军
所。……'"(同上卷 9《肃宗纪》)。

"(建义元年七月)己未,诏前试守东郡太守唐景宣为持节、都督,于东郡召募侨居流民二千人,渡河随便为栅,准望台军"(同上卷10《孝庄帝纪》)。

⑧ "(孝昌二年六月)戊子,诏曰:'……今便避居正殿,蔬餐素服。当亲自招募,收集忠勇。其有直言正谏之士,敢决徇义之夫,二十五日悉集华林东门,人别引见,共论得失。班告内外,咸使闻知"(同上卷9《肃宗纪》)。

"(建义元年六月癸卯)帝以寇难未夷,避正殿,责躬撤膳。又班募格,收集忠勇。其有直言正谏之士、敢决徇义之夫、陈国家利害之谋、赴君亲危难之节者,集华林园,面论事"(同上卷10《孝庄帝纪》)。

"(永安三年九月)庚子,诏诸旧代人赴华林园,帝将亲简叙。以抚军将军、金紫光禄大夫高乾邕(即高乾)为侍中、河北大使,招集骁勇"(同上卷10《孝庄帝纪》)。

⑨ 参照注⑦。

⑩ 另参照"(永安二年五月)辛酉,诏私马仗从戎优阶授官。壬戌,又诏募士一依征葛荣(格)。甲子,又诏职人及民出马,优阶各有差"(同上卷10《孝庄帝纪》)。

⑪ 谦之"又上疏曰:'……自正光已来,边城屡扰,命将出师,相继于路,军费戎资,委输不绝。至如弓格赏募,咸有出身;槊刺斩首,又蒙阶级。故四方壮士,愿征者多,各各为己,公私两利。若使军帅必得其人,赏勋不失其实,则何贼不平,何征不捷也!诸守帅或非其才,多遣亲者妄称入募,别倩他人引弓格,虚受征官。身不赴陈,惟遣奴客充数而已,对寇临敌,曾不弯弓。则是王爵虚加,征夫多阙,贼虏何可殄除,忠贞何以劝诫也?……'"(《魏书》卷77《高谦之传》)。

⑫ "雍表曰:'……武人本挽上格者为羽林,次格者为虎贲,下格者为直从。或累纪征戍,靡所不涉;或带甲连年,负重千里;或经战损伤,或年老衰竭。今试以本格,责其如初,有爽于先,退阶夺级。此便责以不衰,理未通也。……'"(《魏书》卷21上《高阳王雍传》)。

⑬ 参见宫川尚志《六朝史研究　政治社会篇》,页562。

⑭ 参照注⑥。

⑮ "脩义少而奸侠,轻财重气,招召豪猾,时有急难相奔投者,多能容匿之"(《北齐书》卷20《薛脩义传》)。

"暹少为书生,避地渤海,依高乾,以妹妻乾弟慎"(同上卷30《崔暹传》)。

"自魏孝武西迁之后,朝士流亡。广陵王欣、录尚书长孙稚、颍川王斌之、安昌王子均及建宁、江夏、陇东诸王并百官等携持妻子来投延孙者,延孙即率众卫送,并赠以珍玩,咸达关中。齐神武深患之,遣行台慕容绍宗等数道攻之"
(《周书》卷43《李延孙传》)。

"魏孝昌中,尔朱荣杀害朝士,大司马、城阳王元徽逃难投撝,撝藏而免之。孝
庄帝立,徽乃出,复为司州牧。由是撝以义烈闻。擢拜伏波将军、给事中"(同
上卷34《杨撝传》)。

⑯　菊池氏将王悦父子与乡党的关系解释为乡帅的寄生官僚化之一例,但我却作
　　如本文这样的见解。

⑰　"(天保七年)十一月壬子,诏曰:'……魏自孝昌之季,数钟浇否,禄去公室,政
　　出多门,衣冠道尽,黔首涂炭。铜马、铁胫之徒,黑山、青犊之侣,枭张晋、赵,
　　豕突燕、秦,纲纪从兹而颓,彝章因此而紊。是使豪家大族,鸠率乡部,托迹勤
　　王,规自署置。或外家公主,女谒内成,昧利纳财,启立州郡。离大合小,本逐
　　时宜,剖竹分符,盖不获已。牧守令长,虚增其数,求功录实,谅足为烦,损害
　　公私,为弊殊久,既乖为政之礼,徒有驱羊之费。自尔因循,未遑删改。……
　　今所并省,一依别制。'于是并省三州、一百五十三郡、五百八十九县、二镇、二
　　十六戍"(《北齐书》卷4《文宣帝纪》)。

⑱　除此之外也有许多州郡新设的例子,(10)路思令亦为一例。

⑲　"魏自孝昌已后,天下多难,刺史太守皆为当部都督,虽无兵事,皆立佐僚,所
　　在颇为烦扰。隆之表请自非实在边要,见有兵马者,悉皆断之。……自军国
　　多事,冒名窃官者不可胜数,隆之奏请检括,向五万余人,而群小喧嚣,隆之惧
　　而止"(《北齐书》卷18《高隆之传》)。

⑳　参照次章。

㉑　"盖助陛下治天下者,惟在守令,最须简置,以康国道。但郡县选举,由来共
　　轻,贵游俊才,莫肯居此。宜改其弊,以定官方。请上等郡县为第一清,中等
　　为第二清,下等为第三清。……三载黜陟,有称者补在京名官,如前代故事,
　　不历郡县不得为内职。则人思自勉,上下同心,枉屈可申,强暴自息……"
　　(《魏书》卷77《辛雄传》)。

　　"齐因魏朝,宰县多用厮滥,至于士流耻居百里。文遥以县令为字人之切,遂
　　请革选。于是密令搜扬贵游子弟,发敕用之。犹恐其披诉,总召集神武门,令
　　赵郡王叡宣旨唱名,厚加慰喻。士人为县,自此始也"(《北齐书》卷38《元文遥
　　传》)。

㉒　"时天下多事,思令乃上疏曰:'……窃以比年以来,将帅多是宠贵子孙,军幢
　　统领,亦皆故义托附。贵戚子弟,未经戎役,至于衔杯跃马,志逸气浮,轩眉攘
　　腕,便以攻战自许。及临大敌,怖惧交怀,雄图锐气,一朝顿尽。乃令羸弱在

前以当锐,强壮居后以安身。……'"(《魏书》卷 72《路思令传》)。

㉓ 参照次章。

㉔ 同上。

㉕ 同上。

㉖ 同上。

㉗ 看一下《周书》卷 16 所附大统十六年以前曾为柱国以及大将军的官位,都记为"使持节柱国大将军大都督",或是"使持节大将军大都督"(只有元欣没有大都督这三个字。滨口氏认为是误脱或是省略之故),与同上卷 24《卢辩传》末尾的"授柱国大将军、开府、仪同者,并加使持节、大都督"一句相一致。而且根据这一句话,开府仪同三司、仪同三司也似乎加上了使持节大都督。不过《周书》卷 30 窦毅以及李穆的两传都是"开府仪同三司大都督",同上卷 27 梁椿、同上卷 30 窦毅、同上卷 43 李延孙以及韩雄等人的各个传记都是"仪同三司大都督"。

(原题《关于北朝末期的乡兵》,
载于《东洋史研究》20—4,1962 年)

第二章　北齐政治史与汉人贵族

一　序　　言

北魏孝文帝的统治时代是华北贵族制达到巅峰的时期。

在魏晋时期形成的贵族阶层由于西晋的灭亡而受到重创。其中一部分逃至江南,在那里形成了南朝贵族制。留在华北的贵族们遭遇接连不断的战乱,他们在保全自身的同时,与五胡诸政权建立起联系,其社会声誉始终得以维持。[①]这一情况在北魏称霸华北后基本不变。不过,因伤害夷狄君主的自尊心而招致诛戮命运的贵族也不在少数,但只要不脱离君臣的名分,贵族的地位仍旧安泰。一般而言,北魏对汉人贵族相当宽容,对其传统的社会声誉也给予尊重。就这一点来看,北魏与后世的所谓征服王朝有所不同。北魏的统一华北,虽以君主权为核心,同时又意味着将汉人贵族社会纳入到自己的内部。[②]

与江南诸国家相比,由于北族特有的军事力量在背后支持,所以北魏君主权从根本上来说是强大的。值得注意的是,北族军人主要掌握着国家军队,他们与汉人社会悬隔开来。因此可以说,种族区别在国家权力中起着重要作用。

随着北魏政权的地位渐渐牢固,胡汉两个世界的关系亦日趋紧密,由此带来的结果是,社会身份上的差别渐渐超过了种族的区分。应该说孝文帝汉化政策的背景正是这一现实。当王朝的统治体制深入到汉人社会时,就有必要为胡汉两个世界设定一个新的、共通的权威。以详定姓族为代表的,门阀主义色彩极为浓厚的各项制度于是得以创设。

贵族制原本不是遵照王朝的意志而被制定出来的,其所以能够出现的首要条件,乃是社会的承认与评价。因此,孝文帝将详定姓族作为一项政策制定时,就给人一种并不自然之感。政治力量特别在北族身上发挥了效用,但对汉人贵族采用的仍是汉魏以来的声望,这一点必须加以注意。③帝国并非只是对魏晋以来的汉人贵族制进行重新评价,而且还将其作为一种国家体制加以吸收。从这一意义来看,可以说华北贵族制迎来了它的完成期。

之后不过半个世纪,北魏王朝即告崩溃,其主要原因源于北族系军士的反乱。但能否像过去那样,把这场反乱理解为是鲜卑族反抗汉化政策的行动呢? 如果单从种族的侧面看待孝文帝以后北魏国家所采取的汉化方针,上述理解或许不误。可是如上所述,汉化政策中贯穿着门阀主义,而这对北魏国家来说是新的社会组织原理,因此亦可以认为叛乱是针对这一原理的反抗。有关这一问题,我已在第二编第三章中有所论述。概括地讲,北魏末的叛乱并非只是六镇之乱,其实质是自由民对于自己成为贱民的状况所进行的含有普遍性意义的反抗运动,而种族问题,只有在探求如何理解这一普遍性时才有其意义。我之所以分析显示自由民走向贱民化形态的城民之语,原因即在此。

如何理解北魏末的叛乱,直接关系到如何把握其后的历史发展。具体而言,北齐、北周两个政权中的北族到底处在何种地位? 再如,高氏、宇文氏的出身以及两政权的军事力量具有什么样的性格? 等等。事实上以往的研究对此都有所论述,而且还不能否认,这些研究将两个政权定性为北族系国家的意识是非常浓厚的。

北魏末的叛乱以种族问题为重要的发端,由此引起的北族的反动在此后的历史发展过程中发挥着作用,这些观点,我无意否认。不过,我的感觉是如果过多强调这一点的话,恐怕连其后隋唐帝国的性质也会被简单地套上北族系国家的标签。谁都知道隋唐帝国是在门阀制度发生变化的基础上建立起来的,但如果把这种建立只理解成是因为与汉人社会之间存在着种族差异的话,这难道不是一种非常粗糙的历史认识么? 这里的关键是,必须弄清种族问题与贵族制问题是在什么样的内在联系下对北魏至隋唐这一历史过程起作用的。站在这一角度上,本章所要考察的是北魏瓦解以后的汉人贵族与东魏、北齐政治史的关系及其表现形态。

北齐政权从北魏继承的山东地区是所谓山东贵族的渊源所在,也是魏晋—北魏贵族政治的中心地带。同时,由于五胡诸政权以及北魏王朝的建立,由于北魏末的叛乱民众与流亡民众的南下,使大量不同的种族汇集在这一地区。北齐政权不得不承担起这些北魏无法解决的政治社会矛盾。就结果来看,北齐由于承受不住这些矛盾所带来的压力而走向灭亡。那么,这是什么样的过程呢?

究竟是哪种势力在北齐政权的政治中占据主要位置? 以往的研究对这一问题的答案并不一致。概括而言,有认为东魏、北齐的政治含有极其浓厚的北族色彩,也有与此相反,认为汉人贵族在政界受到尊重。④这两种主张是否正确,下面将要加以阐述。不过,难道不能说致使这些相互对立的认识产生之处,正是北齐史的特色所在么? 换句话说,这正好显示出了当时的政治与社会的课题。所以,汉人贵族所面对的现实不也可以从这些方面窥其端倪?

二　高氏政权的成立与展开

(一) 高欢称霸的诸契机

北齐政权事实上的创始者高欢,史称其为勃海蓨人,这暗示他似为汉人名族出身。但是滨口重国氏早就指出此点甚为可疑。⑤据《北齐书》卷 1《神武帝纪上》,其先祖仕于晋、后燕、北魏,祖父谧因犯法而徙至怀朔镇。高欢母亲生欢以后即亡,而父亲却是一个"性通率,不事家业"的无赖汉,所以欢养于姐夫尉景家。长年的北方生活使高家渐染鲜卑习俗,高欢字贺六浑,即为鲜卑形式,身为镇狱队长的尉景也似为尉迟氏出身。但我们并不能据此就断定其后的高氏政权为鲜卑政权。高欢的政治野心最早显示在其婚姻上。娶北族豪族娄氏之女,使得青少年时期颇为失意的命运势头开始出现转机。⑥本为怀朔镇一介兵士的他,在妻家帮助下献马于镇,以此获队主之职,接着又升至函使。

据《资治通鉴》卷149《梁纪》天监十八年(519年,北魏孝明帝神龟二年)胡三省注,函使之职,负责送公文书至京师。高欢在数年之间往返于怀朔镇与洛阳,因而有机会知晓中央政情。519年,北魏张彝父子谋划排斥军士于清流官之外,为此引发羽林军暴动。高欢此时恰在洛阳,当看到朝廷对此事的处置优柔寡断时,深感北魏气运已尽,返镇后即投家财筹措人马。对于他这一大散家财的行为,周围人颇觉奇怪,高欢于是告以羽林军哗变事,并云:"为政若此,事可知也。财物岂可常守邪"(《北齐书》卷1《神武帝纪上》)。从这句话,我们可以看到高欢的处境:他已不再是一介穷困的军士,有一定财产还有妻家的靠山,已经摆脱了镇内的辛酸,而风云莫测的时局又使他不能安于军吏的地位。北魏王朝采取门阀贵族制,其影响及于北方诸镇之内,使得本为北魏"国之肺腑"的镇将与镇兵形成了一种府主与府户的领民关系。要脱离这一关系,除却贿赂别无他法。[7]高欢得妻家之助为队主、函使,但这并非正当的方法。因为对武人来说,正当的立身之途是建立军功。

高欢预见到整个事态正面临着不可收拾的局面,还预见到社会矛盾的爆发所掀起的波涛会在顷刻间吞噬掉自己那微薄的财产及地位。此刻他似乎已下定决心:与其固守现状不如乘这股波涛奋起一搏。"澄清天下之志",这即是史书对他当时的心境的描述。[8]

聚集在高欢周围的,除尉景、段荣、娄昭等亲戚之外,[9]还有怀朔省事司马子如(云中出身)及刘贵(秀容阳曲出身)、贾显智(中山无极出身),怀朔户曹史孙腾,外兵史侯景及蔡儁(广宁石门出身),怀朔镇将段长(辽西出身)及庞苍鹰(太原出身)等人。高欢及其周围的这群人既非单纯的兵士、民众,也非寄生在腐败的北魏政权下的官僚贵族阶层,他们是属于这二者之间的,可以说是静观事态发展的"豪杰"。[10]

羽林军哗变五年后,破六韩拔陵率沃野镇民发动叛乱。武川、怀朔二镇顷刻间即遭陷落,叛乱迅速蔓延至整个北镇。第二年,拔陵败,叛乱似归沉静,但分置在冀、定、瀛三州的叛民很快又以杜洛周、鲜于脩礼为首再次发动叛乱。高欢及其"同志"此时投于杜洛周。所谓"同志",主要为尉景、段荣、蔡儁等人。[11]他们看到杜洛周没有成功的希望,于是便策谋杀洛周,失败后仓皇逃得性命。后又欲投吞并鲜于脩礼之众的葛荣处,但中途打消此念,转奔秀容的尔朱荣。

　　大家都知道,尔朱氏为契胡种,是秀容的大豪族、大牧场主。值北方乱起时,荣散家财集武力,讨平牧民的内乱,以此得到世人的称赞。许多躲避内乱者也都寄身其处。高欢来投时,尔朱氏正意欲有所作为,想借此登上政治舞台的中心。刚开始,高欢并没有受到尔朱荣的注意,后找到机会,成功地诱发了尔朱荣的野心。他与荣进行了如下一番对话:

> 　　神武曰:"闻公有马十二谷,色别为群,将此竟何用也?"荣曰:"但言尔意。"神武曰:"方今天子愚弱,太后淫乱,孽宠擅命,朝政不行,以明公雄武,乘时奋发,讨郑俨、徐纥而清帝侧,霸业可举鞭而成。此贺六浑之意也"(《北齐书》卷1《神武帝纪上》)。

尔朱荣颇为心动,于是二人密谈,据说从日中一直持续到夜半。从此以后,高欢作为尔朱荣的亲信都督得以参预军务。

　　在尔朱荣掌握北魏实权以及征讨各地方的过程中,高欢参加了主要战斗,头角渐显,当初打消归依杜洛周、葛荣的念头看来是正确的。尔朱氏在讨平葛荣二十万人马后,成为最大的实权者。不过,他终于觉察到高欢较自己的后继者尔朱兆更为出色,于是任命其为晋州刺史。对高欢来说,离开尔朱荣帐下无异于放虎归山。尔朱荣不久为孝庄帝所杀,听到此讯的尔朱兆从晋阳进军洛阳,同时召高欢一道前往,但欢却籍他事予以婉拒。尔朱兆单独捉帝还北,最后弑帝。其时,高欢曾一度欲夺帝独立,结果没有成功。

　　当时晋阳作为军事重镇,不断受到来自汾胡等西北地区诸族的骚扰,极为棘手。孝庄帝在与尔朱氏对抗时,还曾策动费也头纥豆陵步藩予以协助。⑫当尔朱兆败于逼近晋阳的步藩时,高欢就成为一支重要的力量,因此兆还不便与高欢对立。而高欢出于自身的考虑,最终与尔朱兆联手击败了步藩并杀之。由此一来,高欢的地位愈发提高,尔朱兆与他结为兄弟,防其独立。

　　高欢最后终于独立,关键在于掌握了葛荣余众二十万人,这一点为大家所熟知。葛荣余众配置在并、肆方面,由于受到契胡的欺压不断举行反抗,为此被杀者极多。尔朱兆对此事深感棘手,于是高欢向他提议,派心腹一人掌管这些人众,如有事则罪及此人。高欢的提案含义颇深,此点稍后再述。总之,结果却是由高欢自己负责统帅这些人众。

高欢打着就食的名义,率领这支新军往东方移动。尔朱兆不久觉察到高欢的意图,但为时已晚。531年二月,高欢的军队抵达信都,六月,举旗反尔朱氏。在这几个月之间,他一方面休整麾下部队,激起众人对尔朱氏的同仇敌忾之心(参照后节),一方面还与当地的汉人豪族结为同盟。

当高欢向信都移动时,渤海豪族封隆之与高乾兄弟已结集乡里人众占据了信都城。此事的发端起自528年尔朱荣在河阴残杀胡太后以下朝士数千人时。当时在北魏朝廷内部,孝明帝一派与胡太后一派正展开激烈的势力之争。帝党暗中取得尔朱荣的援手,察觉此事的后党于是毒杀了孝明帝。尔朱荣入洛,将太后及其党羽投入黄河,又以后党紊乱朝纲而朝臣却拱手旁观为由,杀朝士数千人。原本对荣还心存一丝期待的贵族层受到极大震撼,其中有骨气的贵族、官僚们谋划复仇。为荣所拥立的孝庄帝自己就站在这股反对势力的前列,他向纥豆陵步藩求援,同时又命高乾兄弟结集于山东。孝庄帝成功地诛杀了尔朱荣,但却为前来复仇的尔朱兆所弑。河北豪族由此加快了行动,同乡封隆之、赵郡李元忠及族人李密、李景遗、李愍,此外还有范阳卢文伟、卢曹等相互联系,欲讨灭尔朱氏。高乾、封隆之等成功地攻下信都,乡望封隆之被举为冀州刺史。

面对高欢的大兵临近,信都方面开始深感畏惧。但高乾却看透高欢的真意在于脱离尔朱氏而自行独立,于是出迎于信都城外,至此,高欢与河北贵族正式携手。五月,李元忠等受命进攻殷州,斩刺史尔朱羽生,初战告捷。这显示了贵族层对高欢的积极支持,因而才有高欢“今日反决矣”的宣告。就这样,从只有几人的“同志”开始,高欢政权逐渐发展成为涵盖北镇反民、汉人贵族等广泛社会阶层的一大势力。

(二) 东魏政权的成立与内部抗争

高欢讨平尔朱氏,将霸权握于手中的第二年(534年),他所拥立的孝武帝却西奔投于宇文泰,华北由此分为东西两个政权。高欢与孝武帝的对立始于532年。是年,高欢斩尔朱仲远帐下都督张子期。与尔朱氏关系密切的侍中斛斯椿害怕祸及于身,与元宝炬、元毗、王思政等人密谋,力劝帝诛高欢。于是洛阳政府开始实施一系列对付高欢的政策:增强亲卫军,命贺拔胜为荆州刺史,拉拢关中大行台贺拔岳等等。另一方面,高欢与贺拔岳部将侯莫陈悦联络,使悦杀岳。贺拔岳部将宇文泰于是率余众突袭侯莫陈悦而杀之。洛阳与高欢之间的关系日渐恶化,因此才有孝武帝出奔宇文泰的一幕。高欢派人追帝不成,便改立元善见(孝静帝)。同时以洛阳靠西魏、梁双方边境太近为由,匆忙决定迁都于邺。

如上所见,东西两魏分裂的出发点是高欢与孝武帝的对立,亦即霸府与朝廷的对立。值得注意的是,其时朝廷势力的中心人物为斛斯椿。斛斯氏的祖先据说是高车斛斯部的莫弗大人。[13]如姚薇元氏所论,作为高车族大人,斛斯氏在北魏前期移至代北,后随洛阳迁都而南下。[14]椿父足(一名敦)在肃宗朝为左牧令。北魏末,受河西之乱的影响,牧民之间人心浮动,椿及其家族于是投归尔朱荣,作为其亲信参加战斗,崭露头角。后来对尔朱氏暴政深感不安,终于在高欢进军洛阳前杀尔朱世隆、彦伯兄弟。结果在同高欢产生对立后,与孝武帝一起奔走关西。由上述经历来看,斛斯氏在北魏末似已走向官僚化。[15]而足、椿父子投靠尔朱氏又象征着北魏的贵族式官僚制在陷入危机之中,因为北魏政权及其官僚集团不得不依靠如尔朱氏那样的土豪势力。可是,尔朱氏的拙劣政策又将王朝及官僚推到了自己的对立面。同尔朱氏的密切关系正是斛斯椿不安的根本所在,他于是依仗洛阳政府仅存的一丝权威向高欢发起挑战。由于无兵可控,所以他要做的是必须建立一支新的军队,亲卫军的增强就有着这层含义。但是斛斯椿的力量脆弱之至,不堪一击。孝文帝与斛斯椿一起投奔宇文泰,这深刻显示出北魏式官僚制的命运是不依靠新兴军阀就保护不了自己的,这同当年北魏政府以及官僚阶层依赖于尔朱氏同出一辙。

孝静帝计划暗杀高澄(高欢长子),应该说是北魏国家对新兴军阀所作的最后抵抗。主谋者荀济,因自尊心惹祸由梁投于东魏。[16]他试图在孝静帝处一举扬名而制定上述计划,结果谋败被杀。值得注意的是,在这一事件中元瑾等帝室一族也参与其中。

就在王朝对霸府的抵抗再三受挫时,霸府内部也形成了另一种激烈的对立。高欢掌握洛阳后,在政府内安插心腹娄昭、孙腾、蔡儁、高乾、封隆之父子、李元忠、魏兰根、魏收等人。随着与孝武帝的对立日渐加深,这些人不是被杀便是逃归晋阳。但北魏朝廷在迁都邺以后,连仅存的一点力量都在急速消失。高欢以大丞相、都督中外诸军事在晋阳开府,而在邺都,则派司马子如(尚书左仆射)、高隆之(右仆射)、清河王高岳(侍中)、孙腾(侍中)等掌握朝政,人称四贵。他们是高欢称霸时的功臣,这时又被置于朝政的枢要,其势可谓如日中天。无论从出身还是从就任显官的经纬来看,他们与从来的传统贵族决非一样,[17]以史书习用的"勋贵"一词来形容,恐怕再合适不过。[18]

可是不久,高澄即被派至邺,逐渐掌握了东魏政府,并开始对这些勋贵加以压制。高隆之因受贿而受到澄的叱责,司马子如也由于同样的原因受到处分,清河王高岳外放为冀州刺史,孙腾也以贪财而受到高欢的责骂。由此可见高澄"入辅朝政"固然是为监视朝廷内的旧有势力,同时在压制功臣上也发挥了极大的功效。受压制的功臣并非只有上述四贵,还有包括尉景、娄叡在内的许多人。

高澄"入辅朝政"是在536年(东魏孝静帝天平三年),其时16岁。当时多数意见都担心他太过年少,就连其父高欢最初也没有允诺,后在孙搴的热心劝说下才得以实现。高澄能够一步一步对勋贵进行压制,固然有他自身的聪明睿智,在很大程度上还是依靠其部下的手腕,崔季舒即是其中一人。季舒出身博陵崔氏,有文学才能,为高欢大行台都官郎中,与高澄同赴邺都后任中书侍郎,负责监视孝静帝。辅佐高澄的另外一人是崔暹。暹为季舒族子,543年(东魏武定元年),由左丞吏部郎升至御史中尉,高欢为提高其御史中尉的权威还颇费心思。[19]崔暹对以司马子如为首的勋贵及魏宰一族严加弹劾,或是免官或是处以死刑,毫不留情。另外还有崔昂,他作为开府长史致力于纲纪的肃清。在高澄手下负责抑压勋贵的,还有宋游道、毕义云二人,都被列入《北齐书·酷吏传》中。

御史中尉之下有众多的御史为其手足。需要注意的是,崔暹所选任的御史多为名门出身,[20]似乎他是在有意进用这些人物。不过,其任用方针也并非只是单纯的挑选贵族子弟,从"世称其知人"这一评语就可以知道还是比较公正的,[21]例如被选用为御史的崔瞻就是兼具"才"与"望"的人物。[22]尽管如此,还是不能否定崔暹有重视望族的倾向,因此又可以说御史台压制勋贵,呈现出某些传统贵族与新兴贵族相互抗争之态。

东魏时期,发生过几起显示这种形势的事件,其中之一为高慎(乾之弟)亡命西魏。高慎本为崔暹妹婿,后与妻子离异,两者之间遂起不和。其时高慎为御史中尉,在选用御史时有着徇私的一面,高澄因此命他改选。慎怀疑这是受高澄厚遇的崔暹在背后挑唆之故,于是愤愤不平,最后决定投奔西魏。[23]这次事件的直接原因,本来是高慎与崔暹两家的不和,但作为国家功臣且声名显赫的高慎竟然亡命于西魏,不就是反映出了勋贵们对高澄、崔暹的不满么?高欢得知此事后,据说要杀暹,但在高澄的庇护下得以获免。

高欢死,侯景乘机发动叛乱,得到这一消息的众将要求处死崔暹。[24]崔暹与侯景之乱到底有何关系,史载不详。不过,受高澄排斥的司马世云依仗叔父子如的权势大肆聚敛,当朝廷欲治其罪时,从侯景发动叛乱。[25]就侯景本人来说,他早就不甘处于高澄之下,于是乘高欢死而举反旗。这里可以推测对年少的高澄以汉人贵族为心腹而压制勋贵,侯景是忍无可忍的。[26]

上述问题同时还关系到高澄作为霸王的资质问题。父亲高欢作为武将的最高统帅,威权极盛,其在世,就连侯景也不敢妄动。但是,高澄仅为高欢的下一代,资望未孚。为弥补这一弱点,高澄经常参加征战,意在获取霸者之资。[27]不过在此同时,汉人贵族的发言权也在逐渐增大。

(三) 魏齐革命的内情

549年(东魏武定七年),高澄为被俘的南方士人兰京刺杀。其时,他正与陈元康、杨愔、崔季舒等人密谈受魏禅让一事。高澄急死，其弟高洋遂为后继者。这时的一系列程序似有一定原则。东魏时期，霸王在晋阳，后继者则在邺都监视朝政，这是高欢以来的惯习。现事在火急，如果不尽早掌握晋阳重兵，或许有不测事态发生。其时高澄的死讯已为东魏所知，朝中上下额手称庆，于是在邺重臣劝说高洋急赴晋阳。第二年正月，高洋承继其兄任丞相、都督中外诸军事、录尚书事、大行台、齐郡王。

接下来的目标就是登帝位。劝说高洋受禅的是徐之才、宋景业二人。徐氏为丹阳人，父雄为南齐兰陵太守，以医术知名。之才富于才学，北魏败后徙至华北，他也长于医术，因此得诸帝礼遇，546年升至秘书监。高澄时期的官吏大调整时，其职为魏收所代。这是由于他作为来自江南的流寓者，为杨愔所排挤之故。之才对此十分不满，于是同宋景业一道劝说高洋受禅，试图以此挽回失去的地位。㉘宋景业出身于广宗豪族，精于天文，魏末任北平太守，高洋为丞相时，是其馆客。徐之才、宋景业主要通过高洋的亲信高德政（渤海郡蓨县人，高洋开府参军、知管记事）力劝受禅。㉙

高洋决心冒此一险，他致书在邺的杨愔，接着又派高德政与杨愔密谈，愔表示赞成。同时，高洋召集众将告以禅代之意，众将一时愕然无语。在此之前，母亲娄太妃知道此事曾极力反对，责高洋云："汝父如龙，兄如虎，犹以天位不可妄据，终身北面，汝独何人，欲行舜、禹之事乎！"高洋以此告徐之才，之才则以"正为不及父兄，故宜早升尊位耳"（《资治通鉴》卷163《梁纪》大宝元年五月条）之语来防止高洋动摇。上面这段对话含有重要的意义，此点将在后面叙述。高洋另外还征询斛律金的意见。斛律金在众勋将中有着重要影响，他极力表示反对，甚至进言诛杀提议者宋景业。邺下众勋贵，如清河王高岳、高隆之、司马子如、娄叡等几乎也都表示反对，㉚高洋陷入绝望之中。但徐、宋二人仍然热心地加以劝说，又以占卜得到吉兆为由，因此下定决心于暗中进行禅让的准备。参与准备的，另外还有魏收、杨愔、邢邵、崔㥄、王昕等汉人贵族。550年五月，高洋夺魏室称北齐，是为初代皇帝（显祖文宣帝）。

（四）文宣朝的抑压勋贵

文宣帝高洋以酗酒暴君闻名，其残忍的行径举不胜举。但在他约十年统治的前期，却是力图通过严守法律来确立公权，[31]并如同独裁君主一样，独自裁决政事。[32]在征战四方时，也身先士卒，显示了其作为武将的勇猛性格。[33]这些都证明他在统治前期，作为皇帝还是付出了一定的努力。文宣朝所实施的重要政策，如重新审核东魏麟趾格，百保鲜卑的创设，择汉人勇士，设立九等户制，重新铸造常平五铢钱等等，都是这一时期的产物。

文宣帝渐显狂暴，始于554年（天保五年）左右，[34]诛杀同族、功臣、官僚的事件也从那时开始频繁发生。是年，高隆之被诛。司马子如、高隆之等曾进言应摆脱崔暹、崔季舒等高澄的亲信，但文宣帝非但不听，相反还对二崔予以信任。[35]加上高隆之以前曾轻视过高洋，而且在禅让之际也没有表示赞成，这些交织在一起，结果被帝命壮士殴后死。第二年，清河王高岳亦被杀，直接原因是与文宣帝的心腹秦王归彦不和。归彦进谗言，说清河王仿帝宫营造邸宅，由此惹恼了文宣帝。与高隆之、高岳一起同被称为四贵的司马子如也遭致免官，原因是谗言崔季舒。558年，北海郡名族王昕被杀，原因是其作为贵族的傲慢态度得罪了文宣帝之故。[36]同年，永安王高浚、上党王高涣二人被杀。二王都是文宣帝的兄弟，在诸王之间享有信望，帝对此深以为惧。第二年，杜弼亦被杀。据《北齐书》卷24《杜弼传》："显祖尝问弼云：'治国当用何人？'对曰：'鲜卑车马客，会须用中国人。'显祖以为此言讥我。"杜弼的回答可以说种下了祸根。以后文宣帝在酒宴正酣之际突然想起这句话，愤怒之余，斩杀了杜弼。[37]作为文宣帝心腹，在禅让中立下功劳的高德政也于此年被杀。[38]

认为这些充满血腥味的诛杀都是文宣帝那反复无常的性格所致，未免过于轻率。可以说这些例子都是直接起因于文宣帝的自尊心受到伤害。但还应该注意到致上述人于死地的，有另外一群人的存在。上面提到的平秦王归彦就是其中之一。此外，高隆之的被诛是受崔暹、崔季舒的反击之故,司马子如同样如此。高德政与永安王浚死于杨愔之计,王昕事件则出于郑子默与杨愔的策划。

559年十月,文宣帝崩,太子殷即位。其时受遗诏辅政的有杨愔、燕子献、郑子默及平秦王归彦。如上所见,这群人与诛杀帝室、同族、功臣等一系列事件密切相关,此点极为重要。中心人物是杨愔。愔为弘农华阴出身的贵族,杨氏一门在北魏高官辈出。杨愔自己身具贵族式人格与伦理观,他为尚书令,其执政人称"推诚体道",他整治政纲,又被人誉为"主昏于上,政清于下"(《资治通鉴》卷166《梁纪》太平元年)。由此来看,他虽为宠臣,但并非只是为讨文宣帝欢心而致人于死地。也就是说,被诛杀者是他的政敌。那么,究竟存在着什么性质的对立呢?这一点且放在后节中论述,现在还是先来追踪事态的推移。

（五）孝昭帝的复古政治

高洋时期淤积的不满,在他死后一举爆发。560年(废帝乾明元年)正月,追随高洋压制诸王的高阳王高湜被太皇太后娄氏下令杖杀。二月,常山王高演为太师、录尚书事,长广王高湛为大司马、并省录尚书事,二人都是文宣帝之弟。娄氏有意让常山王演即位,但由于太子高殷已先行登基,所以只好让演掌朝政。不过这一计划又因杨愔的策划而遭顿挫,演归王邸。愔等人进而计划使二王离开晋阳,随殷去邺。这一举措让朝臣大为吃惊,因为这完全无视既是北齐的发祥地又可以说是军事首都的晋阳的地位。

杨愔等人又与同一阵营的平秦王高归彦反目,对掌握禁军的领军大将军归彦加以戒备,巩固西中府。知道此事的归彦向二王演、湛告发杨愔一派的阴谋。而杨愔一派的可朱浑天和、宋钦道主张杀掉二王,燕子献则主张软禁娄太后。杨愔等试图将二王调至外州,但又担心问题扩大,于是决定以长广王湛为并州刺史留晋阳,以常山王演为录尚书事。而诸王一方则相谋在受命时起事,结果在贺拔仁、斛律金等勋将的携手下,拿住了杨愔一派。⑨

杨愔等人被杀以后,常山王演为大丞相、都督中外诸军事、录尚书事,长广王湛为太傅、京畿大都督。国政握在晋阳的常山王手中,而长广王的任务是控制邺都。曾经为杨愔等人试图否定的晋阳—邺的二元体制至此得以恢复,显示了又回到昔日东魏的倾向。因此可以说,二王发动的宫廷政变让人感到了某种复古主义的倾向,而这在是年八月常山王即位的经过中也可看到。《北齐书》卷31《王晞传》载,常山王曾与侧近的王晞密谈曰:"比王侯诸贵每见煎迫,言我违天不祥,恐当或有变起,吾正欲以法绳之。"王晞则乘机答以"天道不恒,亏盈迭至,神幾变化,朌璺斯集。虽执谦挹,粃糠神器,便是违上玄之意,坠先帝之基",劝说应立时即位。据此可知"王侯诸贵"中期待常山王即位者不在少数。替代杨愔为宰臣的赵彦深也说:"我比亦惊此音谣,每欲陈闻,则口噤心战。弟(王晞)既发论,吾亦昧死一披肝胆",而与王晞一道力劝常山王即位。所谓"王侯诸贵",据《王晞传》"是时诸王公将校四方岳牧表陈符命",可知包括众多勋贵与武将。因此可以说,常山王诛杀杨愔一派是得到勋贵及武将的极力支持,而且常山王的即位也是在他们的推动下进行的。⑩

对孝昭帝高演,史家有着一致评价:即(1)明于吏事,勤于政务,有人君之望;(2)改文宣朝弊政,励于勤俭,养民力,文武官选用较为公正;(3)孝昭帝本人的志向合乎节制,有古雅之风;(4)不足之处在于对政治的细微之处干涉讨多,等等。⑪其具体事业,如尊重创业以来的功臣之家,追赠战殁将士,开直谏之路,兴修学校制度,抑制吏员的恣意,依照古典整备各项制度等,执行的政策都足以称作有"古雅"的政风。

(六) 武成帝与恩幸

北齐皇权在孝昭帝时看上去颇为牢固,但孝昭帝由于坠马受伤等事故,年仅二十七岁便逝去,其统治仅有一年,政情由此再陷混沌。孝昭帝一直掌政于晋阳,而令长广王湛驻邺。为防止这一二元体制给皇权带来的影响,孝昭帝立五岁皇子百年为太子,进而更迭在邺的领军将军库狄伏连,命斛律羡(光之弟)代之,意在削弱长广王的权力。此外,又用平秦王归彦之计杀废帝殷(济南王)。上述这些举措都令皇太弟长广王深感不安,心腹高元海劝湛举兵,就在犹豫之间,孝昭帝崩,于是湛遵遗诏即帝位(武成帝)。

据《北齐书》卷50《恩幸传序》,北齐政治史上极具特色的恩幸之政并非从来就有,而是始于"大宁之后"。大宁正是武成帝即位之年。武成朝恩幸的代表者是和士开,其祖先据说是商胡素和氏。㊷士开为才子,辟为长广王开府参军,由握槊、琵琶等技而得宠。长广王践祚,也随之升为侍中、开府。其狎昵于人主之态,由下面一例可见一斑。《北齐书》卷50《恩幸传·和士开》:

> (和士开)尝谓王曰:"殿下非天人也,是天帝也。"王曰:"卿非世人也,是世神也。"

这是文宣朝事。武成帝为长广王时,被其兄文宣帝搞得郁郁寡欢,因此对奉承抬高自己的臣下也就格外宠信,㊸而宠臣方面则利用主君的这一心理愈发肆无忌惮。祖珽(孝徵)也是如此。珽为范阳名族出身,曾向孝昭帝上密启而受斥责,因而转投长广王。《北齐书》卷39《祖珽传》:

> 珽善为胡桃油以涂画,乃进之长广王,因言"殿下有非常骨法,孝徵梦殿下乘龙上天"。王谓曰:"若然,当使兄大富贵。"及即位,……擢拜中书侍郎。

祖珽的目的是利用长广王的不满与野心来求得自己的发达,他在武成、后主两朝的专政即始于此时。

和士开与祖珽,出身虽异,但同为宠臣,他们与武成朝的弛缓政治有着极大的关联,二人之间既有冲突也有妥协。祖珽曾一度受和士开排挤外放为郡守,但很快又恢复如初。

武成帝即位不到四年,便将帝位禅让给太子纬,自己为太上皇,这也是和、祖二人相互妥协的产物。和士开位居权要但并无社会背景,靠的只是武成帝的恩宠,因此非常担心武成帝死后自己的处境。祖珽看穿和士开的心思,为此从旁指点,说是让皇太子即位便能维持住上皇、新帝二朝之宠。祖珽的计策立时奏效,珽自身还被超拔为秘书监,进而还指望为宰相。

不过,要实现这一目标还必须清除掉几个对手。祖珽首先打算排

除的是赵彦深、元文遥、和士开、尉瑾等人。武成帝虽说禅位,但仍掌握实权。据《北齐书》卷50《恩幸传·和士开》载云:

> (和士开)言辞容止,极诸鄙亵,以夜继昼,无复君臣之礼。至说世祖云:"自古帝王,尽为灰烬,尧、舜、桀、纣,竟复何异。陛下宜及少壮,恣意作乐,纵横行之,即是一日快活敌千年。国事分付大臣,何虑不办,无为自勤苦也。"世祖大悦。

由此可知武成帝的政治与文宣帝的统治前期或与孝昭帝自执政务有所不同。具体来说,人事、财政、军事分别委任赵彦深、元文遥与唐邕,东宫则交给冯子琮、胡长粲,而武成帝自己则是隔三四天才理一次朝政。上述这些人,冯、胡二人是胡太后亲戚,暂不多说。赵彦深、元文遥、唐邕三人是东魏以来就小心翼翼仕奉诸帝,且勤于政务的官僚,还有一点,那就是在汉人名流眼中他们都为寒门。[44]也就是说他们都是在北魏门阀主义的瓦解中得以上升的人物。

　　祖珽试图通过弹劾排斥这些人,此点值得注意。他所告发的是,和士开、元文遥、赵彦深与吏部尚书尉瑾相互结托,擅自"卖官鬻狱"。这四人之间确实有着千丝万缕的关系。赵彦深曾为勋贵司马子如贱客,尉瑾则是子如姻戚,二人的荣华全仗于此。元文遥乃魏氏疏族,和士开与北族关系颇深,这二人与鲜卑系的尉瑾互为通气。基于这些关系,四人互相推举,结果都登上了显要之位。[45]而这一点,正是身为汉人名族出身的祖珽所不能容忍的。

　　不过,赵彦深、元文遥、尉瑾等人能够占据政治中枢,也说明东魏余风尚存。结果是祖珽之谋归于失败,珽本人落至配流的命运。

(七) 后主朝的党争

　　568年(后主天统四年),武成帝崩,受其顾命的和士开权势大增。他与荒淫的武成皇后胡氏私通,胡氏宠婢陆令萱,其子穆提婆,还有兵士出身的高阿那肱等恩幸都聚集在他周围。面对和士开的专权,赵郡王高叡、冯翊王高润、安德王高延宗恼怒异常,他们与娄定远、元文遥策谋,欲使和士开外任。结果相反却掉入和士开的陷阱,赵郡王被诛。不过针对和士开的反抗并没有结束,571 年(武平二年)又有琅邪王高俨的政变。

琅邪王俨是武成帝第三子,也是父母尤其是胡后宠爱的皇子。[46]年少时,便拜侍中、中书监、京畿大都督、领军大将军、御史中丞、尚书令、录尚书事、大司徒等高级官位。武成帝赴晋阳,琅邪王则留邺都,这显示了其作为后继者的地位。胡后有意立他为太子,武成帝似乎并不反对。不过,让这种可能性成为不可能的是,和士开与祖珽策谋的武成帝就位太上皇,作为新帝即位的是现太子纬。武成帝死后,琅邪王与和士开、穆提婆之间的抗争逐渐表面化。琅邪王年少有气骨,士开等人颇为忌惮,于是计划首先夺其兵权,同时禁止与其母胡太后见面。治书侍御史王子宜以及琅邪王的侧近高舍洛、刘辟疆等劝其采取断然行动,胡太后的外家冯子琮也持相同意见。在成功地取得问和士开之罪的诏敕以后,他们即命领军将军库狄伏连抓士开斩之。但事态并没有就此结束,琅邪王等人继而集京畿大都督府兵士三千人,欲与后主对决,他们要求交出陆令萱(穆提婆之母)。其时,广宁、安德二王(皆为高澄子)也都加入到琅邪王阵营。

决定事态的关键似在北齐第一名将斛律光那里,后主与琅邪王竞相召见他。史称光听到琅邪王成功地杀掉和士开时,曾抚掌大笑曰:"龙子作事,固自不似凡人"(《北齐书》卷 12《武成十二王传·琅邪王俨》)。不过,斛律光倾向于使事态不致扩大。他首先设计解散了琅邪王的军队,对于琅邪王本人,以血气方刚为由请予赦免,而对王子宜等侧近,则处以斩刑。有人建议将参与行动的众人全部处死,但斛律光认为这些人都为"勋贵子弟",杀之会引起人心不稳,于是压住了这一意见。此外赵彦深也引《春秋》之义对光表示赞同。

可是琅邪王仍然被杀。陆令萱不断向后主进言,说是有杀之的必要。最终促使后主决心的是祖珽,他引"周公诛管叔"事,促请后主决意。其时,重臣赵彦深由祖珽的谗言正外放为西兖州刺史。

琅邪王的政变及其结果对北齐军事体制的影响很大。是年,废京畿大都督,将其合于领军将军府。很显然,这是引琅邪王用京畿府之兵与朝廷对决一事为教训的。北齐朝廷内部的安定虽然由此可以得到保证,但同时也意味着对外兵力的削减。[47]在当时诸政权分裂抗争的状况下,就北齐国家来说,这是一项失策。还有第二个问题,即斛律光的被诛事件。琅邪王死后,斛律光与祖珽二者之间的对立急速加深。斛律光对于巴结陆令萱,人称“势倾朝野”的祖珽极为憎恨,常谓诸将云:

> 边境消息,处分兵马,赵令(彦深)尝与吾等参论之。盲人[48]
> (指祖珽)掌机密来,全不共我辈语,止恐误他国家事(《北齐书》卷
> 39《祖珽传》)。

并每夜抱膝而叹“盲人入,国必破矣”(《北齐书》卷17《斛律光传》)。作为北齐名将,只要斛律光在齐周边境,即便如北周名将韦孝宽也束手无策。孝宽于是策划散布谣言,称斛律光欲自取高氏而代之。祖珽对此积极加以利用,最后终于杀掉了斛律光。据说北周武帝听到这一消息后欣喜异常,当即便在领内发布赦令。扳倒斛律光后,祖珽又与陆氏勾结,欲为领军将军。据《北齐书》卷39《祖珽传》,高元海知此事后云:“(祖)孝徵汉儿,两眼又不见物,岂合作领军也”,认为荒谬绝伦。但祖珽最后却将高元海等敌对势力赶出中央,得逞其志。

祖珽接连打倒政敌,成功地掌握了朝政,对他来说,最后的强敌是陆氏母子以及其他恩幸、宦官。斛律光被杀以后,其女斛律皇后被废,围绕新皇后的册立问题,祖、陆二人产生了深刻对立。开始是祖珽取得胜利,立胡氏(武成皇后胡氏侄女)为后,但旋即便为陆氏所推的穆氏(斛律皇后从婢)所代。祖珽向后党胡氏一族求援,但结果却是恩幸一派占据上风。祖珽左迁为北徐州刺史,最后死于其地。

在此时期,祖珽还于朝廷置文林馆召集文人,这当然是感到有必要加强自己势力的缘故。恩幸中最为跋扈的是韩长鸾(与高阿那肱、穆提婆一起号为“三贵”),《北齐书》卷50《恩幸传·韩凤》称其“尤嫉人士,……每朝士咨事,莫敢仰视,动致呵叱,辄詈云:‘狗汉大不可耐,唯须杀却’”。祖珽死后,藉以他事杀崔季舒等“汉儿文官”的,[49]正是其所为。

(八) 北 齐 的 灭 亡

北齐对勋贵、诸将、诸王或是诛杀,或是疏外,[50]连积极促成其事的

汉人贵族也陷入同样的命运之中。我们看到,在昏君与恩幸的掌权之下,北齐正一步一步变质为腐败的政权。而此时,北周在武帝的主政之下正逐步做好了伐齐的准备。曾一度于575年(北周建德四年)中止过的东征,于第二年得以恢复。是年岁暮,陷晋阳。翌年春,占邺都。后主不作任何抵抗便禅位于幼儿恒,自己仓皇东走,但父子最后俱为周军所擒。只是,整个北齐于此时是否全都如此疲软无力呢? 据《北齐书》卷13《清河王劢传》:

> 太后还至邺,周军续至,人皆恟惧,无有斗心,朝士出降,昼夜相属。劢因奏后主曰:"今所翻叛,多是贵人,至于卒伍,犹未离贰。……"

我们还可以看到,潘子晃率突骑数万欲解邺都之危;唐邕在晋阳推戴安德王高延宗,力图抗战;北齐末年,每叹息"朝危政乱"的领军将军鲜于世荣战至最后而亡;清河王高劢同样如此。尉相愿欲杀恩幸高阿那肱,废后主而立广宁王高孝珩,结果失败,广宁王自身也主张抗战。力尽降周的人物中,许多人对不能尽忠北齐而满怀悲愤。[51]直到最后仍作坚持抗战的有范阳王高绍义及高保宁、卢昌期等人,他们拥戴绍义为主,求突厥之援以作最后的抵抗。虽然最终无法力挽狂澜,但在北齐灭亡之际,这些事例显示出高氏政权的基石还没有彻底腐蚀,依然存在着。

三　汉人贵族与政治现实

(一) 北齐政治的推进者

在北齐政局中,什么样的势力握有主导权? 是北族还是汉人贵族? 针对这一问题,在这里拟提供一个初步的解答。

内田吟风氏一贯强调北族的作用。他说:"北魏的统治阶级由汉人贵族以及少数北方姓族占据。而北齐、北周则完全相反,是由鲜卑、匈奴等北族出身的贵族垄断着政权。"为此他列举了如下一些事例:如(1)以库狄干、斛律金等为首的北族官僚十分活跃;(2)因为出自鲜卑,所以高氏所行即位之礼也是对鲜卑旧礼的复活;(3)在宣传、号令,尤其是军队中,广泛使用鲜卑语;(4)文宣帝创设亲卫队百保鲜卑;(5)献言进用汉人的杜弼、高德政的被诛事件(文宣朝);(6)韩长鸾蔑视并诛杀汉族士人,等等。我们看到,在高欢所率诸势力当中确实有着大量的北族。而且,高欢深染胡风,说他属于鲜卑也并不过分。此外,作为武人,北族出身者在东魏、北齐相当活跃,这也是事实。但是,依据这些就能立即说“北人贵族垄断政权”或是“鲜卑在北齐具有优势”么?

如前一节中所概言的那样,北族或是与此有类似身份的功臣们起先作为“勋贵”威风十足,但不久,汉人贵族开始慢慢凌驾于其上,最后又遇到各种各样悲惨的政治命运。这一倾向最早出现于高欢时期,至北齐初代皇帝文宣帝统治时达至巅峰。常山王演动用武力可以说就是针对上述倾向而发的,但结果并没有挽回颓势,而琅邪王俨的行动最后也归于失败。斛律光的被杀应该说是一次象征性的事件,以此作为直接的导火索,北齐最后走向了灭亡。

如果说文宣帝时期弹压勋贵,重用崔暹、崔季舒,尤其是杨愔,那为什么还会发生如上面第(5)点那样的事件呢?杜弼之语刺激了文宣帝,是因为文宣认为那是在藐视自己(“显祖以为此言讥我”),而这与重用北人的政策并无抵触。应该说问题在于涉及到了皇帝的自尊心。[52]这一点也适用于高德政。令文宣帝成功受禅的高德政后为宰臣,对政治贡献颇多。但由于经常劝谏文宣帝的饮酒及不法行为而伤害了文宣帝的感情,尤其是他那带强制性的态度让人无法接受。在此情况下,高德政渐生畏惧,装病于佛寺,可是当接到调任冀州刺史之令时不禁一跃而起,于是以对皇帝装病为由被杀。以上是高德政被诛的经过。策谋德政就任冀州刺史一事的是政敌杨愔。处刑以后,文宣帝对群臣说的一番话,即“高德政常言宜用汉,除鲜卑,此即合死”就成为上面那种意见的根据。但文宣帝的话是为诛杀高德政而辩解,并非原因。原因始终是高德政的言行举措对文宣帝的自尊心造成了伤害之故。[53]

由此便可以看到,因为杜弼、高德政被杀就断定文宣帝推行的政策是以北人为主的说法十分牵强。从许多为文宣帝所诛杀的高官们的事例上也可以间接得到这一认识。前一节所举出的高隆之、清河王高岳、王昕、永安王高浚、上党王高涣等事件，正是因为他们侵犯了文宣帝的权威才遭致诛杀的，而这与杜弼、高德政的情况并无不同。

但如果说北齐一代不存在着"鲜卑的优势"，那么能说存在着"汉人的优势"么？这里值得注意的是，文宣帝任意诛杀宰臣高德政，而在说明其理由时所显示的态度似在维护鲜卑。他的辩解之所以能够成立，应该考虑的是这种辩解与当时的实际情况是相符的，这一点留待下节叙述。虽然很难断定北齐政权的特色为"鲜卑的优势"，但汉人贵族不能充分利用自己传统的声望，其阻碍不能不说还是由于"鲜卑"的存在。内田氏所举出的北齐末佞臣韩长鸾的事例正是如此。为与祖珽、崔季舒等"汉儿文官"对抗，他热心地进用寒微出身的军人。

如此看来，北齐政界对汉人贵族来说并不是自由的世界。[54]遭文宣帝诛杀的北海名族王昕，其贵族之风为帝所忌，骂其"好门户，恶人身"。这与北魏孝文帝相比较，让人感到二者之间的距离非常悬殊。[55]尽管如此，我们还是可以看到高澄时期的崔暹、崔季舒，文宣朝的高德政、杨愔，孝昭朝的王晞，武成帝至后主时期的祖珽等汉人贵族在君主身旁积极推动政治的情况。应该说，这些汉人贵族投身政治，看上去风光无限，但却是在门阀主义丧失作用的现实下进行的，而这正是当时汉人贵族境地的真实写照。

汉人贵族是如何参与政治的呢？如前节所述，高澄"入辅朝政"是非常大的一次转机。"入辅朝政"的目的有二：一是监视旧北魏势力，一是压制勋贵，二者原为一事。监视旧北魏势力，就霸者高氏的存在来说是必须要采取的行动。与此同时，高氏还必须对"勋贵"保持权威，而这正是由霸者所具有的双重性格决定的。霸者要想成为霸者，必须有勋贵们的协助，但另一方面，又必须以同辈中的第一人身份对待这些勋贵。前者表现的是对旧政权施加压力，而后者则表现在对勋贵加以统制。高澄"入辅朝政"，对勋贵实施压制，其时是以魏朝的权威为背景的。崔暹为御史中尉，弹压一众勋贵，就包含有这层意思。

高欢、高澄父子分别在晋阳与邺以军事首都与政治文化首都的形式进行分治，这也表现出了霸者所具有的两面性。上述双重体制贯穿于整个东魏、北齐。不过，废帝时期的杨愔曾策划把这种双重体制合二为一,武成帝以后,上述一元化的倾向也很明显。当这种倾向与皇权绝对化的意图结合在一起时,于是便引发了齐朝的危机。

由此看来,对高氏政权的掌权者而言,是否拥有统帅勋贵、武将的实际能力是必须的条件。侯景在高欢死后举反旗,原因之一就是他不承认后继者高澄的资格,因为高澄的压制勋贵引起了他相当的反感。同样,陈元康力劝高澄建武功,文宣帝高洋亲自于阵前搏杀,种种事例也都证明了这一点。因此在高氏政权,君主继承很难采用中国传统的父子继承,而兄弟继承较多的事实,也就有了一个解释。至于武成帝时期的父子继承,则是因为采用了太上皇制度这一不自然的形式。琅邪王高俨在后主时期采取军事行动,即可以说是对这一不自然形式的反抗。

高洋通过断然实行魏齐禅代而为北齐初代皇帝,那么他作为霸者的实际能力又如何呢? 我们看母亲娄太妃对他的斥责:“汝父如龙,兄如虎,犹以天位不可妄据,终身北面,汝独何人,欲行舜、禹之事乎!”对这句话,徐之才的反论则是“正为不及父兄,故宜早升尊位耳”。也就是说,试图用皇帝的权威来弥补作为霸者的不足。勋贵、众将坚决反对高洋的这一计划,也非常深刻地说明了这一事实。可以说北齐王朝的悲剧正是从这里开始酿造的。

当权威没有相应的实质而迈向绝对化时,为了弥补这二者之间的空隙必须作出种种的努力。但是急造的权威苍白而无力,它导致的只是权威保持者的焦躁与愤懑。历来对文宣帝的评语,不外暴君一语。前面看到,他的酗酒以及残忍的行为是在即位五六年以后的事。就性格而言,高洋并非那种明朗豁达的人物,而且还可以说比较阴气,但这并不意味着他缺乏理性。当高澄在世时,他害怕遭到嫌忌而拼命保身,另一方面又为将来而努力锻炼身体。即位以后,身先士卒成功地平定了四方。史书称其因征伐有功而沉湎于酒色,但这只是表面化的评价。《北齐书》卷6《孝昭帝纪》:“时文宣溺于游宴,(孝昭)帝忧愤表于神色。文宣觉之,谓帝曰:‘但令汝在,我何为不纵乐?’”他虽然前后几次决心禁酒,但都由于意志不坚而没有成功。

不过,也不能否认他的性格有着某种特异性,他的凶暴应该说是他的热情与真挚受到扭曲以后的结果。其原因何在呢? 这里并没有确凿的答案,但原因之一可能是吞并西魏(北周)的志向无法实现。⑤当时围绕宇义泰死后的继承问题,西方政情出现混乱。这对北齐来说,可谓天赐良机,不过西魏(北周)最终摆脱了这一不利。如上所述,北魏国家分裂为东西两个政权,是构成新军阀与旧政权展开抗争的首要原因。孝武帝投奔宇文氏,这对意欲继承北魏的高欢来说是一大打击。⑤由此形成了两个魏王朝,两个继承者并立在一起。北齐取代东魏,接着是北周继承西魏,但是双方争夺霸权的形式并没有变化。因此,对于想成为唯一的最高君主的文宣帝来说,不能除掉西方之敌的这一现实,对他的自尊心所造成的伤害是非常大的。

诛杀诸王、勋贵、臣僚也是出于文宣帝的自尊心,但这里必须注意到汉人贵族介于其中。他们利用文宣帝的上述心情,压制或是打击诸王、勋贵,这就为他们提高地位打通了道路。正因为如此,像高德政、王昕那样的名流也被属于同类的杨愔所打倒。如果说"主昏于上"显示的是君主权脱离其实质开始自我运动的结果的话,那么"政清于下"作为弥合君主权与其实质之间的空隙,则意味着汉人贵族把持着政界的状况。

贵族阶层通过与皇权的强固结合开始掌握政界的主导权,这一状况后来不但没有变化,相反还日渐明显,这一点在祖珽身上表现得尤为突出。祖珽通过阿谀武成帝挽回了自己在孝昭帝时期的不遇。此外,他还与在出身上有天地之隔的恩幸之徒相勾结,排挤政敌。祖珽的理想原本是想提高贵族阶层的地位,将政治世界改造为贵族的形式(后述)。他一方面怀抱这样的目的,一方面又要取悦于皇权,而且还要与本质上寄生于皇权的恩幸结为同盟,这就是贵族出身者在当时所面对的现实。在前言中曾说过,贵族的地位本来并非由王朝决定。⑤因此,贵族出身的官僚尽管为推动北齐政治作出了很大贡献,但他们的活跃难道不也显示了这种本来的属性正在丧失么?

（二）　关于所谓勋贵

虽然孝昭帝时期的政治局面出现了某种变化,但说推动东魏、北齐政治的是汉人贵族并不为过。为了稳固这一立场,必须排除成为障碍的勋贵、武将以及得到他们武力支持的诸王、官僚。但是,如果仅仅只用这两种势力的相克来理解东魏、北齐政治史的话,终究无法搞清当时汉人贵族所面临的政治现实。应该说二者在各自的存在原理上的相克才是问题的关键。这里我们有必要考察导致勋贵这一现象产生的历史现实及其意义。

所谓勋贵,指的是高欢在怀朔镇、信都举兵以及平定尔朱氏后的各个阶段中,为他掌握霸权而尽力的一群人。虽然根据参加阶段以及时期的不同,个人的地位也各有差异,但这些勋贵都与高欢一道厕身于这一动乱的时期,也都为时局的收拾发挥了作用。也就是说,依靠他们自己的力量成功地恢复了秩序,而这是北魏政权无法完成的。那么,这里的秩序恢复有着什么样的具体内容呢?

依据动乱本身的性质,整理一下上面所述高欢称霸的三个阶段,可以划分为前后二期。一个是魏朝与北方内乱民之间的抗争时期,另一个是魏朝与尔朱氏对立时期。就高欢而言,从怀朔镇到成为尔朱氏麾下为其前期,信都举兵以后则为后期。如前节所论,高欢在前期的立场并非只是一介反政府的民众,而是夹在魏朝与民众之间,并试图利用这种立场开拓自己命运的野心家。他与"同志"一起辗转于杜洛周、葛荣之间,窥伺时机的事实就证明了这一点。高欢最终离开杜、葛而投于尔朱氏继续寻求机遇,这或许是因为杜洛周、葛荣太过破坏秩序的性质,亦即民众性太过强烈使高欢感到失望之故。就这一意义而言,尔朱氏的立场与他的野心有着共通之处。尔朱氏身为北方豪族的地位,讨平内乱的功绩等就体现了这一点,而且还是企图避开内乱的官僚及士人们的一大庇护者。高欢积极推进尔朱氏的这一立场,并怂恿其干涉朝政。

高欢劝说尔朱荣行朝政、预朝事的手段,是除去左右北魏政权的胡太后一派。胡太后及其党羽代表的其实正是北魏贵族制中最为颓废的部分,[59]因此,高欢的进言指出了新秩序的建设方法。所谓新秩序建设者的使命就是在镇压内乱的同时,必须对引发内乱的体制加以改革。问题在于实行什么样的改革。应该说在这一点上尔朱氏的作法相当拙劣。为了更新洛阳的颓废气氛,尔朱氏实行的是大量杀戮及其他种种恐怖政治。毫无疑问,尔朱荣的内里深具北方豪族的素朴主义,[60]可是历经数世纪的北魏传统却无法由这种素朴性来替代或继承,[61]尤其是大量屠杀朝士,完全将统治阶层推到了敌对面上。[62]尔朱氏对待内乱民众的政策也颇有失当之处。尔朱荣以少数兵力讨平了葛荣的大军,这里可以看到他有着武将的资质,但后来尔朱兆对降民的处理却很糟糕。他无视广大民众对于身份趋向贱民化而进行的抵抗正是内乱的起因所在,相反又一次将他们置于隶属民的境遇。

尔朱氏就这样失去了新秩序的创造者的资格,同时这也就为高欢的胜利铺平了道路。高欢成功的原因是从尔朱氏手下骗得旧内乱民信从并使其发挥武力作用,此点常为研究者所提及。这种认识固然不错,但有必要对掌握旧内乱民的方法加以考虑。高欢找借口说服尔朱兆任命一个责任者以处理纷争不断的降户问题,以此得到降户的统领权。有了责任者,尔朱氏与降户的关系也就转换成尔朱氏与该责任者的关系。反过来说,作为降户的代表,责任者与降户与其说是统治与隶属不如说是一种监督与受护的关系。事实上,高欢在统领这些降户以后就着手建立这种关系,其中之一就是率领困于饥饿的降户前往山东方面就食。可以说,从统属关系上,从地理位置上,降户越是远离尔朱氏,对高欢的信赖也就愈发加深。

信都举兵使这种关系进入决定性阶段。举兵之前,高欢挑动降户对尔朱氏的反感,从而使其对自己更加忠心。据《北齐书》卷1《神武帝纪上》:

> (神武)乃诈为书,言尔朱兆将以六镇人配契胡为部曲,众皆愁怨。又为并州符,征兵讨步落稽。发万人,将遣之,孙腾、尉景为请留五日,如此者再。神武亲送之郊,雪涕执别,人皆号恸,哭声动地。神武乃喻之曰:"与尔俱失乡客,义同一家,不意在上乃尔征召。直向西已当死,后军期又当死,配国人又当死,奈何!"众曰:"唯有反耳。"神武曰:"反是急计,须推一人为主。"众愿奉神武。神武曰:"尔乡里难制,不见葛荣乎,虽百万众,尤州法,终自灰灭。今以吾为主,当与前异,不得欺汉儿,不得犯军令,生死任吾则可,不尔不能为取笑天下。"众皆顿颡,死生唯命。神武曰若不得已,明

日,椎牛飨士,喻以讨尔朱之意。

我们不能单纯地把这一系列行为看作是高欢的诡计。尔朱氏压制降户是基于契胡至上的种族意识,因而上述高欢的一席话非常准确、非常锐利地抓住了降户的心。即以北镇民在内乱中呈现出的回归自由的心情为媒介,对其加以掌握,使其军事能力为己所用。

我们还需要从较深层次来看高欢与降户的这种关系。举兵的数月之前,由洛阳的尔朱度律的安排,高欢被任命为东海大行台、第一镇人酋长。这是对逐渐成长的高欢自立势力的一项怀柔政策。尽管如此,需要注意的是第一镇人酋长的称号在制度上表现了高欢与降户的关系。众所周知,当内乱最为激烈之际,作为一项安抚降户的政策,授予各个统领者领民酋长、镇人酋长等各种称号。领民酋长制度并非新创,在北魏初期即可见到,本来是以血缘性部落为基础的部落代表制。可以推测,魏初的各个部族当中,有的成为部落解散的对象,有的则没有,前者的酋长(大人)制度由于姓族分定而改为官僚贵族制,后者则以领民酋长制的形式继续保持其原状。前者在北镇中形成镇将与府户这一身份上的隶属关系,而这当然对后者造成了深刻影响。所以,应该认为,由于内乱而更加普遍化的酋长制度并非以维持原来的性质,而是以一项对部落生活遭到破坏的镇民、流民进行安集的政策得到制定的。因此,可以推测新的领民酋长、镇人酋长的资格并不只依据是否具有本来的酋长血统,而与是否拥有现实的战斗及统帅能力有关。实际上,出身并不清楚的人得到领民酋长称号的例子并不少,[63]高欢的情况即是如此。另外,"与尔俱失乡客,义同一家"这句高欢对降户说的话,还使我们感到由于内乱,酋长制很可能有了某种拟制的性质。[64]

但拟制毕竟是拟制,是对真正制度的模仿。酋长首先是部落民的代表者,二者之间的原貌是自由民与自由民的关系,而非身份上的阶级对立。因此可以说作为内乱导火索的镇将与府户的阶级矛盾在此创造出了新的自由民组织。

上述降户后来再次被配置于晋阳,并且成为高氏的亲军。不过,构成高氏武力的并不只这些。高欢从尔朱荣的亲信都督开始,建立战功,升至晋州刺史,接着掌握了葛荣的余众(降户)。在这以前应该有着自己的部卒,而且尔朱兆还在他那里配属了一部分鲜卑兵,这些都可以说构成了高氏的亲军。此外还有一些人亲率民众结集在高欢周围,参与打倒尔朱氏的战斗。[65]与尔朱氏决战时归依高欢或是讨平尔朱氏后归降的人众等,在后来也都成为高氏势力的一部分。上述过程一直持续到高欢与孝武帝、斛斯椿发生抗争时。在高氏政权下,被称为勋贵的是作为高欢的"同志"奔走于霸业,掌握着高氏亲军或是从事霸府的建设,还有在高氏的自立过程中与之结盟的一群人。这些人中不少代代为酋长之家,或是镇将或北边豪族出身者,此外还有一些出身并不清楚的人物。[66]高欢用人,据称只问才能不问贵贱,[67]其中还有将来历不明的杀人犯用为亲信都督的例子。[68]不论酋长、镇将还是豪族子弟,他们有的卷入内乱之中,有的为内乱民众所败,许多人最后归于尔朱氏之下。但是他们已不能继续保持自己的位置,而必须在尔朱氏手下重新起步。像这样出身不一的人一起支撑着高氏政权的军事力量,一起从事霸府的建设,我们从这里似乎可以感到一种新鲜的时代氛围。此外还可以想见在其底层,领民酋长制中的那种统领与部民的新关系正在迅速扩大,并走向普遍化。

参加高欢事业的并不只限于北族人。在他率领降户东进时,河北已经出现由汉人豪族领导的打倒尔朱氏的运动。渤海高氏、封氏,赵郡李氏,范阳卢氏等,他们的目标显然是针对尔朱氏反北魏、反贵族的立场的。那么,豪族阶层的这一志向与上述北族之间出现的革新倾向是否相互矛盾呢? 二者之间的联系仅仅是靠打倒尔朱氏这一眼前的目标而形成的么? 这一问题想以渤海高乾兄弟为例作具体说明。

反对尔朱氏的汉人豪族阶层所依靠的,正是高乾兄弟的势力。高乾兄弟与李氏、卢氏一样,以"率募乡里"作为武力结集的手段,从《北齐书》卷21高氏兄弟传记的末尾处,可以略微看到其武力的构成。构成高氏势力的有二类,(1)"为之羽翼者",(2)"随其建义者"。属于这二类的有:

(1) 呼延族、刘贵珍、刘长秋、东方老、刘士荣、成五彪、韩愿生、刘桃棒。

(2) 李希光、刘叔宗、刘孟和。

　　首先从后者开始说明。李希光与高氏同为渤海蓚人,父绍为长广太守,希光随高乾起兵。刘叔宗为乐陵平昌人,举秀才,历沧州治中、谏议大夫。其兄海宝,富于侠气,高昂举兵时,率乡里袭击沧州,被昂授予权行沧州事,后被尔朱一派的刁整杀害,叔宗遂归高昂。刘孟和为浮阳饶安出身的豪侠,幽州刺史刘灵助举兵时,孟和聚集众人与高昂兄弟呼应。据此可知第(2)类人与高氏结盟时都有着自己的势力。而且还应注意李希光、刘叔宗二人都为士人出身。

　　就第(1)类人而言,高氏传里仅仅记载了东方老一人的事迹。老为安德㒼县人,家世寒微,少时凭恃武勇,作无赖行径,横行乡里,值天下大乱,“遂与昂为部曲”。据《高昂传》,昂率“乡人部曲王桃汤、东方老、呼延族等三千人”,由此可知东方老等第(1)类人直接在高氏麾下,因此用“羽翼”一词来表现。

　　综合第(1)类与第(2)类来看,高氏势力由高氏直统之兵及与高氏结盟,自率兵力者构成。而且如果高氏“乡人部曲”由类似东方老那样的寒微壮士所组成的话,第(2)类人所率领之兵当然也可作同样的推想。内乱爆发以来,北魏朝廷常常发布募兵令,以出征为条件解放杂户身份或是给予应募政府军人者以恩典。[69]在上述这些豪族所结集的武力当中,说不定就有着解放贱民身份或是募人的行动。果真若此,高氏势力虽为豪族联合,但从另一方面也应该看到其根底处有来自民众力量的新动向。

　　高昂麾下的东方老,后以战功升至鲁阳太守、南益州刺史,负责边境治安与作战,文宣朝伐陈之役,在仪同萧轨之下,与李希光、裴英起、王敬宝等将领并肩战斗。五将“名位相侔”,裴英起因是侍中,所以为军司,结果由于统制不力而遭大败;李希光前面已有叙述;萧轨似为南朝帝室出身。裴英起晋末以来虽一直在江南,但他原为河东名族出身。东方老与这些士人并列,充分反映了当时身份上的差别正在逐步缩小的风气。

　　前面曾经论述,高欢的势力有直属部分,也有来自于外部的同盟或归附的部分,要想统领这些人众,其资格在于应付现实的能力而非出身。从高欢来看,渤海高氏属于同盟与归附的部分。[70]正如至此所叙述的那样,该部分的结构本身也有直属与同盟两部分组成,而且在其武力的底层似乎还充满着各类民众对自由的希求,东方老的例子就是代表。许多细微之处还需要作进一步的考察,但不论是北人社会,还是汉人社会,所呈现出的历史潮流是朝向打破门阀的身份制度发展,而勋贵这一名称指的就是由此形成的一部分新的统治阶层。

(三)　汉人贵族中的新倾向

在这股时代的潮流中,汉人贵族以什么样的形式加入到新政权中,又是如何成为推动政治的主力的呢?以下具体地看看崔暹、崔季舒、崔昂、高德政、杨愔、王晞、祖珽等著名官僚的事例。

崔暹是博陵人,北魏末内乱时避难投于渤海高乾,其妹嫁给高乾弟慎,应是一机缘。高慎为光州刺史,暹为其长史。接着被辟为高欢弟赵郡公琛的定州开府咨议,因此有机会入晋阳,得高欢信任兼任丞相府长史。其后在邺都为左丞吏部郎,主宰麟趾格的议定。时值高澄在邺都监督朝政,于是崔暹在澄手下为御史中尉,大力压制勋贵、武将,此点前已述及。

崔季舒与暹同族,也由赵郡公琛推举补大行台都官郎中。此事似在高琛为定州刺史、六州大都督时。[71]高澄“入辅朝政”后转为大将军中兵参军,得高澄的极大信任,拔擢为中书侍郎。其时高澄还领中书监,因门下省枢机被移至中书管理,所以崔季舒的位置十分重要。高澄向魏帝致上申书时,季舒负责起草文书,并致力于监视魏朝之任。此时还因涉及取缔在邺众勋贵的违法行为而与崔暹一起受到责难。

崔昂也为博陵崔氏出身,为高澄幕僚,深得信任,与前面二人同称“三崔”。后从记室参军升至开府长史,受高澄密旨负责振刷都下的众勋贵及勋将,不久即任尚书左丞兼度支尚书这一少见的要官。

从以上三例可以看到,汉人贵族在进入政界时,其中一条途径即是成为新军阀实权人物的幕僚,得其信赖而任大官于朝,这一点从下面将要提到的高德政、杨愔、王晞、祖珽身上也可以看到。高德政是渤海蓚人,辟召为高洋的开府参军、知管记事,接下来从高欢的相府掾升至黄门侍郎。前面已看到他在魏齐革命时起了极大作用。此后进至侍中,兼摄尚书右仆射,与杨愔同掌文宣朝政纲。

再看与高德政不和,最后将其置于被诛之地的杨愔。愔为弘农华阴出身,杨氏一门在北魏末高官辈出。杨愔少年时代随父亲杨津辗转于任地,津任定州刺史时,全家为杜洛周所获,后又落于葛荣之手。葛荣欲以女妻杨愔,并授予官职,但杨愔却称病拒绝。葛荣灭后,杨愔仍是苦难不断,于是放弃仕官的念头,与友人邢邵隐居于嵩山。孝庄帝诛杀尔朱荣成功后,士人的世界看上去似得到恢复。其时从兄杨侃位在魏朝枢机,父亲杨津被命为并州刺史、北道大行台,杨愔随父一起赴任。但是孝庄帝不久为尔朱兆所弑,政情为之一变,杨愔也被抓送至相州,得脱后寄身于高乾兄弟。恰逢高欢率军至信都,杨愔于是投刺晋见高欢。在高欢手下,以行台郎中与大行台右丞负责"文檄教令",在与尔朱氏决战的韩陵之战中奋勇搏杀而名声大噪。后遭遇从兄岐州刺史幼卿的被诛事件,逃走嵩山,隐迹于嵩山及光州等地。高欢寻其踪迹,命为太原公开府司马。太原公即是高洋。其后,经同府长史历任大行台右丞、给事黄门侍郎、尚书吏部郎中。高洋为大丞相时,拔为吏部尚书。杨愔在文宣朝充分发挥其政治能力,从尚书右仆射升至尚书令。

王晞,北海剧人,王昕之弟。北魏末,起家员外散骑侍郎,以母年老为由不就实官。母亲去世,恰逢都城迁至邺,王晞也许是不能适应当时的政情,游于巩、洛的山水之间而无意前往新都。范阳卢元明、钜鹿魏季景等友人与他同怀此念,欲赴天陵山终老天年。西魏将领独孤信占领洛阳后,有意用他为开府记室,但被王晞借以他事拒绝。不过,在经历此事后王晞觉察到终究无法逃避仕官,于是在独孤信撤退后入邺。当时高欢正欲以贵族子弟为其诸子学友,王晞即被选为常山王高演(孝昭帝)友,同时还被命为中外府功曹参军,这就为以后作为政治顾问活跃于孝昭帝时打下了基础。

祖珽是范阳遒县人,起家秘书郎,升尚书仪曹郎中。他为冀州刺史万俟受洛干而作的《清德颂》极其典丽,高欢听说此事后即召为并州刺史开府仓曹参军。祖珽放纵不羁,而且还有窃盗的癖好,为此经常遭到谴责或是免官。但他有文才,通晓各种技能,还精于四夷之语,因此每次又都重返官界。他与高湛（武成帝）接近，就是倚仗其绘画的才能。武成帝即位，拔擢为中书侍郎，开始了其后波澜起伏的政治生涯。

高欢的势力虽然有着浓厚的军阀性格，但如果要成为一种政治势力，除去掌握或统制各种军队以外，财政、民政、检察、刑狱以及其他政府机能也必须要加以具备。在举兵以前的各个阶段中，这一机能以晋州刺史或东道大行台的形式出现，到平定尔朱氏后，始以大丞相府的形式得到确立。这里也就有了文官存在的理由。如上述几例所明确显示的那样，汉人贵族进入政治的大门在此得以敞开。当然这一现象并非为该时期所特有，而是整个南北朝时期所共通的。不过值得注意的是，作为这些军阀的幕僚，不光只是汉人贵族阶层，还有被称为寒门的社会阶层。

最为显著的例子即是东魏时期的"四贵"。高欢从都督到晋州刺史期间，作为其心腹（都为长史）最为活跃的是孙腾。他后来入邺，为尚书左仆射。高隆之也在此时为晋州治中、大行台右丞，以后升至录尚书事、兼侍中等。隆之出身于高平金乡，据说本姓徐氏，称高姓是因养于姑婿高氏家之故。他后与高欢结义为兄弟，称渤海高氏。由此来看，他也不能说是名族出身。高欢将"四贵"送至朝廷，是因为他们是自己最为信赖之人。

获得高氏绝大信赖的官僚还有陈元康，这从当时"三崔二张，不如一康"（《北齐书》卷24《陈元康传》）之语中即可看到。三崔为高澄心腹崔暹、崔季舒、崔昂，二张指的是高欢帐下的张亮、张纂。张亮，西河隰城人，先仕于尔朱兆，兆失败后归于高欢。他直到最后都对尔朱兆怀抱忠诚之心，这一点受到高欢的赞赏，因而对他加以重用。张纂出身代郡平城，父亲为桑乾太守。张纂为尔朱兆都督长史时便受到高欢的赏识，高欢在击败相州刺史刘诞时得纂，拔为丞相府参军事。张亮、张纂都非名族出身，陈元康也可说是寒门。[72]元康广宗人，魏末随李崇镇压内乱。东魏时期，历任高昂司徒府记室参军、瀛州开府司马，以政绩召为相府功曹参军。高欢晚年，他在霸府为大行台右丞，发挥其行政才能，到高澄时仍为重臣，得以重用。崔暹曾试图对他进行排挤。高澄遭兰京袭击时，他正参与重臣之会，结果因保护高澄而死。

东魏时期,作为高氏心腹厕身于霸业者,除了上述诸人以外,我们还可以看到孙搴、杜弼、张耀、赵起、徐远、王峻、王纮等寒族出身者。这些人的官职或为霸府主簿或是诸曹参军,与前面所举汉人贵族出身者的升迁路线相比,最初并无大差。这显示出高氏政权初期贯穿着一种贤才主义精神,名流与寒族之间没有严格的区别。上述倾向总体来说一直持续至北齐后主统治的初期,因为明显出于寒门的赵彦深在此时仍居宰臣之位。[73]

但是贵族在政治的显著上升也是东魏以后的事,它首先以弹压勋贵的形式出现。当时,勋贵倚仗功劳与权势,类似受贿或干着其他种种不法勾当的例子举不胜举。不过,史传里频繁出现这些事例,也似乎是与当时的政治问题相关联。比如,揭发受贿就常常是把政敌赶下台的手段。当然我们并不能小看这一时期弥漫在官界中的贪财之风。卖官鬻爵、收纳贿赂、苛求民众,以及财婚的风习等等,笼罩于整个社会,而这可以说是东魏北齐的特色,到北齐末的恩幸政治时,更可谓登峰造极。导致这些倾向产生的原因在哪里呢? 这一点暂不作讨论,但从北齐时期的商人活动中可以感到货币经济的盛行,即可以想象到货币经济的发展对门阀主义的身份社会起到了某种分解作用。这不单使非贵族出身者从宦与婚两个方面得到抬头的机会,同时也使从来的门阀主义价值基准在贵族出身者中发生动摇。[74]

因此,又可以把崔暹等人以肃正纲纪为由对勋贵实施的弹压看作是他们对时代风气所做的抵抗。但如果这样思考的话,成为问题的就是史书的写法。因为在那里,崔暹等人的立场是非常公正的,而错处全都在勋贵一方。作为一种政治道德来说,这或许较为妥当。为什么这么说呢? 因为只要政治将保证社会秩序作为一项职责,那么一定的公正是有其必要性的。就此意义而言,作为新时代的产物,勋贵并不知道要把这一新的时代情势固定成为一种政治体制,而只是沉醉于自己的权势之中。汉人贵族们之所以能够保持住政治的优势,正是由于勋贵们有着这些弱点的缘故。

可是,汉人贵族所推行的政治内容又如何呢? 值得注意的是东魏末杨愔为吏部尚书以后,官吏进用的原则变成以贵族为中心。杨愔以进用人才为己任,然《北齐书》卷34本传说他"取士多以言貌,时致谤言,以为憎之用人,似贫士市瓜,取其大者"。言语与容貌,作为最能代表贵族的基本条件一直受到贵族的重视。出身于贵族的高官进用贵族子弟的例子,在前面可以看到崔暹的御史选用。但同一时期,在尚书令兼吏部尚书高澄之下改选尚书时,水部郎赵彦深以寒族而被外放为沧州别驾。此外,武成朝以后的祖珽也废黜"诸阉竖及群小辈",大力推举士人。祖珽想尽办法将赵彦深赶出中央,就是因为他的理念在于,政界的指导者必须为贵族。

在贵族官僚所实行的上述官吏进用方针以外,还有另外一群官僚在采用别的原则。例如辛术从东魏到文宣朝一直掌握着吏部,其"取士以才器,循名责实,新旧参举,管库必擢,门阀不遗"(《北齐书》卷38《辛术传》)的进用方针是一种极为折衷的方法,因而受到时人的称赞。如本书第二编第二章所述,北魏以来的官吏任用有门阀主义与贤才主义两种原理,它们在与各种事件的关联之中相互斗争,一起构成了北魏至齐、周的一条基线。贤才主义与其说是对贵族社会本身加以否定,不如说是力图纠正门阀主义而使士人世界摆脱危机,一句话,就是试图将门阀出身或非门阀出身统一在各自的才能上。辛术的折衷主义应该说代表的正是贤才主义,遭受门阀主义者排挤的赵彦深也可以说处于同一立场。他常常担任选职,推举人物只重行为,不采"轻薄之徒"。所谓"轻薄之徒"就是只炫耀士人的外表,华而不实的一群人。因此彦深的用人与重视"言貌",人称"失于浮华"的杨愔正好形成对照。⑦⑤

关于"轻薄"、"浮华"的代表例,可以举出魏收、祖珽等人。⑦⑥但当时,这毋宁说是在贵族社会一般流行的风潮。推动东魏、北齐政治的贵族们首先是以文才而进用于霸府的,这方面的事例应该说与上述风潮有关。即他们作为社会的统治阶层,在其各种能力的一面上,与新政权结合在了一起,而另一面即社会秩序的维持能力(尤其是军事力)却不得不委之于军阀势力。这,还不是贵族阶层的全部。比如高乾兄弟以及李元忠,毋宁说是以武人的身姿登场的,但从高慎之例可以看到,在文人贵族眼里他们却是令人忌恨的勋贵。那么应如何认识贵族本来的面貌呢? 虽然对这一问题的解答现在还没有作好准备,但从高乾兄弟以及李元忠那豁达磊落的态度之中,似乎能让我们感受到某种东西。

高氏以及李氏视尔朱氏掌握权力为对贵族阶级的挑战,于是将自己的力量结集并组织起来,欲与之一战。这一态度正是他们尔后容纳东方老那样的寒人,与高欢同盟,甚至与葛荣取得联系的根本动机。[⑦]李元忠曾经设宴招待高欢,戏称"若不与侍中,当更觅建义处"(《北齐书》卷22《李元忠传》),由此也可见在这些人那里,雄心依然。

另一方面,也有面对新政权放弃仕官之念的人,[⑧]还有因表现出轻视新政权的态度而招致诛杀的贵族。[⑨]杨愔的心底或许与这些人有着某种共通之处。因此可以想象,当他们再次登上官途并作为宰臣行使权力时,先前的那种消极性在性质不变的情况下正在转为积极性。作为官僚,无论怎样忠实地勤于政务,他们所企图的依旧是如何让门阀世界得到复活。他们藏身于君主权的影子里推动这一目标。[⑩]刚开始作为幕僚,渐渐地掌握了国家政纲,最后终至左右政权的基础即军队的地步。但仔细想来,这一军事力不正是从尔朱氏那里保住贵族阶级的基本力量么?他们自身的立脚之处于是乎就此出现了动摇。

针对贵族垄断政权的抵抗,一般是以宫廷政变的形式出现而非内乱,其原因还有待于说明。不过从结果来看,由于北周的吞并,使问题得以解决。因此,西魏—北周的政治体制研究就成为一项非常重要的课题。

---

①　冈崎文夫《魏晋南北朝通史》,页355。

②　参见第二编第一章。

③　参见宫崎市定《九品官人法的研究》页430,以及本书第二编第一章。

④　强调北族要素的论文有内田吟风《北朝政局中鲜卑、匈奴等诸北族系贵族的地位》(收入《匈奴史研究》)。另外,守屋美都雄《东洋中世史》(有斐阁,1953年)页55—56也作了如下一番概述:"高欢是获得众多鲜卑系部民支持的人物,因而对于北魏的汉化政策采取了异常反动的立场。因此可以说高欢提高了走下坡路的兵户的社会地位,在其治下鲜卑人也广泛地就任大官,而且还可以看到胡风、胡语的重新流行。"与这两者的观点不同,宫川尚志氏指出:"高欢秉承魏末北族崛起的余波,调停汉蛮两者,尽力纳其于自己伞下,并没

有对北族特别加以尊重的倾向。甚至可以说承认汉人豪族的地位,如仁恕爱士所评的那样,对范阳卢景裕的反叛之心予以宽容并使其讲授儒学,对文武官的贪贿往往予以放任,欲与梁或宇文氏为伍以博取人望"(《六朝史研究政治社会篇》,页426—427)。对于北齐初代皇帝文宣帝高洋,宫崎市定氏曾作过如下叙述,提出了与内田说正相反的见解:"文宣帝对鲜卑人是冷酷的,而可以说喜欢中原人、西域人。他的皇后是中原的李氏,即位以后,不顾一族的非鲜卑族出身者不能为天下母的反对,立李氏为皇后。因用中原人杨愔委以内政,而在另一方面被人称为主昏于上,政清于下,对此鲜卑人是抱有极大反感的,这一点不容忽视。文宣帝死,幼弱的太子一即位,反对就即刻而至。文宣帝弟常山王演与斛律金、贺拔仁等宿将策划,杀掉杨愔的同时废掉幼帝,自即帝位"(《素朴主义的民族与文明主义的社会》,富山房,1940年,页119,后收入《宫崎市定全集》第2卷,岩波书店,1992年)。内田氏说文宣帝为汉人史家所嫌恶,关于这一点,实际上冈崎文夫氏也有同样趣旨的议论,他说"与南朝齐的东昏一样暴虐,因而在一般汉族的世论中是最不受欢迎的君主(《魏晋南北朝通史》,页408)。这里所强调的"一般汉族"这一点,值得注意。

⑤ 滨口重国《高齐出身考》(《史学杂志》49—7、8,后收入《秦汉隋唐史研究》下)。

⑥ 《北齐书》卷9《神武娄后传》载高欢与娄氏的结婚经过如下:"(娄氏)少明悟,强族多聘之,并不肯行。及见神武于城上执役,惊曰:'此真吾夫也。'乃使婢通意,又数致私财,使以聘己,父母不得已而许焉。"此说真伪难辨,不过却暗示了豪族的危机日益加剧的时代气氛以及通过内乱爆发而产生的新的人际关系,这一点颇具意义。娄氏为北边豪族一事可见《北齐书》卷15《娄昭传》。

⑦ 《魏书》卷18《广阳王深传》所载元渊的上书,参见第二编第三章。

⑧ 《北齐书》卷1《神武帝纪上》。

⑨ 段荣为娄氏姐夫,原为武威的豪族,世居北方,父连为安北府司马。娄昭是娄氏之弟。

⑩ 司马子如为河内司马氏末裔,据说其先祖在西晋末大乱中奔于西北,因北魏征服北凉而移住于云中。即便这一记载属实,其家也是长期远离贵族社会的。刘贵的出身不明。贾显智之父道监为沃野镇长史,兄显度为薄骨律镇别将,但在北镇的反乱时率领镇民避难于尔朱荣处。孙腾据说原本为咸阳石安人,其祖先虽曾为北凉的中书舍人,但在国家败后被徙至北边。侯景有人说是朔方人,也有人说是雁门人,似从一介的军士跃为怀朔镇的下级役人。蔡俊也是如此,其父普在防守北镇之乱时被授予宁朔将军、安上县男,但并不能说明原来就是高官。段长虽为怀朔镇将,但看中了高欢的为人而将子孙予以

托付。庞苍鹰似为无官之士，在太原与豪侠有所交往，使高欢住于其家，知其为人，这大致在高欢往返于怀朔镇与洛阳之间的时期。

⑪　"孝昌元年，柔玄镇人杜洛周反于上谷，神武乃与同志从之。丑其行事，私与尉景、段荣、蔡儁图之"（《北齐书》卷1《神武帝纪上》）。

⑫　关于费也头，有唐长孺氏的研究（《拓跋国家的建立及其封建化》，见《魏晋南北朝史论丛》）。该文认为费也头是一种从事牧畜劳动的隶属民。此外，还有费也头牧子连称的情况。

⑬　姚薇元《北朝胡姓考》，页306。另据同书页33，莫弗（莫何弗）为酋长之意。

⑭　同上。

⑮　据《魏书》卷103《高车传》，高车族本身在魏初的部落解散政策中被视为例外，由此可见其未开化的程度。不过后来其中一部分似乎逐步走向开化。斛斯椿之子徵等人五岁时诵《孝经》、《周易》，对北周礼乐制度的整备作出了贡献（《周书》卷26《斛斯徵传》）。

⑯　《北史》卷83本传。

⑰　清河王高岳是高欢的从父弟。高隆之据说本姓徐氏，高平金乡出身，父幹为北魏的白水太守。隆之为姑父高氏所养，因而改高姓。立下功名以后，与高欢结为从兄弟，称勃海高氏。由以上可知其家世并不显赫。司马子如、孙腾见注⑩。

⑱　有关勋贵之语，有如下几例：

"（韩）晋明有侠气，诸勋贵子孙中最留心学问"（《北齐书》卷15《韩轨转》）。

"高祖问内贼是谁，弼曰：'诸勋贵掠夺万民者皆是'"（同上卷24《杜弼传》）。

"时勋贵多不法，文襄（高澄）无所纵舍，外议以季舒及崔暹等所为，甚被怨疾"（同上卷39《崔季舒传》）。

⑲　"高祖书与邺下诸贵曰：'崔暹昔事家弟（赵郡公琛）为定州长史，后吾儿开府咨议，及迁左丞吏部郎，吾未知其能也。始居宪台，乃尔纠劾。咸阳王（坦）、司马令并是吾对门布衣之旧，尊贵亲昵，无过二人，同时获罪，吾不能救，诸君其慎之'"（《北齐书》卷30《崔暹传》）。

⑳　"中尉崔暹精选御史，皆是世胄，广独以才学兼御史，修国史"（《北齐书》卷45《李广传》）。另，以下数人此时被选用为御史：毕义云、宋钦道（广平人，北魏吏部尚书弁之孙）、李恺、崔瞻（清河人，㥄之子）、杜蕤、稽晔、郦伯伟、崔子武。

㉑　崔暹的前任者是与高欢在信都结盟起兵的高乾兄弟中的一人高慎。高慎选用御史的情形如下："寻征为御史中尉，选用御史，多其亲戚乡闾，不称朝望，世宗奏令改选焉。慎前妻吏部郎中崔暹妹，为慎所弃。暹时为世宗委任，慎

谓其构己,性既狷急,积怀愤恨,因是罕有纠劾,多所纵舍。高祖嫌责之,弥不自安。出为北豫州刺史,遂据武牢降西魏"(《北齐书》卷21《高慎传》)。

㉒　"崔暹为中尉,启除御史,以才望见收,非其好也"(《北齐书》卷23《崔瞻传》)。

㉓　参照注㉑。另据《北史》卷31《高慎传》,高澄欲将其妹嫁与崔暹为妻(到文宣朝得以实现),两者的关系日益紧密。另一方面,高慎与暹妹离异之后,娶了才色兼美的赵郡李氏之女为妻,而高澄曾调戏未遂,于是高澄、崔暹对高慎的关系越发恶化。

㉔　《北齐书》卷24《陈元康传》。

㉕　"世云本无勋业,直以子如故,频历州郡。恃叔之势,所在聚敛,仍肆奸秽。将见推治,内怀惊惧,侯景反,遂举州从之"(《北齐书》卷18《司马子如传》)。

㉖　"侯景素轻世子,尝谓司马子如曰:'王在,吾不敢有异,王无,吾不能与鲜卑小儿共事。'子如掩其口"(《北齐书》卷2《神武帝纪下》)。

㉗　"(周将)王思政入颍城,诸将攻之,不能拔。元康进计于世宗曰:'公匡辅朝政,未有殊功,虽败侯景,本非外贼。今颍城将陷,愿公因而乘之,足以取威定业。'世宗令元康驰驿观之。复命曰:'必可拔。'世宗于是亲征,既至而克,赏元康金百铤"(《北齐书》卷24《陈元康传》)。

㉘　《北齐书》卷33《徐之才传》。

㉙　《北齐书》卷49《方伎传·宋景业》。

㉚　娄太妃以及诸勋贵反对高洋受禅有如下理由:"时自娄太后及勋贵臣,咸云关西既是劲敌,恐其有挟天子令诸侯之辞,不可先行禅代事。之才独云:'千人逐兔,一人得之,诸人咸息。须定大业,何容翻欲学人。'又援引证据,备有条目,帝从之"(《北齐书》卷33《徐之才传》)。这与上面的娄氏之语合起来看,就表明了高洋并未具备超越魏室权威而树立新权威的实质。这一实质只有在吞并西魏或至少对西魏占据压倒性优势时才能显示出来。为此,诸勋将的强烈支持与协助就必不可少。

㉛　"初践大位,留心政术,以法驭下,公道为先。或有违犯宪章,虽密戚旧勋,必无容舍,内外清靖,莫不祗肃"(《北齐书》卷4《文宣帝纪》)。

㉜　"至于军国幾策,独决怀抱,规模宏远,有人君大略"(《北齐书》卷4《文宣帝纪》)。

㉝　"每临行阵,亲当矢石,锋刃交接,唯恐前敌之不多,屡犯艰危,常致克捷"(《北齐书》卷4《文宣帝纪》)。

㉞　"既征伐四克,威振戎夏,六七年后,以功业自矜,遂留连耽湎,肆行淫暴"(《北齐书》卷4《文宣帝纪》)。

"自天保五年已后,一人丧德"(同上卷 34《杨愔传》)。

"天保五年之后,虽罔念作狂,所幸之徒唯左右驱驰,内外亵狎,其朝廷之事一不与闻"(同上卷 50《恩幸传》)。

"(天保)五年春正月癸丑,帝讨山胡大破之,男子十二已上皆斩,女子及幼弱以赏军士,遂平石楼。石楼绝险,自魏代所不能至。于是远近山胡,莫不慑伏。是役也,有都督战伤,其什长路晖礼不能救,帝命刳其五藏,使九人分食之,肉及秽恶皆尽。自是始行威虐"(《北史》卷 7《齐纪中》)。

"天保受命,迄于五祀,黄初泰始,不能远尚,爰及中年,诞纵昏德,以万乘之贵,为长夜之饮,散发视朝,肉袒听政"(《文苑英华》卷 751 卢思道《北齐兴亡论》)。

㉟ "显祖初嗣霸业,司马子如等挟旧怨,言遄罪重,谓宜罚之。高隆之亦言宜宽政网,去苛察法官,黜崔遄,则得远近人意。显祖从之。及践祚,潜毁之者犹不息。帝乃令都督陈山提等搜遄家,甚贫匮,唯得高祖、世宗与遄书千余纸,多论军国大事。帝嗟赏之。仍不免众口,乃流遄于马城,昼则负土供役,夜则置地牢。岁余,奴告遄谋反,锁赴晋阳,无实,释而劳之。寻迁太常卿。帝谓群臣曰:'崔太常清正,天下无双,卿等不及'"(《北齐书》卷 30《崔遄传》)。另,"司马子如缘宿憾,及尚食典御陈山提等共列其过状,由是季舒及遄各鞭二百,徙北边。天保初,文宣知其无罪,追为将作大匠,再迁侍中。俄兼尚书左仆射、仪同三司,大被恩遇"(同上卷 39《崔季舒传》)。高洋也抵挡不住反对派的意见,一旦陷其罪,但似乎并非出于自己本意。

㊱ "显祖以昕疏诞,非济世所须,骂之曰:'好门户,恶人身。'……帝后与朝臣酣饮,昕称病不至。帝遣骑执之,见其方摇膝吟咏,遂斩于御前,投尸漳水,天保十年也"(《北齐书》卷 31《王昕传》)。《北史》卷 24《王昕传》略同,唯无昕死年记载。按《资治通鉴》卷 167《陈纪》武帝永定二年记王昕被杀事,则王昕死于北齐天保九年(558 年),今从《通鉴》说。

㊲ "及显祖作相,致位僚首,初闻揖让之议,犹有谏言。显祖尝问弼云:'治国当用何人?'对曰:'鲜卑车马客,会须用中国人。'显祖以为此言讥我。……弼恃旧仍有公事陈请。十年夏,上因饮酒,积其愆失,遂遣就州斩之"(《北齐书》卷 24《杜弼传》)。

㊳ "显祖末年,纵酒酗醉,所为不法,德政屡进忠言。后召德政饮,不从,又进言于前,谏曰:'陛下道我寻休,今乃甚于既往,其若社稷何,其若太后何!'帝不悦,又谓左右云:'高德政恒以精神凌逼人。'德政甚惧,乃称疾屏居佛寺,……德政见除书而起。……遂曳出斩之。……显祖谓群臣曰:'高德政常言宜用

汉,除鲜卑,此即合死……’”(《北齐书》卷30《高德政传》)。

㊴　在这次政变中,娄太后似乎也参与了谋划(《北齐书》卷9《神武娄后传》)。

㊵　高演欲用汉人贵族王晞为政治顾问,因而对武将非常在意。“有顷,奏赵郡王叡为(大丞相府)左长史,晞为司马。每夜载入,昼则不与语,以晞儒缓,恐不允武将之意”(《北齐书》卷31《王晞传》)。从这里也可以想象到政变的性质。

㊶　《北齐书》卷6《孝昭帝纪》、卢思道《北齐兴亡论》(注㉞引《文苑英华》卷751)。

㊷　“和士开,字彦通,清都临漳人也。其先西域商胡,本姓素和氏。父安,恭敏善事人,稍迁中书舍人。魏孝静尝夜中与朝贤讲集,命安看斗柄所指,安答曰:‘臣不识北斗。’高祖闻之,以为淳直。后为仪州刺史。士开幼而聪慧,选为国子学生,解悟捷疾,为同业所尚”(《北齐书》卷50《恩幸传·和士开》)。父子都为典型的寒士。

㊸　“初斑于乾明、皇建之时,知武成阴有大志,遂深自结纳,曲相祗奉。武成于天保世频被责,心常衔之。斑至是希旨,上书请追尊太祖献武皇帝为神武,高祖文宣皇帝改为威宗景烈皇帝,以悦武成,从之”(《北齐书》卷39《祖斑传》)。

㊹　“赵彦深,自云南阳宛人,汉太傅熹之后。高祖父难,为清河太守,有惠政,遂家焉。……本名隐,避齐庙讳,改以字行。父奉伯,仕魏位中书舍人、行洛阳令。……(彦深)初为尚书令司马子如贱客,供写书。子如善其无误,欲将入观省舍。隐靴无毡,衣帽穿弊,子如给之。用为书令史,月余,补正令史。神武在晋阳,索二史,子如举彦深。后拜子如开府参军,超拜水部郎。及文襄为尚书令摄选,沙汰诸曹郎,隐以地寒被出为沧州别驾,辞不行。子如言于神武,征补大丞相功曹参军,专掌机密,文翰多出其手,称为敏给。……(神武)每谓司徒孙腾曰:‘彦深小心恭慎,旷古绝伦。’……文宣嗣位,仍典机密,进爵为侯。天保初,累迁秘书监,以为忠谨。……河清元年,进爵安乐公,累迁尚书左仆射、齐州大中正、监国史,迁尚书令,为特进,封宜阳王。武平二年,拜司空,为祖斑所间,出为西兖州刺史。……彦深历事累朝,常参机近,温柔谨慎,喜怒不形于色。自皇建以还,礼遇稍重”(北齐书》卷38《赵彦深传》)。
“元文遥,字德远,河南洛阳人,魏昭成皇帝(什翼犍)六世孙也。五世祖常山王遵。父晞,有孝行。父卒,庐于墓侧而终。……(文遥)以天下方乱,遂解官侍养,隐于林虑山。武定中,文襄征为大将军府功曹。……孝昭摄政,除大丞相府功曹参军,典机密。及践祚,除中书侍郎,封永乐县伯,参军国大事。及帝大渐,与平秦王归彦、赵郡王叡等同受顾托,迎立武成。即位,任遇转隆,……既与赵彦深、和士开同被任遇,虽不如彦深清贞守道,又不为士开贪淫乱政,在于季、孟之间。然性和厚,与物无竞,故时论不在彦深之下”(同上

卷38《元文遥传》)。元文遥在魏室可以说是疏族。

"唐邕,字道和,太原晋阳人,其先自晋昌徙焉。父灵芝,魏寿阳令。邕少明敏,有治世才具。太昌初,或荐于高祖,命其直外兵曹,典执文帐。邕善书计,强记默识,以干济见知,擢为世宗大将军府参军。……显祖或时切责侍臣不称旨者:'观卿等举措,不中与唐邕作奴。'其见赏遇多此类。肃宗作相,除黄门侍郎。于华林园射,特赐金带宝器服玩杂物五百种。……邕性识明敏,通解时事,齐氏一代,典执兵机。凡是九州军士、四方勇募,强弱多少,番代往还,及器械精粗、粮储虚实,精心勤事,莫不谙知"(同上卷40《唐邕传》)。

㊺ "尉瑾,字安仁。父庆宾,为魏肆州刺史。瑾少而敏悟,好学慕善。稍迁直后。司马子如执政,瑾娶其外生皮氏女,由此擢拜中书舍人。……肃宗辅政,累迁吏部尚书。世祖(武成帝)践祚,赵彦深本子如宾僚,元文遥、和士开并帝乡故旧,共相荐达,任遇弥重。又史部铨衡所归,事多秘密,由是朝之幾事,颇亦预闻"(《北齐书》卷40《尉瑾传》)。

㊻ 《颜氏家训·教子》。不过,颜之推认为琅邪王发动宫廷政变的动机在于父母太过于宠爱,似乎把这一事件仅仅归结于个人的问题。

㊼ "始奏罢京畿府,并于领军,事连百姓,皆归郡县。宿卫都督等号位从旧官名,文武章服并依故事"(《北齐书》卷39《祖珽传》)。此外,有关东魏以来的军制,可参见滨口重国《东魏的兵制》(《东洋学报》24—1,后收入《秦汉隋唐史研究》上)。

㊽ 祖珽欲将和士开等人断罪,自己反被流放光州。他在地牢中使用芜菁子(类似菜种)为灯,结果由于煤烟熏而失明。失明后,他对权势的贪欲仍非常人所及。这似乎象征了当时的汉人贵族为挽回地位而作的拼命努力。具体情况参见《北齐书》、《北史》本传。

㊾ "祖珽受委,奏季舒总监内作。珽被出,韩长鸾以为珽党,亦欲出之。属车驾将适晋阳,季舒与张雕议:以为寿春被围,大军出拒,信使往还,须禀节度;兼道路小人,或相惊恐,云大驾向并,畏避南寇;若不启谏,必动人情。遂与从驾文官连名进谏。……长鸾遂奏云:'汉儿文官连名总署,声云谏止向并,其实未必不反,宜加诛戮。'帝即召已署表官人集含章殿,以季舒、张雕、刘逖、封孝琰、裴泽、郭遵等为首,并斩之殿庭,长鸾令弃其尸于漳水"(《北齐书》卷39《崔季舒传》)。另外,同上卷45《文苑传·颜之推》所录《观我生赋》注有"时武职疾文人,之推蒙礼遇,每搆创痏。故侍中崔季舒等六人以谏诛"云云。韩长鸾的行为即是"武职"与"文人"相争的产物。但是,能说韩氏自己就是站在一般"武职"的立场上么? 其实也未必。"凤(长鸾)于权要之中,尤嫉人士,崔季舒

等冤酷，皆凤所为。每朝士咨事，莫敢仰视，动致呵叱，辄詈云：'狗汉大不可耐，唯须杀却。'若见武职，虽厮养末品，亦容下之"（同上卷50《韩凤传》）。之所以能如此站在"武职"优遇者的立场上，是因为作为恩幸与皇权结合在一起的缘故，而一般的"武职"却受到同一皇权的压制。在这种自相矛盾之中，无论韩长鸾如何想优遇"武职"，只能是增加恩幸政治的颓废性。

(50) 即便在武成、后主朝，诛杀诸王、武将的事件不但层出不穷，而且频度还在增加，这里举以《兰陵王入阵曲》而有名的兰陵王长恭（高澄第四子）一例："芒山之捷，后主谓长恭曰：'入阵太深，失利悔无所及。'对曰：'家事亲切，不觉遂然。'帝嫌其称家事，遂忌之。及在定阳，其属尉相愿谓曰：'王既受朝寄，何得如此贪残？'长恭未答。相愿曰：'岂不由芒山大捷，恐以威武见忌，欲自秽乎？'长恭曰：'然。'相愿曰：'朝廷若忌王，于此犯便当行罚，求福反以速祸。'长恭泣下前膝，请以安身术。相愿曰：'王前既有勋，今复告捷，威声太重，宜属疾在家，勿预事。'长恭然其言，未能退。及江淮寇扰，恐复为将，叹曰：'我去年面肿，今何不发。'自是有疾不疗。武平四年五月，帝使徐之范饮以毒药。长恭谓妃郑氏曰：'我忠以事上，何辜于天，而遭鸩也。'妃曰：'何不求见天颜？'长恭曰：'天颜何由可见。'遂饮药薨。……长恭貌柔心壮，音容兼美。为将躬勤细事，每得甘美，虽一瓜数果，必与将士共之"（《北齐书》卷11《兰陵武王长恭传》）。

(51) "初闻晋州败，请出兵北讨，奏寝不报，永业慨愤。又闻并州亦陷，为周将常山公所逼，乃使其子须达告降于周"（《北齐书》卷41《独孤永业传》）。

"周帝自邺还至晋州，遣高阿那肱等百余人临汾召伏。伏出军隔水相见，问至尊今在何处。阿那肱曰：'已被捉获，别路入关。'伏仰天大哭，率众入城，于厅事前北面哀号良久，然后降。周帝见之曰：'何不早下？'伏流涕而对曰：'臣三世蒙齐家衣食，被任如此，革命不能自死，羞见天地'"（同上卷41《傅伏传》）。

"周师入邺，亮于启夏门拒守。诸军皆不战而败，周军于诸城门皆入，亮军方退走。亮入太庙行马内，恸哭拜辞，然后为周军所执"（同上卷10《高祖十一王传·襄城景王淯》）。

(52) 参照注㊲。

(53) 参照注㊳。

(54) 注㊾所引颜之推《观我生赋》注就充分显示出了这种气氛。

(55) 如果用同样的语言显示孝文帝的立场，应该便是"好门户，即好人身"。参见第二编第二章。

(56) "尝于东山游宴，以关陇未平，投杯震怒，召魏收于御前，立为诏书，宣示远近，将事西伐”(《北齐书》卷4《文宣帝纪》)。

(57) “(天平元年)八月甲寅,召集百官,谓曰:‘为臣奉主,匡救危乱,若处不谏争,出不陪随,缓则耽宠争荣,急便逃窜,臣节安在!’遂收开府仪同三司叱列延庆、兼尚书左仆射辛雄、兼吏部尚书崔孝芬、都官尚书刘廞、兼度支尚书杨机、散骑常侍元士弼并杀之,诛其贰也。士弼籍没家口”(《北齐书》卷2《神武帝纪下》)。这里显示出的不宽容一面,与高欢平时为人颇异。

(58) “㥄居门下,恃预义旗,颇自矜纵。……寻除徐州刺史,……初㥄为常侍,求人修起居注。或曰:‘魏收可。’㥄曰:‘收轻薄徒耳。’更引祖鸿勋为之。既居枢要,又以卢元明代收为中书郎,由是收衔之。及收聘梁,过徐州,㥄备刺史卤簿而送之,使人相闻魏曰:‘勿怪仪卫多,稽古之力也。’收报曰:‘白崔徐州,建义之勋,何稽古之有!’㥄自以门阀素高,特不平此言。收乘宿憾,故以此挫之。……㥄每以籍地自矜(㥄为清河东武城人),谓卢元明曰:‘天下盛门,唯我与尔,博崔、赵李,何事者哉!’崔暹闻而衔之。高祖葬后,㥄又窃言:‘黄颔小儿,堪当重任不?’”(《北齐书》卷23《崔㥄传》)此例似可说明,通过与军阀的密切联系而获致高官,就一般汉人贵族而言,可说是心中有愧。而魏收抓住的正是这一点。

(59) 参照第二编第二章。

(60) “荣性好猎,不舍寒暑,至于列围而进,必须齐一,虽遇阻险,不得回避,虎豹逸围者坐死。其下甚苦之。太宰元天穆从容谓荣曰:‘大王勋济天下,四方无事,惟宜调政养民,顺时蒐狩,何必盛夏驰逐,伤犯和气。’荣便攘肘谓天穆曰:‘太后女主,不能自正,推奉天子者,此是人臣常节。葛荣之徒,本是奴才,乘时作乱,妄自署假,譬如奴走,擒获便休。顷来受国大宠,未能开拓境土,混一海内,何宜今日便言勋也! 如闻朝士犹自宽纵,今秋欲共兄戒勒士马,校猎嵩原,令贪污朝贵入围搏虎。仍出鲁阳,历三荆,悉拥生蛮北填六镇。回军之际,因平汾胡。明年简练精骑,分出江淮,萧衍若降,乞万户侯。如其不降,径渡数千骑,便往缚取。待六合宁一,八表无尘,然后共兄奉天子,巡四方,观风俗,布政教,如此乃可称勋耳。今若止猎,兵士懈怠,安可复用也’”(《魏书》卷74《尔朱荣传》)。

(61) 尔朱荣起先计划为一举清除掉洛阳的旧势力而迁都晋阳,但是在见到洛阳宫城后,为其壮丽所惊,认为决非一朝一夕之间能够迁都的,只好放弃(《北史》卷19《元谌传》)。

(62) “及荣称兵入洛,私告绍宗曰:‘洛中人士繁盛,骄侈成俗,若不加除剪,恐难制驭。吾欲因百官出迎,仍悉诛之,谓可尔不?’绍宗对曰:‘太后临朝,淫虐无道，天下愤惋，共所弃之。公既身控神兵，心执忠义，忽欲歼夷多士，谓非长策，深愿三思。’荣不从”（《北齐书》卷20《慕容绍宗传》）。慕容绍宗的意见是，虽然同为朝士，但太后党与其他官僚之间有着深刻的对立，因而应思考分析这种对立。当霸者雄视朝廷时，对政权的最为专制的部分予以打击，而对于一般官僚群给予安抚，这是贵族社会的时代的常套手段，但尔朱荣却违背了这一常识。

(63) 《北齐书》卷19王怀、高市贵、薛孤延等传以及卷27《万俟普传》。

(64) 关于领民酋长制，参见周一良《领民酋长与六州都督》（《历史语言研究所集刊》第20本上册，后收入《魏晋南北朝史论集》，中华书局，1963年）。

(65) 《北齐书》卷19王怀、厍狄廻洛，卷27万俟普各传。其他人是否拥有民众，不明。与高欢的信都举兵相呼应的，有韩贤、刘贵（《北齐书》卷19）等人。

(66) 参照注⑩。

(67) “性周给，每有文教，常殷勤欵悉，指事论心，不尚绮靡。擢人授任，在于得才，苟其所堪，乃至拔于厮养，有虚声无实者，稀见任用”（《北齐书》卷2《神武帝纪下》）。

(68) “有款军门者，绛巾袍，自称梗杨驿子，愿厕左右。访之，则以力闻，常于并州市搭杀人者，乃署为亲信”（《北齐书》卷1《神武帝纪上》）。

(69) 《魏书》卷9《肃宗纪》孝昌元年十二月壬午以及二年六月戊子条。同上卷10《孝庄帝纪》建义元年六月癸卯、戊申、己酉以及七月己未各条。同上卷10《孝庄帝纪》永安二年五月辛酉，三年七月庚子、十月丁未、丙辰各条。同上卷11《前废帝纪》普泰元年三月己卯条。另参见前章。

(70) 下面一例正好反映出此事。“又随高祖讨尔朱兆于韩陵，昂自领乡人部曲王桃汤、东方老、呼延族等三千人。高祖曰：‘高都督纯将汉儿，恐不济事，今当割鲜卑兵千余人共相参杂，于意如何？’昂对曰：‘敖曹所将部曲，练习已久，前后战斗，不减鲜卑，今若杂之，情不相合，胜则争功，退则推罪，愿自领汉军，不烦更配。’高祖然之”（《北齐书》卷21《高昂传》）。

(71) “永熙二年，除使持节、都督定州刺史、六州大都督。琛推诚抚纳，拔用人士，甚有声誉”（《北齐书》卷13《赵郡王琛传》）。

(72) 《北齐书》卷24，陈元康与孙搴、杜弼合传。孙、杜二人皆为寒族，这一点在下文中是很明确的。因此从《北齐书》的立传方法看，陈氏大约是寒族。

“（孙搴）当烦剧之任，大见赏重。赐妻韦氏，既士人子女，又兼色貌，时人荣之”（《北齐书》卷24《孙搴传》）。另《北史》卷55本传则称其“世寒贱”。

“杜弼，字辅玄，中山曲阳人也，小字辅国。自序云，本京兆杜陵人，九世祖鸷，晋散骑常侍,因使没赵,遂家焉。……弼幼聪敏,家贫无书……"(《北齐书》本传)。

⑦ "世祖崩,(胡长粲)与领军娄定远、录尚书赵彦深、和士开、高(元)文遥、领军綦连猛、高阿那肱、仆射唐邕同知朝政,时人号为八贵"(《北齐书》卷48《胡长仁传》)。此中,元文遥晚年不遇而终,武将之中,最为公正而被赵彦深提拔的綦连猛也在后来被视为赵党,为祖珽所贬。

⑦ 因为贪财而被御史台弹劾的决不仅是勋贵。崔㥄(《北齐书》卷23)、郑伯猷(《魏书》卷56)、裴景融、裴景颜(同上卷69)等名流也在其中。

⑦ "杨愔风流辨给,取士失于浮华。唯术性尚贞明,取士以才器,循名责实,新旧参举,管库必擢,门阀不遗。考之前后铨衡,在术最为折衷,甚为当时所称举"(《北齐书》卷38《辛术传》)。

⑦ "收昔在洛京,轻薄尤甚,人号云'魏收惊蛱蝶'"(《北齐书》卷37《魏收传》)。"珽性疏率,不能廉慎守道。……又自解弹琵琶,能为新曲,招城市年少歌舞为娱,游集诸倡家。"故和士开称其"孝徵(珽)心行虽薄,奇略出人"(同上卷39《祖珽传》)。

⑦ "乾兄弟本有从横志,见(尔朱)荣杀害人士,谓天下遂乱,乃率河北流人反于河、济之间,受葛荣官爵,屡败齐州士马"(《北齐书》卷21《高乾传》)。这是高欢自立以前的事情。

⑦ 《北齐书》卷29所载李浑(赵郡)、李玙(陇西)、郑述祖(荥阳)等即为此类人。

⑦ 有崔㥄、李昕等人。

⑧ 杨愔为常山王等所抓时,大呼"诸王构逆,欲杀忠良邪!尊天子,削诸侯,赤心奉国,未应及此",常山王略显犹豫,但为长广王所劝,最终杀掉了杨愔。"尊天子,削诸侯"直接与"又自天保八年已来,爵赏多滥,至是,愔先自表解其开府封王,诸叨窃恩荣者皆从黜免。由是嬖宠失职之徒,悉归心二叔"(《北齐书》卷34《杨愔传》)一事相对应。一般来说,君权强化意味着压制勋贵,因此必然就与尊重门阀相连结。杨愔在性命交关之际,避而不言上述君权强化的内容,而将君权强化与赤心报国相联系,宣称"自己的行为究竟有何错",虽说同为君权强化,但在此有着支持这一行动的具体内容。中国历史上各个阶层抗争与交代的各种内容,不正是隐藏在专制君主制这一形式的阴影之下进行的么? 本章正是基于这一思想而对政治过程试作分析的。

（原载《名古屋大学文学部研究论集》26,1962 年）

第三章　五胡十六国、北周的天王称号

一　秦汉以后的王号与皇权

众所周知,秦汉以后天子所用称号为皇帝,而殷周时期的王号只是赐予臣下的一个爵位。在这一推移的背后,当然有着春秋战国时期国家形态所发生的显著变化。不过,虽然秦汉以后王的地位有所降低,但仍是人臣所拥有的最高爵位。作为一般通例,王之近亲或是异姓有殊勋者可以获得这一地位。以魏晋时期为例,曹魏所行五等爵制主要是为宗室而设,尤其是王爵,其对象为从侯→公→王累进而至的宗室,而异姓功臣成为公或王的实例非常少。①

不过也有一个例外,那就是司马氏。司马昭是晋朝初代皇帝司马炎的父亲,他在曹魏时被授予晋王,后试图称帝,不料中途死去。在此时,王世子司马炎首先袭晋王爵位,其后接受曹魏的禅让。上述经过在汉魏交替之际同样如此。曹操在汉朝从魏公进爵魏王,几年后死去,世子曹丕袭爵魏王,之后完成汉魏禅代。

魏晋时期,有很多例子显示王位主要授予皇帝近亲的宗室,作为例外授予异姓的例子则显示出易姓革命近在咫尺。在当时,异姓王实际上是很有可能成为皇帝的人。由此可以想见宗室诸王似也都带有作为皇帝候补者的意思。第一候补者为皇太子(弟),其他诸王或多或少都有获取这一地位的机会。这一机会正是诸王围绕皇位而发生抗争的根源所在,虽然事态不会发展成类似异姓王那样的易姓革命,但也使皇位在王朝内部陷入不稳之中。总之,皇权尽管有着绝对无二的性质,但它以爵位作为媒介,与臣下的界线实际上是相接的,而显示这一相接点的,应该说就是王位。

以上是皇位与王位在王朝权威发生效用的范围内所呈现出来的关系。而当王朝的统治范围趋于缩小时,就会出现王位存在于王朝外部的情况。举一例来说,塞北兴起的鲜卑拓跋部酋长猗卢通过并州刺史刘琨接受代公之爵,之后又进位代王。猗卢受爵是晋朝面对南匈奴在八王之乱以后开始独立的政治局面,试图拉拢拓跋部的一项措施。当时在山西一带,晋朝威令不行,刘琨所在的晋阳也处于孤立无援之中,②因此说猗卢受爵于王朝外部。由此成长的代王国就是尔后北魏帝国的原型,初代皇帝拓跋珪开始也为代王,后来经过大约十年的奋斗终于登上了皇位。

拓跋部至少在其发展之初还是接受晋朝皇帝所授爵位的,与此相比,有些独立势力却是不经过这样的程序而自行称王。盘踞在热河方面的鲜卑慕容部酋长慕容皝虽从东晋接受辽东公爵位,但后来经臣僚劝进而自称燕王。慕容氏表面上称依"魏武晋文辅政故事",但事实上并没有得到东晋的承认,它在当时出于利害关系还臣服于中原的石赵。后来随着与石赵的对立,慕容氏于是遣使至晋请求承认王号。东晋朝廷以慕容部远隔他方,很难统制,因而答应了这一要求,授予皝燕王之位。皝死以后,世子儁即王位,依春秋列国故事,称元年,东晋不久对其燕王之位也给予承认。很清楚,慕容氏不待皇帝封爵就自行称王,从这一点来看,较之拓跋部更加具有独立的性质。因此慕容儁最终称帝,可以说事在必然。

与这一例子相比,更加明确地显示出独立动向的是南匈奴刘渊。他在宣告从晋朝独立时说:

今晋氏犹在,四方未定。可仰遵高皇(刘邦)初法,且称汉王,权停皇帝之号,听宇宙混一,当更议之(《太平御览》卷119引《十六国春秋·前赵录》)。

据此可知刘渊并没有立即称帝,而是先称汉王,这是因为其时还不得不考虑晋朝的存在。但上面这番话清楚地显示,刘渊意在摆脱晋朝的苛政,建立新的王朝,因而他根本就没有指望晋朝的承认。数年后刘渊称汉帝,宗室皆封为郡县王,异姓功臣则为郡县公侯。

　　刘渊的自立成为上述拓跋部、慕容部南进以及建国的发端。刘渊的目标是从晋朝获得完全的独立,这也迫使晋廷不得不承认介于晋朝与南匈奴政权之间的鲜卑诸部的王位。所以我们看到,华北地区在南匈奴自立以后出现了位于王朝外部的独立势力,它们通过激烈的争斗建立了新的王朝。这一点与魏晋南朝各个王朝形成对照,因为后者的朝代更替是在政权内部以禅让这一和平方式完成的。不过,前者与后者也有一致的地方,即王位都是新政权建立之前的一级台阶。

　　总体来说,王位形成以皇权作为前提,但同时王位又是登上皇位的最后一级台阶。即便如刘渊,虽然显示出了强烈的独立意识,但仍不能忽视晋帝国的存在。这也就是王位在一般意义上所处的位置。尽管如此,五胡时期的各个君主有很多使用了与上述王位性质不太一样的王号。下面就来看这些例子。

二　五胡诸国天王号之例

后赵　　石勒　石虎

　　石勒虽在刘氏(汉,后为前赵)政权的东部地区扩张势力,但刘氏在华北依然拥有主导权,于是石勒附归刘氏并接受其官爵。就爵位来看,从刘渊、刘聪处接受汲郡公,至刘曜时为赵公。后来刘曜有意进其爵为赵王,但二人之间出现不和,于是作罢。石勒与刘曜的不和显示了二者力量的失衡,在石虎以及麾下将吏的再三请求下,石勒于319年自称赵王。王位是与霸者相称之号,这便是石虎等人规劝的理由。石勒以刘备、曹操作为先例采纳了这一建议,这也就说明仍然承认前赵的存在,不过值得注意的是改前赵光初二年为赵王元年。

　　石勒灭刘曜,石虎等奉皇帝玺绶请上皇帝尊号。石勒起先予以拒绝,但在固请之下称赵天王、行皇帝事,同时追谥祖父为宣王、父为元王,以妻刘氏为王后,立子石弘为太子(320年二月)。同年九月,在群臣“以名位不正,宜即尊号”的奏请下正式即帝位,改年号为建平,追尊高祖、曾祖、祖、父为顺皇、威皇、宣皇、世宗元皇帝,改立刘氏为皇后。

石勒从前赵的汲郡公开始,首先自称赵王,然后称赵天王,最后至大赵皇帝。这里的赵王与赵天王在性质上有所不同,前者虽是石勒实力增强并与刘曜产生倾轧的结果,但在其根底处还是承认前赵帝国的权威,正因为如此才自喻为春秋霸主。与此相比,赵天王是在灭掉前赵成为华北的最强者,头上已不复存在任何权威的判断下所使用的称号。如"行皇帝事"所表现的那样,虽然实际上是皇帝,但还不是皇帝,这一点在石勒不久把称号改为皇帝一事上显示得很清楚。本章准备讨论的正是具有如此特点的王制,也就是在这一时代广为使用的"天王"之语。

承继石勒之后的石虎也不例外。石勒死后,石虎杀掉太子弘掌握政权,其时群臣劝他称帝号,对此他答曰:

> 王室多难,海阳(石弘)自弃,四海业重,故俛从推逼。朕闻道合乾坤者称皇,德协人神者称帝,皇帝之号非所敢闻,且可称居摄赵天王,以副天人之望(《晋书》卷106《石季龙载记上》)。

石虎所称的居摄赵天王,似乎还不是正式的赵天王。数年后,他接受文武百官的劝进,依殷周之制即大赵天王位,以妻郑氏为天王皇后,世子邃为天王皇太子。而亲王则全部降为郡公,藩王降为县侯(337年)。石虎的统治自335年起历十五年,到他去世的349年才正式称皇帝,诸子从郡公升至为郡王。也就是说,石虎统治的大部分时期使用的都是天王之号。

前秦　　符健　符坚

符健为氐族酋长、后赵略阳郡公符洪子。符洪在后赵内乱中独立,称三秦王,后死于非命。符健承继其后,西进并占据长安,与东晋通好。麾下文武乘此上表东晋,请求赐符健侍中、大都督关中诸军事、大单于、秦王的官爵。对此符健加以阻止并怒云:"我官位轻重,非若等所知"(《晋书》卷112《符健载记》),但暗自却又偷偷命属官上尊号。在经过一番推让之后,符健终于称号天王、大单于,册立妻强氏为天王皇后,子苌为天王皇太子,另封子符菁、符生为平元公、淮南公,封建国的最大功臣弟符雄为东海公(351年)。

第二年正月,在丞相符雄等"宜依汉晋,兼皇王之美,不可过自谦冲,同赵之初号"(《太平御览》卷121引《十六国春秋·前秦录》)的奏请下,苻健称皇帝,上述诸公同时也都进爵为王。

继承苻健的苻生是昏虐之君,而将其诛灭并即位的苻坚则可以说是前秦的中兴之主。谋诛苻生的是苻坚及其兄苻法,苻坚当初欲将政权让给其兄,但苻法因自己为庶出而固辞。苻坚本人似乎也没有信心,经过群臣的请求才下决心即位。357年六月,苻坚避开皇帝之号而称大秦天王,授苻法使持节侍中、都督中外诸军事、丞相、录尚书、东海公的官爵,其余诸王则全部降爵一等为公。苻坚在位期间之长为当时所少见,前后历三十年,但却一直使用大秦王称号。他最后为东晋所败,并且遭到慕容部的报复,后被姚苌缢杀,死于非命。据说姚苌企图掩盖杀坚的罪名,赠苻坚庄列(烈)天王的谥号(《太平御览》卷122引《十六国春秋·前秦录》)。

后秦　姚兴

羌族姚苌,从前秦独立后成为后秦的初代皇帝,在位八年即死去。长子姚兴嗣立(394年)。在即位后的第六年,兴以天变地异为由降号称王,群公、卿士、将牧、守宰也都各降一等。太尉姚旻等五十三人上书劝谏,但姚兴不听,并改元为洪始。姚兴叔父姚绪、姚硕德等也欲返还王爵,姚兴起初并没有答应,到后来才予以接受。关于兴之降号,《晋书》卷117《姚兴载记上》单记为王,而《魏书》卷95《姚兴传》却云:

> 僭称皇帝于槐里,号年皇初。天兴元年,兴去皇帝之号,降称天王,号年洪始。

这里先不管二者在记载上存在着年次差异,但也可以视为称天王之例。

后凉　吕光　吕绍　吕纂　吕隆

吕氏同苻氏一样为略阳氐族的酋豪。吕光开始仕于前秦,为武将,后受命远征西域,平定各国。在听到苻坚败北的消息以后,他东还至姑臧并据守该地。苻丕授其车骑大将军、凉州牧、领护西域大都督、酒泉公。后来吕光在群官的劝请下自称使持节侍中、中外大都督、督陇右河西诸军事、大将军、领护匈奴中郎将、凉州牧、酒泉公,并于389年称三河王。396年,光即天王位,立太子,封诸子弟二十人为公、侯。

吕光晚年病笃,将天王位让于太子绍,自号太上皇帝,同时任命太原公吕纂为太尉,常山公吕弘为司徒,使二人分统军事与行政,辅佐吕绍。吕纂、弘相当于吕绍之兄。但是这一辅佐体制在吕光死后马上出现破绽,绍遭到纂的进攻,最后自杀。吕纂即天王之位,吕弘为使持节侍中、大都督、都督中外诸军事、大司马、车骑大将军、司隶校尉、录尚书事、番禾郡公,追谥吕绍为隐王。

可是,吕氏一族的内讧并没有就此结束。吕纂后来虽灭掉吕弘,但不久为从兄吕隆、吕超兄弟所杀。隆与超相互推让,结果由吕隆即天王位,超为使持节侍中、都督中外诸军事、辅国大将军、司隶校尉、录尚书事、安定郡公。在此可以看到,后凉的各个君主都是自称天王。不过有一点需要注意,那就是正室都称作皇后。

后燕　　慕容盛　慕容云

慕容氏自前燕以来,通例称皇帝,但到为拓跋珪所败并退至龙城的后燕末慕容盛时,使用了天王称号。慕容盛为慕容宝庶长子,他诛杀害死父亲的兰汉一派,企图兴复慕容氏(398年)。此时,他仅将事情的成功告以宗庙并改年号,为表示谦逊之意暂不称尊号,仍用原来的长乐王号发布命令。但为了拥有事实上的最高权威,慕容盛把诸王全都降爵为公。三个月后,称皇帝,约一年后,又放弃皇帝之号,改称庶民天王。③

慕容盛之后的慕容熙虽然即帝位,但由于实行暴政为冯跋(北燕的创建者)等打倒。跋拥立慕容云(本姓高氏,慕容宝养子),云即天王位,称国号为大燕,冯跋为使持节侍中、都督中外诸军事、征北大将军、开府仪同三司、录尚书事、武邑公。第二年,册立李氏为天王后。

北燕　　冯跋

冯氏一族扫平慕容熙虐政,受到时人的称赞。慕容云后为部下所杀,于是由众人推举,冯氏一族肩负起新王朝(北燕)的重任。受到推戴的冯跋有意让位于其弟素弗,但素弗固辞。于是跋即天王位,国号效仿慕容氏称燕,册立其妻孙氏为王后,子永为太子,授索弗侍中、车骑大将军、录尚书事,一族成员都配以要职。

夏　　赫连勃勃

赫连勃勃是南匈奴刘氏后裔,最初在后秦,后叛离占据朔方,立大夏,称天王、大单于(407年)。与此同时,又任命长兄右地代为丞相、代公,次兄力俟提为大将军、魏公。不久又册立妻梁氏为王后,子璝为太子,太子以外的诸子皆封为公。418年,在群臣的固请下称皇帝。④

三　天王号与封建的政治体制

如第一节所示,秦汉以后,王位是登上皇位的阶梯,但同时它又以皇权的存在为前提。也就是说,王位在这种情况下决非代表着最高的政治权力。因此,在上节中看到的一部分五胡国家的君主使用了天王的称号,这就让我们感到二者之间有着不同的性质。天王实际上就是皇帝,只不过对于称帝有些踌躇而已(至于踌躇的原因,将在后面再论)。使用天王这一称号的必然结果就是一般意义上的王在多数情况下降爵为公。一般意义上的王,要想成为皇帝,就必须废掉现在的皇帝,至于天王,则当别论,无论是从天王变为皇帝,还是从皇帝变为天王,都不会有任何障碍。

天王具有如此性质,而且其称号为五胡诸国家的君主所使用,因此应该认为这里反映了某种时代的特点。那么,这是一种什么样的时代特点呢?为解决这一问题,首先看一下前面例子中的天王一语。

大家知道,《春秋》的经文及诸传里,周王被称为天王。在《日知录集释》卷4《天王》中,顾炎武等人有一段议论:

《尚书》之文但称王,《春秋》则曰天王,以当时楚吴徐越皆僭称王,(杨氏曰:"吴楚之王,不通于天下,顾氏之言非是。")故加天以别之也。赵子曰:"称天王以表无二尊。"是也。(杨氏曰:"不因诸国之僭王者,自宣法天耳。")

也就是说,用天王是为了表现周王与春秋时期的僭王者的区别。而且顾炎武将《尚书》与《春秋》进行对比,似乎说明他从天王之语里看到了春秋时期周朝体制正面临崩溃的历史性质。在周朝体制安定的时期,可以只用王这一称号表现最高的政治权威(《尚书》),但到春秋时期时,必须要再加一个“天”字。这一局面是否如顾炎武所说的应归结于僭王者的出现呢? 由于这里还有杨氏的批判,所以不能遽下断语。但一般说来,不能否认在春秋时期出现的霸者导致了周朝的政治权威走向多元化,而天王这一表述正是在这样一种局面下出现的。

如果上述推断不误,那么就可以认为天王是在王这一传统称号的范围内所能体现出的至高无二的权威。当超过这一范围时,就产生了皇帝这一新的称号。不过在当时还没有达到这一阶段,当时的政治体制还限于王与诸侯所结成的封建关系上。但在此同时,王与诸侯的实质性关系已不再是过去那种宗法关系,诸侯独立的契机不停地发生作用,使这一传统关系日趋减弱,也使王权不断地陷入不安与紧张之中。

周代的天王之语与顾炎武对此的解释使我们能够预想到上述这种历史结构。它显示出从王制到帝制的过程中,存在着封建制的成熟、变质以及瓦解等各种各样的阶段。正是因为有着这样一种过渡的时期作为媒介,帝制的形成才有可能成为现实。由于我对秦汉以上的历史不太熟悉,所以现在还没有作好证明此点的准备。

五胡时期的天王称号沿袭周代,此点当不容怀疑。⑤那么,周代的天王称号所反映出的上述政治结构在五胡时期又如何呢? 换句话说,对五胡的君主来说,在他们敢于自称天王的背景下,有着一些什么样的现实关系呢?

就五胡诸君主而言,天王较之皇帝处于何种位置? 我想以这一问题为线索来考察上述课题。前面所举例子,有些反映了称天王的君主即皇帝位(石勒、石虎、苻健),有些则相反,反映了从皇帝移至天王的情况(姚兴、慕容盛)。如前面所述,天王虽然是事实上的皇帝,但还不全是皇帝。比如,石勒的群僚以天王称号“名位不正”为由劝他称帝。因此可以说,天王是有其实而名不正。所以在有关天王即位的记事中,特意要附带一句“去皇帝之号”(苻坚、姚兴、慕容盛)。如第一节所述,秦汉以后,登上帝位一般要走王→皇帝这一道路,而这时的途径则是王→天王→皇帝。天王显示的是事实上的皇帝,而居摄天王显示的则是事实上的天王。原来的王→皇帝的途径在这里呈现出复杂化倾向,其原因在于虽然实质上为皇帝,但出于某种踌躇或犹豫,而只使用了位于王与皇帝之间的天王之号的缘故。

那么,这种对于帝号的犹豫或踌躇起因于何处呢? 拿苻健来说,他一方面恼怒群臣向晋朝请求秦王之位,而另一方面却又暗自怂恿部下上尊号,经过表面上的再三推让,最后登上天王之位,由此可以看到他对获得皇权的野心并不小。虽然如此,他还是避开立即称帝而是用天王之号,这是为什么呢? 据《晋书》卷112《苻生载记》:

　　　苻雄,字元才,洪之季子也。……健僭位,为佐命元勋,权侔人主,而谦恭奉法。健常曰:"元才,吾姬旦也。"

苻健建国的最大功臣是其弟苻雄。在苻健即位天王时,雄为丞相、都督中外诸军事、车骑大将军、领雍州刺史、东海公,时称"权侔人主"。从苻健把他比作周公旦来看,可以推测正是他的存在才制御了苻健走向权力的绝对化与一元化。当然,苻健即帝位,也是苻雄等人劝进的结果。

再看雄子苻坚的即位。首先,苻生推行"宗室、勋旧、亲戚、忠良杀害略尽,王公在位者悉以疾告归,人情危骇,道路以目"(《晋书》卷112《苻生载记》)的恐怖政治。在将其扳倒以后,苻坚、苻法二人相互推让,最后虽由苻坚即位,但据说苻坚与其母苟氏对此是下了相当大的决心的。如前所见,苻法此时为都督中外诸军事、丞相,位极人臣,应该说,他的存在也是权力不致轻易走向一元化的原因。

这一点在姚兴那里也同样如此。姚兴以天变地异为由将自己从皇帝贬为天王,也就是将责任归于自己作为天子的道德问题。而此时,在他周围有姚绪、姚硕德等实权人物拥兵于要镇。姚兴对于这两位叔父极为在意,⑥自己的弟弟以及诸子只授予公爵,而对绪与德却授予王爵。另外,如第二节所述,姚兴自降为天王时,也没有轻易将二人降爵。也就是说,他们的存在是姚兴的权力无法绝对化的直接原因。再进一步说,姚兴的自贬也可能是因为他们两人存在的缘故。

再看后凉吕氏。如前所述,在吕光让位,由其子绍即天王位时,采取了以纂、弘二位兄长辅政的体制，因此吕绍并没有炫耀绝对权力的资本，结果在吕绍与吕纂、吕弘之间迭起纷争。吕绍之后，纂摄于吕弘的军事力量，推弘即位，但弘也让于纂，最后由纂即天王位，弘则将都督中外诸军事、录尚书事等枢要职位集于一身。所以说，后凉的政治权力并没有完全集中在纂一人手中。正因为有着这样的矛盾，吕纂与吕弘之间后来也发生战斗，结果弘败。可是，吕纂的专制时期也没有持续多久即为吕隆、吕超兄弟所灭。同样，吕隆与吕超之间也互让帝位，最后由隆即天王，超为都督中外诸军事、录尚书事。这可以说是纂、弘时期的再现。据此可知，后凉由于采用吕纂、吕弘、吕超这样的皇亲辅佐体制，所以君权的一元化没有得到贯彻。

宗室出身的王或公任丞相、都督中外诸军事，掌握行政军事大权，它一方面辅佐了皇帝或是天王，但另一方面又阻止了后者走向专制。可是，这一体制并非为上述氏羌国家所特有的现象，它在五胡诸国家似为一般通例，而匈奴及鲜卑国家也有着几乎与此完全一样的情况。关于石氏与慕容氏，前面已作过叙述，这里不再重复，⑦而只想针对冯氏、赫连氏做一点说明。前面提到，冯跋与其弟素弗互让君主之位，据《晋书》卷125《冯跋载记》，两人之间有如下一番对话：

> 众推跋为主，跋曰："范阳公素弗才略不恒，志于靖乱，扫清凶雏，皆公勋也。"素弗辞曰："臣闻父兄之有天下，传之于子弟，未闻子弟藉父兄之业而先之。今鸿基未建，危甚缀旒，天工无旷，业系大兄。愿上顺皇天之命，下副元元之心。"

于是跋即天王位，授素弗以侍中、车骑大将军、录尚书事等要职。再看赫连氏，当群臣劝居天王之位的勃勃称帝时，勃勃作了下面一段表明：

> 朕无拨乱之才，不能弘济兆庶，自枕戈寝甲，十有二年，而四海未同，遗寇尚炽，不知何以谢责当年，垂之来叶！将明扬仄陋，以王位让之，然后归老朔方，琴书卒岁。皇帝之号，岂薄德所膺（《晋书》卷130《赫连勃勃载记》）。

赫连勃勃虽然这样说，但终究还是即了帝位，这似乎说明推辞实际上只不过是一种形式而已。对此我们先不管，这里值得注意的是，他说对于像他这样不能建功立业的人应该像尧禅位给舜（即"明扬仄陋"）一样,将天王之位让给其他更合适的人物。所谓合适的人选,当然只会在其一族之内。勃勃即天王之位时,以长兄右地代为丞相、代公,以次兄力俟提为大将军、魏公,使他们各掌国政与军事。所以假设勃勃让位,有充分理由相信继承者就在上面这些人中。

总体来看,五胡诸国家的一部分君主避免马上称帝而止于天王之号,其原因极有可能来自于当时的权力结构,即宗室分掌权力,对君主既支持,同时也有抑制。据前面的例子,似乎这些分掌权力者只是宗室中的一些特定人物,但应该说这些例子只是极少一部分的反映而已。宗室诸王(公)一般都各自掌握军队,驻屯在首都或是州镇,而且在他们中间往往存在着一位享有威望的中心人物,至于他是君主本人还是上面例子中的那些辅相,则视情况的不同而异。总之,宗室所具有的这一血缘关系原封不动地构成了政治军事上的分权体制,这正是五胡诸国家的一个特征,也可以说是对周代宗法关系在政治上扩大为封建制度的拟制。

对寻求权力统一性的帝王来说,这样的分权体制当然是要克服的对象。但如果说皇权本来就是以这一体制为前提形成的话,那么君主就只会陷入极为深刻的困境之中。他们往往容易表现出暴虐的行为,如诛灭宗室、宠用恩幸、不知限度的浪费与残忍的快乐等等,这些都是性急地试图摆脱上述困境的表现。

在五胡时期使君主权受到限制的这一复杂的结构中,君主如果想让自己有安定的位置,就需要首先承认这一分权体制,然后在此之上再想办法使自己保持最高的权威。应该说,这里所反映出来的历史特征,如果只用政治技术作理解是远远不够的。而天王这一称号的意义,也就存在于此。

四　西魏—北周的周礼主义与天王号

以上对五胡时期的天王号做了一番考察。实际上,同样的情况在此后的北周也可以看到。556年十二月,西魏恭帝封宇文觉为周公。这是宇文泰死后第二个月的事。第二年正月,宇文觉接受西魏的禅让,即天王位,接着册立元氏为王后。宇文觉的谥号为孝闵帝,这是后来的武帝时期所赠,而他在生前并没有称帝。他的统治也非常短,在接受禅让那年的九月,即被晋国公宇文护所弑。

宇文护是宇文泰兄子。宇文泰拥立西魏文帝时,由于其子都还幼小,因此把家政委托于护。护后来成为宇文泰的股肱,十分活跃。在宇文泰死后,他拥戴年少的宇文觉实行王朝革命。即位的宇文觉虽然向实权人物宇文护发起挑战,但却惨遭幽闭,最后被杀。宇文护接着立宇文泰长子毓,是为明帝。宇文毓也是称天王,册立独孤氏为王后。第二年正月,宇文护归还大政,毓总算在形式上得以亲政。之后在八月改天王称皇帝,追尊文王(泰)为文帝。而且一改西魏以来不立年号的习惯,定是年为武成元年。⑧这一改制由御正中大夫崔猷所建议,《周书》卷35《崔猷传》:

> 时依周礼称天王,又不建年号,猷以为世有浇淳,运有治乱,故帝王以之沿革,圣哲因时制宜。今天子称王,不足以威天下,请遵秦汉称皇帝,建年号。

值得注意的是,天王号与周礼的密切关系在这里有比较明确的说明。

但是,宇文毓的统治在武成二年四月即告结束,他也为护所毒杀。嗣立的是宇文泰第四子邕,从开始便称帝(武帝)。邕不久杀掉了宇文护,实现了真正的亲政,进而还平定北齐,为隋唐的重新统一打下了基础,这些都是大家所熟知的。

我们看到,在北周前期用的是天王称号。与此相关联,宗室的封爵也似乎是以公爵为最高,授予王爵则是574年(武帝建德三年)以后的事。这一方式与五胡诸国的情况无任何变化。那么,在这一方式的背后,有着什么样的现实的权力结构呢? 这里值得注意的是,孝闵帝及明帝时期的实际掌政者宇文护的存在。据《周书》卷11《晋荡公护传》:

> 自太祖为丞相,立左右十二军,总属相府。太祖崩后,皆受护处分,凡所征发,非护书不行。护第屯兵禁卫,盛于宫阙。事无巨细,皆先断后闻。保定元年,以护为都督中外诸军事,令五府总于天官。

宇文泰死后,护不但垄断兵权,还以此为基础掌握了政治大权。上文中左右十二军不用说是由六柱国—十二大将军这一统帅系统所组成的府兵部队。而五府指的则是天官府以外的地、春、夏、秋、冬五官之府,它是西魏时期依据周礼而创设的政府组织。军队与政府的组织紧密相连,构成了北周政权的体系。这一体系实际早在西魏时便已形成,构成了宇文泰的霸府。六官之制完善于556年(西魏恭帝三年)正月,其时成为六卿亦即六官府长官者大致如下表所示:

宇文泰	柱国大将军	太　　师	大冢宰(天官府)
李　弼	柱国大将军	太　　傅	大司徒(地官府)
赵　贵	柱国大将军	太　　保	大宗伯(春官府)
独孤信	柱国大将军		大司马(夏官府)
于　谨	柱国大将军		大司寇(秋官府)
侯莫陈崇	柱国大将军		大司空(冬官府)

(《周书》卷2《文帝纪下》)

《周书》卷16末尾列举了到550年(大统十六年)就任柱国的所谓八柱国的官爵及姓名,上表中的六人都是八柱国成员,其余二人元欣、李虎这时已经去世,所以没有记入。总体说来,这六人是西魏建立以来的元勋,而且是府兵的最高统帅者,因此在实施周官的时候,他们原封不动地占据了六卿之官。

有一种说法是,天官府的大冢宰在六卿之中类似总理,而在当时占据这一位置的正是宇文泰。把这一点与左右十二军制联系来看,宇文泰与其他柱国并非只处于同辈关系中,他同时还握有都督中外诸军事的职权,所以实质上位于其他柱国之上。以军队与政府的这一密切关系为前提的权力结构也反映在宇文泰的丞相府里,由此可知西魏作为名义政权的性质是十分显明的。

魏周交替意味着上述权力的二重形态走向一元化。但这是否成功了呢? 根据前引《周书·晋荡公护传》,我们看到宇文护占据了过去宇文泰的位置。此外,先前的元氏同宇文氏的二重状态,到这时移到了宇文氏内部,仅此而已。不用说,导致这一状况出现的是宇文护的掌权,而作为其实权根源的,则是在兼任六卿的六柱国中,以他为首这一点。⑨换句话说,作为府兵制特征的军队分统体制以宇文泰及宇文护这样的权臣为中心,产生出了政权的二重形态。⑩

北周采用周礼体制,一方面以上述这种分权状态为前提,另一方面又试图对其赋予统一的秩序。前后两代君主称天王并非是单纯模仿姬周,而应该说是基于这些现实的诸关系之上的。进而还可以推测,采用周官也有着这种现实的意义。

如此看来,尽管中间经历了北魏统一华北的时期,北周的政治结构与五胡诸国还是非常类似的。对姬周时期加以模仿是如此,产生这一意识的现实权力结构也是如此。这就给我们这样一个启示:五胡诸国与北周之间存在着一个共通的历史课题,即在不违背权力分散这一倾向的情况下,如何赋予其统一的秩序。或许正是有着这一课题,才使得各个王朝回顾并模仿姬周的体制。作为当时的历史意识,是必须在汉帝国的废墟上重新起步,这也就使我们感到了某种合乎规律性的东西。

那么,以北周的这一体制为媒介,作为第二个秦汉时期的隋唐统一帝国又是如何建设的呢? 关于这一点必须另外撰文论述,这里只想先提示如下一个观点。五胡诸国政权与北周在结构上的共通点已如前述,但在另外一面,也不能忽视二者之间有着巨大的差异。在五胡诸国,支撑君主权并且限制君主权的直接力量主要是分掌兵权的宗室诸王公。也就是说,当时的君主权依存于血缘,而又亡于血缘。五胡诸国家中权力斗争的阴惨正是在血缘关系这一狭隘的世界之内进行的。与此相比,北周有所不同。支撑这一政权的柱国们并不都是宇文泰的宗室,相反还可以说异姓武人占了大多数。使他们相互连结的原理是什么呢? 对这一问题需要做进一步探讨,但至少可以认为它超越了血缘秩序的原理。北周宗室内部并非没有抗争,但没有像五胡时期一样导致政权的瓦解。进一步说,使得周→隋→唐这一统一的方向日渐增大的正是这一新的原理。

---

① 参见守屋美都雄《有关曹魏爵制的二三考察》(《东洋史研究》20—4,后收入《中

国古代的家族与国家》，东洋史研究会，1968 年）。

② "永嘉元年，为并州刺史，……时东嬴公腾自晋阳镇邺，并土饥荒，百姓随腾南下，余户不满二万，寇贼纵横，道路断塞。琨募得千余人，转斗至晋阳。府寺焚毁，僵尸蔽地，其有存者，饥羸无复人色，荆棘成林，豺狼满道。琨剪除荆棘，收葬枯骸，造府朝，建市狱。寇盗互来掩袭，恒以城门为战场，百姓负楯以耕，属鞬而耨。琨抚循劳徕，甚得物情。刘元海时在离石，相去三百许里。琨密遣离间其部杂虏，降者万余落"（《晋书》卷 62《刘琨传》）。

③ 关于庶民天王的称号，《魏书》卷 95《慕容盛传》为"庶民大王"，《晋书》卷 124《慕容盛载记》以及《北史》卷 93《僭伪附庸传·燕》都为"庶人大王"，这里采用的是《太平御览》卷 125 引《十六国春秋·后燕录》的"庶民天王"。《资治通鉴》卷 111《晋纪》隆安四年为"庶人天王"。

④ 除此以外，称天王的例子有丁零的翟辽叛离后燕，称大魏天王（《魏书》卷 95《慕容垂传》）。另外，夺取后赵的冉闵为前燕的慕容儁所擒并被杀后，儁祭闵，赠武悼天王之号（《晋书》卷 107《石季龙载记下·冉闵传》）。

⑤ 这里可以想到石虎"依殷周之制"称大赵天王之事（《晋书》卷 106《石季龙载记上》）。

⑥ "绪、硕德威权日盛，兴恐奸佞小人沮惑之，乃简清正君子为之辅佐"（《晋书》卷 117《姚兴载记上》）。"兴班告境内及在朝文武，立名不得犯叔父绪及硕德之名，以彰殊礼。兴谦恭孝友，每见绪及硕德，如家人之礼，整服倾悚，言则称字，车马服玩，必先二叔，然后服其次者，朝廷大政，必咨之而后行"（同上）。

⑦ 参见第一编第一、二章。

⑧ 参见《廿二史札记》卷 15《魏末周初无年号》。

⑨ 不过宇文护"令五府总于天官"的独裁作法与创造自己地位的这些基础有着矛盾之处。

⑩ 宇文泰以华州为霸府，因而这种二重政权如长安与华州一样，以一种地域关系的形式出现。宇文护也是在华州（当时改为同州）接受封邑称晋公，有着以此地为根据地的痕迹。另外，同样的关系在东魏—北齐的邺与晋阳之间也可以看到。此点参见前章第一节。

（原题《五胡十六国及北周诸君主的天王称号》，
载于《名古屋大学文学部研究论集》41，1966 年）

第四章　周末隋初的政界与新旧贵族

一　周隋革命与门阀官僚

580年(大象二年)五月十一日,北周宣帝(宇文赟)在离宫突然发病,于是即日返回宫城。感到时间不多的宣帝召命颜之仪(之推弟)、刘昉至床头欲托以后事,但已不能开口。刘昉火速与郑译、柳裘、韦謩、皇甫绩等人谋议,推杨坚辅佐静帝(宇文衍)。杨坚为宣帝皇后的父亲,而静帝则由于父亲宣帝的让位,已于前年称帝,其时才刚满八岁。

有关宣帝去世的日期,各书所载不尽相同。《资治通鉴》采《隋书》卷1《高祖纪》,记其经纬大致如下。刘昉与上述众人谋定后,劝说犹豫不决的杨坚,使其允诺辅政幼帝,宣帝在这之后即死去,这些同为五月十一日的事。刘昉等将驾崩之事秘而不发,同时起草诏书意在命杨坚为总知中外兵马事。忠直之士颜之仪拒绝在诏书上署名,刘昉等于是强行为之代署,中央诸卫就此落于杨坚之手。到二十三日,正式告以驾崩之事,同时以静帝叔父汉王赞为右大丞相,杨坚为假黄钺、左大丞相,并附加规定百官均由左大丞相统领。右大丞相地位虽高于左丞相,但完全是名义上的官职,而左大丞相府则置于东宫。面对这些突发事态,朝臣十分困惑,思量着是否应站在杨坚一方,整个朝廷一片混乱。但杨坚最终以武力强压百官随自己入府。

杨坚的最大敌手是尉迟迥。迥是宇文泰姐姐的儿子,还与杨坚父杨忠同辈,是一员位望两兼的老将。尉迟迥作为相州总管驻屯于北齐旧领,不久果然便在当地起兵。接着,静帝皇后父郧州总管司马消难在湖北起兵响应尉迟迥。此外,益州总管王谦也在成都起兵。谦父雄也与杨忠同辈。从河南、山东到湖北、四川一带形成了反杨坚势力圈,不少武将则对何去何从心存犹豫。对杨坚来说,十分万幸的是有并州总管李穆这样一位元勋支持。到十月,内乱总算平定,杨坚于是任相国,登王位,接受九锡,为翌年正月的禅让作好了准备。

上述种种,都显示出杨坚的易姓革命并非那么顺畅无阻。《隋书》著者对此也加以评论:

> 始以外戚之尊,受托孤之任,与能之议,未为当时所许,是以周室旧臣,咸怀愤惋(卷2《高祖纪下》史臣曰)。

此外还认为杨坚之所以能够顺利地平定尉迟迥、王谦等大军,很大程度上来自于上天的保佑。总之,周隋革命与魏晋以后易姓革命的一般形态有所不同。

在所处王朝内部拥有绝对武力,继而通过禅让的形式建立新的王朝,这便是六朝易姓革命的一般经过。这种新兴势力的产生往往是在成功地扫平威胁王朝的内乱及外寇之后,建立殊勋者常常以此得到都督中外诸军事、王等最高官爵,位极人臣,为其后的登基奠定基础。

拿杨坚来说,虽然出身于宇文泰以来的勋贵之家,但与之比肩的武人贵族还多数存在。即便他为宣帝舅氏,也并不能保证他与同辈各家相比占据优势,更何况杨坚自己也无任何显赫的军功。至于统一南北,还需等到他即位以后。甚至可以说,上面那种采用强行手段夺取政权的方法或许正好反映了其根基的不稳。

尽管如此,杨坚先机而动取得革命成功,其原因何在? 以下试加探讨。

在内乱最为激烈的时候,北周的保护国后梁朝廷曾有一种意见占压倒优势,那就是乘此机会与尉迟迥携手以图恢复国威,但柳庄却对此表示反对。他说:

> 昔袁绍、刘表、王凌、诸葛诞之徒,并一时之雄杰也。及据要害之地,拥哮阚之群,功业莫建,而祸不旋踵者,良由魏武、晋氏挟天子,保京都,仗大义以为名,故能取威定霸。……以臣料之,迥等终当覆灭,隋公必移周国(《隋书》卷66《柳庄传》)。

柳庄的话后来都言中。杨坚如柳庄所论能够取得成功,在很大程度上是赖刘昉、郑译等人的伪诏得任静帝辅政之位。可是,这些人为什么能作如此策谋呢?

先看刘昉一派的官名,刘昉为小御正大夫、郑译为内史上大夫、柳裘为御饰大夫、韦暮为内史□大夫、皇甫绩为御正下大夫。大致来说,这一派人物多为御正系统及内史系统出身。北周仿效周礼设置官制,上述职位即为此。不过,御正之官非周礼原典所有,似为北周所特设。据清代谢启昆《西魏书》,御正系统属天官府,其构成形式大致为御正中大夫—小御正下大夫—上士。至于其职掌,据《周书》卷32《申徽传》:

> 明帝以御正任总丝纶,更崇其秩为上大夫,员四人,号大御正,又以徽为之。

丝纶即诏敕之官,《资治通鉴》卷168《陈纪》天嘉二年六月乙酉条胡三省注云"盖中书舍人之职也"。另一方面,《唐六典》将春官府内史中大夫以下职位比为中书诸官。对此胡三省的结论是"然则为御正者,亦代言之职,在帝左右,又亲密于中书"。

胡氏之说大致得当。不过还有一个问题,在仿效周礼的内史之外,为什么还要再设御正?这里需要注意的是御正属于天官这一点。大冢宰以下属于周礼天官的各官中,除总统其他五官的职掌外,还有负责王宫各项事务的宫内官(内朝与外朝的区别不甚明确也是周礼的一个特征)。北周官制很可能承袭上述原则,因此可以推测御正系统诸官在天子侧近,执掌王言及负责下传。

如果这一推测不误,就必须认为御正是一个相当重要的官职。据上引《申徽传》一节可知,明帝(北周第二代皇帝宇文毓)增置大御正上大夫。上大夫在天官中与小冢宰同等,对周礼的官制体系有着重大的影响。明帝如此重视御正,应该说是因为他与掌权的宇文护相抗,志在恢复皇权之故。至于其中详情,这里从略。这时被任命为大御正的,除了刚才所见的申徽以外,还有明帝素所信赖且有事常与之商量的弟弟宇文邕(第三代皇帝武帝)。邕为大司空,但似乎也兼任大御正。由此来看,明帝设置大御正的意图在于利用北周周礼官制——实权人物宇文护作为大冢宰正依存于这一体制(参见前章)——的一角,以稳固皇帝权力,这时便当然要以信臣充任御正。也就是说这里能够预见到的倾向是,利用君臣之间的个人关系来加强皇帝权力。以下将叙述的宣帝堪称典型。

明帝为宇文护所忌,最后遭致毒杀,这是继第一代皇帝孝闵帝之后的又一次弑君。随后即位的武帝诛杀了宇文护,开始正式亲政。武帝还成功地吞并了北齐,北周皇帝终于有了属于自己的真正权威。继武帝之后的宣帝是位昏暴天子,为使自己的残暴性格得到肆意发挥而谋求绝对的皇权,连岳父杨坚也经常面临杀身之祸。宣帝并不满足于皇帝之位,才二十岁便让位于太子(静帝),自为天元皇帝,所居地也称天台,并置内史上大夫与御正上大夫。静帝所居正阳宫也同样设置纳言、御正、诸尉等官,可见这些官职都为天子侧近的要官。在内史之中置上大夫,也可见这一官职的作用在于协助天子强化权限。而天台的御正、内史则由拥戴杨坚的刘昉、郑译等宣帝宠臣担任。

笔者关于周礼的知识有限。不过就一般而言,周礼中所设定的诸官与天子的结合关系,带有极强的公共性。换句话说,并非某个特定的官位因其位置突出而与君权结合,而是各种职掌在分工、协作或是统属的关系中与天子结合在一起,以此构成公开、严整的君权体制。上面提及,此时内朝与外朝并没有严格区分,天子的生活也显示了极强的公共性。应该说,在血缘关系直接成为政治组织的周代体制中,这一点理所当然。也就是说,周代君权显示的公共性质,是以古代贵族制(其存在形态为封建制)作为前提的。

北周采用周礼,其目的是依存于近年被称作"关陇集团"的胡汉武人贵族势力,同时又使这些势力结合于君权之下,即在姬周政治体制中寻找皇帝与贵族进行合作政治的模式。但是就当时的历史阶段而言,君主与贵族之间存在着互相对立的层面,也许正因为如此,才要在周礼中寻求二者之间均衡调和的理想形态。

皇帝是政治权力的核心,贵族则是一种社会独立势力,如何保证这二者之间的统一,总体来说是魏晋以来的政治中心课题,而这也是导致采用周礼的直接原因。不仅在北周,在五胡诸国家以及初期的北魏,都可以看到试图在国家体制或官僚制度中仿效姬周古制的努力,这些以北族作为权力核心的国家试图用这一形式保障部族贵族与皇帝之间关系的协调。

北周当然不是部族制国家,但回归到鲜卑族部族联盟国家时的精神却是北周创建者的理想,这一理想与周礼官制体系的实施相互重合。北周时期的国家权力呈现出更为普遍化的趋势,其承担者不单为北族还包含了汉人士族,因此可以说周官制度的采用也是在广阔的范围内进行的。

总之,北周的周礼国家强烈追求古代的形态,试图以此解决当代的政治课题。而北周的各个皇帝在致力于恢复并强化皇权时,所遇到的障碍很可能即是这一建国以来的国策,可是又不能将其废弃。就是自称天元皇帝的暴君宣帝也无法做到这一点。而作为一种新的尝试,那就是强化御正、内史诸官。在周礼的形式之内取得皇权的优势,这一目的可以说在此显露无疑。

换句话说,强化御正、内史诸官特别反映出了北周国家内在的政治矛盾。北周以武帝为界分为前后二期,上述强化的表现形态也不尽相同。前期力图从宇文护手中夺回君权,上述诸官发挥的机能也比较健全,而在后期的宣帝暴政时期,它们却为皇权的恣意行使起了重要作用。

刘昉一派的刘、郑、韦、皇甫等人都为汉人名家出身。众所周知,当时的汉人门阀正逐渐丧失其作为社会独立势力的力量,不得不寄生于胡汉武人贵族(军阀)之下。他们依仗个人的才能与武人勾结,其中,结托于武人中的最大权势者亦即北周宗室宇文氏当然最为有利。他们的个人才能,如政治、诗文、学问,此外还有讨好献媚人主的技巧等等都得到充分发挥,而御正、内史等官则是发挥这些才能的最佳位置。到宣帝时期,当天子权力趋于恣意、横暴时,这些职位也就为佞臣们所占据,刘昉、郑译堪称典型。

因此能够想象,在试图超越周礼体制的皇权之下,处于颓势的汉人名流相互结托,形成了一种体制外的世界。宣帝临终之际,他们暗中活动,酝酿出杨坚受禅这一幕的也正是他们。刘昉一派身为宣帝宠臣却出卖帝室,或许应受道德上的谴责,但从政治逻辑来看,他们在周隋两政权禅代之间起到了媒介作用。

不过,刘昉一派在杨坚即位后遭到各种纠弹,最后从政界消失,代替他们成为皇权支柱的似乎是另外一种类型的官僚集团。那么,此时的皇权与北周以来的武人贵族又是一种什么样的关系呢? 这是一个饶有趣味的问题,下一节就将加以考察。

(原题《周隋革命的经纬——周礼国家的悲剧》,
载于《古代文化》18—5,1967 年)

二　高颍与隋朝政界

(一) 前　言

杨坚(隋文帝)并无殊勋,仅靠北周外戚便成功篡夺政权,从中发挥重要作用的是刘昉、郑译等身为宣帝侧近的一群人。他们利用地位伪作遗诏,推杨坚掌静帝辅政之任,就此拉开了改朝的帷幕。这些人不仅仅只是宣帝的侧近,他们还是这位暴君的宠臣、佞幸。出身于汉人名家的这群人对皇权显示出如此态度,乍看让人颇觉奇怪。但应该承认,六朝门阀贵族制所到达的一个归结点似乎在此得到了体现。也就是说,面对皇权所显示出的那种昂然气概已经衰竭,而是试图通过显示一种媚态来维持自己的地位,这一倾向在六朝后期决非稀奇。贵族身份中原本包含的士大夫的使命感及伦理意识,这时却被抛弃在一边,暴露出来的只是对奢靡、浮华等贵人生活的追求。[①]刘昉等与宣帝结托就是一例,他们把北周政权出卖给杨氏,也出于同样的动机。[②]

周隋革命的经过及意义,在上节中有较详细的论述,希请参照。本节想要考察的是在那以后的政情。前面提及,刘昉一派的美梦并不长,在杨坚即位的开皇元年正月即被排除在政权中枢之外,对此产生的不满还发展成一次相当大的谋叛事件。那么,代替他们执掌新政权的又是什么样的一群人呢? 本节就来论述这一问题。

这一问题实际上还同隋朝政权的性质问题有联系。众所周知,隋文帝开皇统治时期使国力大为充实,天下也得以统一。这固然是隋朝能够顺应时代的潮流,但也不能忽视推进上述政治的官僚集团的存在。因此,通过观察这一官僚集团的存在形态可以有助于我们进一步认识隋朝政权的性质。

(二) 开皇之治的代表性官僚集团

581 年(文帝开皇元年),杨坚举行即位仪式,同时对大臣作了如下安排:

相国司马	高　颍	尚书左仆射、兼纳言
相国司录	虞庆则	内史监、兼吏部尚书
相国内郎	李德林	内史令
	韦世康	礼部尚书
	元　晖	都官尚书
	元　岩	兵部尚书
	长孙毗	工部尚书
	杨尚希	度支尚书
	杨　惠	左卫大将军

(《隋书》卷 1《高祖纪上》)

据此可知,在新政权掌握三省的是一直为杨坚相国府属僚的高颍、虞庆则、李德林等人。杨坚开相国府时,高颍为司录、李德林为府属,至于长史与司马,则分别由上面提到的郑译与刘昉担任。可是,刘、郑原来并非对杨坚宣示效忠的人物,只是因为利用职权从中斡旋政权的更替而已。但他们却仰仗此功对其在相国府的所任十分怠惰放纵,杨坚于是就此将事务直接委托给下僚高颍与李德林。例如,尉迟迥举兵,杨坚派军征讨,欲以心腹为监军,但郑译以母亲年老、刘昉以无从军经验为由推辞,而此时挺身而出接受此任的正是高颍。平定尉迟迥后,高颍代刘昉升为相国府司马。郑译的长史虽然不动,但杨坚不使其负责具体事务,实际上是有名无实。及新政权建立,郑译没有得到任何职位。

　　至于虞庆则为司录,李德林为内郎,其详情还不清楚,不过可以推测是与高颎升为司马同时进行的人事安排。总之,从相国府建立到即位的这八个月之间,以高颎为首的一班人取代郑译等,由此产生的便是上述开皇元年的人事任命,此点十分清楚。

　　那么,占据新政权要职的高颎等人在此后又是如何与隋朝政治发生联系的呢?《隋书》卷43《观德王雄传》:

　　　　雄时贵宠,冠绝一时,与高颎、虞庆则、苏威称为"四贵"。

观德王雄即是在开皇元年的人事安排中被任命为左卫大将军的杨坚族子杨惠(后改名雄)。同传接着说:

　　　　雄宽容下士,朝野倾瞩。高祖恶其得众,阴忌之,不欲其典兵马。乃下册书,拜雄为司空,……外示优崇,实夺其权也。雄无职务,乃闭门不通宾客。

杨雄虽然作为将军中的头号人物统领宿卫,但由于杨坚的猜忌而被解除左卫大将军一职。这是589年(开皇九年)八月发生的事,因此高、虞、苏、杨"四贵"成为朝廷重镇当在此前。"四贵"之中,有在开皇元年的人事安排中不见其名的苏威,相反却没有了李德林的名字。严格来说,李德林并不属于高颎集团,而且可以说是与其发生反目遭到下台的。与此相比,苏威在开皇元年为太子少保,不久即兼任纳言、民部尚书,进而还兼任大理卿、京兆尹、御史大夫等要职。据《隋书》卷41《苏威传》:

　　　　时高颎与威同心协赞,政刑大小,无不筹之,故革运数年,天下称治。

可知苏威作为高颎的协力者参与新政权。

　　以上说明,到开皇九年左右,掌握朝政的是被称为"四贵"的一群官僚。"四贵"之间有着千丝万缕的关系。首先,高颎原为北周内史下大夫,极力将他拉进杨坚阵营的是杨惠。③虞庆则成为杨坚幕僚的经过不明,但在北周宣帝时期就已为高颎所知。高颎认为他是"文武干略者"而推荐其为石州总管(《隋书》卷40《虞庆则传》),因此他作为"四贵"之一执掌朝政极有可能也是高颎的推举。再看苏威,他在北周没有出仕,一直过着隐居生活,将他推荐给杨坚的还是高颎。"四贵"之间有着这样一种形同知己的关系,所以可以视为一个政治集团。

这一点从他们后来遇到种种抵抗而纷纷下台的过程中也能体味。如前所述,杨惠被解除军职是在开皇九年,而苏威(当时为尚书右仆射)则在开皇十二年以朋党之罪免官,虽然马上复职,但是这一波折的意义十分重大。如下文所述,针对"四贵"的非难与攻击在政界早已有之,苏威的免官正显示了这些攻击奏效。开皇十七年,虞庆则因杨坚的猜忌被诛。第三年,凉州总管王世积遇到同样的命运,高颎因连坐而除名。

高颎自建国以来,身在朝政中枢而且受到杨坚的绝大信任,他受到如此处分是与皇太子的废立事件密切相关的。杨坚在独孤皇后的不断劝说下,废太子勇而册立晋王广。高颎由于反对废立而遭杨坚疏远,其结果便是上述事件的发生。众所周知,废太子是隋朝政治上的一个转折点,开皇治世就此结束而进入仁寿时期,不久便迎来了炀帝的大业时期。也就是说,高颎的除名事件不仅仅是意味着他个人的下台或是整个集团的瓦解,它同时还预示了整个隋王朝的命运。

607年(炀帝大业三年),高颎以诽谤朝廷罪被杀。当时他的除名处分已经解除,任太常卿。但是出于对炀帝骄奢政治的担忧,他忍不住向同僚及友人杨惠吐露心声,以为"近来朝廷殊无纲纪"(《隋书》卷41本传),而且还把这种不安告诉了宇文弼、贺若弼。受到刺激的炀帝将高颎、宇文弼、贺若弼处死,苏威遭连坐再次免官,高颎就这样从隋朝政界消失。他作为宰相,执掌政权主要在开皇年间,其后的官僚生活只不过是那一时期的余波而已。《隋书》卷41《高颎传》称其:

> 当朝执政将二十年,朝野推服,物无异议。治致升平,颎之力
> 也。论者以为真宰相。及其被诛,天下莫不伤惜,至今称冤不已。

"当朝执政将二十年"指的即是开皇十九年除名前之事。

综上所述,代表开皇政治的是被称为"四贵"的高官集团。而在这一集团内部,尚书左仆射高颎尤居政权枢轴。他在这一位置上历二十年之久,因此说代表这一集团的就是高颎。再进一步讲,高颎就是在开皇时期代表着隋王朝的人物,说他的人格显示着国家走向繁盛的趋势也似不为过。

（三）高颎的新贵族性格

很清楚，在隋朝的成立过程中，高颎等人取代了刘昉及郑译一派。但从根本上说，这是否就是同样性质的官僚集团相互替换，或者说在他们之间看不到不同点呢？本小节与下一小节拟对高颎本人及以他为中心的官僚集团的存在形态试作考察，回答这一问题。

当初在接受杨坚的召唤时，高颎曾对传达杨坚意思的杨惠说"愿受驱驰。纵令公事不成，颎亦不辞灭族"，道出了自己的决心（《隋书》卷41本传）。我们在前面还看到，他挺身而出接受监军一职负责征讨尉迟迥，那时他"受命便发，遣人辞母，云忠孝不可两兼，歔欷就路"（同上）。高颎对杨坚政权的一个明显特点是十分忠诚，这与刘昉、郑译是截然不同的。后者为保全地位奉迎杨坚，又凭持功绩沉溺于奢侈之中，对职守也是极尽怠慢之能事。

> 颎有文武大略，明达世务。及蒙任寄之后，竭诚尽节，进引贞良，以天下为己任。苏威、杨素、贺若弼、韩擒（虎）等，皆颎所推荐，各尽其用，为一代名臣。自余立功立事者，不可胜数。

《隋书》本传的这段话就是高颎对隋朝竭尽忠心的明证。不过，我们还应看看他作为官僚在实际政务上的成绩。高颎制定输籍之法，将赋税征收的方式予以定式化，使国库得到了极大的充实，此外还改革官人禄力之制，倾全力平均民众的负担，这些都为人们所熟知。在攻伐陈朝之际，高颎的谋划也让人看到他极为务实的一面。这就是利用江南与江北收获时期的不同，对江南实施佯动作战。与北方的地窖不一样，江南的谷物储藏库是由茅竹打造的，因此可以简单地用火攻烧其食粮等等。这些计谋均被采纳，由此可见华北出身的高颎对伐陈之役是进行了细心研究的。开皇八年南伐开始，他作为晋王广元帅府长史，负责实施全军的作战，据说是万事无碍。

高颎的出身，决非高贵之家，《隋书》本传云：

> 高颎，字昭玄，一名敏，自云渤海蓨人也。

可知渤海名族高氏云云，颇为可疑，[④]不过这与他对政权的忠诚以及务实的性格是相适应的。《颜氏家训·涉务》说江南贵族荒于实务，因而到梁武帝父子时,出现进用小人而疏远士大夫的情况,该书对此进行了反省。我们看到上述高颎的为人显示出,他与传统的门阀贵族属于不同的类型。

另一方面,值得注意高颎并非是作为君主杨坚的一个手足而存在的。如前引"以天下为己任"这一句话所示,作为政治家,其使命感并非针对杨坚个人,而是针对超越君主个人存在的世界(天下)。试看下面一例。开皇中,高颎为汉王谅的元帅长史,远征辽东,杨坚鉴于杨谅年少而将全权委于高颎。而高颎也是竭尽全力负责作战的一切,几乎没有听取谅的什么意见。杨谅对此心怀怨恨,于是进谗言于杨坚。高颎后来下台,这亦是一个原因。我们看高颎对此的态度,据《隋书》本传:

> 颎以任寄隆重,每怀至公,无自疑之意。谅所言多不用……

他丝毫没有考虑要讨谅的欢心,而是一心为使作战取得成功。因此又可以说,正是这一"至公"的立场将他推向了悲惨的命运。

站在这样的立场上所看到的,显然就是高颎并不以获取一生的显达作为政治生活的目的。长年任于宰辅,且曾获杨坚的绝大信任。可是他对自己的飞黄腾达显得十分恬淡,相反还经常表示希望把职位让于他人,自己则从政界引退。⑤这一退让的精神与他致力于"进引贞良"是相联系的。他推举天下的贤人士大夫,使其参与政治,并以此作为自己的使命。前引《高颎传》的一节可知,苏威、杨素、韩擒虎等文武名臣,此外如虞庆则、于义等人都是由他举荐的(《隋书》卷40《虞庆则传》、卷39《于义传》)。

由此可见,高颎作为官僚的面貌与从来的门阀贵族是需要加以区别的,而且他也不是只靠君主的宠幸而得权势的寒人(小人)。应该说,原来那种使贵族成其为贵族的士大夫精神这时又重新以新时代的新官人像的形式出现。那么,这一时代性质除了高颎以外,在支持着他,与他一道推进开皇政治的"四贵",或者是得到他推荐的那些人中是否也有所体现呢? 以下我们就考察这一问题。

（四）高颎集团的新官人像

"四贵"中虞庆则本姓鱼，为灵武豪杰出身。庆则自己倜傥、武勇，乡里豪侠对他敬惮三分。他首先出仕于北周，但并非只是单纯的武将。高颎推荐他为石州总管是因为在镇压稽胡后，该地需"文武干略者"之故，可见他也有着文官的才能。作为石州总管的政绩亦不凡，以威惠治理，据说稽胡归附者达八千余户（《隋书》卷40本传）。

高颎推举的其他人，几乎都有着虞庆则这种文武两兼的性格。北族出身的贺若弼，被认为是平定陈朝的最大功臣，他不但长于弓马，而且文章亦佳，精通书籍。高颎在推举他为吴州总管时，盛赞其"朝臣之内，文武才干，无若贺若弼者"（《隋书》卷52《贺若弼传》）。与贺若弼一起在平定江南中立有大功的韩擒虎据说也是由高颎推荐的。他虽为武人，但好书法，通经史百家，为庐州总管也是以其有"文武才用"之故（《隋书》卷52本传）。于义是名列西魏八柱国的于谨之子，为武人家世出身，王谦举兵反杨坚时，高颎荐他为讨伐军元帅（由于刘昉的反对没有实现）。于义本人为好学之士，北周时为安武太守，颇施德惠之政（《隋书》卷39本传）。

以上所举虞、贺若、韩、于四人虽说是武将出身的人物，但却都具有文武才干，而且除韩擒虎以外的三人还为北族，这就说明北族在长期的汉化过程中逐渐酿造出了这种文武双全的人格。韩擒虎父亲韩雄，是魏周时代在河南地方活跃的土豪（《周书》卷43《韩雄传》）。北魏末的内乱给门阀贵族体制造成了严重的打击，同时也使这样的土著豪族有了登上政治舞台的机会。他们虽为汉族士人，但另外又是乡党的统帅者，因此他们并非是与武力世界相绝缘的存在。[6]

北族与汉族的这两股潮流相互结合，形成了东西两魏的军阀政权，此点前面已有过论述。[7]我们看到，高颎所推荐的武将显然都是顺应这股潮流而登场的人物，这一点也同样适用于武功的苏威与弘农的杨素，尽管他们都为文官出身。苏威继承父亲苏绰遗风，是崇尚实务的文臣。其叔父苏椿在北魏末内乱时应募参加讨伐反乱并立下功劳，西魏大统年间(535—551 年)担任统帅乡兵之任(《周书》卷 23 本传)。这也就说明苏氏是具有武人性格的关中土豪。杨素本为雄辩富于才学之士,但却深具英豪之姿,最后成为与韩擒虎、史万岁齐名的勇将。⑧

　　魏周至隋唐,各个政权的主权者一般被总称为"关陇集团",苏威、杨素显然就是这一集团的人物,而刚才的虞庆则等人也是如此。他们一方面显示了与传统的门阀贵族不同之处,另一方面又有与传统贵族相通的一面,这即是拥有士大夫的教养性格。他们所显示的文武兼备的人格,⑨应该说正是代表新时代官人像的一个标志。⑩除此以外,我们从他们那里还可以发现真率富于侠气、⑪忠于职守而又务实、⑫不脱离民众的生活感情⑬等性格特点。⑭

(五) 高颎的至公立场

　　上面所引《隋书·高颎传》的一段话云:

　　　　当朝执政将二十年,朝野推服,物无异议。治致升平,颎之力也。

另,同传末史臣曰:

　　　　兆庶赖以康宁,百僚资而辑睦,年将二纪,人无间言。

高颎是值得信赖的政治家,为人们所敬服,这一点在其他地方还有很多证据。⑮不过,反对他的人也绝不在少数,如下所述,甚至为此还发生了好几次诛杀事件。那么,上述"朝野推服,物无异议"或是"人无间言"等评语是否有所夸张呢? 以下稍加分析。

　　开皇初期,有卢贲、刘昉、元谐、李询、张宾等不平分子共谋,计划将高颎等人予以清除,然后建立以此五人辅佐杨坚的体制。为达到目的,卢贲与晋王杨广相勾结。不过这一计划由于事前谋泄结果归于失败,五人均遭除名。可是他们的不平并没有就此沉静,586 年(开皇六年)的刘昉、宇文忻、梁士彦,589 年的元谐、元滂,阴谋事件相继发觉,结果是这些人均被诛杀。⑯

　　开皇年间的这群不平分子大致可分为二类。一是以卢贲、刘昉为代表的旧贵族,他们为北周宣帝的侧近,对开皇新政怀抱不满,此点已见前述。另一类是宇文忻、梁士彦、元谐、李询等武将，他们平定尉迟迥的反乱，可以说是建国的功臣，同时也是魏周以来的新兴贵族。与杨坚本来处于对等位置上的这些人，在杨坚即位以后，必然与杨坚之间开始出现感情上的疏隔。这些人凭借自己的出身以及炫耀自己的功业，在杨坚政权中逐渐成为特殊的存在，因此杨坚必须对他们加以排除。不满于是从中产生。总体来说，上述种种事件的发生，就是这些新旧贵族中的不平分子互相结托制造而出的。

对这些不平分子来说，要得到与他们贵族身份相符的政治地位，必须加以排挤的便是占据政府要职的高颍一派及其指导体制，于是针对高颍就出现了各种各样的非难。这些非难可以说都是来自于上述不平分子的利己之心，因此相反倒越发显示出了高颍等人的公正性。据《隋书》卷43《观德王雄传》，曾有人上奏告发高颍组织朋党，杨坚于是追问杨惠，杨惠答云：

> 臣忝卫宫闱，朝夕左右，若有朋附，岂容不知！至尊钦明睿哲，万机亲览，颍用心平允，奉法而行。此乃爱憎之理，惟陛下察之。

《隋书》卷41《高颍传》，卢贲等不断指责高颍的缺点，对此杨坚却说：

> 独孤公(指高颍)犹镜也，每被磨莹，皎然益明。

杨惠、杨坚虽说都是站在高颍一方说话，但批判者的自私心与高颍的公正立场还是形成了极为鲜明的对比，此点决不能忽视。

如此看来，上面那种对高颍的评价就不能说是夸张。可是，如果说高颍完全不立朋党，而且彻底地贯彻公正无私的立场，这又与事实不符。处在新旧贵族明里暗里的攻击下，即便多少有些不通人情之处，高颍亦必须对同僚或友人加以庇护。[17]而且还不能否认，前后数十年处于政界的中枢，高颍自身也产生了某种贵显化的倾向。尽管如此，高颍还是经常告诫自己要坚持退让的精神。当然，在其同僚友人中，不乏产生上述贵显的倾向，由此而引发了种种破绽，结果是导致开皇体制的崩溃。[18]本文最后想提出一个问题，那就是对从开皇到仁寿，再到大业这一时期的变化发展赋予什么样的意义？这应该说是一个需要解决的新课题。

① 参见本编第二章。

② 后来杨坚在斥责他们时所讲的话就充分反映出了上面这一点："上曰：'……微刘昉、郑译及贲、柳裘、皇甫绩等，则我不至此。然此等皆反覆子也。当周宣帝时，以无赖得幸，及帝大渐，……此辈行诈，顾命于我。我将为治，又欲乱之。故昉谋大逆于前，译为巫蛊于后。如贲之徒，皆不满志。任之则不逊，致之则怨，自难信也，……'"（《隋书》卷38《卢贲传》）。

③ 高颎之父宾任北周柱国独孤信的属官，改独孤氏为姓，杨坚妻独孤皇后为信之女，据此可以推测由这层关系，杨坚早就知道高颎。但是实际上将杨坚的意思转告给高颎的是杨惠（《隋书》卷41《高颎传》）。另，杨惠还努力引进李德林（《隋书》卷42《李德林传》）。

④ 《北史》卷72本传虽然比《隋书》较为详细地记述了他的出身，即"其先因官北边，没于辽左。曾祖晟，以太和中自辽东归魏，官至卫尉卿。祖孝安，位兖州刺史"云云，但这一经历仍然没有将高氏的出身介绍清楚。

⑤ 高颎在隋朝创立后不久即上表，请求将尚书左仆射之位让与苏威。另外，开皇九年左右，成功地平定陈朝后，再次请求让位。不过这些都没有得到允许，直到开皇十九年还在尚书左仆射任上。这一年受除名处分，据说相反到十分坦然而没有一丝的怨恨之色（《隋书》卷41本传）。

⑥ 参见本编第一章。

⑦ 另见《北朝的贵族制》（《历史教育》153号）、《拓跋国家的展开与贵族制的再编》（《世界历史》5，岩波书店，1970年）。

⑧ "炀帝之在东宫，尝谓弼曰：'杨素、韩擒、史万岁三人，俱称良将，优劣如何？'弼曰：'杨素是猛将，非谋将；……'"（《隋书》卷52《贺若弼传》）。

⑨ 这一点就高颎本人来说也是如此，他"又习兵事，多计略"（《隋书》卷41本传），而且还兼任过左卫大将军、左领军大将军等军职，除了讨伐尉迟迥以外，还经常参加针对江南或是塞北的实际战斗。

⑩ 这可以与南朝士大夫习于柔弱的生活，逢侯景之乱时连马也不能骑的事实（《颜氏家训·涉务》）相比较。

⑪ 虞庆则"幼雄毅，性倜傥"；贺若弼"少慷慨，有大志"；韩擒虎"少慷慨，以胆略见称"；杨素"少落拓，有大志，不拘小节"（以上《隋书》各传），这些都表现出了上述气质。

⑫ 于义由于向暴君北周宣帝上谏言，为郑译、刘昉等人所谗，险遭及罪（《隋书》卷39本传）。另外，从贺若弼被评为"至诚体国"（同上卷48《杨素传》），但却遭诛杀的经过来看，其事并非夸张。苏威继承父亲苏绰的遗志，是致力于减

轻赋役的人物,而且开皇的律令格式也多由他制定,对实际的政治可谓鞠躬尽瘁。他给予柳庄的下面一段评价,也充分显示出了他自己的为人:"苏威为纳言,重庄器识,常奏帝云:'江南人有学业者,多不习世务,习世务者,又无学业。能兼之者,不过于柳庄'"(同上卷66《柳庄传》)。顺带说一下,据称高颎亦十分器重柳庄。

⑬ 虞庆则为石州总管,有威惠,致力于慰抚稽胡;于义为安武太守广施仁政,此外,杨惠对待士人宽容谦逊,人望甚高。不过,杨素的情况则是对部下的态度十分酷烈,这一点,与他是贵族趣味的野心家,同晋王杨广一道推翻开皇体制一事并非没有关系。也就是说,他虽然出自高颎集团,但却由于野心而脱离了这一集团。

⑭ 能否断定开皇的指导体制是在所谓"关陇集团"的基础上成立,我虽然没有十分的把握,但认为作如此理解也不为过。拿高颎等人文武两兼的性格来看,与陈寅恪氏所指出的"关陇集团"的特征是一致的(《唐代政治史述论稿》上篇)。不过,说高颎的立场始终陷于"关陇集团"这一派系之中,却又未必如此。比如,高颎评价很高的人们以及与其有亲交的人们中,除上述诸人以外,还有史万岁、王世积、元岩、李彻(以上北周系)、卢昌衡、房彦谦、薛道衡(以上北齐系)、柳彧、柳庄(以上南朝系)等。在上述众人之间,还可以看到几个交友集团。维护被问罪的高颎,怜惜他的下台以及被诛的正是这些人,因此而招致灾祸失去性命者也不在少数。进而再看这些人的为人、身份、性格、才能决非完全一样,但是在作为正直耿介之士这一点上却是共通的,作为地方官或是将军哀怜兵民的人物很多。这里似乎让人感到了有着一股以"关陇集团"为中心的新的士人世界。

⑮ "素性疏而辩,高下在心,朝臣之内,颇推高颎,敬牛弘,厚接薛道衡,视苏威蔑如也"(《隋书》卷48《杨素传》);"仁寿中,肃见皇太子勇、蜀王秀、左仆射高颎俱废黜,遣使上书曰:'……窃见高颎以天挺良才,元勋佐命,陛下光宠,亦已优隆。……愿陛下录其大功,忘其小过。……'"(同上卷62《裴肃传》);"善以高颎有宰相之具,尝言于上曰:'杨素粗疏,苏威怯懗,元胄、元旻,正似鸭耳。可以付社稷者,唯独高颎'"(同上卷75《儒林传·元善》)。

⑯ 针对高颎的攻击除了本文所举的以外,还有其他各种形式。比如姜晔、李君才上言天候不顺乃是宰相高颎之罪;高颎出征江南或是塞北时,总有一些告其谋反的人出现(俱见《隋书》卷41《高颎传》)。

⑰ 其中犹以苏威树敌最多。他与李德林对立时,高颎站在苏威一方。

⑱ 积极推进太子废立的杨素的权势欲及其豪奢的生活为其代表例。贺若弼尽

管一门位据刺史列将,但由于指望尚书仆射之位而生怨恨。就连廉洁的苏威也利用职权在人事中夹杂私情,等等。在有名的礼乐制定问题中,苏威之子夔与何妥对立时,大部分朝臣站在有权势的夔一边。何妥于是抓住这一人事问题,最终使得苏威下台。

(原载《田村博士颂寿东洋史论丛》,1968 年)

补　编

府兵制国家论

第一章　武川镇军阀的形成

一　序　言

赵翼《廿二史札记》卷 15 有《周隋唐皆出自武川》一文,其内容大致如下:

> 两间王气,流转不常,有时厚集其力于一处,则帝王出焉。如南北朝分裂,其气亦各有所聚。晋之亡,则刘裕生于京口,萧道成、萧衍生于武进之南兰陵,陈霸先生于吴兴,其地皆在数百里内。魏之亡,则周、隋、唐三代之祖皆出于武川。……区区一弹丸之地,出三代帝王,周幅员尚小,隋、唐则大一统者,共三百余年,岂非王气所聚,硕大繁滋也哉。

显然,王气这一表述不免直观、神秘的一面,但必须指出,这段话为理解王朝权力的产生提供了有益的见解。王朝权力的产生并非都与所有地域有关,它一定是在某个特定的地方出现拥有帝王之资的人物,尔后在其领导下推翻眼前的政权,实现对全国的统治。那么,帝王之资又是在什么样的地域产生的呢?赵翼只说是王气厚集之处,并没有予以深究。

赵翼所论南朝诸天子的发祥地,京口、南兰陵、吴兴等位于长江下游南岸。京口(今江苏镇江)与南兰陵(今江苏武进)都处于江南的河道沿线,吴兴(今浙江湖州)则在太湖南岸,而涵括这三处的地区则成为首都建康(今江苏南京)富饶的腹地。这一点不但反映在经济上,在人物方面也如此。上述地域为江南土著豪族的聚居地,同时也是北方避难民众的侨寓之所。这些人在现实上既是支持建康政权的一支力量,同时对政权的腐败也给予强烈的批判。总之,这一地区在政治、经济、文化各方面蕴藏着极为深厚的潜力。刘、萧、陈等寒门武人兴起于此地，并从此地发起革命，建立了南朝诸政权。按赵翼的说法，他们都可谓身具王气者，可他们又是如何凭借其自身的资质组织革命势力而凌驾于旧政权之上的呢？本文暂不对这一问题展开具体探讨。

　　本文想着重研究北朝后期有关武川的一些问题。赵翼说周、隋、唐的创建者宇文、杨、李都出身于北魏六镇之一的武川镇，这一点在今天已成定说。①还有研究认为这些人物拥有共通的军事势力，因而将他们统称为武川镇军阀。②在此本文也将使用这一名称对上述问题展开讨论。

　　如后所述，西魏以后的关中政权决非只由武川镇出身者所组成，还包括了一些其他的胡汉势力。陈寅恪氏将其称为"关陇集团"，其文如下：

　　　　盖宇文泰当日融冶关陇胡汉民族之有武力才智者，以创霸业；而隋唐继其遗产，又扩充之。其皇室及佐命功臣大都西魏以来此关陇集团中人物，所谓八大柱国家即其代表也。③

陈氏认为，周、隋、唐在经济、文化上较为落后的关中地方建国以后，实施了如他所说的关中本位政策，反而最终征服了先进的山东及江南地区，重新统一了中国。由此可见陈氏所论的"关陇集团"是一个地域性文化范畴，它是由胡与汉、武力与才智等各种不同的种族及人力混合在一起而形成的社会。④可是，如此复杂的社会在形成过程中必然有其核心集团的存在并发挥着作用，被称作武川镇军阀的集团即相当于此。本文拟对这一集团的成立过程试作考察。

二　关中政权的成立与武川镇集团

（一）六镇之乱与武川镇

　　武川镇作为军镇，在北魏六镇中位于西边第三镇，大致为现在的内蒙古自治区呼和浩特北方。⑤524 年（北魏孝明帝正光五年），始于沃野镇的反乱蔓延至北镇地带，武川镇也被卷入战火。但武川镇的情况与从内部烧起反乱之火的沃野镇不同,反乱来自外部。卫可孤[⑥]接受沃野镇反乱领袖破六韩拔陵赠与的王号,包围并攻下了武川镇,但不久一部分镇民奋起袭击并杀死了卫可孤。镇民对从外部而来进攻的反乱民进行了抵抗,这就是当时武川镇所具有的特点。我们再稍微详细地看一下上述经过。

　　起先,怀朔镇将杨钧害怕破六韩拔陵的进攻,当听到武川镇军主贺拔度拔的威名后,便将其招至怀朔镇以为统军。度拔率领三子允、胜、岳及"乡中豪勇"赴任,允兄弟三人也被任命为同镇军主。包围了武川镇的卫可孤同时还向怀朔镇展开进攻,怀朔镇陷入孤立无援之中。面对这一局势,贺拔胜突破包围圈,到朔州面会讨伐军司令官临淮王元彧,请求发派援军。元彧虽予答应,但援军未发,武川、怀朔两镇即告失守,贺拔父子也为反乱军所俘虏。就在此时,贺拔度拔等人与宇文肱(宇文泰父)合谋"率州里豪杰舆珍、念贤、乙弗库根、尉迟真檀等,招集义勇,袭杀可孤"(《周书》卷14《贺拔胜传》)。[⑦]

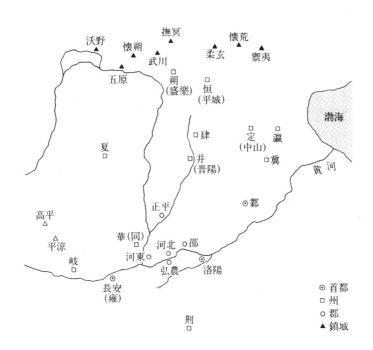

由此经过来看,以贺拔氏为首的武川镇人是站在反乱镇压者一边展开行动的,不过他们终究没能将镇守住。之后,贺拔度拔在与铁勒作战时阵亡,允、胜、岳三兄弟投奔五原的讨伐军司令官广阳王元渊,为其部将。不久,破六韩拔陵包围五原,元渊于是退至朔州。贺拔兄弟也相随左右,后来在恒州(旧都平城地方)成为行台元纂的部下。然而在恒州城中有人与朔州城民鲜于阿胡相呼应,所以恒州很快陷于阿胡之手。在这一混乱中,允、岳与胜失散,贺拔允与贺拔岳投奔兴起于山西北秀容并在乱局中崭露头角的尔朱荣,从而在晋阳暂得安身,而贺拔胜却只身逃至肆州。后来尔朱荣占领肆州,三兄弟得以再会。

(二) 武川镇民的南下

处于饥饿状态的六镇民众不管是否参加内乱,大体上都向南往中国内地方面移动。武川镇民也不例外,不过其南下路径并非完全一样,如上所述,随北魏讨伐军南移的贺拔兄弟所走的路径即为其中之一。与此相比,宇文氏等人的移动稍有不同。前面提到,虽然成功地袭杀了卫可孤,但还是守不住武川镇。而破六韩拔陵此时也由于受到北魏朝廷委派的柔然的袭击,在北镇一带也支撑不住。在这一状况下,降伏官军寻求庇护的镇民人数达二十万,他们被朝廷分散在河北中部的冀、定、瀛三州就食,宇文氏此时被配属在定州。在迁至定州的镇民中,还可以看到独孤氏、王氏等武川镇出身者,[⑧]这似乎显示出同镇出身者在某种程度上的统一行动。

大家都知道,河北降户后来再次点燃内乱之火,给予北魏王朝致命的一击。内乱的火种之一是五原降户鲜于脩礼等人在定州左人城举兵。这时,宇文肱为脩礼的武将,在与官军作战中阵亡。[⑨]不久,脩礼的部下葛荣成为反乱势力的首领,他并合在上谷蜂起的柔玄镇民杜洛周所部,试图控制整个河北。葛荣授予宇文肱第三子洛生渔阳王之位,使其领父亲的军队(《周书》卷10《杞简公连传》),其弟宇文泰也在这时被委以将帅之职(同上卷1《文帝纪上》)。但是宇文泰等预料到葛荣必败,因而商议离开葛荣。也就在这时,葛荣为尔朱荣所败,其手下庞大的北方镇民于是尽归尔朱荣。尔朱荣的据点在晋阳,所以宇文泰等人也被迁至晋阳。此时与宇文氏一样加入尔朱荣阵营的武川镇出身者是独孤与赵二氏(《周书》卷16《独孤信传》、《赵贵传》),此外,贺兰、[⑩]尉迟[⑪]二氏的子弟也在宇文氏的庇护下来到晋阳。

早于宇文氏等人归附尔朱氏的,除贺拔兄弟以外还有侯莫陈氏与寇氏。[⑫]总之,武川镇民各家在离镇以后,经过不同的遭遇又重新聚集于尔朱氏手下。当时,六镇之乱以后的北方各种势力都掌握在尔朱氏手中,因此这些武川镇出身者在尔朱氏的据点晋阳合流,也可以说是时势所然。

在晋阳合流的这些人不久便一起参与军事行动。贺拔岳作为尔朱天光的副将奔赴关陇讨伐反乱,武川镇人也多数相随从军。当然并非所有武川镇人都参加,比如贺拔岳之兄贺拔允与贺拔胜,或是独孤信等就没有前往。独孤氏在此以后与杨忠一道作为贺拔胜部下镇守荆州。此时,从军者的妻小全都留在晋阳。需要指出的是,参加关陇讨伐作战后来成为武川镇军阀形成的渊源,此点留待后论。就武川镇出身者个人来说,参加这一作战与否,与他们以后的命运息息相关。因为华北不久便分为东西两魏政权,同乡或是亲人都由此活生生地被分隔开来。

特别是从军者遗留下来的家眷,到北周北齐时仍一直被扣押在首都邺。在北周掌握实权的宇文护(宇文泰侄子)派人寻找母亲阎氏(阎姬)及亲戚的消息,结果一无所获。可是到保定四年(564年),北齐方面送还宇文护舅母杨氏。当时北周得突厥援手欲大举伐齐,所以这一举措的目的是想暂避北周兵锋。同时,北齐还送来了阎氏写给宇文护的信。对北齐来说,扣留阎氏显然是想增加外交上的筹码。宇文护给母亲复信,母子之间由此书信不断,始终保持着联系。不过阎氏仍在扣押之中。周朝于是采取强硬态度迫使北齐归还阎氏,同年九月,北齐送阎氏还长安。

阎氏给宇文护的信并非自己所写,据说为北齐方面的代笔。不过,内容应该是根据阎氏的口述,而且为了在外交上加以利用,相反还必须保证内容的真实性。这封信用女性特有的语调非常简洁地叙述了宇文氏一家的遭遇,其内容与本文有不少关联,现据《周书》卷11《晋荡公护传》所载将其作一介绍。

（三）阎 氏 的 信

　　天地隔塞，子母异所，三十余年，存亡断绝，肝肠之痛，不能自胜。想汝悲思之怀，复何可处。吾自念十九入汝家，今已八十矣。既逢丧乱，备尝艰阻。恒冀汝等长成，得见一日安乐。何期罪衅深重，存没分离。吾凡生汝辈三男三女，⑬今日目下，不睹一人。兴言及此，悲缠肌骨。赖皇齐恩恤，差安衰暮。又得汝杨氏姑及汝叔母纥干、汝嫂刘新妇等同居，颇亦自适。⑭但为微有耳疾，大语方闻。行动饮食，幸无多恙。……

　　汝与吾别之时，年尚幼小，以前家事，或不委曲。昔在武川镇生汝兄弟，大者属鼠，次者属兔，汝身属蛇。⑮鲜于修礼起日，吾之阖家大小，先在博陵郡（属定州，治今河北安平）住。相将欲向左人城（今河北唐县西北），行至唐河之北，被定州官军打败。汝祖（宇文肱）及二叔（宇文连），时俱战亡。⑯汝叔母贺拔及儿元宝，⑰汝叔母纥干及儿菩提，⑱并吾与汝六人，同被擒捉入定州城。未几间，将吾及汝送与元宝掌。⑲贺拔、纥干，各别分散。宝掌见汝云："我识其祖翁，形状相似。"时宝掌营在唐城⑳内。经停三日，宝掌所掠得男夫、妇女，可六七十人，㉑悉送向京。吾时与汝同被送限。至定州城南，夜宿同乡人姬库根㉒家。茹茹奴望见鲜于修礼营火，语吾云："我今走向本军。"既至营，遂告吾辈在此。明旦日出，汝叔㉓将兵邀截，吾及汝等，还得向营。汝时年十二，㉔共吾并乘马随军，可不记此事缘由也？于后，吾共汝在受阳㉕住。时元宝、菩提及汝姑儿贺兰盛洛，㉖并汝身四人同学。博士姓成，为人严恶，汝等四人谋欲加害。吾共汝叔母等闻之，各捉其儿打之。唯盛洛无母，独不被打。其后尔朱天柱亡岁，㉗贺拔阿斗泥（岳）在关西，遣人迎家累。时汝叔㉘亦遣奴来富迎汝及盛洛等。汝时着绯绫袍、银装带，盛洛着紫织成缬通身袍、黄绫里，并乘骡同去。盛洛小于汝，汝等三人并呼吾作"阿摩敦"，如此之事，当分明记之耳。今又寄汝小时所著锦袍表一领,至宜检看,知吾含悲戚多历年祀。

根据这封信,可以在相当程度上了解到以宇文氏为中心的武川镇各家的通婚关系,再结合其他史料,将宇文氏内外的关系制表如下:

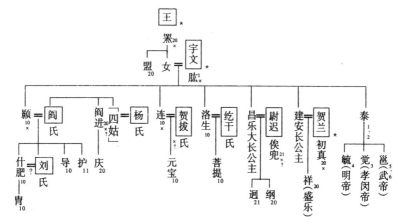

数字为《周书》卷数。

★　印为武川镇出身者。

×　印为贺拔岳、宇文泰西征前死亡者。

以宇文氏为中心的武川各氏的通婚关系在这里清晰可见。根据这封信以及其他史料,宇文氏的情况是,以宇文肱为首,四个儿子及妻子、死去丈夫的宇文氏女儿们带着孩子托身于娘家,此外还有若干下人(奴)。应该说,其他各氏的情况大致也如此。这种家族集团离开武川镇后,踏上各自的行程,最后又汇集在尔朱氏处。

（四）　宇文泰的被拥立

尔朱氏平定河北,内乱大体趋于沉静。但还有几支即便如尔朱氏的威势也还无法轻易压服的势力,一为北魏洛阳政权,一为关陇方面的反乱势力。矜于王朝正统的洛阳政府,在尔朱氏身后还保有荆州及其周边地域。此外还有南朝的梁,这些都是尔朱氏不容轻视的势力。因此对尔朱氏来说,形势相当复杂。当时,最大的实力派人物尔朱荣入朝,为孝庄帝及朝臣所杀,反映出了二者之间的对抗关系。其后孝武帝与高欢的对立也可以说产生于同一根源。㉙那时,孝武帝一边依靠关中的贺拔岳,一边任命其兄贺拔胜为都督三荆二郢南襄南雍七州诸军事、荆州刺史,以图稳固南方。

再看关陇地方。随着六镇之乱波及该地,各地不断发生暴动。在各种势力中成为最大势力的是占据高平的万俟丑奴。丑奴将北魏政府派遣的讨伐军司令官萧宝夤的军队也拉进来,并自称天子,置百官。平定河北的尔朱荣在 530 年派遣同族的尔朱天光对此讨伐。而为天光副将的是贺拔岳与侯莫陈悦(分别为左厢大都督、右厢大都督)。万俟丑奴攻至岐州,西征军将之击退,并擒住丑奴,尔后又成功地平定陇山一带的余党,关陇一带于是尽归尔朱氏。

同年尔朱荣被杀,对尔朱一族形成威胁的是后门之狼高欢。离开关陇占领地的尔朱天光与高欢进行决战,㉚但与其一族并为高欢所歼。关陇地方就此为贺拔岳、侯莫陈悦二将所控制。

如上所述,霸者与洛阳朝廷的对抗关系从尔朱氏转为高欢,但当事者双方都力图把关陇军拉入自己的阵营。当尔朱氏立节闵帝时,对事态的发展有所预料的洛阳政府命贺拔岳为岐华秦雍诸军事、关西大行台、雍州牧,㉛计划如有不测,天子即入关在此避难。不过节闵帝最终为高欢所废弑,没能实现这一计划。

为高欢所立的孝武帝与拥戴者之间也产生同样的紧张关系。侧近的斛斯椿、南阳王元宝炬、元毗、王思政等劝帝增强禁军,以图与高欢进行武力对决。此外孝武帝还派王思政等人去关中与贺拔岳取得联系,同时将贺拔胜配置于荆州。

在这样一种局势下,534 年发生了贺拔岳被侯莫陈悦所害事件。当初高欢灭掉尔朱氏时,打算召贺拔岳回东方,岳没有答应。与高欢勾结的侯莫陈悦杀掉贺拔岳,正是以高欢欲吞并关陇这一野心为前提的,㉜而且这一野心还与颠覆洛阳政府的盘算一致。不过后来的事态发展并没有如他所愿。

侯莫陈悦杀掉贺拔岳后,失去统帅的岳部下三三两两回到平凉。㉝侯莫陈悦这时本应对他们加以安抚、怀柔,但他却只带着自己的部下回到水洛城。返回平凉的贺拔岳旧部以年龄居长为由欲推寇洛(武川镇出身)为帅以期再起,但寇洛却以自己资质有限为由加以辞退。众人于是对今后应何去何从,意见发生分歧。有的建议邀请荆州的贺拔胜入关并听其指挥,有的主张应向洛阳朝廷报告并听其指示。这两种意见可以说如实地反映了上面所述的政治形势。针对这些意见,曾向侯莫陈悦请求埋葬上司贺拔岳遗骸的赵贵(武川镇出身)则提议迎夏州刺史宇文泰,赫连达对此表示支持。不论朝廷还是贺拔胜,无论其具有多大的权威,由于远隔他处,都解决不了现在这种紧迫的状况。宇文泰虽一直得到贺拔岳的信任,但其时才二十八岁,并无位居诸将之上的威望。不过由于事态紧急,众人选择这位年青英明的武将作为统帅。结果这对其后关陇地方以这支军队为中心走上政治独立十分有利。

面对贺拔岳旧部的邀请,夏州的宇文泰方面经过种种商议,最终赴平凉接受部队的推戴。在这之后,宇文泰将侯莫陈悦追至牵屯山予以歼灭,此外还排除高欢的干涉,逐渐在关陇地方确立了自己的权威。

(五) 关中政权的成立

北魏朝廷当然想把宇文泰的关陇军拉入自己一边,孝武帝首先任命宇文泰为大都督,承认他掌握贺拔岳人众,此外为准备与高欢的作战,还命令宇文泰入洛。但宇文泰以夹在侯莫陈悦与高欢之间腹背受敌为由,并无离开关陇之意。[34] 高欢与朝廷之间的关系日趋紧张,朝廷任命宇文泰为关西大行台,宇文泰也向东方出兵,对高欢进攻洛阳加以牵制。后来孝武帝从洛阳仓促出逃,入关寄身于宇文泰处。[35] 宇文泰以长安为首都拥戴孝武,西魏王朝于是在其霸权之下得以成立,这实际上也就宣告宇文泰率领的关陇军在政治上得以独立。

洛阳南面的贺拔胜又是如何面对这一局势的呢?贺拔岳被杀以后,左厢大都督李虎(唐高祖李渊祖父,武川镇出身)匆忙奔往贺拔胜处,请他掌握贺拔岳余众,但贺拔胜没有答应,而只是派部下的独孤信前往。当独孤信抵达平凉时,部队已在宇文泰掌握之下。由此也可以看到贺拔胜是落后于时局一步的。高欢与朝廷的紧张关系日益激烈时,朝廷命贺拔胜率大军入洛,胜进军至广州却又犹豫不前。此时孝武帝西迁,贺拔胜虽也奔赴关中,但在华阴为高欢所阻。幕僚崔谦力主利用这一机会继续进军入关,否则良机不再。可是贺拔胜最终却将军队带回根据地荆州,此后大败于东魏的侯景,率部下数百骑亡命于梁。约三年后,贺拔胜才入长安,向朝廷请罪。朝廷予以赦免,授以太师之职。太师只是名誉职位,在现实上不用说是居于宇文泰之下的。㊱

以上经过十分清楚地显示出西魏政权的核心是宇文泰所率的关陇军。也就是说,当贺拔岳旧部推戴"同类"的宇文泰并成为一支独立的力量时,实际上也就迈出了关陇政权形成的第一步。而这一事件对后来的周、隋、唐政权来说具有十分重要的意义。

（六）贺拔岳的西征军与武川镇集团

贺拔岳旧部因失去统帅而陷入无所适从之中,但如上所述最终决定了自己的选择,从这一过程中似可看到一定的倾向。比如,首先以年长为由推戴寇洛为首领,而寇洛为武川镇出身。寇洛对此予以固辞以后,军中所提出的三个方案中有两个是推戴武川镇出身的贺拔胜或是宇文泰。看这两个方案的建议者,推荐宇文泰的是武川镇出身的赵贵。至于贺拔胜由谁推荐,现在还不清楚,不过从李虎赶赴荆州邀其出马来看,好像与李虎有某种关系,而李虎也出身于武川镇。因此可以说,贺拔岳旧部作出决定之际,武川镇出身者的意向是起了很大作用的。结果是大势倾向于拥戴宇文泰。

那么,武川镇出身者在贺拔岳旧部占据什么样的位置呢？贺拔岳旧部当然并非全由他们构成,还包含了其他北方州镇的出身者以及关陇土著民众。㊲虽然如此,军队的意向由武川镇出身者所左右,其原因在于他们在军中占据着重要的位置。对贺拔岳旧部的构成试加复原如下：

关西大行台关系

左	丞	宇文泰*	后为苏亮
右	丞	薛孝通	
从事中郎	周惠达		

| 吏部郎中 | 辛庆之 |
| 郎　中 | 王子直　吕思礼◎⊗ |

都督府关系

长　史	雷绍＊◎　后为赵善＊◎
司　马	宇文泰＊
从事中郎	冯景
记室参军	张轨

军关系

左厢大都督	李虎＊
右都督	寇洛＊◎
大都督	赵贵＊◎　刘亮◎
都督	侯莫陈崇＊◎　若干惠＊◎　怡峯◎　赫连达◎　辛威　梁椿
子都督	达奚武◎　韩果＊
帐内都督	李和
别将	王勇＊
帐内	耿豪＊㊧
"心膂"	梁臺◎
不明	侯植　厍狄昌◎　梁禦＊◎　王德＊◎

（＊武川镇出身者　◎明确记载赞同推戴宇文泰者）

以上所列官名主要取自《周书》表述而非正式官职的名称，但大致仍可以看到一些特点。最高首脑部的大行台、都督府为武川镇出身者占据，文官系统尤其是大行台关系的属僚则由关陇出身的名族担任（苏、辛、王）。军队方面，首先看到左厢大都督为李虎，那么是否有右厢大都督呢？这里作一大胆推测，即"右都督"寇洛有可能相当于此。李虎、寇洛在贺拔岳手下为左右副将，反映出军队首脑全由武川镇出身者占据。而其他武将中，武川镇出身者人数也占了一半以上。有着如此特征的贺拔岳军欲从武川镇出身者中推举领导者，可以说是必然。而且除了李虎以外，主要将吏几乎全都支持推举宇文泰。这时对宇文泰的支持与否，对他们后来的阅历有着极深的影响。看上述记有◎印者本传,都明确记载有"同谋翊戴太祖(宇文泰)"或与此类似的表现。

　　由上可知,贺拔岳旧部在推举宇文泰上意见一致,而且在关陇地方的独立过程中,有着与此相应的军府构成。可以说这一构成在贺拔岳为尔朱天光左厢大都督西征时,已经初具规模。尔朱荣最先任命贺拔岳为关陇派遣军最高司令官,但是贺拔岳害怕失败罪及己身,与兄贺拔胜商议,请尔朱氏从一族中派遣最高司令官,而自己居副。由此形成的西征军刚开始兵力才千人左右,后来虽经过随地征发及尔朱荣发派过来的二千援军,但仍难免兵力不足。军队的进击也因此常受停顿,天光为此还遭到尔朱荣的杖罚。就在这时,给予进攻到岐州的万俟丑奴以致命一击的是为前锋的贺拔岳部,其兵力只有一千。在这一千人中恐怕还掺杂着天光派来的兵士,而贺拔岳在西征开始时所拥有的兵力绝对不多,但就在这不多的兵力中包含着武川镇出身的将兵。如前所述,作为尔朱荣手下,武川镇出身者们此时是留下家眷而踏上西征之途的。他们以贺拔岳为中心结成部队,相互之间仍是同乡关系。比方寇洛在北镇之乱时率"乡亲"南下,投于尔朱氏,但在同乡贺拔岳西征时,"募从入关"(《周书》卷15本传)。

　　如果说贺拔岳旧部拥立宇文泰是武川镇军阀迈出独立的第一步的话,在此以前的贺拔岳西征实际上就是武川镇军阀形成的发端。如果我们顺着武川镇军阀的内部结合关系这一条线索追溯的话,就可以找到它的起点,即作为乡里的武川镇。

　　下一节就来探讨上述同乡关系的内涵。

三　武川镇社会与武川镇军阀

(一)　"乡里"武川镇的内涵

　　被迫离开乡里武川镇的人们在内乱之中辗转于官军、反乱军或是尔朱氏之间,他们一边依存于这些实力人物,一边伺机寻找新的立身机会。在这种流寓生活当中,血缘以及地缘关系起到了很大作用。

　　上面已述,寇洛以同乡的关系"募从"贺拔岳西征,并成为岳的右都督。另外,贺拔岳被杀之际,贺拔胜派独孤信去关中。此时已经收拾了局面的宇文泰看到同乡而且还是童年友人的独孤信时大喜过望,将他作为使节派至洛阳。[40]这些例子在史书里经常是用"甲与乙乡里"来表现,刻划出了甲乙双方的同乡关系。上述情况中"乡里"不用说指的是武川镇。武川镇作为军事设施原先是北魏为防御北方而设,因此住在那里的人们大多是从他处而来的徙民。例如贺拔氏原为神武尖山人,贺拔岳祖父时"以良家子镇武川",从而定居此处。寇氏也是寇洛父亲时从上谷昌平迁徙而至。宇文氏与独孤氏是籍贯各异,后来作为武川镇民而定居。所以说,武川镇实际上是他乡人集居的地方。虽然如此,为什么还要称"乡里"呢? 直江直子氏《关于北朝后期政权为政者集团的出身》着眼于这一问题,探讨了北镇社会的实际状况(《名古屋大学东洋史研究报告》5)。

　　直江氏一方面赞成布目潮沨氏重视北族在隋唐帝国建设过程中的作用,一方面又对布目氏将北族看成是中国历史发展中的外因这一点提出了质疑。比如说,如果把"关陇集团"形成时的北族出身者只看成是外在原因的话,那北魏帝国一百五十年的历史到底具有什么意义呢?此外,直江氏还提到我将隋唐帝国的起源求之于汉族与北族各自所拥有的共同体,认为就汉族豪族共同体来说,其具体形态为北朝后期的乡兵集团,然而就北族来说,只提到那是以部族共同体为源流,并没有揭示出北族共同体发展的具体情况。针对这些,直江氏将北族社会本身的历史发展置于北镇之中加以分析。其说如下:掌握东西两魏乃至北齐、北周政权者大多出身北镇,但是他们形成集团并成长为权力者,所靠的并非作为北魏军政统治机构的镇这一组织。作为"豪杰"受到民众的敬慕,同时发挥着其指导能力的地域社会才是他们的根本所在。该地域社会在史书虽用"乡里"或"州里"来形容,但并非"豪杰"们的本贯。他们的先祖都为各自所属部族的酋帅,在某一时期由于北魏的国防政策被认定为"良家子"迁徙至北镇,北镇于是成为他们的第二故乡。他们在这一迁徙地内形成了新的地域社会,这里的社会秩序既非国家所定,也非部族共同体旧有的成规,而是由"豪杰"与民众的指导与被指导关系创造出的新的自律性秩序。"乡里"、"州里"的表现就包含着这样的内涵。经过上述分析,直江氏还指出了如下几点:北镇的"乡里"社会如果具有这种结构的话,那么它就与以乡兵集团为基础的汉人豪族共同体极为类似;东西两魏是以北镇出身者为主的北人集团将汉族的乡兵集团纳入其中而得以成立的政权,但是其原因并不是由于前者的武力强大,而是由于集团形成的形态具有同一性质,以此为基础的社会具有共通性的缘故。

直江氏的论述总体来说是可取的,特别是最后的部分论及了北朝后期至隋唐各个国家的结构与性质,这一点十分重要。如果顺着这一思考追寻下去的话,就会导引出下面这样一个结论,即这些国家最终都超越了胡汉之别,在各个集团的统合之上成立,而这些集团基本上都贯穿着豪杰(族)与乡民的指导与被指导关系。换句话说,隋唐帝国决非单纯由北族所支撑的武力统治的国家,就其历史本质而言,是以豪族阶级为基础的国家。

以上从我自己的关心出发对直江氏的考察作了一点梳理,但我认为还存在着一些问题,即北镇社会有没有与中国内地社会相区别之处?如果有,那又是什么?从国家形成的观点来看,为什么北镇出身者在当时的政权形成过程中掌握了主导作用?如果去追究这些问题,极有可能导致北族武力国家论复活,尽管这一论说不过是一种非常泛泛而论的主张。针对上述这些问题,下面想说说我自己的意见。

(二)　武川镇社会的结构

如直江氏所论,北镇的"乡里"社会并非部族制社会,虽然后者为前者形成的一个渊源,但在性质上是两个不同的社会。迁徙并居住于北镇的,既有北族系,也有汉族系人,而且这一地域还是内地犯罪者的配流之地。此外,不怕死的高车人骑兵或是商人也可能是构成北镇的因素之一。[41]这些成分复杂的镇民接受由中央派遣而至的镇将及其下属文武将吏的统治。北镇虽为北方边境城镇,但同时还是北魏国家的一幅缩影。因此,在这里定居的北族系镇民不可能一直生活在部族制的原理之下。六镇反乱的讨伐军司令官广阳王元渊在其奏文中指出,镇民与洛阳的同族在官职就任的机遇上存在着极大的差别,[42]这也是北魏官僚制国家扩大渗透到部族制社会的一个证明,而这种官僚制国家,实际上就是经过孝文帝的政策在制度上得到完备的贵族制国家。

　经过这一转变,即便是北族出身者也必须具有汉人贵族的教养,也就是时代要求他们必须掌握学问。元渊在奏文中,还叙说了镇民由于被禁止自由地离开居住地,因而年轻时不能从师就学,壮年时不能游宦于官界的苦境。[43]这也就说明在北魏末,北族系镇民的子弟并非只要武勇,而且还有接受学问与教育的必要。

　在武川镇出身者之中可以看见一些身具学问的例子,这也许正是时代的反映吧。例如,贺拔岳少时曾为太学生(《魏书》卷 80、《周书》卷 14 本传),与贺拔氏、宇文氏一起袭杀卫可孤并互为结盟的念贤,据说儿童时代在学校学习并通于经史(《周书》卷 14 本传)。侯莫陈崇之弟凯"颇好经史",西魏大统元年(535 年)为东宫侍书(《周书》卷 16 本传)。据前面所引阎氏的信,我们看到宇文氏及其姻戚在流寓之中还请老师教育子弟。[44]宇文泰自身也好学问,在关西大行台中设立学校,并亲自参与其中学读经书。在上面那种时代气氛下,这些都决非特异之事,[45]而且还使人感到北族的汉化是一种不可抗拒的时代趋势。

　不过,尽管有着上述倾向,但是武川镇的"豪杰"们的主要特征还是武人,他们在北镇一带威名远扬靠的也正是这一点。我们看到,贺拔胜"善左右驰射,北边莫不推其胆略"(《北史》卷 49《贺拔胜传》);贺拔岳"能左右驰射,骁果绝人。不读兵书,而暗与之合,识者咸异之"(《北史》卷 49《贺拔岳传》);宇文氏"陵生系,系生韬,并以武略称。韬生肱,肱任侠有气干"(《周书》卷 1《文帝纪上》);独孤信父库者"少雄豪有节义,北州咸敬服之"(《周书》卷 16《独孤信传》)等等,不胜枚举,这与中国内地的汉人豪族基本上以学问、教养而自立的状况是有着相当不同的。[46]虽然二者都具有豪侠的特征,但类似这种文武之间的区别,还是值得注意的。武川镇"豪杰"们所拥有的武人特征源于何处呢? 追根求源,应该说还是在以勇武与公平作为资格的北族部落酋帅的人格中。[47]换句话说,之所以被配置在北镇,正是因为他们具有这种人格的缘故。

那么,这些旧酋帅阶层定居北镇到底领有多少部族成员呢? 这一点不是很清楚。但在此后的北镇社会中,"豪杰"与民众之间确实存在着某种支配关系。如直江氏所说,贺拔度拔与宇文肱相谋与"州里豪杰"舆、念、乙弗、尉迟等各家一起招"义勇",袭杀卫可孤,而在这一事件中可以看到存在着"豪杰"与"义勇"之间的关系,这即是一证据。

如果说"豪杰"与"义勇"的关系在某种意义上是纵向关系的话,[48]武川镇"乡里"社会同时还是由各个"豪杰"之家的横向关系所结成的,反映这一关系的不用说是通婚。我们看前面所制的宇文氏内外关系表(页 279),成为宇文氏通婚对象的有王、阎、贺拔、纥干、尉迟、贺兰、刘等氏,与杨氏则为间接的姻戚关系。其中王、贺拔(度拔一族)、贺兰三家都为名家出身,他们是在某一时期"以良家子"迁至武川镇并在此定居的。[49]

宇文氏的通婚范围并非只限于武川镇内,阎氏即为河南河阴人。宇文颢妻阎氏的曾祖善为云州镇将时定居在云州盛乐(即云中)。云中镇邻接武川,阎氏在该地似为"豪杰"。当包围了武川、怀朔的卫可孤来攻盛乐时,阎进与其子庆"率众拒守"三年,最后被任为盛乐郡守。正是在这一时期,宇文氏与阎氏作为姻戚分别在武川、云中与卫可孤进行着战斗(《周书》卷 20《阎庆传》)。

刘氏与杨氏的情况不明。不过,我们看到刘亮先为贺拔岳的都督参加西征,后又为宇文泰的武将,十分活跃并得到重用。刘亮是中山人,父亲持真(《北史》卷 65《刘亮传》作特真)为镇远将军、领民酋长,因此当属北部边境的北族系统。可是还没有证据说明刘亮就是宇文泰的姻戚。拿杨氏来说,也没有确证说明是与杨忠(高祖元寿时为武川司马,以后定居于神武树颓)同族。

根据以上考察,宇文氏的通婚范围以武川镇为中心并包括周围地区。而且他的通婚对象是住在北镇地带的北族或是北族化的"豪杰"阶层,这一点应毫无疑问。

上面为宇文氏的例子,那么其他"豪杰"之家是否同样如此呢? 举一例说,参与袭杀卫可孤的武川镇"豪杰"念贤,其妹嫁与神武尖山

(怀朔镇管内)的侯渊(《魏书》卷80《侯渊传》)。由此看来,北镇一带的各个"豪杰"以自己所居镇为中心,互相结成通婚网。从西魏至唐代,武川镇军阀之间呈现出错综复杂的婚姻关系,其渊源应该说成于北镇时期。

除了婚姻以外,还有交友的关系,这也是将人与人、家与家结合在一起的契机。如前所述,宇文泰与同乡的独孤信为少时伙伴,独孤氏也是部落大人的后裔。独孤信祖父俟尼时从云中迁住至武川镇,父亲库者为领民酋长,以雄豪、节义在北方一带广为人知。独孤信也如前述,参加贺拔、宇文二氏主谋的袭杀卫可孤事件,由此知名,[50]这正是典型的武川镇"豪杰"。此外,在这些"豪杰"之家共通的家风当中,除去勇武以外,还讲求气节。独孤库者就拥有这样的人格,贺拔岳也是人称"少有大志,爱施好士"(《周书》卷14《贺拔岳传》),同为武川镇出身的赵贵是"少颖悟,有节概"(《周书》卷16《赵贵传》)。宇文氏也同样如此,宇文肱"任侠有气干"(《周书》卷1《文帝纪上》),第三子洛生"少任侠,尚武艺,及壮,有大度,好施爱士。北州贤俊,皆与之游,而才能多出其下"(《周书》卷10《莒庄公洛生传》),洛生弟宇文泰"少有大度,不事家人生业,轻财好施,以交结贤士大夫"(《周书》卷1《文帝纪上》)等,宇文氏都是具备任侠性格的人物。[51]可以推测,他们肯定以这种性格与行动获得了一般民众的信赖与支持,同时也使"豪杰"之间能够得以进行横向的结合。在宇文泰与独孤信的关系背后,可以想象到北镇社会的这种交友状况。

以通婚与交友为机轴形成的镇内人际关系,确实形成了如直江氏所论的自律性的社会秩序,在这一点上与中国内地的豪族社会并无不同。应该说,当时的华北社会超越了胡汉种族之别,处于豪族(豪杰)所具有的人格感召力之下。这一点得到确认,非常重要。但必须注意的是,在这一前提之下形成的北镇仍旧让人感到有着某种特异性。这,即是北镇社会的居住空间非常有限。北镇的立地条件都利用了发源于阴山山系的河流,因此在位置上、面积上集居环境很自然地受到限制。再加上日常不断受到北方游牧民族的侵扰,而对此加以防卫保护国土本来也是镇的任务。上面种种自然、人为的条件使镇的聚落形态不得不趋向于高度的集中,也可以说呈现出一种非常都市化的形态。这些居住地区在广阔的内蒙古高原作为稀疏的点而存在,所以说用城民之语称呼住在那里的镇民们,不无道理。

北镇作为这样一种居住空间,是由国家把来历迥异的人们迁徙在一起而形成的。[52]在这一限定的空间之内,拥有名誉的"豪杰"们密集在一起,他们的相互关系基本上是对等的。镇内的这种关系还可以扩大到近邻的镇,要知道,镇与镇之间数十里的距离对习于骑马的他们来说并不算远。有了镇与镇的交流,因此也就产生了不限于本镇范围的通婚与交友关系,"豪杰"的威名也可以借此在北镇广为人知。

"豪杰"们本是依仗武力对国家作出贡献,然后再以此求得自身的显达。北魏帝国的荣光与自家的显达对他们来说,本为一事。[53]由此来看,"豪杰"各家本身也是一种政治的存在,而这与中国内地的豪族阶级或多或少超越王朝权力的情况有所不同。北镇的"豪杰"们很可能在日常交流中带有浓厚的政治意识,尤其是北镇受到洛阳的疏远与蔑视以后,可以想象那里的政治力量迅速地披上了反政府的色彩。

总之,北镇的"豪杰"们以血缘、地缘关系为基础,形成了一种同类意识非常强烈的社会,说它是一个潜在的政治军事组织似非过分。而在此之中,镇作为军事机构发挥了作用。不过,此时的北镇已经越过了纯粹的官僚机构这一框架,它是与"豪杰"这一表现相适应的有着自律性的社会。这种拥有潜在性的政治军事组织以北镇反乱为发端,逐渐浮出水面,武川镇就是一个典型,[54]而其最初的共同行动便是袭杀卫可孤。

应该说,这一行动并非是作为官军而采取的,它是一种带有自发性的军事行为。甚至可以说,他们既不追随中央政府也不否定北魏王朝,[55]而是站在了第三者的立场上。这些"豪杰"受到中央门阀官僚的轻视,但也决非一介民众。他们在当地的民众中占据支配的地位,拥有号召力,对于中央的颓废倾向持强烈的批判态度。作为拥有武力的勇士,他们还对学问、教养有着一定程度的掌握与理解,也并非仅仅一介勇士。在他们之中，虽有出身北族者，但却受到了汉化的影响，同样，原为汉族出身者，也受到了北方风习的浸染。北镇的这些"豪杰"们虽然有着矛盾对立的性格，但是他们并没有失去精神上的素朴性，相反还具有迈向文明社会的广阔视野。可以说，这一阶层具有超越并克服颓废的现政权，同时建立一个新的政治世界的资质。

（三）　武川镇集团与西魏二十四军

如前所述，武川镇的"豪杰"层以贺拔岳西征为契机结成了军团。通过同乡关系结成的这一军团可以说是一种乡兵集团。在讨伐关陇的反乱过程中，当地豪族组织乡兵集团对西征军给予协助。西魏时期，宇文泰积极推进乡兵集团的编制，让地方望族统率乡兵，由此形成了西魏二十四军。如果说以武川镇为乡里的乡兵集团包含在西征部队里的话，二十四军则以金字塔型统合着北镇及关陇的乡兵集团。乡兵集团在军事上支撑着西魏、北周甚至隋唐，就此点而言，说这些国家为豪族国家并不过分。

但武川镇的乡兵集团应是一个特殊的乡兵集团。它自身虽也为乡兵集团，但同时还处于其他地区的乡兵集团的中心，发挥着统合这些集团的作用。㊶最能反映这一点的，是二十四军成立时期的柱国大将军—大将军的构成。

	姓　　名	出　身　地	备　　考
柱国大将军	宇文泰	武川镇	
	李　虎	武川镇	
	元　欣	河南洛阳	北魏宗室
	李　弼	辽东襄平㊷	以侯莫陈悦部下归宇文泰
	独孤信	武川镇	贺拔胜部下
	赵　贵	武川镇	
	丁　谨	河南洛阳	宇文泰夏州长史
	侯莫陈崇	武川镇	

（续表）

	姓　　名	出　身　地	备　　　　考
大将军	元　赞	河南洛阳	北魏宗室
	元　育	河南洛阳	北魏宗室
	元　廓	河南洛阳	北魏宗室
	宇文导	武川镇	宇文泰外甥
	侯莫陈顺	武川镇	侯莫陈崇兄
	达奚武	代　人	
	李　远	高平镇	高平乡帅
	豆卢宁	昌黎徒何	本姓慕容氏，以侯莫陈悦部下归宇文泰
	宇文贵	夏　州	夏州乡帅
	贺兰祥	武川镇	宇文泰外甥，泰之帐下
	杨　忠	神武树颓	独孤信部下
	王　雄	太　原㊽	

（《周书》卷16、《北史》卷61）

　　柱国—大将军这一最高统帅的位置并非只以出身地为基准授予，对宇文泰控制下的西魏政权所作的贡献程度也非常重要。在上表中，除追随尔朱天光西征者之外，还包括北魏的宗室、贺拔胜的部下、关陇地方的乡帅等各种人物，因此并不限定于武川镇出身者。即便是武川镇出身者如侯莫陈兄弟，拥戴宇文泰的弟弟侯莫陈崇比随孝武帝一起入关的兄长侯莫陈顺的地位要高。上表的统帅组织就包含了这些复杂的因素。虽然如此，武川镇出身者在全部二十人中占了八名（如包含杨忠的话为九名），尤其是八柱国中五人为武川镇出身者，比例之高，不容忽视。在形成时期的二十四军中，武川镇出身者为军团核心，此点似不容置疑。支撑武川镇"豪杰"势力的是"豪杰"之间的横向结构，同时还有"豪杰"与乡民之间的纵向结构。那么，这些在二十四军的统帅系统里有着什么样的痕迹呢？

　　参与西魏政权的武川镇出身者中，除上述八柱国、十二大将军以外，还有贺拔胜、念贤（《周书》卷14）、寇洛（卷15）、梁御、若干惠、王德（以上卷17）、王盟、尉迟纲（以上卷20）、尉迟迥（卷21）、韩果（卷27）、王勇、宇文虬（卷29）、赵善（卷34）等人。其中，从贺拔胜到王盟，还有赵善在二十四军成立前既已死去，暂不作考虑。现在需要观察的是尉迟迥兄弟与韩果、王勇、宇文虬三人在二十四军中占据什么位置。

据本传,尉迟迥在西魏废帝二年(553年)以前为大将军,但能否追溯到大统十六年(550年),⑤即被认为是二十四军创设之时还不明确。不过,他在上面的将帅表中不见其名,因此似为开府仪同三司。尉迟迥弟尉迟纲在大统十四年为仪同三司,随后升为开府,由于这是大统十七年之前的事,所以我认为他在前一年的大统十六年当为开府。至于韩果,恭帝元年(554年)为大将军,北周明帝武成元年(559年)随贺兰祥(当时为柱国)讨伐吐谷浑,由此看来,大统十六年时比贺兰祥(当时大将军)低一级,即为开府的可能性较大。王勇在大统十五年为开府一事十分清楚,宇文虬也可以推测在大统十六年为开府。据此可知,这些武川镇出身者们在二十四军创设当时都为开府仪同三司。也就是说,虽同为武川镇出身者,他们的官职要低于为柱国及大将军者,这是什么原因呢?

当时任柱国、大将军者如上所述,乃是镇之"豪杰"层。尉迟迥、纲兄弟为宇文泰外甥,在家世上与前者相等。他们为开府,可能是因为还比较年轻的缘故。⑥可是,韩果、王勇、宇文虬三将却看不出年龄上的理由,他们早在528—530年间已经作为武人开始活跃了。但他们身上有一点是共通的,那就是在本传中没有父祖的记载。⑥由此我们可以作一推测,即这些人或许正是民众本身。果真如此,他们与"豪杰"出身的武将之间也就产生出了某种阶层的关系。可即便是如此出身的人物也能依据武功在大统十六年升至开府仪同三司的高位,而开府仪同三司是一军之长,在二十四开府中,至少五人由武川镇出身者占据。从上面所述中我们看到,"乡里"武川镇之中的纵向与横向的人际关系经过内乱的磨难,最终成为关中军事政权的核心结构。

---

① 不过,陈寅恪氏怀疑各史有关唐朝李氏的祖先为武川镇出身的记事。陈氏根据河北隆平的唐光业寺碑认为李氏累代坟墓在离赵郡较近的钜鹿郡,由此断定李氏非武川镇出身者(《唐代政治史述论稿》上篇)。可是根据上述碑文,即便能说李氏的本贯不在陇西而在赵郡,仍然很难否定曾迁徙至武川。另,陈氏的《李唐氏族之推测》、《李唐氏族之推测后记》(《陈寅恪文集之三　金明馆

丛稿二编》,上海古籍出版社,1980 年)也论及到这一问题。

② 例如宫崎市定《中国史》(上)(岩波全书,1977 年,见《宫崎市定全集》第 1 卷, 岩波书店,1992 年)。

③ 《唐代政治史述论稿》上篇,页 48。

④ 布目潮渢氏也根据陈氏的"关陇集团"之语展开自己的论述(《隋唐史研究的步 履》,见《东洋史苑》10)。不过,应该说布目氏主要重视北族的军事性因素(参照 后节),让人感到其与陈氏"关陇集团"说中所见复合社会论的见地有一些距离。

⑤ 1956 年,对内蒙古大青山后的五处古城址展开了调查,推定其中在乌兰察布 盟武川县西南 20 公里(距呼和浩特 25 公里)大青山北的土城梁村的古城可能 即是北魏武川镇址。根据调查,城址由南城与北城构成,南城东西 130 米,南 北 100—90 米;北城东西约 300 米,南北约 400 米,两城相对,中间约隔 50 米。 南城内靠近稍北处,留有长 35 米,宽 30 米,高 7 米的建筑台基,散布着北魏时 代的瓦当、铜镞、铁犁等遗物。南城可能是镇的中心地区,而北城也出土了同 样的遗物。另外在镇城的内外,还似乎有铺满瓦砖的木造建筑物以及一些农 具,由此可以让人推测当时的镇民生活状况。参张郁《内蒙古大青山后东汉 北魏古城遗址调查记》(《考古通讯》1958 年第 3 期)、宿白《盛乐、平城一带的 拓跋鲜卑——北魏遗迹——鲜卑遗迹辑录之二》(《文物》1977 年第 11 期)、文 物编辑委员会编《文物考古工作三十年　1949—1979》(文物出版社,1979 年) 页 76—77。

⑥ 卫可孤还被记载为卫可瓌、卫可肱。姚薇元《北朝胡姓考》页 288 认为可能属 于匈奴系。

⑦ 参加这次共同行动的除了本文所举的人物以外,还有独孤信(《周书》卷 16 本 传)。此外,宇文肱的长子颢死于这次战斗(《周书》卷 10《邵惠公颢传》)。

⑧ "以北边丧乱,避地中山,为葛荣所获"(《周书》卷 16《独孤信传》);"魏正光中, 破六汗拔陵攻陷诸镇,盟亦为其所拥。拔陵破后,流寓中山"(同上卷 20《王盟 传》)。另,因曾祖元寿曾为武川镇司马,在神武、树颓(据《魏书》卷 106 上《地 形志上》,为怀朔镇,后在朔州管内)定居的杨祯也是"属魏末丧乱,避地中山, 结义徒以讨鲜于脩礼,遂死之"(《周书》卷 19《杨忠传》)。

⑨ "后避地中山,遂陷于鲜于脩礼。脩礼令肱还统其部众。后为定州军所破,殁 于阵"(《周书》卷 1《文帝纪上》)。宇文肱在为鲜于脩礼的武将之前,似乎为某 个集团的统率者。

⑩ 参照下文阎氏的信。

⑪ "尉迟纲,字婆罗,蜀国公迥之弟也。少孤,与兄迥依托舅氏。太祖(宇文泰)

西讨关陇,迥、纲与母昌乐大长公主留于晋阳,后方入关"(《周书》卷 20《尉迟纲传》);"尉迟迥,字薄居罗,代人也。其先,魏之别种,号尉迟部,因而姓焉。父俟兜,性弘裕,有鉴识,尚太祖姊昌乐大长公主,生迥及纲"(同上卷 21《尉迟迥传》)。据此可知早年丧父的尉迟迥、纲兄弟得到舅家宇文氏的庇护,人在晋阳。不过,尉迟氏是否为武川镇出身,不明。但如前所述,参加袭击卫可孤的"州里豪杰"中有名叫尉迟真檀者。总体来说,认为尉迟俟兜—迥、纲为武川镇出身者,似无不妥。

⑫ "崇少骁勇,善驰射,谨悫少言。年十五,随贺拔岳与尔朱荣征葛荣"(《周书》卷 16《侯莫陈崇传》);"正光末,以北边贼起,遂率乡亲避地于并、肆,因从尔朱荣征讨"(同上卷 15《寇洛传》)。并州、肆州地区为尔朱氏根据地。

⑬ 《北史》卷 57《周宗室传·宇文护》作"三男二女"。

⑭ 此处"又得汝杨氏姑及汝叔母纥干、汝嫂刘新妇等同居,颇亦自适"文字,《北史》卷 57《周宗室传·宇文护》作"又得与汝杨氏姑及汝叔母纥干、汝嫂刘及汝新妇等同居,颇以自适"。

⑮ 鼠、兔、蛇年为子、卯、巳,从实际年岁来看,戊子与宣武帝永平元年(508 年),辛卯与永平四年(511 年),癸巳与延昌二年(513 年)相对应,然与其他所传有相抵牾之处。参照注㉔。

⑯ 《周书》卷 1《文帝纪上》以及《周书》卷 10《杞简公连传》亦载有此战死事。

⑰ 宇文元宝为宇文连之子,后为高欢所杀(《周书·杞简公连传》)。由此事可知连妻为贺拔氏。

⑱ 宇文菩提为宇文洛生之子,后为高欢所杀(《周书》卷 10《莒庄公洛生传》)。由此事可知洛生妻为纥干氏。

⑲ 元宝掌似为北魏宗室,但具体情况不明。

⑳ 似为定州中山郡唐县县城。另,左人城也似在唐县管内(《魏书》卷 106 上《地形志上》)。

㉑ 《北史》作"六七千人"。

㉒ 北魏孝明帝时期的权臣元叉的心腹中,有"武州人姬库根"者,参与元叉及元叉从弟元洪业的谋反计划(《北史》卷 16《道武七王传·元叉》),似为同一人。另,元洪业后来又似潜入定州的降户之中,杀鲜于脩礼而投朝廷,为葛荣所杀。

㉓ 宇文洛生或宇文泰之中的一人。

㉔ 如据注⑮宇文护生年为 513 年的话,此时为十二岁则甚为可疑。此点参中华书局点校本《周书》卷 11《晋荡公护传》页 183 校勘记〔九〕。

㉕ 中华书局点校本《周书》页 184 校勘记〔一〇〕以其为太原郡寿阳县。

㉖　即贺兰祥。《周书》卷20《贺兰祥传》作"字盛乐"。为贺兰初真与宇文泰之姐建安长公主之子。

㉗　尔朱天柱即尔朱荣,被杀于孝庄帝永安三年(530年)。

㉘　我想可能指的是宇文泰。据《周书》卷20《贺兰祥传》:"太祖初入关,祥与晋公护俱在晋阳,后乃遣使迎致之"。

㉙　孝武帝与高欢的关系日渐紧张时,光禄少卿元子斡殴打朝臣,据称对高欢的心腹孙腾作如是说:"语尔高王,元家儿拳正如此"(《北齐书》卷2《神武帝纪下》),反映出北魏宗室的气骨似并没有完全衰退。

㉚　此时贺拔岳劝尔朱天光最好暂驻关中稳固根据地,而天光却没有接受(《周书》卷14《贺拔岳传》)。

㉛　《北史》卷36《薛孝通传》。不过同传所记岐、华、秦、雍诸军事,关西大行台,雍州牧之处,在《魏书》卷80《贺拔岳传》中被记为都督三雍、三秦、二岐、二华诸军事,雍州刺史,关西行台,并载云孝武帝永熙初,由行台升至大行台。《魏书》本传较为准确。

㉜　据《北史》卷49《贺拔岳传》,永熙二年,高欢派遣左丞翟嵩去关中,使其离间贺拔岳与侯莫陈悦。

㉝　贺拔岳被杀之后的状况,《周书》卷16《赵贵传》有如下记载:"及岳为侯莫陈悦所害,将吏奔散,莫有守者。贵谓其党曰:'……况吾等荷贺拔公国士之遇,宁可自同众人乎?'涕泣歔欷。于是从之者五十人。乃诣悦诈降,悦信之。因请收葬岳,言辞慷慨,悦壮而许之。贵乃收岳尸还,与寇洛等纠合其众,奔平凉,共图拒悦。"此外同上卷15《寇洛传》云:"时初丧元帅,军中惶扰,洛于诸将之中,最为旧齿,素为众所信,乃收集将士,志在复仇,共相纠合,遂全众而反。既至原州,众咸推洛为盟主,统岳之众。洛复自以非才,乃固辞。"根据以上记述,可知贺拔岳被害之后,其众发生很大混乱,赵贵以及寇洛与少数将兵一起致力于事态的收拾,以他们为中心重新组织部队,回到平凉。

㉞　使宇文泰采取这一策略的人中有于谨。于氏为鲜卑系名门,此时于谨为宇文泰的防城大都督、夏州长史。

㉟　此时朝廷有着各种意见,或是奔投贺拔胜,或是留在洛阳以图与高欢决战,或是亡命于梁或塞北。结果决定寄身于关中(《北齐书》卷2《神武帝纪下》、《北史》卷15《元毗传》)。

㊱　《周书》卷14《贺拔胜传》:"初,胜至关中,自以年位素重,见太祖(宇文泰)不拜,寻而自悔,太祖亦有望焉。"

㊲　宇文泰在拒绝孝武帝的上洛命令的表文中称:"况此军士多是关西之人,皆恋

乡邑,不愿东下"(《周书》卷1《文帝纪上》)。

㊳ 《周书》卷38《吕思礼传》有脱文,此据《北史》卷70本传。

㊴ 《周书》卷29本传将耿豪的出身地作为神武川,《北史》卷66本传记为武川。

㊵ 独孤信参加宇文泰的父亲宇文肱等人袭杀卫可孤之事,详见注⑦。

㊶ 有关北镇的人员构成,参滨口重国《正光四五年之交的后魏兵制》(见《秦汉隋唐史研究》上,东京大学出版会,1966年)。另,前田正名《平城的历史地理学研究》(风间书房,1979年)第四章第二节中指出平城、云中、武川的连结线为绢马贸易的重要通商之路。此外,在呼和浩特西北5公里处的坝口子村北魏土城址还曾发现波斯萨珊王朝的银币四枚(注⑤引宿白论文)。

㊷ "其往世房分留居京者得上品通官,在镇者便为清途所隔"(《魏书》卷18《广阳王深(渊)传》)。此外,在此之前魏兰根也对府主李崇云:"中年以来,有司乖实,号曰府户,役同厮养,官婚班齿,致失清流。而本宗旧类,各各荣显,顾瞻彼此,理当愤怨"(《北齐书》卷23《魏兰根传》)。

㊸ "或投彼有北,以御魑魅,多复逃胡乡。乃峻边兵之格,镇人浮游在外,皆听流兵捉之。于是少年不得从师,长者不得游宦"(《魏书》卷18《广阳王深(渊)传》)。

㊹ 《周书》卷20《贺兰祥传》记此事如下:"祥年十一而孤,居丧合礼。长于舅氏,特为太祖所爱。虽在戎旅,常博延儒士,教以书传。"

㊺ "太祖于行台省置学,取丞郎及府佐德行明敏者充生。悉令旦理公务,晚就讲习,先《六经》,后子史。又于诸生中简德行淳懿者,侍太祖读书。……太祖雅好谈论,并简名僧深识玄宗者一百人,于第内讲说。又命慎等十二人兼学佛义,使内外俱通。由是四方竞为大乘之学"(《周书》卷35《薛慎传》)。除以上诸例外,显示出镇民有志于学问的,还有武川镇民雷绍之例。据《北史》卷49《雷绍传》:"(绍)有膂力,善骑射。年十八,给事镇府。尝使洛阳,见京都礼义之美,还谓同僚曰:'徒知边备尚武,以图富贵;不谓文学,身之宝也。生世不学,其犹穴处,何所见焉?'遂逃归,辞母求师,经年,通《孝经》、《论语》。"雷绍因此培养了自己的识见,后为贺拔岳都督府长史,岳"有大事,常访而后行"。

㊻ 不过必须注意汉人豪族中间也有具备武人一面的事例,此点参见第三编第一章。

㊼ 参见第一编第二章。

㊽ 不过这种纵向关系决非私人隶属关系。两者之间因招募而产生的结合关系显示出"义勇"也是自由民的身份。六镇之乱正是基于这一自由民的身份而兴起的。参见第二编第三章。

㊾ “王盟，字子仵（《北史》卷61本传无“子”字），明德皇后之兄也。其先乐浪人。六世祖波，前燕太宰。祖珍，魏黄门侍郎，……父罴，伏波将军，以良家子镇武川，因家焉”（《周书》卷20本传）；“贺拔胜，字破胡，神武尖山人也。其先与魏氏同出阴山。有如回者，魏初为大莫弗。祖尔头（《魏书》卷80《贺拔胜传》作尔逗）骁勇绝伦，以良家子镇武川，因家焉”（《周书》卷14《贺拔胜传》）；“贺兰祥，字盛乐。其先与魏俱起，有纥伏者，为贺兰莫何弗，因以为氏。其后有以良家子镇武川者，遂家焉”（同上卷20《贺兰祥传》）。顺带提一下，《贺拔胜传》中的莫弗，《贺兰祥传》中的莫何都是表示酋帅意思的胡语（姚薇元《北朝胡姓考》，页33、页117）。另，有关尉迟氏，虽没有记载其祖先的出身，但一般来说，北魏的尉迟氏（尉氏）在孝文帝分定姓族时为所谓八姓之一，是与汉族四姓有同等位置的家世。

㊿ “独孤信，云中人也，本名如愿。魏氏之初，有三十六部，其先伏留屯者，为部落大人，与魏俱起。祖俟尼，和平中，以良家子自云中镇武川，因家焉。父库者，为领民酋长，少雄豪有节义，北州咸敬服之。信美容仪，善骑射。正光末，与贺拔度（拔）等同斩卫可孤，由是知名”（《周书》卷16《独孤信传》）。

(51) 宇文泰在武川镇时期“交结”的同乡人中，除独孤信以外，还有侯莫陈崇之兄顺。“少豪侠，有志度。……顺与太祖同里閈，素相友善”（《周书》卷19《侯莫陈顺传》）。另，侯莫陈氏也是部落酋帅，顺祖父允（《北史》卷60作元）时，“以良家子”移住武川（《周书》卷16《侯莫陈崇传》）。

(52) 注⑤介绍的内蒙古乌兰察布盟的土城梁村古城的南城，墙基的宽约7米，较高的残墙约3米，建筑一座东西130米，南北约100米的墙壁，肯定是要花费极大人力的。顺带提一下，孝文帝时期源贺的上言显示了建设北镇的实际情况：“乃上言：‘请募诸州镇有武勇者三万人，复其徭赋，厚加振恤，分为三部。二镇之间筑城，城置万人，给强弩十二床，武卫三百乘。弩一床，给牛六头；武卫一乘，给牛二头。多造马枪及诸器械，使武略大将二人以镇抚之。冬则讲武，春则种植，并戍并耕，则兵未劳而有盈蓄矣”（《北史》卷28《源贺传》）。前田正名氏认为上述“二镇之间”指的是武川镇与怀朔镇之间（前引书，页148）。

(53) 前述广阳王元渊的上奏称：“昔皇始以移防为重，盛简亲贤，拥麾作镇，配以高门子弟，以死防遏。不但不废仕宦，至乃偏得复除，当时人物，忻慕为之”（《北史》卷16《太武五王传·广阳王深》）。

(54) 类似这种友人社会形成的另一例是以怀朔镇为活动中心的高欢集团。参见第三编第二章。

(55) 破六韩拔陵与杜洛周立年号为真王元年，鲜于脩礼称鲁兴，葛荣称广安诸例，都表明了否定北魏王朝的意志。

㊽ 这一统合的前提,不用说是当时胡汉豪族(杰)势力所置身的危机状况。例如,高平乡帅李贤、李远兄弟就有下面这样一个故事:"魏正光末,天卜鼎沸,敕勒贼胡琮侵逼原州,其徒甚盛。远昆季率励乡人,欲图拒守,而众情猜惧,颇有异同。远乃按剑而言曰:'……今若弃同即异,去顺效逆,虽五尺童子,犹或非之,将复何颜以见天下之士。有异议者,请以剑斩之!'于是众皆股栗,莫不听命。乃相与盟歃,遂深壁自守"(《周书》卷25《李远传》)。

㊾ 《北史》卷60《李弼传》称其为陇西成纪人。

㊿ 《周书》卷19本传称王雄为太原人,字胡布头(《北史》卷60本传作雄胡布头),与贺拔岳字阿斗泥相似,应视为非汉族。或许是乌丸王氏(见姚薇元《北朝胡姓考》,页255)。

⑤⑨ 参见滨口重国《西魏二十四军与仪同府》(收入上引《秦汉隋唐史研究》上)。

⑥⑩ 例如,尉迟纲天和四年(569年)53岁死,因而大统十六年(550年)为34岁。顺便提及,不论迥还是纲,在贺拔岳西征时都还留在晋阳,后来才被召至关中。不过,大统十六年,36岁的贺兰祥(参中华书局点校本《周书》卷20本传页346校勘记〔一五〕)为什么在比尉迟兄弟高一等级的大将军之位,理由不明。尉迟迥在大统十六年之后不久便为大将军。北周建立时,他与达奚武、豆卢宁、贺兰祥等一批人同时为柱国。贺兰祥死,尉迟迥承其大司马位(上引《周书》校勘记〔一五〕),这就说明二人基本上为同等的地位。此外,尉迟纲升为柱国比兄晚九个月,在明帝即位时。

⑥⑪ "韩果,字阿六拔,代武川人也。少骁勇,善骑射。贺拔岳西征,引为帐内。……以功授宣威将军、子都督"(《周书》卷27本传)。"王勇,代武川人也,本名胡仁。少雄健,有胆决,便弓马,膂力过人。魏永安中,万俟丑奴等寇乱关陇,勇占募随军讨之,以功授宁朔将军、奉车都尉"(同上卷29本传)。"宇文虬,字乐仁,代武川人也。性骁悍,有胆略。少从军征讨,累有战功。魏永安中,除征虏将军、中散大夫,加都督。魏孝武初,从独孤信在荆州……"(同上卷29本传)。根据姚薇元《北朝胡姓考》(页126),韩氏本姓破六汗(韩)氏。另外,下面一则有关王勇为人的记事,有助于理解本文的推测:"勇性雄猛,为当时骁将。然矜功伐善,好扬人之恶,时论亦以此鄙之。柱国侯莫陈崇,勋高望重,与诸将同谒晋公护,闻勇数论人之短,乃于众中折辱之。勇遂惭恚,因疽发背而卒"(《周书》卷29本传)。

(原载《名古屋大学东洋史研究报告》8,1982年)

第二章　两魏齐周时期的霸府与王都

一　序　　言

东魏的首都是邺(今河北临漳西南),邺之外,在晋阳(今山西太原)另置别都。①这一两都制为北齐所继承。大家都知道,西魏首都为长安。不过在长安以外,还另有一个政治中心,这即是同州(今陕西大荔)。虽然没有迹象显示同州被称作别都,但还是可以把长安与同州作为两都制的一种。而且西魏的两都制也一直持续到了北周的某个时期。

本章试图通过考察上述国家的首都问题以揭示这一时期的政治特征。此外,这些国家还构成了隋唐国家形成以前的历史,因此通过考察,也想初步涉及一下隋唐帝国的性质问题。

二　东魏的两都制

"邺—晋阳"的两都制是如何形成的呢? 这一问题与东魏王朝自身的形成过程有密切关系。532 年(北魏孝武帝永熙元年),高欢击败尔朱氏占领邺,在该地置大丞相府,②同时在洛阳推戴孝武帝(元修)。因此可以说,在这一阶段就已经形成了"洛阳—邺"的两都制。

同年,高欢占据晋阳并将大丞相府移至该处,其理由据说是因为晋阳为"四塞"之地。③但众所周知,晋阳在此前一直是尔朱氏的据点。以六镇之乱为契机南下的北镇民后来归附于尔朱氏的掌控之下，所以晋阳又成为旧北镇民的集居地。不论是高欢还是宇文泰，都曾在晋阳待过。高欢将大丞相府移至此，在战略上有针对北方民族以及西魏的意图，但同时也可说是基于上述历史发展经过。关于这些，后面还要谈到。总之，东魏的两都制此时以"洛阳—晋阳"的形式出现。

此后，两都制几经反复，最后归为"邺—晋阳"，其经过大致如下。高欢向孝武帝要求迁都邺，理由是洛阳久经战乱，王气已衰，且土地狭小。孝武帝的主张则是洛阳为孝文帝所建，孝文帝以其为永久性首都，因此绝对不能放弃，因而拒绝了高欢之请。④高欢的意图是，把朝廷从深具传统的洛阳分离出去，便能轻易地加以控制。而孝武帝却力图将这一传统作为挡箭牌以维护住拓跋氏权力的独立性。二者的关系以迁都问题为转机逐渐恶化，结局是孝武帝投奔宇文泰。高欢拥元善见(孝静帝)即位并强行迁都邺。迁都之诏下后的第三天，天子车驾即出，四十万人户匆忙上道的情景应是大家所熟知的。

"邺—晋阳"的两都制后来是如何发挥作用的呢？高欢遣长子高澄为京畿大都督至邺监视朝廷。他自己虽在晋阳，但频繁地往返于晋阳与邺之间。比如，将建有新宫的邺都作为据点巡视河北诸州，或是返回晋阳商讨与西魏的作战计划等。

546年(东魏孝静帝武定四年)，高欢死于阵中。高澄于是在晋阳就任大丞相，送其弟高洋至邺为京畿大都督。但高澄不久也在邺死于非命。为收拾事态，高洋急赴晋阳就任大丞相。如此匆忙地奔赴晋阳，乃是在邺勋贵、诸将劝说的结果，因为他们认为有必要火速赶到晋阳掌握主力部队。也就是说，晋阳为东魏的军事中心，高欢、高澄、高洋的大丞相府得以建立，都是以驻屯此地的主力部队为基干的。

东魏将大军置于晋阳的理由之一，因为这里是对西魏作战的基地。从晋阳下汾水过黄河即可以侵入西魏领内，这即是东魏的基本作战思想。但除了这一单纯的作战上的理由以外，还有其他原因。如前所述，晋阳是旧北镇民的集居地，也是由此组成的高氏军阀势力的据点。娄叡是高欢妻的外甥，他的墓地近年在太原南方发现，这也就使人感到晋阳对北镇民来说有着第二故乡的涵义。⑤

高洋作为大丞相，其下一个目标即是受禅。不过在晋阳，母亲娄氏及勋贵们都对此表示反对。他们对于否定北魏传统权威的举措，在心理上还是极为恐惧的。但是高洋不顾这些反对，赴邺迫使魏帝退位，就此建立了北齐政权。⑥

据此可知，东魏采取"邺—晋阳"这一两都制，其理由可以说具有很深的含义。东魏时期的大约十五年，就是以高氏为中心的军阀集团对拥有一个半世纪辉煌历史的北魏王朝加以克服的过程。过去在北魏孝文帝时期，由于汉化的实行，胡族国家转变成了汉族式贵族制国家，进而还与南朝争霸，其目的是成为整个中国的统治者。迁都洛阳就是这一目的之一环。而高欢的设想是，首先让北魏朝廷离开洛阳，使其迁至邺，自己则以晋阳为据点，以便维护自身势力的独立性。

因此，"邺—晋阳"的两都制反映了具有传统的旧王朝与新兴的军阀势力并存的情势。邺位于山东贵族盘踞的河北平原的一角，晋阳是北方胡族集居的山西台地的一个都邑。权威与权力尖锐对立，胡族与汉族复杂纠缠，东魏两都制反映的正是这一状况。

高洋断然实行易姓革命，将旧王朝打倒。那么，"邺—晋阳"的两都制是否就此消失了呢？下面来看这一点。

三　北齐的两都制

高洋即位于邺，同年备法驾入晋阳宫，谒见皇太后娄氏。同时，罢相国府（即大丞相府），但"留骑兵、外兵曹，各立一省，别掌机密"（《北齐书》卷4《文宣帝纪》），也就是原封不动地保留了晋阳的军事机能。文宣帝即位后，也频繁往来于邺、晋阳之间，因此说晋阳的重要性丝毫没有降低。

文宣帝最后死于晋阳宫。可是，皇太子赴邺即位，那么驻屯重兵的晋阳又委于谁手呢？娄太后意在使文宣帝之弟常山王高演为文宣帝的后继者,而且高演本人在勋贵集团中也享有信望,因此可以推测晋阳由他负责。但文宣帝的宠臣杨愔等汉人贵族却试图使常山王随新帝一起赴邺,进而还欲害死常山王及其弟长广王高湛。长广王与勋贵策谋,最终杀掉了杨愔一党。结果,常山王赴晋阳,为大丞相、都督中外诸军事、录尚书事,长广王则在邺就任太傅、京畿大都督。这就仿佛又回到了东魏时期的政治体制。如果说有什么不同的话,那便是皇帝由元氏变成了高氏。不过,新帝与其周围的势力处于叔父长广王的监视与统制之下,这一状态与东魏酷似。要之,北齐政权本身就处于一种二重政权的状态中。以文宣帝的死为转机,这一状态逐渐走向表面化。此外,在上述政治动向中,邺与晋阳两地的关系都显示了极其重要的作用。这就使我们有理由相信,东魏、北齐政权内部所具有的二元性正是两都制产生的原因。

新帝不久被废,常山王(孝昭帝)在晋阳即位。此时值得注意的是,孝昭帝以后一直居于晋阳。当然,他在位只有一年即病死,因而还不清楚是否把晋阳定为恒久性的首都。在这一时期,弟长广王被派遣至邺。由这些事实来看,"邺—晋阳"的两都制此时依然存在,甚至可以进一步推测,当时的局势要求把重点置于晋阳。

孝昭帝死,长广王(武成帝)从邺赴晋阳即位。武成帝也是频繁地往来于邺与晋阳之间。去晋阳有时是为了与北周作战,不过并非全是如此。河清四年(565年),武成帝让位于皇太子,自己为太上皇。让位在晋阳宫举行,武成帝自己的皇帝即位也是在晋阳进行的。孝昭帝同样如此。只有文宣帝在邺即位,不过这是因为晋阳的勋贵对此表示反对,而且还要举行禅让,所以必须要在邺举行即位仪式。我们可以作如下一个推测,高氏政权的即位似乎是在勋贵集团的承认下进行的,支撑着皇帝权的就是这些勋贵。文宣帝建立北齐政权,专程要到去世元勋们的墓前报告,⑦就显示出了此点。

北齐最后的皇帝亦即后主,也经常往返于邺与晋阳之间。要之,两都制到北齐时期并没有消失。因为作为皇权基础的势力,在魏齐革命后仍顽强地存在于晋阳,所以在晋阳并不能实行一元化的统治。从邺到晋阳,直线距离约250公里。如果把东魏、北齐的版图比作一个椭圆状,那么邺与晋阳正好相当于其中的两个中心,而几代君主就不断往复于这两个中心之间。

四　西魏、北周的两都制

宇文泰拥立孝武帝,西魏政权成立,长安成为首都。那时,宇文泰每次与东魏交战后即回到长安。但是据《周书》,从大统四年(538 年)左右起,"还同州(初称华州)"的记事骤然增多。同州州城此时得以建造,宇文泰在这里设置霸府并似乎常驻于此,这由泰子宇文觉(北周孝闵帝)、宇文邕(北周武帝)都在同州官舍出生一事上可资佐证。⑧因此可以说,朝廷在长安,霸府在同州,西魏国家存在着两个政治中心。

557 年发生魏周革命,宇文氏成为主权者。但是上述两都制并没有废止。这是因为宇文泰从子宇文护在魏周革命以后,承继宇文泰占据都督中外诸军事一职,并在同州置中外府的缘故。其时在同州,有同州宫与长春宫两座宫殿。

武帝杀宇文护,欲统一权力。中外府这时虽然被废,但同州的重要性并没有就此消失。作为与北齐交战的前沿基地,同州结集了重兵,因而武帝也频繁地行幸此地。手握军队的将领们在这里还分得田宅,隋文帝杨坚的父亲杨忠、唐高祖李渊的父亲李昞都在此建家。⑨众所周知,宇文泰在大统年间结成二十四军,这即是府兵制的起源,杨家或李家都属于二十四军的最高将帅。因此,同州并非只是战略基地,它还是以宇文氏为中心的军阀势力的根据地。可以推测,这些军阀离开长安以同州为据点,其意图似在独立于元氏的传统权威之外。魏周革命后,这一意图虽然消失,但并没有完全得到一元化。为什么呢? 因为北周皇权的基础亦即军队的独立性还无法予以否定。

上述过程与东魏、北齐极其相似。那么,当东西两个椭圆发生冲突并合二为一时,这四个中心又有什么变化呢?

五　中国的再统一与两都制

576 年(建德五年),北周武帝进攻北齐,成功地拿下晋阳,将住于晋阳的兵家四万余户移往关中。第二年,北周占领邺,在这里置相州六府,以其为中央的派出机构。宣帝大成元年(579 年),在洛阳营造洛阳宫,将相州六府移至洛阳,称东京六府。

至于同州,在灭掉北齐后废同州、长春二宫,这是因为同州已经不再具备对敌作战最前线的意义。此外,一直配置在同州的兵力也似乎开始以长安为据点驻守。⑩

因此说两个椭圆的四个中心逐渐演变成长安、洛阳两个中心。此时如果把洛阳视为首都之一或许还有一些问题。但当时东京六府的权限为统辖置于河北、河南、山东的七总管,⑪也即是可以对山西以外的大部分旧北齐领土发布直接的命令。这是一个非常大的权限,因此把洛阳与长安一样视为华北的政治中心似不过分。

说起长安与洛阳,我们会联想到隋唐时代"长安—洛阳"的东西两都制。隋代的长安与洛阳得到整备,具有与两都制名实相符的威容。不过,这一体制却是源于北周并合北齐之时。再进一步探讨,还可以发现其根源在东西两魏及齐周的两都制。

综合上面所述,军事色彩极为浓厚的权力取代具备传统权威的北魏王朝,这即是两魏时代的两都制所呈现的特点。北魏势力瓦解后的齐周时期,两都制依然存在,它显示的是国家具有权威与权力这两个侧面。两魏时期,这两面由不同的势力所代表,但到齐周时期,则内涵于单独的皇帝权力之中。

权威与权力有何不同呢? 所谓权威,显示的是政权的正统性,因而主张其统治权有着无限的扩展性。权力,意味着政权与其他势力相抗争并占据优势,具有排他性、有限性的特点。用中国式的表现简单概括说,就是文与武。二者既相对照又相互补充,现实的政权只有包含这二者才能得以形成。

就政权的成立过程而言,一般首先需要权力,接着就要求权威。比如,北魏王朝最初为武力国家,后来到孝文帝时,融合胡汉成为贵族制国家,这就意味着国家形态的最终完成,而首都则从平城迁至洛阳。北魏将统一整个中国并具有普遍性的权威作为目标,与此相比,平城作为首都显然是不合适的,因此便迁都至中原尤其是洛阳,那里可以控制中国文明高度发达的关东地区。

六镇之乱是针对北魏王朝这种发展的一股反作用。在这一潮流中诞生的东西两魏需要克服与门阀贵族制相勾结的北魏朝廷的权威,而这时作为一种过渡性统治体制的,即是两都制。也就是两魏都通过拥戴北魏朝廷来表明自己的正统性,另一方面又需要维持自己那作为权力基础的军阀集团的独立性。

如此形成的两都制在魏齐革命或是魏周革命以后也没有解消,由于战略问题的关系而顽固存在的军阀集团是一个原因。此外,元氏的势力虽得以扫清,但汉人门阀依然拥有权威,并凭借这种权威不断地在官界扩大其势力。他们在东魏北齐与皇权相勾结,掌握着权力并与勋贵展开对立。这些对立实际上构成了贯穿东魏北齐政治的一条基线,我在前面对此曾做过论述。[12]总体来说,汉人门阀的渊薮亦即关东地区直到北齐,仍然还是需要一个正都。对于国家而言,如果控制不住这一地区,权威就无从形成。

北周在平定华北以后,上述情况依然不变。北周愈是依存于军阀集团,就愈是有必要在东方一侧建立另外一个首都,这与隋唐时期相比基本上没有变化。隋唐政权的建立从西魏军阀集团出发,其据点是关中。但成为关中地区中心的长安从全国来看,其位置却偏于一隅。东汉以来,关东是国家的中心,因而洛阳与邺也就交相占据着首都的位置,这一情况一直延续到了隋唐时期。

关于隋唐时期"长安—洛阳"的两都制,有必要另外撰文探讨,这里想仅就上文所述,提出一个推测意见。众所周知,隋炀帝与武则天都把洛阳作为事实上的正都。二者的共通点是,作为君主超越了西魏以来的军阀集团,并力图掌握绝对的权力。他们都以洛阳为首都,就让人感觉到这与上述目的密切相关。

　　思考长安与洛阳的上述位置关系时,马上还会联想到班固的《两都赋》。《两都赋》将前汉与后汉的两个首都进行对比,作了如下一番议论:

　　　　子徒习秦阿房之造天,而不知京洛之有制也。识函谷之可关,而不知王者之无外也。

也就是说,洛阳较长安为优,不是因为洛阳有着华丽的宫殿或是位居要害之地等,而是因为洛阳已经超越了这一层次,成为无限扩大的文化世界的中心,所以将这一土地作为首都的皇帝,就是最有权威的存在。我们从隋唐时代不也可以看出洛阳的这一地位么?

---

① "并州平,即授并州刺史,加上开府仪同大将军。州既齐氏别都,控带要重"(《周书》卷40《宇文神举传》)。

② 《北齐书》卷6《孝昭帝纪》云:"及文襄(高澄)执政,遣中书侍郎李同轨就霸府为诸弟师。"以霸府一语称大丞相府。

③ "并州平。神武以晋阳四塞,乃建大丞相府而定居焉"(《北齐书》卷1《神武帝纪上》)。

④ "初,神武自京师将北,以为洛阳久经丧乱,王气衰尽,虽有山河之固,土地褊狭,不如邺,请迁都。魏帝曰:'高祖定鼎河洛,为永永之基,经营制度,至世宗乃毕。王既功在社稷,宜遵太和旧事。'神武奉诏,至是复谋焉"(《北齐书》卷2《神武帝纪下》)。

⑤ 《太原市北齐娄叡墓发掘简报》(《文物》1983年10月)。另,勋贵之一的斛律金在晋阳拥有邸宅,文宣帝先后两次行幸其宅(《北齐书》卷17《斛律金传》)。文宣帝即位时,废掉东魏的孝静帝,将其监禁在司马子如的南宅。据《资治通鉴》卷163《梁纪》大宝元年胡三省注,司马子如家在太原,因而称在邺宅第为南宅。由此可知司马子如的本宅在晋阳。

⑥ 此点参见第三编第二章。

⑦ "齐受禅,以(尉)景元勋,诏祭告其墓"(《北齐书》卷15《尉景传》),相同的祭告的例子还见于《北齐书》窦泰、娄昭、孙腾、蔡儁、刘贵等人传记。

⑧ "孝闵皇帝讳觉,……大统八年,生于同州官舍"(《周书》卷3《孝闵帝纪》),"高祖武皇帝讳邕,……大统九年,生于同州"(同上卷5《武帝纪上》)。

⑨ "初,周齐战争之始,周太祖数往同州,侍从达官,随便各给田宅。景皇帝与隋

太祖并家于州治,隋太祖宅在州城东南,西临大路,景皇帝宅居州城西北,而面溁水,东西相望,二里之间"(《大唐创业起居注》卷二)。

⑩ 不过,据称在宣帝时改同州宫为天成宫(《周书》卷7《宣帝纪》),同州宫似乎并没有完全被废。此外,长春宫也在后来李渊举兵进攻长安之前为大本营。

⑪ "(大象元年二月)河阳、幽、相、豫、亳、青、徐七总管,受东京六府处分"(《周书》卷7《宣帝纪》)。

⑫ 参见第三编第二章。

（原载唐代史研究会编《中国都市的历史研究》
〔文部省科学研究费综合研究(A)报告书〕,1988 年）

第三章　府兵制国家与府兵制

一　序　　言

西魏、北周、隋、初唐的各个政权以府兵制为其军事根本,这一事实不容置疑。也许正由于这层原因,到现在为止,有关府兵制的研究可谓丰富异常。除唐宋时期李繁《邺侯家传》、欧阳修《新唐书·兵志》、陈傅良《历代兵制》以及清朝考证史家的研究以外,还有罗振玉、谷霁光、陈寅恪、岑仲勉、唐长孺等近代中国学者的许多优秀成果。在日本,冈崎文夫、滨口重国、日野开三郎、菊池英夫等人的研究,无论质还是量也都不亚于中国。如果把这些研究蓄积综合起来,可以编成一部庞大的府兵制研究史。到今天,对府兵制度及其实施的整个过程都有着全面而又细致的研究,可以说根据现存的史料几乎没有提出新见解的余地。

本文不准备在府兵制度的某个细节上提出与以往不同的意见,本文的主要目的,是想就观察府兵制的角度提出一个新的方法,并且期待着这一新方法的展开过程最终能导致重新理解府兵制。

如上所说,府兵制如果是西魏、北周、隋、初唐等各个政权的军事基干的话,那么它与这些政权原本具有的结构应是密切相关的。如下节所述,这些政权以府兵军团的统帅府为起源,最终发展成所谓府兵制国家。因此可以直截了当地说,府兵制并不只是这些政权所实施的各项制度中的一项,必须认为它是上述各个政权的基础。

府兵制在当时的历史世界内部运动,最终成为引导中国重新统一的政治能量。那么,在这一制度的内部能够看到什么样的人的心理活动,它又赋予当时各个政权以什么样的特色呢?

首先有一个已经定型了的政权，然后以此为前提，认为府兵制仅仅只是该政权统治范畴内的一项制度而已，这便是以往对这一制度的研究特点。事实上，上述观点也的确产生了十分丰硕的实证成果。但是，当我们用上面所设定的那样动态的角度来考察问题时，应该感觉到一个新的地平正浮现在眼前。

二　霸府与府兵制

创建府兵制的西魏政权是从北魏到北周，从元氏（拓跋氏）到宇文氏的一个过渡政权，这一过渡性表现在西魏政权的二重性上。所谓二重性，指的是一方面北魏帝室元氏受到拥戴，而另一方面实际权力却握在宇文泰之手。宇文泰在离首都长安一百几十公里的华州（今陕西华县）设置霸府，从空间上显示出了这种二重性。

那么，宇文泰霸权的基础是什么呢？虽然迎孝武帝于关中，其后虽曾历任丞相、关西大行台等要职，但从本质上最能反映其力量的还是大统元年（535 年）以后所拥有的都督中外诸军事的权限。北魏末，将六镇民众收归掌中，逐渐成为巨大军阀的尔朱荣派遣同族尔朱天光镇压关中地区的反乱，这一点为大家所详知。但尔朱氏不久即遭覆灭，关中讨伐军也由天光的副将贺拔岳与侯莫陈悦二人指挥。其后侯莫陈悦杀贺拔岳，于是岳之部将共推宇文泰为主。当时，侯莫陈一边亦有部分人倒戈投于宇文泰。[①]宇文泰讨平侯莫陈悦，在关中一带树立霸权。由此可知，宇文泰所率军队的主力当是构成关中讨伐军的北族兵，而这一讨伐军原由晋阳的尔朱氏所派。[②]除此以外，还有关中地方乡豪所率领的乡兵部队。[③]在西魏创建当初，宇文泰的兵力主要就由这两个部分组成。因此，都督中外诸军事一职实际上也就意味着是这些部队的最高司令官。

西魏后来与东魏展开激烈的攻防战，大统九年（543 年），在洛阳北部的邙山遭到惨败。于是乘此机会扩大兵员，所采取的措施为：

　　广募关陇豪右，以增军旅（《周书》卷 2《文帝纪下》）。

到大统十六年(550年)前后,便完成了所谓二十四军的编制。④如下所述,以这一措施为分水岭,以后在北族兵与本地乡兵这两个要素中,后者的比重渐渐提高。不过在大统十六年当时,军的指挥系统主要还是由北族尤其是武川镇出身者所控制。⑤

如《周书》卷16(或《北史》卷60)传末所载,军队最高首脑部由柱国大将军(所谓八柱国)八人构成。其中,西魏宗室广陵王元欣实际上没有军队,真正率领二十四军的是六位柱国大将军(所谓六柱国)。还有一人便是宇文泰,他也为柱国大将军之一,在这一点上与其他柱国是对等的。可是,宇文泰的实际权限是刚才提到的都督中外诸军事。二十四军为中军,所以他握有二十四军的最高统帅权,从这一点来看,宇文泰可以说是同辈中的第一人。此外,他肯定还统辖着外军。上述《周书》的传末,在列举八柱国、十二大将军的成员以后,又说:

> 右十二大将军,又各统开府二人。每一开府领一军兵,是为二十四军。自大统十六年以前,十二大将军外,念贤及王思政亦作大将军。然贤作牧陇右,思政出镇河南,并不在领兵之限(《北史》文略同)。

念贤的"作牧陇右"似指大统三年以后,他为都督河凉瓜鄯渭洮沙七州诸军事、大将军、河州刺史事。⑥王思政的"出镇河南"指的是他在大统十二年以后为荆州刺史,后又被授予河南诸军事一事。⑦这些都是二十四军之外的所谓外军,也都属于宇文泰的统帅权之下,由此可见宇文泰的兵权并非只以二十四军作为对象。不过从首脑部的构成人员来看,二十四军在整个西魏国军中所占的比重相当大,因此宇文泰的都督中外诸军事侧重于统辖二十四军这一点不言自明。

宇文泰的丞相府为统辖二十四军的机构,⑧此外他还拥有关西大行台一职。⑨关西大行台为尚书系统的行政机构,也是西魏行政权的实质所在。比如,与宇文泰肝胆相照的苏绰就是沿着行台郎中、同左丞、同度支尚书这一行台系统的官属路线升迁的。在此期间,苏绰制定了诸如改善财务行政,改革公用义义体,实施周官之制等一系列革新政策。周官亦即六官之制,实施以后,宇文泰为大冢宰,而大行台则似乎随之废止。

　　从上述情况来看,宇文泰的霸权由军事以及尚书系统的行政机构这两个部分组成。必须指出,二者中从根源上占据优势的显然是前者,行政权的掌握是建立在这一基础之上的。当二者合而为一时,就形成了实质性的政权。当然在名义上,统治权还在魏帝一侧。因此可以说,西魏是政权在实质与名目上发生乖离的二重政权时期。可是,上述二重性经过魏周革命仍然没有消失,其原因在于宇文泰的侄子也是其股肱的宇文护掌握了权力以后,宇文泰的几个儿子(孝闵帝觉、明帝毓、武帝邕)虽为皇帝但处于无力状态之中。宇文泰死后,被托以后事的宇文护拥戴宇文觉即位并创立北周,那时他代替独孤信为夏官大司马,手控军政权。不久,宇文护杀大冢宰赵贵以及独孤信,借此得到大冢宰之位。《周书》卷11本传在注⑧所引文字之后,接着说:

　　　　太祖崩后,皆受护处分,凡所征发,非护书不行。护第屯兵禁
　　卫,盛于宫阙。事无巨细,皆先断后闻。

魏周革命后的第五年即保定元年(561年),宇文护为都督中外诸军事,成功地掌握了全部军队。他还效仿宇文泰,以同州(华州)作为据点。朝廷与霸府的这种二重性在空间构造上与宇文泰时期极为酷似。总之,宇文护承袭宇文泰之后,成为二十四军的最高统帅,并依此掌握住了王朝的实权。换句话说,不掌握二十四军,也就不可能有实质上的权力。我们看到,孝闵帝与明帝正是在这一无权力的状况下死于非命的。⑩

　　接着登上帝位的武帝诛杀宇文护得以亲政,同时也成功地结束了一直持续至此的二重政权状态。在除掉宇文护以后,武帝还即刻废除了中外府(都督中外诸军事府),他命弟弟齐王宇文宪赴同州宇文护宅第没收兵符及账簿文书。⑪在接下来的人事安排中,齐王宪还获得了大冢宰之位,但与宇文泰、宇文护不同的是,这时的大冢宰没有被授予兵权。二十四军的最高统帅权由权臣掌握的旧体制至此消失,二十四军开始直接归于皇帝之下。《周书》卷6《武帝纪下》描述武帝:

　　　　至于征伐之处,躬在行阵。性又果决,能断大事。故能得士卒
　　死力,以弱制强。

这正显示出武帝作为军事指挥者的一面。概括地说,当时的皇权通过

收归军队的最高统帅权而获得了真正的实质性强化。

如上所见,从宇文泰到武帝的政权推移是以府兵为核心的国军最高统帅权发展成为皇权的过程。可是,如此形成的皇权一旦在实质上得到强化,又往往会转变为独裁权力。我们看到,早在武帝时就已出现了这一倾向。《周书》卷6《武帝纪下》云:

> 及诛护之后,始亲万机。克己励精,听览不怠。用法严整,多所罪杀。号令恳恻,唯属意于政。群下畏服,莫不肃然。

应该说武帝本人勤于政务,军事上也奋勇当先,因而才保证了独裁政治中较为健全性的一面。但是到下面的宣帝时期,已看不到皇帝作为国军最高统帅的身影。大家都知道,宣帝立了好几位皇后,耽于声色,而且也是暴君的典型。这里需要注意的是他的暴君形象有其特点,即试图越过整个统治集团使自己的地位绝对化。即位的第二年,便禅位给还是幼儿的皇太子,自称天元皇帝,将宫居命名为天台,对臣下不用朕而自称天,禁止臣民的官职名及姓名中使用高、大、天的文字等等。宣帝可以说不仅仅寄食于父祖所建立的君主权,而且还自己放弃了作为统治集团最高统帅的责任,其结果最终导致了北周的灭亡。

在这里,皇帝政治必须回归到自己的出发点。宣帝死后,他的侧近,汉人贵族刘昉、郑译等人预料到北周会陷入混乱,于是将实权委于外戚杨坚。他们伪造宣帝遗诏,授予杨坚"入总朝政,都督内外诸军事"之任。杨坚以此为基础开大丞相府,登上相国之位,最后完成周隋革命。[12]很清楚,杨坚的霸权是以府兵为主的国军统帅权作为轴心的。此外还有一点值得注意,那就是相国府的官属原封不动地成为新政权的三省长官。这就明白无误地显示出,杨坚以国军统帅府为中心建立霸府,在此基础上成功地建立了新王朝。[13]

李渊创建唐朝,也同样如此。隋朝从文帝杨坚统治的后期开始,政治明显倾向于独裁,到炀帝时达至极点,这一过程与北周武帝到宣帝的过程有相似之处。如同宣帝压制西魏以来的功臣及其子孙一样,隋文帝也始终对魏、周、隋的勋贵们持极大的猜疑心,炀帝则更为苛酷。炀帝所实施的政策当中有骁果制度,即在府兵之外进行大规模募兵,以骁果命名,并用其为亲卫队。骁果在府兵左右十二卫之外另置军营,因而不属府兵最高统帅权限统辖,这就如实地反映出炀帝试图将其与左右十二卫的将领们分别开来。炀帝后来为这些骁果所杀,是非常具有讽刺性的。当时全国正处于内乱的波涛之中,骁果迫于时局采取了弑君之举。这里可以推测当时已经有部分府兵部队参与了内乱,因为在各地举兵的群雄中有几人为鹰扬府的文武官出身,而鹰扬府是府兵制在地方的军府。⑭这些人都为当地的豪侠,当中央派遣的郡守慑于炀帝的处罚而不敢实施赈恤时,他们就借助自己的力量占领郡政府并开放府库。这一经过成为尔后起义的发端,所以也就自然地可以推测府兵参与了内乱。

李渊的太原举兵可以说与上述情况有共通之处。他在举兵之际,建立大将军府,以二子建成、世民分别统帅左、右各三军,而其中的府僚、军团长多由太原附近鹰扬府的文武官担任。⑮因此可以说李渊的大将军府吸收了当地的府兵军团。

李渊进入长安,拥立代王侑后,就任都督内外诸军事、大丞相之职,此时大将军府升为丞相府。其后丞相府改为相国府,最终举行禅让。不过,从大将军府、丞相府、相国府到新政府,尽管有着种种推移变化,但是首脑部的成员始终不变,⑯霸府为新政府原型的情况在这里仍旧存在。再看霸府的本质,它依然还是军团的统帅府。不过李渊与上述情况不同之处在于,建立霸府并非依靠合法地掌握旧王朝的府兵统帅,而是在将隋朝府兵军团的一部分结集于革命的意志之下(当然也有属于府兵之外者)来完成的。这一点与李渊乘内乱举兵获得政权,而不同于前朝那种以和平转让的方式是相对应的。

不过,李渊最初自号大将军,其军团委于建成、世民率领。大将军府对于左右军团虽保有军令权,但与隋军及群雄的激烈交战,也使得建成、世民或是其弟元吉都逐渐加深了各自的独立性。由于没有在前线参与战斗,因此父亲的命令权得不到贯彻,各个军团也各自随意地施发政令,诸子之间当然也就产生激烈的冲突,最后归结于玄武门之变。世民先发制人,进攻并杀掉了兄弟建成、元吉二人。最具有国军统帅者资质的世民成为皇太子,不久即登帝位。唐朝创业时期还处于混乱的各个军团也在他的统治下得到统一。

概括上面所述,成为北周、隋、唐诸政权原型的是国军的统帅府亦即霸府,而作为国军基干的则是府兵军团。可是,拥有雄厚的军事实力而成为政权的担当者,这是魏晋以来的普遍现象,而且也可以说是整个中国历史上共通的倾向。那么,上述事实具有什么样的历史特质呢?下面就来考察这一点。

三 都督府制度的展开与府兵制

从上述问题重新审视府兵的统率机构时,可以发现那里有着与整个六朝时期的军制相通的性质。六朝时期,军府掌兵。魏晋以来,州刺史带将军号掌管军国,与此同时,也出现了都督一州或数州军事的体制。这两个系统相互结合,形成了都督府制度,即由都督兼任主要州的刺史,此外,都督的幕僚在多数情况下也兼任管下的州刺史或是郡太守。都督府系统的官吏被称为府官,属于州系统的则称为州官。都督府制度(以下称为督府制)通过这两个系统的官僚体系构成了遍及全国的军事集团。

六朝时期普遍所见的这一督府制与府兵制之间有何关系呢?六朝时期,兵由督府制控制,因此也可将其称为府兵。这样的例子实际上也存在,因而有的研究将府兵之名的源流求之于督府制。[17]回头再看西魏二十四军,其指挥系统为柱国大将军—大将军—开府仪同三司—仪同三司这一序列,而且如柱国府、大将军府、开府府、仪同府的名称一样,各级都置府。不过,《周书》卷24《卢辩传》云:

> 授柱国、大将军、开府、仪同者,并加使持节、大都督。

据此可知,柱国及大将军以下的正式职名似乎为使持节柱国大将军大都督、使持节大将军大都督等等,这一点也有实例可证。[18]所以,柱国府、大将军府等也就成为柱国大将军大都督府、大将军大都督府。换句话说,就是以大都督府作为共通项,在此之上在分别加上柱国以下的勋位。此外,仪同三司以下还有大都督、帅都督、都督等将官。综合这些,我们看到当时的府兵指挥系统由各级都督府之间形成的连锁关系构成。各级都督府置长史、司马、司录、中郎、掾、属、列曹参军、参军等属僚,这一构成与州镇的都督府类似。仅就这一点来说,都督府与府兵制之间并无什么特异关系。

但在另一方面,还是很难否定都督府与府兵制这两个系统之间的巨大差异。如前所述,督府制的一般特点是将州郡的民政制度予以并合,并且都督还兼任主要州的刺史。与此相比较,府兵制则是中央军队的制度,其将帅并不一定参与地方的民政。西魏二十四军的柱国以及大将军几乎全在畿内掌管军务,⑲这一事实具有如下的意义:即不仅显示出府兵制为中央军制这一特点,而且从全体来看,还说明军事与民政处于分离状态,也就是说在军事逐渐集中于中央的同时,州郡却反而摆脱了军事色彩。以下就来看上述过程在西魏以后的展开情况。

如前所见,宇文泰崛起时,其军队主要由属于北镇系统的北族兵与关中地区的乡兵构成,而掌握全军大权的是前者。后来,来自地方动员的兵员在数量上激剧增加,这首推始于大统九年的大规模募集乡兵,其次则应举出北周武帝的兵力扩张。据《隋书》卷24《食货志》:

> 建德二年,改军士为侍官,募百姓充之,除其县籍。是后夏人半为兵矣。

从这里可以看到,广大的中国民众都成为招募的对象。而且募集方法为乡兵方式,也就是使各个地方的有势力者负责募兵。⑳这一组织乡兵的情况直到隋代仍然存在,而且募集的地区也扩大到关中地方以外,尤其是对陈作战中,可以在与陈的接境地带看到若干事例。㉑

由以上可知,从西魏的建立到隋朝征服江南,其间由于各地民众被编入乡兵集团,府兵制在逐渐扩大。民众被编为府兵时,似乎从民籍变为军籍,然后以军户的形式集团居住。唐长孺氏曾经指出,隋开皇之制,开府与仪同府下辖军坊及乡团。㉒军坊为都市聚落,乡团则为乡村聚落,各置坊主、团主一人及佐二人。唐氏认为这正好与民间的坊正、村正相对应。另据隋代的义仓制度:

> 于是奏令诸州百姓及军人,劝课当社,共立义仓。收获之日,随其所得,劝课出粟及麦,于当社造仓窖贮之(《隋书》卷24《食货志》)。

这也就是说义仓之制除了在一般的"百姓"以外,还实行于"军人"之间。

据此可知,国家通过在州郡的"百姓"中组织乡兵,从而设置直属于国家权力的集团,上面"是后夏人半为兵矣"一句就可以理解为是这一实际状况的反映。总之,府兵制就是国家权力侵入到州郡制社会,并在那里确立集权性军事机构的一个系统,而这一意图之所以能够实现,是因为乡兵组织的存在。也就是说中央集权性军事国家在其形成过程中,地方乡党社会中人与人的结合关系发挥着媒介作用。国家对乡望与乡人之间的人格关系加以利用,同时又把这一关系转化为乡帅与乡兵的统辖关系,最后将其组织成为中央国军。说得极端一点,这也就是地方乡党社会的中央化。魏晋以来,中国社会的一个特点是地方乡党社会拥有某种独立性,而府兵制在充分利用这一特点的基础上,把其编入进了中央权力之中。

这一状况与当时的时代特点有着极为深刻的关连,此点留待后述。总体来说,府兵制的这一特征在其实施中也有充分体现,这就是一方面为中央性质的军制,另一方面又带有一定的地方性质。隋代以后,掌管府兵军团的机构非常明显地分为中央诸卫与地方军府,其理由也就在此。当然,有一点是十分清楚的,即地方军府只是所在于地方,而决非所属于地方。这些军府属于中央诸卫,与州(郡)县的行政机构没有任何统属关系。而在另一方面,州县的行政机构一般不拥有军事力量,即便有也是临时征募的州军而已。魏晋以来都督府与州、军事与民的并立关系,就这样完全分离开来。㉓

不过在唐制中,仍然存有在特定的州并置过去那种都督府的迹象。从魏晋以来的都督诸州(一州)军事在北周明帝时改为总管府,到隋炀帝时完全废止。中央集权政治至此得以彻底实行。唐在平定内乱的过程中再置总管府,但天下统一后即予以废止。而这时以一个主要的州为中心,周围数州共同形成州集团体制,中心的州则称为都督府。都督府在整个州集团内负责武器及军事设施的监督。《新唐书》卷49下《百官志四下》:

　　都督掌诸州兵马、甲械、城隍、镇戍、粮稟,总判府事。

不过在这一规定中,都督府是否配有常备军还不清楚。《大唐六典》卷

30《中都督府兵曹参军事》条云：

> 若管内无军团，虽有军团唯管三州已下者，省兵曹一人。

据此可知管内也有掌握军团的都督府。反过来，都督府—州—县这一行政系统可以让我们联想到存在于边境的羁縻州体制。唐朝授予周边诸民族的酋帅以都督、刺史、令等职权，对此加以羁縻，而且为了便于监控还设置了都护府、都督府，这些府当然也就握有军团。由此来看，越是接近边境，"有军团州"就越多；反之，愈是接近中央牢牢控制的地方，军团常驻的必要性也就渐次降低。从时期上看，六朝时期遍及全国的督府制随着中国的重新统一也就开始向外部扩延，但同时仍旧维持其原貌及实质。而另一方面，在受集权化影响的地方州县制中，这一实质却日趋稀薄，最后仅仅只是在都督府的名称及职掌之中略微可见其原来的军事色彩。具体来说，这时的都督府虽没有配置常备军队，但可以保有军事设施，一旦有事，便临时募兵加以武装，或者与中央政府取得联系，作好迎接援兵的准备。[24]

唐睿宗景云二年(711 年)置二十四都督，使其纠察管辖之内州刺史以下官吏的善恶。但是由于都督的权限太大，不久即废。[25]不过，这一动向与后来设置采访处置使(观察处置使)相关联。以后这些使职被委以兵权走上藩镇化的过程，可以说与魏晋以来的督府制有相似之处。

四　皇帝与府兵

西魏、北周、隋、唐的霸相与皇帝的军事力量果真是用前二节所探讨的那种方式形成的话，这就可以预测，比起皇帝与一般州(郡)县民来，皇帝与府兵的关系有其独特之处。为什么这样认为呢？因为府兵与其说是皇帝的统治对象，不如说是其统治的支柱，是其权力的一部分。

试举一例说明。《旧唐书》卷 84《刘仁轨传》记仁轨贞观时期事云：

> 稍除陈仓尉。部人有折冲都尉鲁宁者，恃其高班，豪纵无礼，历政莫能禁止。仁轨特加诫喻，期不可再犯。宁又暴横尤甚，竟杖

杀之。州司以闻，太宗怒曰："是何县尉，辄杀吾折冲?"遽追入，与语，奇其刚正，擢授栎阳丞。

通过这段记载，可以发现太宗对折冲都尉是怀有亲密之情的，㉖也就是说皇帝把府兵将官视为自己的手足。

以上介绍的是将官的情况，那么一般兵士又如何呢? 这里想到的是北周武帝在实施军备扩张时，将军士名改为侍官之事。《周书》卷5《武帝纪上》：

（建德三年十二月）丙申，改诸军军士并为侍官。㉗

如刚才所述，武帝诛杀宇文护废止中外府，使介于皇帝与府兵军团之间的都督中外诸军事的职权被废，如此一来皇帝与府兵便直接联系在了一起，而侍官正意味着府兵的这一位置。至于侍官的由来，《魏书》卷113《官氏志》载北魏天赐四年（407年），道武帝为增置侍官而"取八国良家，代郡、上谷、广宁、雁门四郡民中年长有器望者充之"。此时侍官的职掌为侍直皇帝左右，出纳诏命，因而唐长孺氏将之比为汉代的侍中。㉘侍官即是皇帝近侍之官，一般从八国亦即部落解散后的旧部族与畿内四郡中加以选用。另外，北魏分裂为东西魏时也有侍官的例子。孝武帝出奔，投于关中的宇文泰时，高欢命领军将军娄昭为西道大都督设法夺还，而娄昭那时正率"左右侍官"于西行途中。北魏的领军将军为洛阳城内近卫军的总司令官，近卫军一般由鲜卑兵之精锐组成。领军将军下设左卫、右卫二将军，㉙唐长孺氏指出，此时的"左右侍官"很有可能即是领军将军所率的禁军。北周武帝将府兵改称侍官，其沿革就在此。因此可以说，武帝赐予府兵的，是皇帝近卫军这一极有名誉的待遇。

上述举措并不单与废止中外府有关，或许还反映出武帝意在控制西魏以来的勋贵将帅层。侍官之名进入隋唐时期仍在使用，有关隋代的例子，将在后面叙述。众所周知，侍官之语到唐玄宗时期变为责骂人时的蔑称。《新唐书》卷50《兵志》在叙述天宝时期府兵制变为有名无实的状况称：

故时府人目番上宿卫者曰侍官，言侍卫天子。至是，卫佐悉以假人为童奴，京师人耻之，至相骂辱必曰侍官。

《玉海》卷 138 引李繁《邺侯家传》也有同样叙述：

> 自置府，以其番上宿卫礼之，谓之侍官，言侍卫天子也。至是，卫佐悉以借姻戚之家为僮仆执役，京师人相诋訾者，即呼为侍官。

在府兵制面临崩溃时，宿卫府兵被提供给士人之家，地位低贱，受到如私仆一样低下的待遇。但不管怎样，侍官之名仍持续到了这一时期。

从上引《邺侯家传》也能看到，府兵本来的地位绝对不低，至少到贞观时期，为政者还作这样的认识。一个非常有名的例子是尚书右仆射封德彝等人提议简点中男十八岁以上者从军，就在诏书将发之际，魏徵表示了强烈反对，他的意见是：

> 若次男已上，尽点入军，租赋杂徭，将何取给？且比来国家卫士，不堪攻战，岂为其少，但为礼遇失所，遂使人无战心。若多点取人，还充杂使，其数虽多，终是无用。若精简壮健，遇之以礼，人百其勇，何必在多（原田种成校《贞观政要定本·附篇》"直言谏争"）。

魏徵的反对论有两个要点：一是使中男从军会导致租赋杂徭的来源减少；另一个就是兵士在于素质而非人数，重要的是以礼对待壮健之兵，才能使其充分发挥武力。至于"遇之以礼"，指的即是不让兵士为"杂使"，而且还要保证他们是有名誉的战士这一地位。"杂使"具体指的是什么劳役，这里并没有明说。当时的一般情况为丁男、中男充当徭役，因此魏徵"遇之以礼"云云就非常清楚地显示出，在他的脑海里有着把府兵劳动与一般丁男、中男相区别的认识。我们再参照上引《邺侯家传》中"自置府，以其番上宿卫礼之，谓之侍官"一节，就可以知道对府兵的这一认识并不只限于魏徵一人。

据《唐令拾遗·军防令》卷 32 所载唐军防令：

> 防人在防，守固之外，唯得修理军器、城隍、公廨、屋宇。

这是对防人的劳动范围加以限制。因此可以认为，尽量使府兵的劳动维持在纯粹的军事劳动上的意图，在其边防勤务中也有所体现。㉚

以上是为政者一方所持有的府兵观，那么府兵对于自己的地位又是如何认识的呢？能够解决这一问题的史料极其有限。不过，《隋书》卷 64《张定和传》可以弥补这一缺憾。

> 张定和，字处谧，京兆万年人也。少贫贱，有志节。初为侍官。

会平陈之役,定和当从征,无以自给。其妻有嫁时衣服,定和将鬻
之,妻靳固不与,定和于是遂行。以功拜仪同,赐帛千匹,遂弃其
妻。是后数以军功,加上开府、骠骑将军。……炀帝嗣位,……征
拜左屯卫大将军。

从张定和的从军态度来看,当时府兵对于自己的任务还是拥有某
种积极性、自发性的。那么,这一自发性来自何处呢? 我在论述北朝后
期的乡兵集团时,曾经指出过府兵所拥有的自发性的一面。[31]再重复一
次说,就是当时的乡兵集团一般通过招募的形式组成,而政府通过各地
的乡望招募乡人。因此在此情况下,就可以认为应募乡人也是有着相
当的自发性的。其原因就在于建立军功有利于将来的立身,这从张定
和的例子上即能看到。导致这一状况出现的不用说是六镇之乱。打倒
门阀主义的潮流主要形成于鲜卑族内部,它对汉族社会造成极大影响,
使从来的身份制度发生深刻的动摇。与此相适应,在此状况中兴起的
各个政权就必须对兵士敞开授官的大门。乘着这股时代浪潮,各地的
乡望将有志于提高自身地位的民众组成军团,而自己则作为首领接受
大都督、仪同三司等官职进入官界。对他们来说,这也是一条维系或繁
荣家门的道路。

需要说明的是,这一时期文官与武官之别在升迁途径中并非十分
严格。比如西魏时期的苏绰,可说是文官的代表,而其弟苏椿则被国家
命为乡兵统领。当时的官人中文武双全者极多,这一事实不容忽视。
北魏瓦解以后,中国各地汹涌而起的新的政治能量就是以上述那种军
团的形成作为基础的。这些军团自己制定秩序,还与其他军团取得联
系,自然地形成了军府,在此之中也产生了文官与武将两个系统。在否
定门阀主义的潮流中登场的这些人,不论是否出身于门阀,或是成为军
团将领,或是成为军府僚属,都厕身于这一新的时代之中。

我一贯用新贵族这一名称来称呼由此形成的统治集团。那么,这
一新贵族集团在府兵制国家中占据什么位置呢? 用皇帝与府兵这样一
种基线观察西魏、北周、隋、唐的各个政权,而另一方面又把介于其间的
文官、武将称为贵族,这看上去似乎矛盾,也许还会由此产生把他们作
为寄生官僚来理解的立场。在政治权力急速集中化的当时,地方的各

种势力被国家的统一机构所吸收,必然变为全体中的一部分,因此寄生官僚这样的称呼未必就一定错。可是,推进并加强国家统一的力量到底应求之于何处呢?答案从寄生官僚这一用语上显然是找不到的。

再重复一次上面所述的内容,建立在民众的新志向之上并将民众组织成军团的领导者,构成了西魏以后的国家权力集团,如经常所说的那样,宇文、杨、李等只是这些新兴统治集团中的一家而已。国家的这种结构可以让我们联想到唐初的《氏族志》。在统治阶级与国家权力发生关系时,当时存在的家门又是如何发挥媒介作用的呢?再如任子制度具有什么样的意义呢?诸如此类的问题有必要另外撰文讨论。不过可以确信的一点就是,新贵族制的称呼比起寄生官僚这一用语,更能抓住当时统治体制的实际状况。

以《府兵制国家与府兵制》为题的本章还必须要对府兵制的瓦解以及唐朝国家的变质等问题加以阐述,其中详细当日后再论。不过这里可以大致作如下这么一个叙述:高宗朝以后,府兵待遇日降,他们要求提高地位的志向也逐渐得不到满足。与之相对应,以府兵制作为基础登上历史舞台的新贵族层在武周革命时遭到沉重打击,国家性质也就开始从整体上发生了变化。

---

① 比如后来为六柱国之一的李弼原本为侯莫陈悦的武将,但却置悦不顾而与宇文泰联络。

② 参见补编第一章。

③ 参见第三编第一章。

④ 参见滨口重国《西魏二十四军与仪同府》(《秦汉隋唐史研究》上,东京大学出版会,1966年)。

⑤ 参见补编第一章。

⑥ 《周书》卷14本传。

⑦ 《周书》卷18本传。

⑧ “自太祖为丞相,立左右十二军,总属相府”(《周书》卷11《晋荡公护传》)。

⑨ 宇文泰有时虽也罢大行台事,但录尚书事、冢宰等尚书系统的实权却似一贯加以掌握。

⑩　孝闵帝及其侧近憎恨宇文护的专权,依仗禁军,欲将其诛杀。可是知晓这一计划的宇文护利用宿卫军的力量解散禁军,并将处于孤立的孝闵帝幽闭弑杀。此外,武成元年(559 年),宇文护提出返达大政的请求,看上去想实现明帝的亲政,可是却将兵权掌握在自己手中。第二年,明帝为护所杀。

⑪　《周书》卷 12《齐炀王宪传》。

⑫　参见第三编第四章。

⑬　同上。

⑭　气贺泽保规《隋末、唐初的民众叛乱·解说》(收入谷川道雄、森正夫共编《中国民众叛乱史一·秦—唐》,平凡社〔东洋文库〕,1978 年)。

⑮　参见布目潮沨《李渊起义》(收入《隋唐史研究》,东洋史研究会,1968 年)。

⑯　参见布目潮沨《唐朝创业期三省六部的人的构成》(上引《隋唐史研究》)。

⑰　菊池英夫《府兵制度的展开》,收入《岩波讲座　世界历史 5·古代 5》,岩波书店,1970 年。

⑱　参见第三编第一章。

⑲　根据《周书》卷 16、《北史》卷 60 所载六柱国、十二大将军的官爵,除了李虎的陇右行台以外,柱国全员与地方州镇都没有关系。大将军中,宇文导、达奚武、贺兰祥、王雄各自兼任秦州、雍州、荆州、岐州的州镇都督。根据各人的本传,在进位大将军之际,宇文导从秦州迁任都督三雍二华等二十三州诸军事,贺兰祥从荆州征还任行华州事,王雄也是在岐州任行同州事,这里可以看到使军的统帅组织逐渐集中在京畿地区的倾向。

⑳　《周书》卷 5《武帝纪上》建德三年十二月丙申条云“改诸军军士并为侍官”,《隋书·食货志》将之系于建德二年,或许当为三年之误。另,建德三年十二月丙申之前的辛卯日称“诏荆、襄、安、延、夏五州总管内,有能率其从军者,授官各有差。其贫下户,给复三年”,由此可以窥见募兵状况之一斑。“有能率其从军者”中的“其”字,《册府元龟》卷 124 作“募”,中华书局点校本《周书》页 90 校勘记〔二三〕从此说,认为当作“率募”。果真如此,通过授予在上述五州总管内发动民众使其响应募兵的指导者们以将官之职,可以使我们推测乡兵组织扩大到了关中以外地方。不过,这些乡兵集团是被编成中央军还是为总管府所属部队,并不明确。如果将此与丙申的侍官记事结合起来看的话,似可认为被编入了中央军。

㉑　参见谷霁光《府兵制度考释》第四章(上海人民出版社,1962 年,页 99)。

㉒　《魏周府兵制度辨疑》(见《魏晋南北朝史论丛》,生活·读书·新知三联书店,1955 年)。

㉓　隋趁统一全国之机废军籍,将之统合进民籍,这看上去与军事、行政的分离倾向有矛盾。不过尽管统一户籍制度,但通过在户籍里注记卫士就可以明确,府兵与一般丁男对国家所承担义务之不同。而且各个地方军府制作府兵者名簿时,一定是以户籍为原簿。因此可以说,府兵制的兵民分离体制以隋代为分水岭变为兵民合一,但是兵民分离体制的原型在其后的兵民合一制度中仍在发挥作用,换句话说,兵民分离体制在从实质性分离向机能性分离转化。

㉔　比如,光宅元年(684 年),反对则天武后的李敬业等人在扬州举兵时,首先监禁扬州都督府长史,打开府库,将囚人以及役徒、工匠武装起来。针对此,武后派遣三十万大军加以镇压(《旧唐书》卷 67《李敬业传》)。由此例来看,扬州原本没有常备军,但为防止不测事态而采取从中央派兵的措施。因而可以说,即便没有常备军,但有与军事及治安相关的设施。都督府及州的兵曹参军以"武官选举,兵甲器仗,门户管钥,烽候传驿之事"作为职掌。严耕望氏认为,传驿作为兵曹参军的一项日常职守,非常重要(《唐代府州僚佐考》,见《唐史研究丛稿》,新亚研究所,1969 年)。

㉕　《通典》卷 172《州郡二·序目下》。

㉖　折冲都尉的官品非常高,上府为正四品上,中府为从四品上,下府为正五品下,上府的折冲都尉相当于中州的刺史。

㉗　参照注㉔。

㉘　《唐书兵志笺正》(科学出版社,1957 年,页 30)。

㉙　滨口重国《正光四五年之交的后魏兵制》(收入前引《秦汉隋唐史研究》上)。

㉚　日本军防令中如下一节似可作为参考:"凡卫士者,中分一日上,一日下,每下日,即令于当府教习弓马,用刀弄枪,及发弩抛石,至午时各放还,仍本府试练,知其进不。即非别敕者,不得杂使"(《令义解》卷 5《军防令》)。

㉛　参见第三编第一章。

(原载唐代史研究会编《律令制
——中国朝鲜的法与国家》,汲古书院,1986 年)

第四章 西魏二十四军的
成立与豪族社会

一 序 言

北魏王朝的瓦解以六镇之乱为直接发端,它并不仅意味着一个王朝的崩溃,而且还显示出,北魏领导的重新统一中国的事业遭遇到极大挫折。众所周知,北魏太武帝于太延五年(439年)平定整个华北,成功地结束了五胡十六国的分裂状态。约六十年后,孝文帝毅然迁都洛阳,提高了北魏作为中原王朝的权威。如果这一政治方向继续下去的话,就难免要与南朝进行决定生死存亡的大决战。其结果,很有可能是北魏吞并南朝,完成中国的再统一。

但事态并没有这样发展。孝文帝死后三十年,北魏帝国在结构上原有的矛盾引发内乱,国家最终分裂成东西两种势力。迈向中国再统一的历史步伐,又一次退回到原处。在两魏与南朝梁这三个国家之间,形成了争霸的局面。

其中东西两魏的抗争尤为激烈。从领土大小、经济实力及兵力等国力来看,东魏优于西魏。但在现实的力量关系上,西魏虽处劣势,却仍能与东魏保持伯仲之间。就个别战役而言,有时东魏占据上风,但西魏亦常常加以挽回。此后,两个政权在都不能给对方造成决定性打击的状况下,分别完成了王朝革命,争斗也就随之进入北齐与北周时期。

东西势力之间的均衡后来发生动摇,于是北周武帝深入北齐境内,最终灭掉了北齐。但北齐之亡,实际上与其国内政治的混乱有极深关系,而这一点早在东魏时期业已露其端倪。震撼梁朝的侯景之乱,其发端原本亦在此处。①西魏坐收渔夫之利,乘机将长江中游及巴蜀地区夺入手中。西魏、北周在上述过程中发挥着重新统一中国的主导作用,北周武帝征服北齐,继承北周的隋文帝平定陈朝,中国时隔三个世纪又终于得以统一。

隋以及唐起自西魏武人贵族之家,其间虽由于炀帝的失政出现内乱,但仍然可以视其为三百年统一王朝的时代,而关中政权的一系列胜利,在此亦可以说达致巅峰。

但是,其根本原因在何处呢? 答案显然不易寻找。对于这一问题提供了极大启示的,是陈寅恪氏的"关陇集团"论:

> 更总括以上所述者论之,则知有唐一代三百年间其统治阶级之变迁升降,即是宇文泰"关中本位政策"所鸠合集团之兴衰及其分化。盖宇文泰当日融冶关陇胡汉民族之有武力才智者,以创霸业。而隋唐继其遗产,又扩充之。其皇室及佐命功臣大都西魏以来此关陇集团中人物。所谓八大柱国家即其代表也(《唐代政治史述论稿》上篇《统治阶级之氏族及其升降》)。

通过这段概括,陈氏认为西魏、北周、隋、唐都是以"关陇集团"作为共通的基础而兴起,后面的王朝继承前朝的"遗产",并将其进一步发扬,最后终于成就中国统一的霸业。

"关陇集团"既然是上述王朝的共通项,那么它到底是什么样的集团呢? 陈氏将其定义为鸠合"关陇胡汉民族之有武力才智者",也就是从民族来看,有胡与汉;从能力上看,有武与文,通过这些互为对立的因素在"关中本位政策"这一漩涡中加以"融冶"而形成的集团。对于承担中国再统一事业的统治集团作出如上理解,必须认为是一种非常卓越的历史认识。但也应该指出,从今天的角度来看,陈氏的这一极为精当的构想中还存有某些不足。这,即是关陇集团内部所包藏的社会阶级问题。

日本中国史研究的传统是将魏晋南北朝视为贵族政治的时期,而隋唐时期则是其延长。②那么,关中各个政权又是如何与这一时代特点相联系的呢? 北魏瓦解的原因,就是在将胡族国家积极转变成贵族国家的过程中,未能把整个胡族社会纳入其中。③东魏、北齐的政治矛盾也即是皇帝、门阀贵族、胡族系武人、汉人寒门这四者的对立，它们复杂地交织在一起，愈演愈烈。而在那里，贵族制的问题起着十分重大的作用。④如此看来，关中诸政权同样也不能回避贵族制所包含的一系列问题。

隋代创设的科举制度在西魏、北周有着一个可称为是其前史的过程，作为一项旨在改革贵族制度的政策，对此有必要加以重视。不过这里想要探讨的问题是，贵族制究竟如何与关中诸政权的权力结构产生联系？

贯穿于关中诸政权的军事体制不用说是府兵制。在这些政权中，府兵所发挥的作用异常巨大，甚至可用府兵制国家来命名。如下节所述，府兵制的起点为宇文泰所创设的西魏二十四军。陈寅恪氏在解释关陇集团时，指出历代"皇室及佐命功臣"大都为关陇集团中人物，西魏二十四军的将帅之家"所谓八大柱国家"（正确的说法应为八柱国家——谷川）即是其代表。这是非常重要的论述。本章便是想把这二十四军的成立过程放在与豪族社会的关系中加以考察。

二　"广募豪右"与"统领乡兵"

西魏二十四军为府兵制在制度上的起源，这一学说经由滨口重国氏提出，⑤今天在日本已成定论。有关二十四军的成立时期，滨口氏详加考证，认为当在大统十六年（550年）左右，这一点也似无问题。但是二十四军并非突然所创，较为妥当的理解是，在此之前的几年间应有一个创始的过程。大统九年二月，东魏北豫州刺史高慎叛离高欢而归于西魏。宇文泰趁此机会进攻洛阳，与高欢交战，不料大败于邙山，兵力损伤惨重。⑥宇文泰以此向西魏文帝（元宝炬）上表请求自贬，文帝予以慰抚。至此宇文泰开始着手补充兵力：

于是广募关陇豪右，以增军旅（《周书》卷2《文帝纪下》）。

同年，

冬十月，大阅于栎阳，还屯华州（同上）。

也就是举行大规模的阅兵活动。此后第二年、第三年也是：

> （大统十年）冬十月,大阅于白水(同上)。

> （大统十一年）冬十月,大阅于白水,遂西狩岐阳(同上)。

对于这些连续的阅兵,滨口氏作了如下论述：

> 大统九年败绩以后的三年之间,连续举行大规模阅兵,其原因
> 定为征集到了新部队之故。白水郡大致位于华州州治东北面,因
> 此大统十年、十一年的阅兵显示了以华州为中心的各州实施征募
> 的情况。栎阳在长安东北约一百唐里处,因此大统九年的阅兵主
> 要反映的是在关中中部及西部的征募。据此可知"广募关陇豪右,
> 以增军旅"就是取上述地方之土著民以为兵士,而统率者则命与他
> 们关系颇深的土著豪右为之。如这一解释不误,大统九年大败以
> 后,宇文泰不仅补充了现有中央军力的损失,而且还进一步致力于
> 中央军队的扩张,此点当无疑问。因此可以认为,此后中央军队在
> 其征兵地区的兵力显著增加,从六军一步一步发展成为后来的二
> 十四军。二十四军的完成,如前面第五节所论证的那样,是在大统
> 十六年为讨伐接受东魏禅让的北齐而派出大军之前。不过也如前
> 述,在这一期间内还制定了有关军队与军士(即府兵)的各类法规。
> 至此,一支全新的中央军便告完成(前引《秦汉隋唐史研究》上,页
> 230)。

栎阳、白水两地的大阅是否如滨口氏所论,与在此地域的征募豪右
有关,现在还很难断定。不过,可以充分认为这些是包括征募军士在内
的国军阅兵。这里还可以再作一点补充,即：

> （大统十二年）七月,太祖(宇文泰)大会诸军于咸阳(《周书》卷
> 2《文帝纪下》)。

这是将逐渐增强的国军集结于长安近旁的咸阳。第二年即大统十三
年：

> 冬,太祖奉魏帝西狩于岐阳(同上)。

也就是在岐阳实施大规模演习。总体来说,可以认为作为国家军队得
到整备与训练的部队正是这样被编进二十四军之中的。

大统九年的募兵,如前所述为"广募关陇豪右,以增军旅",即号召

"豪右"募集兵力,此点虽十分清楚,但如果想知道更详细的情况,却很困难。比如,如此结集的各个部队以什么样的方式与二十四军的指挥系统相连呢? 目前还没有史料能够有效地说明这一点。不过,下面所举事例似与二十四军的组织方式有着极大关系,这一点已为滨口氏等众多的研究者所指出。

A　(苏绰弟椿,大统)四年,出为武都郡守。改授西夏州长史,除帅都督,行弘农郡事。椿当官彊济,特为太祖所知。十四年,置当州乡帅,自非乡望允当众心,不得预焉。乃令驿追椿领乡兵。其年,破槃头氏有功,除散骑常侍,加大都督。十六年,征随郡,军还,除武功郡守。……寻授使持节、车骑大将军、仪同三司,进爵为侯。武成二年,进位骠骑大将军、开府仪同三司、大都督(《周书》卷23《苏椿传》)。

B　郭彦,太原阳曲人也。其先从宦关右,遂居冯翊。……彦少知名,太祖临雍州,辟为西曹书佐。寻除开府仪同主簿,转司空记室、太尉府属,迁虞部郎中。大统十二年,初选当州首望,统领乡兵,除帅都督、持节、平东将军。以居郎官著称,封龙门县子,邑三百户,进大都督,迁车骑大将军、仪同三司、司农卿。是时,岷州羌酋傍乞铁忽与郑五丑等寇扰西服。彦从大将军宇文贵讨平之。魏恭帝元年,除兵部尚书。仍以本兵从柱国于谨南伐江陵。进骠骑大将军、开府仪同三司,增邑五百户,进爵为伯(《周书》卷37《郭彦传》)。

C　韦瑱,字世珍,京兆杜陵人也。世为三辅著姓。……大统八年,齐神武侵汾、绛,瑱从太祖御之。军还,令瑱以本官镇蒲津关,带中潭城主。寻除蒲州总管府长史。顷之,征拜鸿胪卿。以望族,兼领乡兵,加帅都督。迁大都督、通直散骑常侍、行京兆郡事,进车骑大将军、仪同三司、散骑常侍。魏恭帝二年,赐姓宇文氏(《周书》卷39《韦瑱传》)。

以上 A、B、C 三条记事中,加重点的部分有着某种共通性。A 苏椿为武功郡名族,也是宇文泰的心腹苏绰之弟,大统十四年受命统领乡兵。苏椿之所以为其任,是因为在他的出身州岐州⑦置"乡帅",而"乡帅"必须是获得人们信望的"乡望",因而任命苏椿。

B郭彦的记事与此相似。即大统十二年,郭彦在乡里之州⑧当选为"首望",统领乡兵。

C韦瑱传所载为大统八年以后事,瑱因"望族"之故而兼领乡兵。

由此可知,三例的共通点为:(1)令望族出身者统领乡兵;(2)时期虽有不同,但大致为大统八年到十四年之间;(3)乡兵统领的军职为帅都督。

如果注意了这些共通点,就会发现与此相类似的史料:

> D　柳敏,字白泽,河东解县人,……父懿,魏车骑大将军、仪同三司、汾州刺史。……(敏)年未弱冠,起家员外散骑侍郎。累迁河东郡丞。朝议以敏之本邑,故有此授。敏虽统御乡里,而处物平允,甚得时誉。及文帝克复河东,见而器异之,乃谓之曰:"今日不喜得河东,喜得卿也。"即拜丞相府参军事。……迁礼部郎中,封武城县子,加帅都督,领本乡兵(《周书》卷32《柳敏传》)。

这一节十分清楚地显示出柳敏为河东郡著姓,他以"帅都督"的资格统领"本乡兵"。从这条史料还可以看到,乡兵之语在这里具体用"本乡兵"(在自己乡里结成的军团)来表现。柳敏在哪一年被任命为乡兵统领,这一点并不明确。不过,在上面文章"迁礼部郎中"之前的省略部分里,有"又与苏绰等修撰新制,为朝廷正典"一句。有关苏绰等人修撰西魏新制,据《周书》卷2《文帝纪下》:

> (大统十年)秋七月,魏帝以太祖前后所上二十四条及十二条新制,方为中兴永式,乃命尚书苏绰更损益之,总为五卷,班于天下。

由此推测,柳敏为乡兵统领当在大统十年以后。

从以上A、B、C、D四例可知,令苏、郭、韦、柳等关中名族以帅都督资格统领乡兵,大致在大统十年到十六年之间。那么,"统领乡兵"的措施与大统九年的募兵(以下称"广募豪右")又有什么关系呢?

关于这一点,先来看滨口氏的说法:

> 依据这些文献(指A、B、C、D——谷川),可以发现从大统十一、二年到大统十五、六年,尽可能地挑选当地出身且被称作首

望或乡望的实力人物充任。在二十四军成立的大统十六年以
后,这一方针也大致得以继承,这样理解当不致有误(前引书页
199)。

滨口氏另外还作了如下的补充:即乡兵之长最初以大都督、帅都督为
之,后到二十四军成立的大统十六年左右,则基本上是以仪同三司充
任。

大家都知道滨口氏曾制下表(见页332),帮助理解二十四军的指
挥系统,并且还认为仪同府即是乡兵统领的基本单位。

因此,滨口氏认为苏椿等人以帅都督统领乡兵即是形成二十四军
的一个步骤。那么,"统领乡兵"与"广募豪右"的关系,滨口氏又是如何
理解的呢? 上面曾提到,他虽然论及到了后者,但是对于二者之间的关
系却并无任何说明。

接下来,我们再看一下菊池英夫氏的论文《关于北朝军制中的所谓
乡兵》⑨是如何面对这一问题的。

菊池氏在征引了大量北魏末以后有关乡兵(包含华北东部的"乡人
部曲")的事例后,作了如下阐述:

　　　　另一方面,西魏、北周广泛存在着具有乡兵之名的乡人部曲,
这是基于何种事由呢? 说它发端于最值得信赖的亲军亦即鲜卑兵
士正处于相对的劣势之中恐怕并不过分。建国当初的沙苑之捷
(大统三年——谷川)可以说击中了骄傲的东魏的弱处。……不久
在邙山遭受到重大损失,逃回本国的宇文泰于是不得不尽快建设
新的军团。当时由于缺乏有效的财政手段,依靠府藏的积蓄又不
足以实施招募,这时便将土著农民予以编籍、点兵并加以强化,同
时又致力于拉拢拥有乡人部曲的关陇地方势力。《周书》卷2《文
帝纪下》魏大统九年条的"于是广募关陇豪右,以增军旅"正应作如
此理解。

　　　　宇文泰的乡兵政策是……针对邙山之战以前业已出现的鲜卑
军队的减少问题而采取的一项政策,这也是继承后魏时期的募兵
措施。接着面对战败这一事实,于是便在九年以后积极地设置乡
兵。

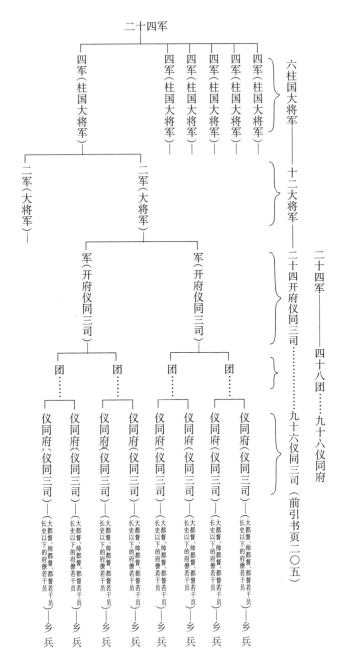

菊池氏在作这一段叙述的同时，还引用上面 A、B、C、D 的文字作为

"九年以后积极地设置乡兵"的例子,并得出如下结论:

> 长安之韦、河东之柳、太原之郭、武功之苏等第一级的高门大
> 姓大量得到起用,他们在乡里组织乡人的能力得到了有效地利用。

很清楚,菊池氏是将韦、苏、郭、柳视为"统领乡兵"与"广募豪右"的具体事例的。

我们再把目光移到中国的学界。唐长孺氏《魏周府兵制辨疑》[10]在引用上面 A、B、C、D 的各条记事后论述道:

> 武功之苏,河东之柳,太原之郭,长安之韦都是第一等的高门
> 大姓,他们这几人之外一定还有不少所谓"当州首望"被任为统领
> 乡兵的帅都督。这一件事是在大统九年邙山战败之后,《周书》卷
> 2《文帝纪》大统九年(543 年)称"于是广募关陇豪右,以增军旅",
> 据《郭彦传》以大族统率乡兵最早在十二年,我想二者虽非同时事,
> 但彼此应有关系。

唐氏进而还说:

> ……直到大统九年(543 年)邙山战后,由于损失巨大,才开始
> "广募关陇豪右,以增军旅",军士来源开始扩大。十二年(546 年)
> 又以"望族"统乡兵,这就是建立以大族为首领的地方武装,这种地
> 方武装很可能即是九年以后继续召募的关陇豪右。

唐氏在这里强调的是,以邙山战败为转机,宇文泰的主力部队开始逐步从北镇系军人变为关陇土著士兵,而为了做到这一点,就有必要与地方大族合作,等等。尽管唐氏认为"广募豪右"与"统领乡兵"的措施在时期上有先后之分,但仍指出后者是前者的继续,二者在建设以大族为首领的地方部队这一点上具有同一性质。

以下再看谷霁光氏的见解。谷氏在《府兵制度考释》(上海人民出版社,1962 年)一书中,有这样一番议论:

> 广募豪右以增军旅与乡兵纳入六柱国系统是连续采取的扩军
> 整军措施,二者又是息息相关的。前者是笼络地主武装力量扩充
> 兵力,后者是使原来地方力量逐步中央化。乡兵中央化的第一步
> 在于使之纳入六柱国统领系统,其督将由皇朝选择、委任(第二章
> 《西魏、北周时期府兵制度的形成》,页 30)。

作为实例,谷氏在此举出了上面 A、B、C、D 以及《隋书》卷 74《酷吏传·田式》的一节,[⑪]然后又概括如下:

　　（一）乡兵纳入六柱国统领系统中,采用大都督、帅都督等统一官号。

　　（二）选择所谓"乡望"、"首望"作乡帅,领本乡兵。

　　（三）乡帅可由皇朝官吏兼领。

　　（四）乡兵不必驻在本土,可以随时受命出征,长期流移在外。

谷氏指出,这四项中最为重要的是乡兵逐步中央化,被纳入六柱国统领系统,而"其中介是皇朝认可的'乡望'、'首望'充任乡帅以加强其向心力的发展"。

谷氏接着还议论道:

　　整理乡兵与扩充乡兵同时进行,即"广募豪右"与"初置乡帅"是紧接着于大统九年至十二年先后连续进行的。

在举出几条扩充乡兵的例子(《周书》司马裔、王悦、令狐整、杨㩹各传)后,又说:

　　由此可知宇文泰扩军、整军是同时进行的,从某种意义上说,所谓"义首"、"乡望"所统乡兵、义从的扩充,亦即广募豪右以增军旅的一个内容(同书,页 27—33)。

谷氏用扩军、整军来形容"广募豪右"与"统领乡兵"。借用这两个单词作一下梳理,即谷氏认为宇文泰的扩军与整军同时进行,而且这两个政策还紧密相关。但是,由于并没有具体说明如何关联,因此谷氏的这一论述也就有些含混不清。这里只能作一推测,即从谷氏认为"义首"、"乡望""统领乡兵"是"广募豪右"的一项内容来看,他的理解似乎就是:"豪右"与"乡望"作为扩军与整军这两项政策的对象,在结果上为同一件事。也就是说,"豪右"或是"乡望"有着两个作用,一方面在扩军过程中,他们在地方的影响力得到利用,另一方面为把乡兵纳入六柱国(二十四军)走向中央化发挥了媒介作用。谷氏的论述中之所以出现上述那种含混不清,其原因很可能在于从同一件事上思考两种不同作用的缘故。

以上介绍了滨口、菊池、唐、谷四氏的论说。[⑫]据此可知,"豪右"与

"乡望"的关系,除了滨口氏没有将其直接联系在一起以外,其他三氏虽然在表现上有些细微差别,但都认为"豪右"即"乡望"。此外,只有谷氏把"广募豪右"与"统领乡兵"理解为是两项不同的政策。在这些研究的基础上,下一节就来探讨"乡望"与"豪右"这一问题。

三　"乡望"与"豪右"

苏椿等人(A、B、C、D)被任命为乡兵统领的契机何在? 苏椿以"乡望"获得乡人的信望;韦瑱也因为"望族"之故而充此任,但还不限于这些。《郭彦传》的一节"大统十二年,初选当州首望,统领乡兵",即大统十二年,宇文泰政权在郭彦所在的华州设立"首望",郭彦被选,然后统领乡兵。也就是在华州的几个望族中特别挑选了郭彦。此事在苏椿那里也能看到,即"十四年,置当州乡帅",在苏椿的本州岐州设置"乡帅",以其统率乡兵,而"自非乡望允当众心,不得预焉"则是在许多候选人中选苏椿为"乡帅"。出身阶层为"首望",乡兵统领的职位是"乡帅",这样看来,韦瑱"以望族,兼领乡兵,加帅都督",也可以说与苏椿及郭彦一样,是"铨衡"的结果。

值得注意的是上面《韦瑱传》中"兼领乡兵"一句,指的是韦瑱时为鸿胪卿。这一情况在郭彦身上也可以看到,他在大统十二年统领乡兵以后,接着"以居郎官著称,封龙门县子,邑三百户,进大都督",这里的郎官是指他统领乡兵时一直为虞部郎中。很清楚,郭彦是在任虞部郎中的同时兼领乡兵。苏椿是在西夏州刺史、行弘农郡事的任上被召回的,至于统领乡兵时的官位并不明确。不过他在受命为乡兵统领的同一年,因讨檠头氏有功除散骑常侍,加大都督,因此也当是兼职。

上述这些谷霁光氏已经在第三项中作了概括,不过我们可以更进一步说这些人原本就是西魏政权的官僚,对比各人的传记都有记载,因而不须赘言。这里需要注意的是,他们与宇文泰都保持着亲近的关系。比如郭彦"太祖临雍州,辟为西曹书佐",即在西魏成立前已经成为宇文泰的属官。再看韦瑱,他两次为宇文泰的关西大行台左丞,史传称"瑱明察有干局,再居左辖,时论荣之"。苏椿则是,"当官彊济,特为太祖所知",这或许有其兄苏绰的原因,但他仍然受到宇文泰的很高评价,而且这一句记在"十四年,置当州乡帅",亦即他受命为乡兵统领之前,因此也就暗示了他的乡帅任命似出于宇文泰自己的安排。由此类推,也可以将郭彦与韦瑱看作是宇文泰特意任命值得信任的望族出身者为"乡帅",并使其统领乡兵的。⑬

现在再看作为扩军对象的"关陇豪右",又是些什么样的人? 有关这方面的直接史料几乎没有,因此我们在这里以"豪右"之语为线索来作一个假说。《周书》卷35《敬珍传》:

> 敬珍,字国宝,河东蒲坂人也,汉杨州刺史韶之十世孙。父伯乐,州主簿、安邑令。……及齐神武趋沙苑,……遂与同郡豪右张小白、樊昭贤、王玄略等举兵,数日之中,众至万余。将袭欢后军,兵未进而齐神武已败。珍与(敬)祥邀之,多所克获。及李弼军至河东,珍与小白等率猗氏、南解、北解、安邑、温泉、虞乡等六县户十余万归附。

这是西魏大统三年,高欢侵入沙苑时事。敬珍及从兄敬祥与同郡豪右计划在高欢背后举兵袭击,不料高欢大败于沙苑匆忙东还,于是敬珍等人趁机迎击,多有斩获,并在西魏李弼的追兵至河东时,率猗氏等河东郡管下六县十余万户归附。

此时,整个河东郡只有治所蒲坂县还在东魏将领薛崇礼手中。李弼虽然围城,但崇礼仍固守不降。其时,崇礼的同族薛善与近亲等策谋内应,将李弼军引入城内,于是蒲坂遂克。薛善不用说是河东汾阴的著姓。⑭通过上述经过,我们可以作如下推测:蒲坂为敬珍乡里,因而在归顺西魏这一点上,薛善与敬珍等人之间或许有着某种合意。如果这种推测不误,那就可以说河东郡出现的归顺西魏的动向,是郡望薛善与在郡下各县中拥有势力的敬珍等"豪右"合作之下的产物。

下面所举杨㩮的事例也有类似之处:

> 时弘农为东魏守,㩮从太祖攻拔之。然自河以北,犹附东魏。㩮父猛先为邵郡白水令,㩮与其豪右相知,请微行诣邵郡,举兵以应朝廷。太祖许之。㩮遂行,与土豪王覆怜等阴谋举事,密相应会

者三千人,内外俱发,遂拔邵郡。擒郡守程保及令四人,并斩之。
众议推擀行郡事,擀以因覆怜成事,遂表覆怜为邵郡守(《周书》卷
34《杨擀传》)。

这也是大统三年事。西魏虽占据弘农,但黄河北岸亦即山西方面
依然附于东魏。在宇文泰手下的杨擀因父亲曾为邵郡白水县(今山西
垣曲东南)县令,所以与当地"豪右"颇有交往,于是他微行邵郡,与"土
豪王覆怜"等密谋,最后成功地拿下了邵郡。与郡守同时被擒的还有县
令四人,因此不但邵郡治所所在的白水县,属县的清廉、芇平、西太平三
县亦似在此时叛离东魏。⑮从地域内部领导上述行动的是"土豪王覆怜
等",他们是杨擀早就相知的"豪右",而"豪右"也就是"土豪"。

另外,将邵郡郡守之位让与王覆怜的杨擀其后继续在正平、河北、
南汾、北绛、南绛、建州、太宁等河东诸郡策动内应,促请这些地方归于
西魏。事成,杨擀得任行正平郡事。

杨擀是正平郡高凉县人,所以他为行正平郡事可以说是任于本郡。
与上述杨擀的活动同时,前面看到的薛善以及敬珍等也归降于西魏。
西魏于是深入到河东以及汾水下游以南,并成功地占领了这些地方。
应该说,西魏之所以取得成功,主要还是得力于这些土著"豪右"(上述
地名参照页275地图)。

如何认识这些"豪右"阶层的社会地位呢? 很难作一语概括,不过
至少可以认为,他们在门第上不如薛、柳、裴等"关中郡姓"。⑯从上面二
例来看,他们的影响力或许只是在各自的乡里亦即县范围之内,但在敬
氏(可以想象其背后还有薛氏)以及杨氏的号召下,他们最终统一自己
的意志,归于西魏。

有关大统三年河东的动向,最近拙稿《东西两魏时代的河东豪族社
会——以〈敬史君碑〉为中心》(收入京都大学人文科学研究所编《中国
中世的文物》,1993年)作了较详细的论述,希请参照。这里再回到大
统九年"广募豪右"的问题上来。此时成为召募对象的"关陇豪右"层可
以说是与上述"河东豪右"类似的社会阶层,当然,他们也就将乡人结集
起来,组成军团以响应西魏的募兵。

可是根据前面所作的推测,他们这些"豪右"所具有的社会影响力

并没有涵盖很广的范围。如果说是县一级范围的话,那他们所统率的一个一个军团也就不可能是大军团。因此,西魏政权也就有必要将他们予以统合,并纳入整个国军系统之内。而此时,能够完成这一统合任务的,就必然是位于"豪右"之上而且对其持有权威的"郡望"。这是为什么呢?因为"豪右"所率的单个的乡兵军团都有其独立性,相互间的关系也是对等的,因而单纯的武人官僚很难将他们予以融合并统合进上层组织中来。⑰有鉴于此,宇文泰在每一个州配置值得信赖的郡望出身者为"乡帅",使其"统领"各个"豪右"军团。这些军团对于"乡望"本身来说就是"本乡兵",亦即"乡兵"。⑱

　　以上所述虽夹杂了一些推测,但"广募豪右"与"统领乡兵"的关系亦由此变得较为明确。如前所述,这两项措施在时间上有数年之差。以往的研究者们将这一时间差视为是"广募"的继续,因而往往将二者放在同一层面上来理解。可是如果在阶层上对"豪右"与"乡望"加以区别的话,就会发现这并非单纯的继续,而是一个从"广募"到"统领",再到二十四军的建成,有着变化推移的过程。我认为只有作如此理解,谷霁光氏所谓"中央化"的具体内容以及"扩军"与"整军"的关系才能得以澄清。

四　结　语

　　我在本章序言里曾经指出,在思考中国重新统一的历史意义时,贵族制度或豪族社会与上述政治过程的关系是一个重要课题。那么,通过上面几节的考察,又能够得出什么样的答案呢?

　　在回答这一问题之前,先看看菊池英夫氏的下面一段议论:

　　　　乡帅与乡兵之间宗党乡亲的团结,原本是以乡豪的利害及野心为中轴的,正因为如此,当他们达到目的并走向寄生官僚化时,上述团结也就急速崩溃。作为朝制,是禁止官僚在新任地形成新的私兵关系的。如上所见,乡豪已经走向寄生官僚化,但是作为望族,他们还是民心所向,还能在所在地纠合并动员乡民。大统九年以后,仰仗朝命,自上而下的乡兵纠合正是基于这一现实状况而实施的。这时的他们,已经与魏末丧乱时期结集自己的军事力量,割据方隅,并据此行策名委质事的旧乡帅全然不同(见前引论文)。这里先不管菊池氏的上述言论究竟依据什么样的事实,而只想谈谈诸如乡帅的"寄生官僚化"、"仰仗朝命,自上而下的乡兵纠合"这种思考方式。我认为菊池氏的思路是,首先有国家权力与乡帅(豪族)这二者的对立,然后前者对后者的社会力量加以利用,最终导致后者走向寄生官僚化。此外,国家还是把乡人直接置于统治之下的。如果沿着这种思考方式议论下去,就会得出这样一个结论,即中国的再统一实际上是通过国家权力夺走豪族阶级的独立性而得以实现的。

菊池至今是否仍然持这种意见,不得而知。但如果把这种观点作为一种定式来看的话,本章所得出的结论与此截然不同。也就是说,在当时的地方社会中,"郡望"之下有着多个的"豪右"层在活动,他们的活动极大地支持了西魏政权。二十四军的建立,可以说正是立于这些活力之上的。

上述事实显示出,从六朝的门阀贵族制时期演变到隋唐的统一王朝时期,史书中用"豪右"之语表现的那些非"郡望"的群小豪族们发挥了很大作用。他们与政权相联系,其活跃也就必然导致门阀社会的阶层性趋向平均化,同时也加强了皇权的统一性质。但是,本章只是在二十四军的成立这一较为限定的局面中考察"豪右"的上升。至于"豪右"在关中政权以后的历史进程中所发挥的作用,则需在今后作进一步的研究。

①　参见第三编第二章。

②　不过对此观点有着不同的意见。例如布目潮沨所著《隋唐史研究——唐朝政权的形成》(东洋史研究会,1968 年)中《序说　关于唐朝政权形成的课题》一文等。

③　参见第二编各章。

④　参见第三编第二章。

⑤　滨口重国《西魏二十四军与仪同府》(收入《秦汉隋唐史研究》上,东京大学出版会,1966年)。

⑥　《魏书》卷12《孝静帝纪》武定元年三月条称,此时西魏所受损失为"擒宝炬(文帝)兄子临洮王森,……督将参僚等四百余人,俘斩六万余,甲仗牛马不可胜数"。

⑦　关于苏椿从兄苏亮,《周书》卷38本传载:"(大统)十四年,除秘书监、车骑大将军、仪同三司,寻拜大行台尚书,出为岐州刺史。朝廷以其作牧本州,特给路车、鼓吹,先还其宅,并给骑士三千。列羽仪,游乡党,经过故人,欢饮旬日,然后入州。世以为荣。"因此,苏椿的乡里为岐州一事,十分清楚。顺便说一下,苏亮、苏椿二人本传都记为武功人。北魏的武功郡在岐州管内(《魏书》卷106下《地形志下》)。

⑧　史料B称"其先从宦关右,遂居冯翊",冯翊郡在当时属雍州(《魏书》卷106下《地形志下》)。关于郭彦本人,从"太祖临雍州,辟为西曹书佐"一句中看,"当州"为雍州的可能性极大。

⑨　见《重松先生古稀记念九州大学东洋史论丛》(九州大学文学部东洋史研究室编,1957年)。

⑩　《魏晋南北朝史论丛》(生活·读书·新知三联书店,1955年)。

⑪　《隋书·酷吏传·田式》:"式性刚果,多武艺,拳勇绝人。周明帝时,年十八,授都督,领乡兵。"

⑫　其他有关大统九年"广募豪右"措置的研究,有毛汉光《西魏府兵史论》(见《中国中古政治史论》,联经出版事业公司,1990年)。毛氏论述这一措置的意义为:"宇文泰在大统九年广募关陇豪杰,除了原本在大统初年已加入之地方豪强(大多数是汉人)、其宗亲部曲扩大参与之外,主要内容应指羌氏部落之加入。在关中部分,主要是指渭水以北地区(除下邽外)之羌族。"毛氏论文在对"豪右"的种族与地域作出特定这一点上,有其独立性。但是否能作这样的断定,笔者犹存疑问。此外,与"统领乡兵"的关联也不甚明确。

⑬　D柳敏的情况为,西魏在新获河东地方后,将该地望族柳敏任为丞相府参军事加以重用。

⑭　《新唐书》卷199《儒学传中·柳冲》所载柳芳之论云:"关中亦号郡姓,韦、裴、柳、薛、杨、杜首之。"

⑮　据《魏书》卷106上《地形志上》东雍州条,邵郡由治所的白水县与清廉、苌平、西太平三县构成。

⑯　参照注⑭。

⑰　关于这一点,谷霁光氏所述"乡兵原系分散的地主武装,纳入六柱国统领系统后,即构成为统一的皇朝武装力量,督将由皇朝遴选所谓乡望担任,甚至由皇朝官吏兼领,加强了中央化的程度"云云(见《府兵制度考释》页33),富有启发性。

⑱　苏椿以及韦瑱在大统九年以前就自己率领军队参加军事活动。特别是苏椿,北魏末关中方面内乱起时,响应政府召募,参与内乱的镇压。可以推测,他们作为各州首望,在统领各个豪右的乡兵集团时,自己所率旧部也一起得到整合。另外,郭彦与韦瑱都为雍州出身,在统领乡兵之际,两人关系如何,不明。一州一首望亦似无必要。

(原载《东洋史苑》40、41合并号,1993年)

第五章　府兵制国家论

一　序　　言

公元 589 年(隋文帝开皇九年),隋王朝平定南朝陈,统一了中国。这是自西晋灭亡以来,时隔三个世纪的重新统一。隋朝不久在内乱中瓦解,但是统一的奔流沛然不竭,这一事业为唐所继承,其后终于成就三百年统一政治的时代。

在此前的魏晋南北朝各个时期,也出现过中国再统一的气运,不过,例如西晋的统一国家以短命告终,其后成功地平定了华北的前秦及北魏也都企图吞并江南,但都没有实现,相反倒还都遭致灭亡的命运。[①]北魏瓦解以后,东西两魏及继其后的北齐、北周相互争夺霸权,最后取得胜利的是西魏、北周的关陇系国家,而这就为隋唐帝国奠定了基础。首先,西魏乘梁末内乱之际,从南朝手中夺得长江中游及上游。然后是北周讨平北齐,成功地控制了整个华北。到北周末,与其相敌的只剩下盘踞于长江下游的陈王朝。因此隋要统一全国,只要击倒陈朝就足够了。

要之,重新统一中国的霸业完成于西魏、北周、隋、唐这一系列关陇系国家群,而非只隋朝一个国家。从时间来说,西魏王朝成立的 535 年到唐朝基本平定内乱,前后历九十年,这段时期应视为是唐王朝三百年历史的前史。

多年来,我一直关注的问题是隋唐王朝的历史性质在悠久的中国历史中占据着什么样的位置? 众所周知,有关中国史的时代区分问题在日本学界主要有两种意见,甲说将到唐朝前期为止视为中世,而乙说却认为同一时期属于古代。^②中世与古代并非只是代表不同的时代称呼,它关系到如何认识时代性质的方法问题,进而还与整个中国史的认识问题相关联,因而绝不能轻视。但是战后经过热烈讨论的这一问题,在今天可以说已完全被放到一边,日趋"风化"。

有关隋唐国家或是隋唐政治史、制度史的研究并没有中断,而且每年成果不断。这些成果当然值得重视,但几乎都没有涉及到隋唐帝国为具有何种性质的国家这一对我而言十分基本的课题。说得稍极端一点,对上述课题的重大性似乎在有意回避。

要解决这一问题当然决非易事,但也并非全无方法。隋唐国家是历史的产物,它就像经过地壳运动以后出现在地表上的一个一个山峰,最后汇集成为一座山岳。同样,国家也是沉淀在历史底部的社会能量喷出地表后所形成的一种构造。这虽然是一种单纯的类推,但如果运用这种思路,就会发现通过对历史形成过程的考察,在很大程度上是能够把握住国家性质的。或许有人觉得是一种偏见,但我仍然觉得站在现代人的立场上,针对国家制度的某个部分进行种种静态的议论,还不如虚心地沿着史书的记述去探求国家形成的巨大脉络,而只有这样才能获得接近真实的映象。

开头所论中国的再统一与关陇系国家群的关系正是基于这种观点。比起关东或江南诸王朝来,促使中国重新统一的能量,应该说是凝聚在这些关陇系国家中的。换句话说,也可以设想正是这一能量才造就了关陇系国家群。这,究竟是一种什么样的能量呢?

提出关陇系国家群这一概念,在学术界产生极大影响的是中国的陈寅恪氏。他的"关陇集团"论在今天已基本成为学界的定论。补编第四章已经对陈氏之论的核心作了介绍。概括来说,陈氏抓住胡族与汉族、武力与才智亦即种族与政治能力中的对立要素,指出"关中本位"这样一种结集了地域及精神的政策是这些对立要素的支撑点。陈氏的这一论述极具说服力,它揭示出了国家的原形亦即隋唐统一国家的原初结构。

但是对于陈氏的主张有没有必要加以补充呢? 众所周知,日本学界一直强调魏晋南北朝时代是贵族主义时代,这一主张本来源于清朝考证学,因此在中国学界有着与之类似的构想。就陈氏来说,当然没有忽视这一点,但这与上面的"关陇集团"论并无直接关系。这里先放下陈氏不提,对我们而言,应如何思考这一问题呢? 这里应该有意识地注意在内部促使关陇系国家运动的社会力量的问题。

对于自己所提出的这一课题,我打算通过府兵制的考察来解决。西魏、北周、隋、初唐的基本军制是府兵制,这也可以说是关陇系国家群在军事上的共通点。关于这一制度的方方面面,前人已作了很多研究,我本人从中也受益匪浅。但我的目标并不在于弄清这项制度,而是力图通过这一制度来摸索上述国家的社会特征。到目前为止,我依照这种构思曾发表过几篇论文。[③]本章的目的便是将这些论文所得出结果作一次总结,同时也想借此描绘出关陇国家的历史性国家形象。标题所用"府兵制国家"这一用语,就是事前对这些国家的形象有了一个基本设想后加以使用的。我深知由于有着太多的不明之处,因此还不可能立时得出明确的答案,这里仅仅只是提供一个假说,敬请方家指正。

二　府兵制与兵民分离

府兵制在唐代显示出了其完成的形态,那时它具有什么特征呢? 为解决这一问题,我们首先将唐代府兵制与同是统一国家的前汉以及宋代的兵制作一对比。

唐代府兵制由中央十二卫与置于地方的折冲府之间的统属关系构成,它从尚书省—府、州—县的民政系统中完全独立开来。在这一点上,前汉兵制的特点是中央军由南北二军构成。南军兵士由出身郡的尉率领,在全国则由九卿之一的卫尉统领;北军由中尉担任指挥,从军事上辅佐首都一带的长官亦即内史。前汉的南北军制度显示出当时的行政与军事在机构上还没有完全分化。[④]与此相比,唐制中的民政与军事在机构上的分离,应该说反映出了兵民分离的迹象。

西魏以来的府兵制是兵民一致还是兵民分离,前人的研究对此有各种意见,气贺泽保规氏曾就其中详细作了一番整理,希请读者参照。⑤在那里,我的态度被认为是不太明确,所以下面首先阐明我的主张。

大家都知道,唐制为三年一次从六品官以下的子孙及白丁当中简点府兵,简点率虽没有明确记载,但参考日本军防令,可知大致为,如户有三丁则取一丁。⑥简点的对象只限于设有折冲府的州(有军府的州),被简点者配属于附近的折冲府,他们虽然没有脱离自家户籍,但个人却是登录在卫士帐上。

这种简点制度可能始于隋文帝开皇十年(590年)的诏书:

> (开皇十年)五月乙未,诏曰:"魏末丧乱,宇县瓜分,役车岁动,未遑休息。兵士军人,权置坊府,南征北伐,居处无定。家无完堵,地罕包桑,恒为流寓之人,竟无乡里之号。朕甚愍之。凡是军人,可悉属州县,垦田籍帐,一与民同。军府统领,宜依旧式。罢山东河南及北方缘边之地新置军府(《隋书》卷2《高祖纪下》)。

隋在前一年平定江南的陈朝,统一了天下。于是将所有军户交由州县民政机关管理,并规定在土地、籍帐上与一般民户相同。这也就是计划采取兵民一致的体制。但"军府统领,宜依旧式"这一限定与以前并没有变化,即让统率兵士的机构独立于民政机构。从上述开皇十年的改正到唐制的确立,制度上也许发生了某些变化,但兵民一致的体制此时业已出现。显而易见,唐制所见行政与军事机构的分离,当来源于"军府统领,宜依旧式"这一开皇十年的措施,正如"旧式"这一表现所示,还继承了一部分开皇十年以前的兵民分离体制。由此来看,唐代府兵制看上去似为完全的兵民一致,但实际上应视为兵民分离的延长,这一点与汉制是不同的。

那么,与宋代兵制之间能作什么比较呢? 宋代禁军基于佣兵制,而其起源当来自唐代的节度使之兵。当时的社会状况是府兵制的兵源提供日趋困难,于是从客户之中募以为兵。在唐代,由于农村的变化导致了众多非农业人口的出现,政府于是改革以农民为对象的兵役及徭役制度。雇佣非农业人口使其承担役,而对农民则都课以实物及货币的租税。要之,在社会经济上出现的农民与非农民的分化成为兵农分离的基础,而这又与宋代兵制相连。与此相比较,府兵制的兵民分离是国

政运营上的职能分工,即使成为兵户也还没有脱离农业生产,隋代设置义仓就显示了这一点。《隋书》卷24《食货志》云:

> (开皇五年)于是奏令诸州百姓及军人,劝课当社,共立义仓。
>
> 收获之日,随其所得,劝课出粟及麦,于当社造仓窖贮之。

据此可知,命"诸州百姓及军人"在各自的社里建立义仓,而"军人"也在从事日常农业生产。正是有着这样的基础,其后开皇十年才能采取"垦田籍帐,一与民同"的措施。

果真如此,府兵制的兵民分离本来是以什么作为契机而设立的呢?政府只是从一般民户之中加以选拔并设定兵户么? 下面一段文字似可解决这一疑问:

> 建德二年,改军士为侍官,募百姓充之,除其县籍。是后夏人半为兵矣(《隋书》卷24《食货志》)。

这里的建德二年,根据后面将要引用的《周书·武帝纪上》当为三年,此点为大家所熟知。北周武帝在建德六年成功地吞并北齐,所以这之间的三四年时间可以说是在准备对北齐作战。募集一般民户以充军士,除其县籍以为兵户,武帝还赐予军士以侍官(皇帝近侍之官)的名誉称号,这些都说明当时的募兵是在兵民分离的原则下进行的,而募兵则是兵户设定的契机。《食货志》作者评论这项措施的结果"是后夏人半为兵矣",这句话显示出募兵决非强制性,而是基于人民自发的意愿。此外,从把军士之名改为侍官也可以推测国家所给予的待遇绝对不差。

但是我们还不能根据"除其县籍"一句就判断,从这时起开始出现兵民分离的倾向。应该注意到上引文章是《隋书·食货志》的一节。或许可以说,《食货志》的作者出于对国家财政的关心,在强调此点时而附加了"是后夏人半为兵矣"这一句。

这里再追溯到北周武帝时期以前,看看那时的兵民关系又是如何。一般认为,《北史》卷60传末以及魏澹《后魏书》的佚文是概述西魏时期府兵制的材料,而这两条史料都显示了兵民分离的情况。⑦以往的研究对此有各种不同的意见,对此这里暂且保留。不过,西魏府兵制基于募兵这一点,应确凿无疑。即大统九年(543年),西魏在洛阳北方的邙山之战中人败于东魏,兵力损失惨重,于是宇文泰为增强军力而实施募兵。《周书》卷2《文帝纪下》大统九年三月云：

> 太祖以邙山之战，诸将失律，上表请自贬。……于是广募关陇豪右，以增军旅。

在这一募兵的基础上编制而成的二十四军即为府兵制的起源，此点已成为学术界的一般认识。至于二十四军的成立时期，一般认为当在大统十六年前后。

综上所述，以隋开皇十年为界线，府兵制开始从兵民分离转为兵民一致。不过也可以说这只是制度的一般表层，唐代府兵制的兵民一致当中亦有兵民分离的痕迹，而府兵制的原型即为兵民分离。

问题在于如何思考这一兵民分离的内容。如前所见，一般民户中通过募集为兵者，作为兵户而被编入国军，但这并非出于政权方面的强制，不如说应募一方的自发性意愿起了相当作用。下一节就准备通过实际观察来探讨这一点。

三　豪右与乡帅

如上引史料所示，宇文泰在大统九年对关陇地区的"豪右"进行了大规模募集，以图增强军队。那么，"豪右"是些什么样的人呢？

实施募兵措施的大统九年到西魏二十四军大致编制完成的大统十六年之间的数年之间，在长安附近的各州置"乡帅"使其统领"乡兵"。[⑧]也就是任命苏椿、郭彦、韦瑱、柳敏等人为"乡帅"，并授予帅都督的军职（《周书》各传）。根据这些例子，我们看到挑选"乡帅"的基准是以当地"望族"（也用"乡望"、"首望"来表现）为条件的，所以上述诸人十分自然地都受命担任其出身州的"乡帅"，这一点通过他们所统"乡兵"被称为"本乡兵"（《柳敏传》）也可得到证明。

由此一来，把这些"乡帅"与响应大统九年募兵的"豪右"视为统一层次似乎比较困难。我在前一章《西魏二十四军的成立与豪族社会》中，通过检讨以往的各种观点，详细论述了自己的结论。也就是说，在大统九年实施以关陇"豪右"层为对象的大规模募兵以后，受命将这些军团按各个不同的地域加以统合,最后再组织成国家军队的,是从名望家中选任出来的"乡帅"。苏、郭、韦、柳等人在此以前即为宇文泰政权官僚一事,可说是一旁证。

这些作为募兵对象的"豪右"又是怎样一种社会存在呢? 值得注意的是,在东西两魏的激烈攻防战中崛起的地方土豪层常常以"豪右"之语来形容。关于此点,前节中已经举了很多事例,⑨总体来看,从他们的动向中可以感到,与其说他们是用"郡望"、"望族"之名所称呼的名门家系,不如说是在县一级范围内拥有势力的中小豪族。他们将自己的命运寄托在东西两魏中的某一方身上,想尽办法建立勋业以图提高自身的地位。而政权一方当然有意掌握并利用他们的力量,大统九年的西魏募兵正是其中一环。宇文泰在邙山之战中失去了众多兵力,于是改革过去依存北族的体制,开始在关陇社会的底部寻求兵源。

看一下大统十六年左右的二十四军情况,柱国大将军、大将军或是一部分开府仪同三司的乡帅基本由北族占据,⑩而开府仪同三司以下则似为关陇土著的将兵担任。顺带说一下,开始时作为帅都督统领乡兵的"乡帅"们,据说在这时升迁到了仪同三司的位置(滨口重国氏说)。

因此可以说望族—豪右的阶层关系在西魏二十四军的编制过程中得到了充分利用。如果用一般看法,或许会将这比作门阀与寒门的关系。我们看到,在这种上下阶层之间洋溢着的门阀意识,虽然还存在于这一时期以及上述地域,但在其反面,仍可以强烈地感受到相当于寒门的"豪右"层正跻身于政治之中。在他们的领导下,还有同乡人组成的乡兵部队,在那里,许多人都属于一介的民众。我们可以推测到,这些寒门或是庶人通过成为国军的将士,致力于提高自己当时的境遇。在下节中,我们将考察这一点。

四　率募与授官

苏椿等人受命为"乡帅"时,他们统领乡兵的资格都为帅都督。那么,由他们所率的"豪右"层似也应拥有某种职位。《周书》卷 24《卢辩

传》附有卢辩与苏椿等人一起制定的官职官品表,通过该表可以看到帅都督的位置:

正九命	柱国大将军、大将军
九命	开府、仪同三司
八命	大都督
正七命	帅都督
七命	都督
正六命	别将
正五命	统军
四命	军主

据此可知帅都督之下的统属系统为都督—别将—统军—军主。不过,苏椿等人为帅都督时,柱国大将军、大将军等级别似还没有形成,这些需要到数年之后的大统十六年左右才得到完备。[11]那么,都督至军主的位阶在当时是否也没有确立呢?

有关这一点,可参考宫川尚志氏的研究。[12]宫川氏征引了丰富的史料,指出北魏时期已存在都督—别将—统军—军主的指挥系统。据宫川氏所引《魏书》卷73《奚康生传》,奚康生在孝文帝太和时期为军主,率兵五百,后为统军,指挥千人,再升至别将,率兵三千。正光末年,北魏朝廷因六镇之乱,下诏允诺募兵三千者授予别将之职(《北齐书》卷20《薛脩义传》)。同一时期,与薛氏一样同为河东名族的裴庆孙为“募人别将”,他“招率乡豪”得战士数千(《魏书》卷69《裴庆孙传》),这里的“乡豪”可以说即相当于“豪右”。

综上所述,北魏时期已经形成了都督—别将—统军—军主这一序列,这与大统十六年的制度是相连结的。因此可以认为,大统九年响应募兵的“豪右”们根据其领兵的多寡分别被任命为别将以下的军职。不用说,“豪右”们应募的目的也正在此。

我们还可以在稍后北周武帝的政策中,更为明确地看到上述事实。这也就是在改称军士为侍官并进行募兵的建德三年,在缘边之地也实行了募兵政策。据《周书》卷5《武帝纪上》:

　　(建德三年十二月辛卯)诏荆、襄、安、延、夏五州总管内,有能率募从军者,授官各有差。其贫下户,给复三年。⑬

荆、襄、安三州总管配置在与南朝梁及北齐的接境地带,延、夏二州总管在陕西北部,以防北齐入侵。这些可说是外军。但哪怕不能马上将其比拟为中央军,"率募从军者,授官各有差"应该说还是显示出了大统九年的募兵方式。

对于应募从军者,按各自的资格授官,这在北魏末的动乱以来常常进行,其方式被称为"募格"。对于这一点,我曾有过论述,请予参照。⑭要之,凡提供武器、军马者,长于武艺者,以及流外者,只要希望从军,就允诺授官。这些虽以个人为对象,但如前面募人别将的例子,对"率募"也予以授官。应该说大统九年或建德三年都继承了这一惯习。

很显然,不论个人应募还是通过"率募"形式的集团应募,人们都以获得官位为目的而从军。把这种现象解释为豪族的寄生官僚化,对这样的思考方法,我不敢苟同。理由有二:一是这种思考方法站在国家统治人民这一政策论上看待历史现实,实际上是一种非常狭隘的观点,因为它忽视了应募者一方作为人的主体性;第二个理由与第一点相关,就是当某种社会力量以从军的方式加入进国家权力中时,它所具有的意义决非寄生官僚论的视野所及。根据我在前面的考察,将被称为"豪右"的人们视作非门阀豪族层也并不为过,如果这一阶层通过募兵政策在官界占据一定的位置,这就必然对魏晋以来的门阀主义产生极为强大的冲击。对于政权方面说,则以他们这种对于官职的强烈追求作为基础来推进扩军,最终形成与他国争霸之势。

在"豪右"层的影响下,各种不同身份的乡人只要建立军功,也就可以踏上立身之途,我经常引用的是《隋书》卷64所载张定和的传记。张定和为京兆出身的侍官,他是否受"豪右"的领导,这一点并不清楚。在参加隋文帝的灭陈之役时,他无法筹措装备,可见他是比较贫穷的。这时张定和打算卖掉妻子的衣物作为参战资金,不过为妻子所拒。史书评述他的气概为"有志节"。后来他在江南作战中立下军功,以此为机会得到升迁,最后做到左屯卫大将军。

从北魏末的动乱到隋统一中国的数十年间,那些渴求提高社会地

位的人们所面对的,正是这种充满可能性的时代。关陇系诸政权将人
们的这种愿望组织成为国军,我认为这正是府兵制。

五　隋代的豪右与乡兵

政权依靠"豪右"的率募而增强军队,这一方略进入隋代以后依然
存在。而且对象地域从前引北周建德三年的募兵中也能看到,有从关
陇地区扩大到其外侧的倾向。隋代,与陈接境地带的乡兵组织有进一
步发展,而且在后来的平陈作战中亦发挥了作用。比如淮阴人张齋,喜
好兵书,有武勇,北齐灭亡后淮阴成为北周领土。同乡人中有与陈朝内
应者,齋与其父一起加以讨平,以此成为州主簿。州主簿一般为当地豪
族所任官职,由此可见张齋的上述行动是有其效果的。北周末,隋文帝
为丞相,掌握实权,张齋受命为大都督统领乡兵。隋朝伐陈之役中,他
在隋将贺若弼手下充当间谍并立下功劳。其后不断得到升迁,开皇十
八年作为行军总管远征高句丽。[⑮]

炀帝出征高句丽,从海路进逼平壤,此时让敌人胆战心寒的名将来
护儿,也是原本为大都督在乡里江都率领乡兵,并以此立身的人物。来
氏原为南阳新野人,曾祖时从北魏归于梁,住于江都,代代为与江都相
邻的江北县令。来护儿也在贺若弼手下充当间谍,并作为大都督率领
乡兵,这实际上也就意味着他叛离陈朝而归于隋。不久在平陈之役中
立下军功,升至上开府。[⑯]

此外,在与陈交界的国境地带率领乡兵的例子,还有刘权与樊子
盖。刘氏为彭城丰人,开始任州主簿,这里的州可能是指彭城郡所属的
北齐徐州。北齐亡后,北周武帝命刘权为假淮州刺史。淮州治所在淮
阴,梁末乱起,北齐趁机从梁夺走了该地。武帝以刘权为假淮州刺史,
昰因为他对北周怀抱友好态度之故。到隋代,他以车骑将军领乡兵。
车骑将军一般是与仪同三司同时所授的,因此刘权极有可能为仪同三
司。后来他也在平陈之役中大显身手,进至开府仪同三司。[⑰]樊子盖为
庐江人。祖道则,为梁朝越州刺史。父儒,在梁末之乱时逃于北齐,为

北齐的郡守。子盖也曾历任守令,北周占据江北后,命他为郢州刺史。隋朝篡位后,他以仪同三司统领乡兵。不久,即受命为枞阳郡太守,枞阳与其乡里庐江相近,这大概也是为隋朝江南作战所作的一项准备。子盖在平陈之战中立下功劳,升为上开府。后来受炀帝信任,在高句丽战争中历任涿郡留守、东都留守等要职,常随于炀帝左右,最后殁于内乱之中。[18]

　　上述几例有几个共通点:乡里都在离陈朝首都建康较近的长江以北地区;这些地方除彭城外,在梁末内乱时,均为北齐所占,后又都成为北周领土,最后由隋朝所握,在这一连串瞬息万变的过程当中,上面几人都归顺于北周、隋等关陇系政权接受官爵;政权一方利用他们在当地的影响力,使其统率乡兵;最后一点就是参加平陈作战,作为隋军主力的尖兵活跃异常,等等。我们还可以通过观察看到,他们虽不能与南朝门阀相比肩,但却在乡里拥有势力,也都是父祖以来拥有为官经历的地方豪族,与"豪右"之语正相吻合。此外,这一阶层特有的野心促使他们与北方政权相结托,张须"以勇决知名";来护儿因其乡"地居疆场,数见军旅",而"常慨然有立功名之志";还有刘权,也是"少有侠气,重然诺,藏亡匿死,吏不敢过门"。他们这些人的传记实际上将"豪右"的各种属性都予以了表述。

　　因此,在隋朝军事组织的扩大过程中,各地的"豪右"及他们所率乡兵起到了很大的作用,虽然并没有他们后来被编进府兵制的确凿证据。不过,此点与炀帝废止总管府后,总管府之兵有何变化的问题相关,这里不想过多涉及。[19]在此想反复强调一点,即从军事上支持关陇系政权的是"豪右"—乡兵的结构,而其背后,则是以"豪右"为首的立身志向。

　　如果说到与府兵制的关联问题,我们看到在华北的府兵统率者中,即使在隋末,也有以该地"豪右"充任的迹象。例如,跻身隋末内乱群雄之列的梁师都、刘武周、薛举等人即为此。

　　梁师都为夏州朔方人,出身于"代为本郡(朔方郡)豪族"之家,为隋鹰扬郎将。大业末,弃职归家,趁内乱割据一方。梁师都及其一家虽堪称"豪右"的典型,但他为鹰扬郎将,其任地是否就在他拥有强烈影响力的乡里附近,此点不详。[20]

刘武周本为河间景城人,后随父移住山西马邑。武周有武勇,因与豪侠相交而受其兄斥责,于是离家为太仆杨义臣部下,从征高句丽立下战功。后归家为鹰扬府校尉,也就是成为乡里军府的一个部队长。马邑太守王仁恭以他为"州里之雄"而加以信任,使其常守身边。但是刘武周却与"乡间豪杰"相谋斩杀了王仁恭,并开郡之谷仓以赈饥民,这就是后来刘武周在山西北部蜂起的导火索。㉑史书并没有详细叙述刘武周的家世,但由"州里之雄"这一表现,以及其兄告诫他的话语"汝不择交游,终当灭吾族"等观之,称其为"豪右"似不为过。虽然还不能说武周为鹰扬校尉是因为他率募乡人之故,但仍然可以作为"豪右"率领乡里府兵的例子。

至于薛举,其家为河东汾阴薛氏,他也随父亲移住金城(今甘肃兰州西北)。薛举为人,史称"容貌瑰伟,凶悍善射,骁武绝伦,家产钜万,交结豪猾,雄于边朔"(《旧唐书》卷55《薛举传》)。起先为金城校尉,当内乱波及此地时,他拿住金城县令郝瑗并开仓赈民。可以说他是与刘武周有着相同经历的群雄之一,㉒而且也是一个"豪右"成为其乡里府兵的统率者的例子。

六　府兵制与皇权

在府兵制中占据一定位置的"豪右",或是由他们率领的兵士,与皇帝权力结成什么样关系呢? 这一点在补编第三章中已有所阐述,此处不拟多说。要之,北周武帝建德三年将诸军军人改称侍官一事显示得十分清楚。侍官之语一直沿用到唐代,到府兵制崩溃的天宝年间逐渐沦为一种蔑称。但不管怎样说,侍官这一称呼之中,凝聚了两个世纪的府兵制的历史。

有关府兵地位,我们从侍官这一名称上,可以看到有两点意义:一是府兵的待遇。由于是皇帝的侍卫官,所以至少在原则上是极有名誉的存在;第二点与第一点相关,即府兵直属于皇帝。就后者而言,在府兵制的创设时期并非如此。霸相宇文泰以都督中外诸军事总领二十四军,西魏皇帝没有任何军事上的实权。魏周革命以后,宇文护代叔父宇文泰接掌中外府,以此控制身为皇帝的几位从弟。宇文泰与宇文护的中外府都在远离国都长安以西的同州(华州),这一点在补编第二章《两魏齐周时代的霸府与王都》中有所论述。打破这种二重政权状态,将权力合而为一的是武帝。从此以后,府兵开始直属于皇帝。最明确显示出此点的,就是使用侍官这一称谓。

从皇帝方面来说,不但具有国家主权者的权威,同时还拥有府兵最高统帅这一权力。权威由权力支撑,而权力则通过权威得到正当性,由此便形成了后世皇权所具有的属性。史载北周武帝奋战于阵前,与士卒同甘共苦,应该说这些都显示了上述皇帝性格。其后隋文帝、唐高祖也都以都督内(中)外诸军事而握有霸权。他们最终都通过篡夺而建立了新的王朝,从都督中外诸军事到皇帝,也就是从宇文泰到北周武帝的过程在此得到了反映。总之,关陇诸政权的君主本质是军队的最高统帅,而且如果说军队主力是府兵的话,上述政权的权力就基于君主与其所率府兵之间形成的上下轴关系。作如此理解,似无不妥。

在此意义上,我将这些关陇系诸国家称作府兵制国家。但是从都督中外诸军事到皇帝的这一过程并非为关陇系诸国家所特有,它在东魏、北齐甚至魏晋南朝诸国家的王朝更替中是一种常见的现象,那些皇帝们原先也都是从军队的全权掌握者而起步的。那么,府兵制国家的独特性在哪里呢?

关于这一点已经在补编第三章加以论述。六朝时期的军事特色如都督诸州军事等制度显示出了某种地方分权的性质,而且在这种地方分权中,军事与行政为同一都督府内所具有的两种职能。在隋唐重新统一中国的过程中,这种都督府的制度形同虚设。一方面中央—州—县的行政系统得以确立,另一方面作为中央军的府兵制则扩大到全国。各地都设有军府,这一形态后来继续发展。唐制中,州县与折冲府分别属于尚书省与左右十二卫这一不同的系统。就是说,由地方豪右负责的折冲府在保留地方特征的同时,又支撑着中央集权的军制。

因此应该说皇帝与府兵(侍官)的关系是一种新的历史形势下,人与人的统治关系。在二者之间,还可以想象到有着某种特别的感情。上面所述北周武帝的事迹即可窥其一、二,而在本编第三章中所引刘仁轨的轶事更是鲜明地反映出了这一点。陈仓县尉刘仁轨杖杀豪纵暴横的折冲都尉鲁宁,唐太宗对此怒云"是何县尉,辄杀吾折冲",欲治其罪,但最后予以宽赦(《旧唐书》卷84《刘仁轨传》)。鲁宁"恃其高班"而豪纵无礼。这一时期的折冲都尉大致为正四品下,[23]在当时与中州刺史的官品同等,因而鲁宁也当然"恃其高班"。率领千人左右的府兵折冲都尉与中州刺史同等,这充分反映了唐朝给予折冲都尉的待遇是相当高的。折冲都尉的副将果毅都尉或是再下面的校尉等,也都有着与其相应的官阶。拿约二百人队长的校尉来说,就是居正六品下(《武德令》)的高品。校尉之下还有旅帅、队正、队副等将校,而队副以上全为品官。

这些武官在全国大约有多少呢? 假设折冲府兵员为一千的话,折冲都尉一人、果毅都尉二人、校尉五人、旅帅十人、队正二十人、队副二十人,合计有五十八名武官勤务。全国的折冲府总数如果以六百个计算的话,就有将近三万五千名武官(职事官与卫官)。开元二十五年令所定内外文武的官吏总定员数包含职掌在内约为三十六万八千六百六十八人,[24]其中约一成为折冲府的武官。而在三万数千的将校下面,还有大约六十万从一般民丁中选出的侍官。

折冲府由于以京畿地方为中心,所以较偏重于特定的地域,这一点以往的研究都曾注意到,而且还一般都依据这一情况怀疑府兵制在整个唐代军制中的重要性。但是,我们毋宁说正因为有着这种偏重性,才显示出了府兵制的积极意义。地域偏重的状况在很大程度上是因为唐帝国在继承关陇诸政权的基础上而成立的,另一方面,也意味着在这些国家的形成过程中,府兵是作为亲卫君主的国军伴随而来的。在前引的《刘仁轨传》中,唐太宗发怒道"是何县尉,辄杀吾折冲",正可以说流露出了皇帝对府兵的亲近感。

七　结　语

本章首先论述了府兵制中兵民分离的特征来源于其形成时期的募

兵,而且这一募兵多为"豪右"层所率募的乡人。这些"豪右"层象征了当时非门阀势力的抬头,以他们为首,即便是一介的兵士也可以通过军功获得立身的机会。这种渴望提高身份的追求支撑着胡族系的新兴政权,政权方面则通过将这种能量吸收到体制之内,进一步推进了中国的统一事业。

隋唐帝国依然是贵族制国家,此点无可否定。但,至少并非站在旧门阀主义的立场上。我认为这里依据的是一种试图超越门阀与非门阀之别,可以称之为新贵族制的原理。根据上面的探讨,我们看到府兵制就是帮助这种新贵族制得以成立的强大力量,甚至还可以说府兵制本身即是新贵族制的一种表现形态。所以有充分理由认为,新的门阀集团正产生于拥有这一强大力量的组织当中。《周书》卷16传末史臣曰,在叙述西魏二十四军创设时期的柱国大将军时称:"当时荣盛,莫与为比。故今之称门阀者,咸推八柱国家云。"必须说,这里所指的正是新门阀的存在。

属于这一新门阀的,不仅是八柱国,还应包括当时的十二大将军之家。而宇文、杨、李等帝王各家就是出自于这一新门阀之中,后来成为政权中心的。

以上所述府兵制国家的本质在唐朝建立后,又是如何发生变化的呢?既然以《府兵制国家论》为题,这一点就必须要加以阐述。我现在只是提出所述意见,同时也期待着今后的进一步研究。

---

① 关于其原因,参见第一编第三章以及第二编各章。

② 有关这两种相对立的观点,参见拙稿《中国史的时代区分问题——现时点的省察》(《史林》68—6,后收入拙著《中国中世的探求 历史与人间》日本エディタースクール出版部,1987年)。

③ 本编第一—四章对此有所收录。

④ 关于前汉的南北军,参看滨口重国《前汉的南北军》以及《两汉的中央诸军》(二篇俱见《秦汉隋唐史研究》上,东京大学出版会,1966年)。

⑤ 气贺泽保规《前期府兵制研究序说——其成果与论点》(《法制史研究》42)。

⑥ 参见滨口重国《从府兵制度到新兵制》(收入上引《秦汉隋唐史研究》上)。

⑦　"每大将军督二开府,凡为二十四员,分团统领,是二十四军。每一团,仪同二人。自相督率,不编户贯"(《北史》卷60传末);"(大统)十六年,籍民之有才力者为府兵"(《玉海》卷137《兵制二》引《后魏书》)。

⑧　参见本编第四章。

⑨　关于这一点,除前节以外,还请参见拙稿《东西两魏时代的河东豪族社会——以〈敬史君碑〉为中心》(收入《中国中世的文物》,京都大学人文科学研究所,1993年)。

⑩　参见本编第一章。

⑪　参见滨口重国《西魏二十四军与仪同府》(收入前引《秦汉隋唐史研究》上)。

⑫　宫川尚志《六朝史研究　政治、社会篇》(日本学术振兴会,1956年)第九章《关于南北朝的军主、队主、戍主等》。

⑬　本条"有能率募从军者"在存世《周书》中为"有能率其从军者",据中华书局点校本《周书》卷5《武帝纪上》页90校勘记〔二三〕引《册府元龟》卷214,"其"为"募"之误文。此点参见本编第三章注⑳。

⑭　参第三编第一章。

⑮　《隋书》卷64《张奫传》。

⑯　《北史》卷76《来护儿传》。

⑰　《隋书》卷63《刘权传》。

⑱　同上卷63《樊子盖传》。

⑲　此点参见菊池英夫《有关唐折冲府分布问题的一个解释》(《东洋史研究》27—2)。

⑳　《旧唐书》卷56《梁师都传》。

㉑　同上卷55《刘武周传》。

㉒　同上卷55《薛举传》。另,除以上三例外,还有《旧唐书》卷55《李轨传》所载"有机辩,颇窥书籍,家富于财,赈穷济乏,人亦称之"的武威姑臧人李轨。大业末,轨为鹰扬府司马,与同郡人相谋于河西自立。顺带说一下,鹰扬府司马为文官。

㉓　据开元二十五年令,上府折冲都尉正四品上、中府都尉从四品下、下府都尉正五品。《旧唐书》卷42《职官志一》在"正第四品上阶"项的上府折冲都尉旁加注云:"《武德令》,统军正四品下,后改为折冲都尉。《垂拱令》,始分为上中下府。"

㉔　《通典》卷40《职官二二》。

(原载《龙谷大学论集》443,1993年)

译 者 后 记

1984年,还是我读初中的时候,偶尔有一天从父亲的书架上见到了谷川先生的这部《隋唐帝国形成史论》。当时在湖北省社会科学院工作的父亲负责接待来华访问的谷川先生,此书便是那时先生所赠。一晃二十年,今天能由我来翻译此书,实在是一件奇缘。

说起缘分,需要提及我和先生结下的师生之缘。1992年春天,正是在先生的帮助下,我有机会留学东瀛。1995年考入龙谷大学大学院后,我更是有幸师事于先生,在先生的直接指导下习学六朝史。

谷川先生作为日本中国史研究的著名学者,其学问秉承内藤湖南、宫崎市定以来的京都学派。如果概括整个谷川史学的特点,那就是:(1)批判地继承风行于战后的唯物主义历史观,建立了强调道德意识、伦理精神的共同体论;(2)运用实证性研究,证明共同体关系既是中国古代社会的结构特质,同时也是中国史发展的规律所在;(3)主张重视共同体的特性,重视人间精神的中国文明终究可以为现代中国的发展,为世界文明的进步提供有益的借鉴。本书《隋唐帝国形成史论》即是谷川先生治中国史的最初成果,亦是整个谷川史学的基石。

正如谷川先生本人在《中文版自序》及《序说》中反复说明的,该书研究的虽为五胡北朝史,但目的却在于解决隋唐帝国的历史特征问题。作者的整个思路如下:秦汉以来广泛存在的自耕农是考虑隋唐帝国性质的关键,因为这意味着类似大土地所有那样的私有隶属制关系受到了某种制约而无法全面展开。而这一现象从阶级统治、阶级斗争的史观上是无法解释的。由此应考虑的是,国家与民众除了对立以外,应有着相互联系的一面,而后者更能反映隋唐帝国的本质。如果用国家与民众相联系的观点把握隋唐帝国时,则有必要上溯到其政权形成的渊源时期,亦即北朝时期。

在这种思路下,作者最初研究的是导致北魏瓦解的六镇之乱。六镇之乱由北部军镇的镇民所发动。镇民又称城民,作为一种军户,他们与一般州郡户不同,大多由鲜卑等北方胡族人民充当,并且是极有荣誉的兵士。北魏孝文帝推行汉化政策后,城民的身份逐渐降低,最后由本来的自由民降至一种贱民的地位。对失去自由身份的不满正是六镇之乱的直接导火索。

北方胡族人民从自由民降至贱民,又从贱民争取恢复自由民的身份,这就是六镇之乱所具有的历史意义。然而在作者看来,以北魏末年的内乱为分水岭,其前后时期亦具备了上述两条基线所呈现出来的历史特点。由此作者对整个五胡北朝史展开全面研究,力图证明从五胡政权到隋唐帝国的历史推移即是上述两个过程的反映。

在上述过程中,发挥主要作用的是北方胡族与汉人地方社会的广大民众。他们虽然各自肩负着不同的历史使命,但目标都在于追求自由平等的身份。东汉以来,长期受到汉人支配的胡族在这一时期建立了自己的国家,这是他们作为自由民的发端。五胡政权建立的宗室军事封建制以及北魏实施的北族军事体制,其特点就是继承游牧民族部落制度的传统,以图保障本族人民的自由身份。但上述体制的缺陷是太过强调种族血缘主义,因此不能有效地处理与广大汉人社会共存的问题。北魏孝文帝的门阀主义政策原本想从根本上解决这一问题,但反而使得自由民的北族兵士沦落到贱民的地位。为夺回本该属于自己的自由身份,胡族士兵奋然而起。与此同时,地方乡村社会的非门阀豪族与乡里民众一道结成了乡兵集团,其目标在于否定门阀主义的身份秩序。汉人与胡族民众逐渐汇为一体,共同构成了东西两魏政权的基础。北周时期,柱国的军队主要由府兵构成,而作为府兵基干部分的正是上述乡兵集团。于是便可以看到,非门阀豪族借此与政权发生联系,他们和胡族人民一道形成了新的统治集团,同时也一道演变为推动隋唐统一政权形成的原动力。

通过上述一系列研究,作者从政治史的角度把握到了五胡北朝时期的历史运转轨迹以及隋唐国家的本质,那就是导致隋唐国家实现的决定性因素在于胡族和汉族两个社会的民众对于自由身份的追求。在《中文版自序》中，谷川先生提到对自己的研究工作感到自负之处是密切注意民众在政治发展过程中的地位与作用。翻译《隋唐帝国形成史论》，使我深深感到，谷川先生正是通过研究人与人的结合，人与国家相连接的一面来探索隋唐帝国的形成与发展之本质的。

　　本书出版于1971年，后几经再版，现在已成为日本学者研究从五胡十六国到隋唐统一三百年时代史的必备之书。其内容虽侧重于政治史，但用谷川先生本人的话来说，对于政治史的关心最终归结到了中国社会中的人的自由问题，也就是在政治史的分析内面，潜藏着精神史上的课题。从这样的立场出发观察该时期的政治现象时，目光所及，便是作为自由之本源的共同体世界。谷川先生后来致力于共同体问题的研究，其因即在于此。以士大夫的精神为中心，把握六朝贵族的基本结构即共同体关系，其成果便是1976年出版的《中国中世社会与共同体》一书。与《隋唐帝国形成史论》相比，该书显示出了对精神史方面的强烈关心。从政治史的研究领域出发，逐渐深入到探讨六朝社会的内面结构及其历史性质这样一些核心的问题，谷川史学在此过程中得到了进一步发展与深化。

　　需要向中国读者说明的是，本书虽然是一部史学论著，但谷川先生的文笔却异常优美。池田温先生在评价这部著作时，就曾一再强调谷川先生的文章极富文学色彩，让人叹为观止。翻译这样的著作，无疑存在着很大的难度。现译文虽然勉力得以完成，但在遣词用句及语感方面与原文相比还是有较大的差距，这是译者深以为憾的，恳请方家宿儒有以教我。

　　本书第二编第三章《北魏末期的内乱与城民》一文，曾经由湖北省社会科学院历史所所长夏日新先生翻译（《日本学者研究中国史论著选译》第四卷，中华书局，1993年）。本书该章翻译时，除个别字句外，基本参照了此篇译文，这里谨致谢意。

　　本书全文译完后，上海古籍出版社蒋维崧先生，华东师范大学牟发松先生，龙谷大学村田哲也、中田和宏二位学友都仔细审阅了译稿，在史料引用、体例、译文等方面提出了很多宝贵的意见，在此一并致以衷心的感谢。

还应交代的是,本书所征引的各条史料与日文原著在表记形式上不尽相同。在日文原著中,作者谷川先生一般是在参酌文献史料后,运用简炼而精当的现代日语或训读日语加以表述。在译成中文时,谷川先生考虑到中国读者的阅读习惯,决定一律采用文献史料。史料由谷川先生本人摘录而成,为与正文论述相切合,译者虽尽力作了一些修补工作,但与日文原著相较,仍有不少出入。此点恳请读过原著的专家学者见谅。另本书日文版原著多于节尾出注,中文版译稿统改为章尾出注。又,本书行文及征引史料中的着重点均为谷川先生所加,为避免繁琐,没有一一加以注明。

最后,应向谷川先生本人表示深深的感谢。整个翻译工作始终得到了谷川先生的教诲与支持。先生不辞辛劳,悉心审阅了我的每一篇中文译稿,指出了不少问题,使译文得以减少纰漏。没有先生的帮助,中文译稿不可能如此顺利地完成。为减轻我的负担,先生还亲自抄写了原著每一条史料的原文。译成之后,看到先生手书的那厚达一部书的原文史料,令我感慨万分。记得先生常说的一句话是"学问可以造就为人",而谷川先生本人,无论是学问还是为人,都有一种高山仰止的风范,令人崇敬,令人倾慕!

李济沧

2004 年 4 月 21 日于京都一乘寺洛北苑

图书在版编目(CIP)数据

隋唐帝国形成史论/(日)谷川道雄著;李济沧译.
—上海:上海古籍出版社,2011.6(2023.11重印)
(日本中国史研究译丛)
ISBN 978-7-5325-5899-5

Ⅰ.①隋… Ⅱ.①谷…②李… Ⅲ.①中国历史—研
究—隋唐时代 Ⅳ.①K240.7

中国版本图书馆 CIP 数据核字(2011)第 085080 号

增補　隋唐帝国形成史论
著　者　谷川道雄
発行者　筑摩書房
1998 年 1 月 25 日　増補第一刷発行

日本中国史研究译丛

隋唐帝国形成史论
[日]谷川道雄　著
李济沧　译

上海世纪出版股份有限公司出版
上 海 古 籍 出 版 社

(上海市闵行区号景路 159 弄 1—5 号 A 座 5F　邮政编码 201101)
(1)网址:www.guji.com.cn
(2)E—mail:gujil@guji.com.cn
(3)易文网网址:www.ewen.co
上海世纪出版股份有限公司发行中心发行经销
常熟市人民印刷有限公司印刷

开本 635×965　1/16　印张 23.75　插页 7　字数 318,000
2011 年 6 月第 1 版　2023 年 11 月第 10 次印刷
印数:14,701—16,000
ISBN 978-7-5325-5899-5
K·1385　定价:78.00 元
如有质量问题,请与承印公司联系